HERMANN FEIFEL

Die Anwendbarkeit der modernen Kreditschöpfungslehre auf die besondere Art des Sparkassengeschäfts

Untersuchungen über das Spar-, Giro- und Kreditwesen

Schriften des Instituts für das Spar-, Giro- und Kreditwesen an der Universität Hamburg

Herausgegeben von Prof. Dr. Dr. Fritz Voigt

Band 10

Die Anwendbarkeit der modernen Kreditschöpfungslehre auf die besondere Art des Sparkassengeschäfts

Von

Hermann Feifel

DUNCKER & HUMBLOT / BERLIN

Gedruckt 1959 bei Richard Schröter, Berlin SW 61
Printed in Germany
n 2

Inhalt

1. Teil

Das Sparkassengeschäft im Lichte der modernen Kreditschöpfungslehre

II. Teil

Bedingungen und Voraussetzungen für eine Kreditschöpfung im typischen Sparkassengeschäft

III. Teil

Theoretische Möglichkeiten für das Zustandekommen einer Kreditschöpfung im Sparkassengeschäft

IV. Teil

Über die Existenz der konstituierenden Faktoren einer Kreditschöpfung im Sparkassengeschäft

V. Teil

Über das Ausmaß der Kreditschöpfung im typischen Sparkassengeschäft

VI. Teil

Erster Teil

Das Sparkassengeschäft im Lichte der modernen Kreditschöpfungslehre

A. Einführung

I. Das Problem

Die ersten Erörterungen des Problems der Kreditschöpfung der Banken liegen bereits in der vorklassischen Zeit[1]. Einen bedeutenden Aufschwung erfährt die Lehre von der Kreditschöpfung mit der Erkenntnis, daß das Geld eine zentrale Stellung im Rahmen des wirtschaftlichen Geschehens einnimmt. Mit der weiteren Erkenntnis, daß die Kreditschöpfung der Banken eine wesentliche Quelle für die Versorgung der Wirtschaft mit Geld darstellt, rückt die Lehre von der Kreditschöpfung der Banken insbesondere bei den der Klassik folgenden Theorien in den Vordergrund[2].

---

[1] Vgl. *Wagner,* Valentin Fritz: Geschichte der Kredittheorien. Wien 1937, S. 145 f.

[2] „Da die meisten Klassiker dem Gelde nur die Rolle eines Trabanten zubilligten, der sich nach den Bewegungen der Güter richtet, hielten sie eine Frage im wesentlichen für erledigt, wenn sie für die Naturaltauschwirtschaft geklärt war. Wir wissen heute, daß das Geld kein Trabant ist und daß es die Hergänge in der Güterwelt sehr stark zu beeinflussen vermag." (Vgl. *Eucken,* Walter: Kapitaltheoretische Untersuchungen. 2. Auflage. Tübingen/Zürich 1954, S. 159.)

Die Erkenntnis von der Bedeutung des Geldes bahnte sich insbesondere seit Knut Wicksell Raum.

Die moderne Auffassung über die Rolle des Geldes im Rahmen des wirtschaftlichen Geschehens kommt insbesondere in den folgenden Arbeiten zum Ausdruck: *Forstmann,* Albrecht: Volkswirtschaftliche Theorie des Geldes. 2. Band: Monetäre Ökonomie. Allgemeine Volkswirtschaftslehre der Geldwirtschaft. Berlin 1955, S. 25 und insbesondere S. 343 f. Ferner: *Keynes,* John Maynard: General Theory of Employment, Interest and Money. Deutsche Übersetzung von Fritz Waeger: Allgemeine Theorie der Beschäftigung, des Zinses und des Geldes. Berlin 1936. Ferner: *Veit,* Otto: Der Einfluß des Geldes auf den Güterkreislauf. In: Weltwirtschaftliches Archiv. 59. Band, Heft 2 vom März 1944, S. 211 f. Ferner: *Egle,* W.: Zur Frage des neutralen Geldes. In Zeitschrift für Nationalökonomie. Band 9, Jahrgang 1939, S. 12 f.

Nur vereinzelt wird der Einfluß des Geldes auf das wirtschaftliche Geschehen bezweifelt. (Völlig abgelehnt wird der Einfluß des Geldes unter

Der Kreditschöpfung der Banken wird heute als Ursache wichtiger Vorgänge im Wirtschaftsleben zentrale Bedeutung beigemessen; sie stellt einen Faktor dar, den die Notenbanken bei ihren Maßnahmen, von deren Gelingen die Entwicklung der Wirtschaft weitgehend abhängt, stets berücksichtigen[3].

Die überragende Bedeutung der Kreditschöpfung rechtfertigt es, wenn wir mit der vorliegenden Arbeit erneut dieses Problem aufgreifen.

Nun ist jedoch das moderne Bankwesen differenziert: Die einzelnen Banktypen besitzen auf Grund einer unterschiedlichen Spezialisierung verschiedene Funktionen und Wirkungsbereiche im Wirtschaftsleben[4]. Die grundsätzliche Möglichkeit, der Vorgang, die Grenzen und Wirkungen der Kreditschöpfung sind daher bei jedem einzelnen Banktyp anders.

Es erhebt sich also die Frage, inwieweit die spezifischen Eigentümlichkeiten der einzelnen Banktypen ihre Kreditschöpfungsmöglichkeiten beeinflussen.

Diese Frage ist insbesondere beim Banktyp „Sparkasse" noch keineswegs geklärt.

---

den modernen Autoren — soweit zu sehen — insbesondere von Dehn und von Papi. (Vgl. *Dehn,* Edgar: Zur Geld und Konjunkturtheorie von Prof. Keynes. In: Zeitschrift für Nationalökonomie. Band 9, Jahrgang 1939, insbesondere S. 385 f. sowie: *Papi,* Giuseppe Ugo: Die grundlegenden Ursachen wirtschaftlicher Schwankungen. In: Zeitschrift für Nationalökonomie. Band 4, Jahrgang 1935, S. 330 f.)

Die überwiegend vertretene Meinung kommt jedoch in den folgenden Worten Haberlers treffend zum Ausdruck: „Geld und Kredit nehmen eine derart zentrale Stellung in unserem Wirtschaftssystem ein, daß es beinahe sicher ist, daß sie bei der Entstehung von Konjunkturschwankungen eine wichtige Rolle spielen, und zwar entweder als antreibende Kraft oder als bedingender Faktor." (Vgl. *Haberler,* Gottfried: Prosperität und Depression. Zweite, erw. Auflage. Tübingen/Zürich 1955, S. 25.)

Auch Pigou resümiert: „Money then, let us say, is a key, by means of which productive energies, that would otherwise have been imprisoned, can be released." (Vgl. *Pigou,* A. C.: The veil of money. London 1950, S. 26)

[3] Vgl. zur Frage der Bedeutung der Geld- und Kreditschöpfung, der Beeinflussung ihres Ausmaßes durch eine entsprechende Währungs-, Geldbzw. Kreditpolitik: *Stucken,* Rudolf: Geld und Kredit. 2. Auflage, Tübingen 1957, insbesondere S. 205 f.

[4] Vgl. zur Frage der Differenzierung und Aufgliederung des Banksystems: *Hofmann,* Walter: Die Arbeitsteilung zwischen Sparkassen und Depositenkassen. In: Zeitschrift für die gesamte Staatswissenschaft. Tübingen. Jahrgang 1915, S. 39 f. Die ursprünglich stark ausgeprägten Unterschiede zwischen Kreditbanken und Sparkassen verwischen neuerdings immer mehr. (Vgl. hierzu auch *Linhardt,* Hanns: Bankbetriebslehre. Band I (Bankbetrieb und Bankpolitik) der Bankwirtschaftlichen Schriftenreihe. Herausgegeben von Hanns Linhardt. Köln und Opladen 1957, S. 39.) Doch bestehen auch heute insbesondere zwischen den Kreditbanken und den Sparkassen wesentliche Unterschiede, die gerade für die Frage der Kreditschöpfungsmöglichkeiten der beiden Banktypen von grundlegender Bedeutung sind.

Die Frage der Fähigkeit der Sparkassen zur Kreditschöpfung ist zwar schon lange Gegenstand der Diskussion[5]. Bis in die jüngste Zeit sind jedoch die Auffassungen über diese Frage geteilt.

So vertritt beispielsweise Floss die Auffassung: „Die Kredit- und Giralgeldschöpfungstätigkeit des deutschen Sparkassensystems wird — zumindest im kredittheoretischen Schrifttum der Gegenwart — nicht mehr in Zweifel gezogen[6].“ Demgegenüber behauptet Rittershausen, den Sparkassen fehlten ganz oder teilweise die üblichen Kreditschöpfungseinrichtungen[7].

---

[5] So bejaht beispielsweise Einsiedel bereits im Jahre 1928 die Kreditschöpfungsfähigkeit der Sparkassen, und zwar vertritt er die Auffassung, keine Bank — mit Ausnahme der Hypothekenbanken — beschränke sich heute darauf, die ihr überlassenen Mittel auszuleihen: „Jede Bank, auch die moderne Sparkasse, gibt darüber hinaus weitere Kredite, übt also gleichzeitig eine Funktion aus, die nach Hahn's Auffassung nur einer Primärbank zukommt.“ (Vgl. *Einsiedel*, Eugen: Giralgeldschöpfung und volkswirtschaftliche Liquidität der deutschen Kreditbanken. Würzburger Dissertation 1928, S. 23.)

Demgegenüber ist Bracht der Meinung, sowohl Sparkassen wie auch Banken seien kreditvermittelnd tätig. (Vgl. *Bracht*, Friedrich: Die bankmäßige Ausgestaltung der öffentlichen Sparkassen unter besonderer Berücksichtigung ihrer Einwirkung auf die Zahlungsbereitschaft und die Rentabilität der Sparkassen. Gießener Dissertation 1928, S. 1/2.)

In extremer Form vertritt im Jahre 1935 Reichsbankdirektor Lübcke die Auffassung, der Zahlungsverkehr der Sparkassen erweise sich als besonders gefährlich für die Währungspolitik, weil die Geschlossenheit des Zahlungsverkehrsnetzes der Sparkassen stärkste Möglichkeiten der Buchgeldschaffung biete. (Vgl. Aufsatz (ohne Verfasserangabe): Probleme des bargeldlosen Zahlungsverkehrs. In: Sparkasse. 55. Jahrgang, 1935, Heft 15, S. 293.)

Demgegenüber wird in einer Replik seitens des Sparkassensektors behauptet: „Von einer Buchgeldschöpfung (nennenswerten oder gar währungspolitisch gefährlichen Ausmaßes) bei den Sparkassen kann ... kaum noch gesprochen werden. ... bei den Girozentralen ... zeigt sich im Endergebnis das gleiche wie bei den Sparkassen.“ (Vgl. Aufsatz (ohne Verfasserangabe): Probleme des bargeldlosen Zahlungsverkehrs. In: Sparkasse. 55. Jahrgang, 1935, Heft 15, S. 299.)

[6] Vgl. *Floss*, Eberhard: Anlage- und Liquiditätsrichtlinien im Sparkassenwesen. Tübinger Dissertation 1956, S. 23. An anderer Stelle sagt Floss: „Annahme und Weiterleitung von Ersparnissen umreißen somit das ureigenste Aufgabengebiet der Sparkassen, das auch dadurch nicht eingeschränkt wird, daß sich mit der Einschaltung der Sparkassen in den bargeldlosen Zahlungsverkehr eine Umgestaltung der reinen (kreditmittelnden) Sparbank zur (kreditschöpfenden) „Universalbank“ mittelständisch-kommunalen Typs vollzieht.“ (Vgl. *Floss*, Eberhard: Spareinlagenbildung und Kreditschöpfung bei Sparkassen. In: Sparkasse. 74. Jahrgang. Heft 6 vom 15. März 1957, S. 88.)

[7] Vgl. *Rittershausen*, Heinrich: Bankpolitik. Eine Untersuchung des Grenzgebiets zwischen Kredittheorie, Preistheorie und Wirtschaftspolitik. Frankfurt/M. 1956, S. 99. Dieselbe Auffassung vertritt Halm hinsichtlich der amerikanischen savings banks: „The most characteristic feature of commercial banks, which distinguishes them from other private credit institutions, is their ability to create money ... Other private credit institutions cannot create money because they do not hold checking accounts. Savings

Diese in der Theorie herrschende Divergenz setzte sich also bis in die Gegenwart fort, spiegelt sich jedoch neuerdings auch auf wirtschaftspolitischer Ebene in Form einer Auseinandersetzung des Sparkassensektors mit währungspolitischen Maßnahmen der Bank deutscher Länder wider.

So wurde die vom Zentralbankrat der Bank deutscher Länder am 3. August 1955 beschlossene Erhöhung der Mindestreserven für Spareinlagen im Monatsbericht der Bank deutscher Länder vom August 1955 damit begründet, daß sich bei Betrachtung des Ausmaßes, in dem sich die einzelnen Gruppen von Kreditinstituten an der Kreditexpansion des Berichtszeitraums beteiligten, nicht feststellen lasse, „daß die Institute mit einem vergleichsweise hohen Bestand an Spareinlagen weniger ‚kreditaktiv' gewesen wären als andere. Sie gehörten im Gegenteil zu der kreditaktivsten Gruppe, und zwar auch im Bereiche des kurzfristigen Kredits"[8].

Diese Behauptung wurde in einer Entgegnung in der „Sparkasse", der Zeitschrift des deutschen Sparkassen- und Giroverbandes, zurückgewiesen[9].

Der Versuch Gleskes, in einer Replik hierauf die Richtigkeit des Standpunktes der Bank deutscher Länder teils mit statistischen, teils mit theoretischen Argumenten zu beweisen[10], löste seinerseits eine Stellungnahme von Mayer[11] aus, die Inkonsequenzen an der theoretischen Fundierung der Argumentation Gleskes nachzuweisen versuchte.

II. Das Ziel der Untersuchung

Wir sehen den Grund für die Meinungsverschiedenheiten darin, daß es bis heute noch nicht gelungen ist, zu einer restlosen Klarheit selbst über elementare Fragen der Kreditschöpfung zu gelangen[12].

---

banks in the United States, for instance, depend in their investment operations almost entirely on the savings of their depositors. When they lend or invest they do not add to total purchasing power because the purchasing power of their lending customers is temporarily reduced. In other words, savings banks act as intermediaries only, but not as suppliers of additional money." (Vgl. *Halm*, George N.: Economics of Money and Banking. Homewood/Illinois 1956, S. 148.)

[8] Vgl. Monatsbericht der Bank deutscher Länder vom August 1955, S. 6.

[9] Vgl. Aufsatz: „Klarstellung zum Monatsbericht der Bank deutscher Länder vom August 1955." In: Sparkasse. 72. Jahrgang, Heft 20 vom 15. Oktober 1955, S. 311 f.

[10] Vgl. *Gleske*, Leonhard: „Kreditaktivität". In: Zeitschrift für das gesamte Kreditwesen. Frankfurt. 8. Jahrgang, Heft 22 vom 15. November 1955, S. 814 f.

[11] Vgl. *Mayer*, Helmut: Die „multiple" Geldschöpfung der Banken. In: Zeitschrift für das gesamte Kreditwesen, 9. Jahrgang 1956, Heft 6, S. 814 f.

[12] Vgl. hierzu auch: *Neuhauser*, Gertrud: Kritische Untersuchungen zur Kreditschöpfungslehre. In: Zeitschrift für die gesamte Staatswissenschaft. 108. Band. Jahrgang 1952, 4. Heft, S. 646 f.

Obwohl die Kreditschöpfung ein häufig diskutiertes Problem darstellt, können verschiedene Thesen der bis heute entwickelten Kreditschöpfungslehre keineswegs als „gesicherte" Bestandteile der nationalökonomischen Theorie gelten[13].

Bis heute läßt sich noch nicht von *einer* objektiv „richtigen" Kreditschöpfungslehre sprechen.

Die Unklarheiten über die Kreditschöpfung, die einander oft diametral gegenüberstehenden Auffassungen über dieses Problem beruhen insbesondere darauf, daß die verschiedenen Seiten des vielschichtigen Kreditschöpfungsproblems von den einzelnen Autoren in der Regel mit verschiedenen Maßstäben untersucht und gewertet werden. Dagegen läßt sich nichts einwenden, denn das Problem der Kreditschöpfung kann — eben weil es verschiedene Seiten aufweist — nicht von einem Standpunkt aus in allen seinen Zusammenhängen vollständig übersehen werden. Der analysierende Verstand kann

---

Dobretsberger bemerkt: „Die Theorie des Bankkredits ist in den letzten 200 Jahren im Grunde über die Formulierungen Laws nicht hinausgekommen. Wir stehen noch immer vor der Frage: Verdoppelt das Bankguthaben die vorhandene Kaufkraft oder gibt es ihr nur eine besondere Form, die der bankmäßig beglaubigten Forderung? Hat der Kredit ‚Kapitalfunktion'? Wo liegen die Grenzen der Kreditschöpfung?" (Vgl. *Dobretsberger*, Josef: Das Geld im Wandel der Wirtschaft. Bern 1946, S. 70.)

[13] Wir können daher Withers nicht beipflichten, wenn er im Vorwort zur 5. Auflage seines Buches: The Meaning of Money, behauptet: „In 1908 this book set out to show —(1) that bank deposits are created by loans and advances made by banks ... Proposition number 1 is now generally accepted as a truism." (Vgl. *Withers*, Hartley: The Meaning of Money. 5th Edition. 1930, S. V; 1. Auflage London 1909).

Ebensowenig zutreffend ist die Behauptung Schumpeters, „die Geldschöpfung seitens der Banken durch Konstituierung von Forderungen gegen sich selbst sei heute zu einem „Gemeinplatz" geworden. (Vgl. *Schumpeter*, Joseph: Theorie der wirtschaftlichen Entwicklung. Eine Untersuchung über Unternehmergewinn, Kapital, Kredit, Zins und den Konjunkturzyklus. München 1926, S. 143 f.), oder die Behauptung Müllers: „Die von Schumpeter und Hahn begründete moderne Kredittheorie gehört heute zum festen Bestandteil der nationalökonomischen Theorie." (Vgl. *Müller*, Bernhard: Funktion und Wirkungsweise der Mindestreserven. Dissertation, Göttingen 1950, S. 32.)

Vielmehr kennzeichnet die folgende, bereits im Jahre 1939 aufgestellte Behauptung Nöll von der Nahmer's auch heute noch treffend die Situation: „Das Schrifttum über die Technik der Giralgeldschöpfung der Banken ist außerordentlich umfangreich. Trotz dessen bestätigt leider fast jede neue Publikation, daß es bisher der nationalökonomischen Wissenschaft nicht gelungen ist, zu einer restlosen Klarheit über die schwierigen und komplizierten Vorgänge zu gelangen." (Vgl. *Nöll von der Nahmer*, Robert: Die Bedeutung der Zahlungssitten und des gleichmäßigen Vorgehens der Banken für die Technik der Giralgeldschöpfung. In: Finanzarchiv. N. F. 6. Band, Jahrgang 1939, S. 137.) Dieselbe Meinung äußert Forstmann. (Vgl. *Forstmann*, Albrecht: Volkswirtschaftliche Theorie des Geldes. Erster Hauptteil: Reine Theorie des Geldes. Band 1: Allgemeine Geldtheorie. Berlin 1943, S. 327.)

stets nur bestimmte Zusammenhänge unter Abstrahierung von allen anderen Tatbeständen untersuchen.

Aufgrund der Anwendung verschiedener Maßstäbe erzielen nun jedoch die einzelnen Autoren oft grundlegend voneinander abweichende Ergebnisse. Dies ist einerseits durchaus positiv zu bewerten. Andererseits ergibt sich jedoch daraus eine Fülle von Mißverständnissen und Unklarheiten bei der Diskussion über das Kreditschöpfungsproblem.

Die Mißverständnisse und Unklarheiten beruhen aber auch vielfach darauf, daß Maßstäbe bzw. Begriffe unbesehen übernommen und angewendet werden; die verwendeten Termini beziehen sich häufig auf völlig andere Sachverhalte, wie sie das Untersuchungsobjekt beinhaltet. Keineswegs werden in der Diskussion immer die unterschiedlichen Voraussetzungen, von denen die einzelnen Vertreter der Kreditschöpfungslehre ausgehen, in ausreichendem Maße berücksichtigt[14].

Die Unklarheiten über das Problem der Kreditschöpfung werden noch dadurch verschärft, daß sich die einzelnen Autoren selbst nicht immer an die Bedeutung der von ihnen gewählten Begriffe während der Untersuchung halten: Vielfach wechseln während der Untersuchung Art und Grad der Abstraktion[15].

Schließlich ändern auch oft die einzelnen Vertreter der Kreditschöpfungslehre im Laufe der Zeit selbst ihre Meinung über das Problem der Kreditschöpfung[16].

---

[14] So stellt beispielsweise G. Neuhauser in einer Stellungnahme zu den Behauptungen Reischs fest: „Vergleicht man die verschiedenen Äußerungen Reischs gegen die Kreditschöpfungslehre untereinander, kann man sich des Eindrucks nicht erwehren, daß hier ein Kampf gegen Windmühlenflügel geführt wird. Die Einwände und Argumente beruhen häufig auf Mißverständnissen sachlicher oder auch terminologischer Natur." (Vgl. *Neuhauser*, Gertrud: Kritische Untersuchungen zur Kreditschöpfungslehre. a.a.O., S. 660.)

[15] Vgl. hierzu auch *Wagner*, Valentin Fritz: Geschichte der Kredittheorien. a.a.O., S. 15/16.

[16] So bejaht beispielsweise Keynes in: „Treatise on Money" ausdrücklich die Fähigkeit der Banken, Kredite zu schöpfen, während er später in: „General Theory of Employment, Interest and Money" davon abweichende Auffassungen vertritt. (Vgl. *Keynes*, John Maynard: A Treatise on Money. Deutsche Übersetzung von Dr. Carl Krämer unter Mitwirkung von Louise Krämer: Vom Gelde. Berlin 1931, insbesondere S. 18 f., ferner: *Keynes*, John Maynard: General Theory of Employment, Interest and Money. Deutsche Übersetzung von Fritz Waeger: Allgemeine Theorie der Beschäftigung, des Zinses und des Geldes. Berlin 1936, insbesondere S. 70/71.

Forstmann weist auf verschiedene Widersprüche in der Auffassung von Keynes über die Kreditschöpfung, die zwischen seinen in „A Treatise on Money" und den in „General Theory of Employment, Interest and Money" geäußerten Ansichten bestehen, hin. (Vgl. *Forstmann*, Albrecht: Vom

Daraus folgt, daß wir, wenn wir mit der vorliegenden Arbeit das Problem der sparkassenbetrieblichen Kreditschöpfung aufgreifen, nicht einfach sämtliche Thesen und Behauptungen der modernen Kreditschöpfungslehre hinsichtlich ihrer Anwendbarkeit auf die besondere Art des Sparkassengeschäftes untersuchen können. Es muß vielmehr zunächst geklärt werden, welche Thesen und Behauptungen der modernen Kreditschöpfungslehre, die für das mit dieser Arbeit aufgegriffene Problem relevant sind, einer Kritik standhalten. Lediglich die unangreifbaren Thesen können auf ihre Anwendbarkeit auf das Sparkassengeschäft untersucht werden. Die Untersuchung der Anwendbarkeit der unangreifbaren Thesen auf die besondere Art des Sparkassengeschäftes, die das Hauptziel der vorliegenden Arbeit darstellt, werden wir dann vereinfachend in der Weise vornehmen, daß wir die wesentlichen Gesichtspunkte dieser Thesen in einem Kreditschöpfungsbegriff konzentrieren.

Die Untersuchung der Anwendbarkeit der modernen Kreditschöpfungslehre auf die besondere Art des Sparkassengeschäftes läuft damit letztlich auf die Erörterung der Frage hinaus, ob im typischen Sparkassengeschäft eine Kreditschöpfung möglich ist, wobei als Maßstab nur der in der geschilderten Weise ermittelte Kreditschöpfungsbegriff dienen kann.

III. Zur Methode der Untersuchung

Für die Durchführung wissenschaftlicher Untersuchungen gibt es grundsätzlich zwei Methoden, nämlich einmal die empirische (induktive), zum andern die theoretische (deduktive) Methode.

Im vorliegenden Fall ist eine empirische Untersuchung der Kreditschöpfung der Sparkassen über mehrere Perioden aus folgenden Gründen zum Scheitern verurteilt:

1. Das erforderliche Zahlenmaterial liegt nicht vor. Es stehen nur die in den Bilanzen der Sparkassen ausgewiesenen Zahlen zur Ver-

---

Paradoxon der Ausschließlichkeit der Kreditschöpfung. In: Zeitschrift für die gesamte Staatswissenschaft. Jahrgang 1955, Band 111, S. 450.)

Auch L. Albert Hahn, der insbesondere in Deutschland die Entwicklung der Kreditschöpfungslehre maßgeblich beeinflußte, änderte im Laufe der Zeit seine Meinung über die Kreditschöpfung in einigen Punkten. Dies zeigt sich bereits bei einem Vergleich der ersten mit der dritten Auflage seiner „Volkswirtschaftliche Theorie des Bankkredits“. Noch deutlicher tritt der Meinungsumschwung in seinen neueren Publikationen zutage. In: „Economics of Illusion“ weist er beispielsweise darauf hin, daß seine „Volkswirtschaftliche Theorie des Bankkredits“ ein in der Inflation entstandenes Buch sei und daher unter diesen Gesichtspunkten zu verstehen sei. (Vgl. *Hahn*, L. Albert: The Economics of Illusion. A Critical Analysis of Contemporary Economic Theory and Policy. New York 1949, S. 3.)

fügung. Diese Zahlen stellen aber zum Teil per Saldo ermittelte Bestandsgrößen dar. Die Kreditschöpfung läßt sich jedoch — wie die folgende Untersuchung zeigen wird — nur mit Hilfe von Bewegungsgrößen ermitteln. Zwar werden die für die rechnerische Ermittlung der Kreditschöpfung der Sparkassen relevanten Bewegungsgrößen zum Teil von den Sparkassen bei der Ermittlung der Umsätze erfaßt. Diese Zahlen sind aber nicht zugänglich.

Nicht einmal die für die Lösung des mit der vorliegenden Arbeit aufgegriffenen Problems erforderlichen Angaben über das Ausmaß der Kreditgewährung der Sparkassen lassen sich beschaffen: Die Bilanzen der Sparkassen — wie überhaupt der Kreditinstitute — geben nur bis zu einem gewissen Grad einen Überblick über die gewährten Kredite. Bei Kontokorrentkrediten werden beispielsweise Kreditinanspruchnahmen ausgewiesen, Krediteinräumungen dagegen nicht[17].

2. Hinzu kommt im Sparkassensektor ferner das Problem der Verflechtung zwischen Sparkassen und Girozentralen. Diese Verflechtung erstreckt sich auch auf kreditäres Gebiet. Wie weit die für das Problem der rechnerischen Erfassung der Kreditschöpfung relevante gegenseitige kreditäre Verflechtung zwischen Sparkassen und Girozentralen geht, läßt sich aus den Ausweisen der Sparkassen und Girozentralen nicht ersehen[18].

Daraus folgt, daß eine induktive Untersuchung der Kreditschöpfung der Sparkassen mit unüberwindbaren Schwierigkeiten verknüpft ist. Die Kreditschöpfung der Sparkassen kann daher vorwiegend nur theoretisch untersucht werden, indem im Sinne Euckens „allgemeine Probleme" aufgeworfen und „allgemeine Lösungen" angestrebt werden[19].

[17] Vgl. hierzu die ausführlichen Untersuchungen von Hagenmüller. *Hagenmüller*, Karl Fr.: Die Bedeutung von Krediteinweisungen und Kontoüberziehungen für Geldschöpfung und Gelddisposition. In: Zeitschrift für handelswissenschaftliche Forschung. N. F., 8. Jahrgang 1956, S. 509.

[18] Vgl. zu diesem Problem auch die Untersuchung von Dick. (*Dick*, Adalbert: Die Verflechtung zwischen Sparkassen und Girozentralen. Band 8 der Untersuchungen über das Spar-, Giro- und Kreditwesen. Herausgegeben von Fritz Voigt. Berlin-München 1959.

[19] Vgl. *Eucken*, Walter: Was leistet die nationalökonomische Theorie? In: Kapitaltheoretische Untersuchungen. 2. Auflage. Tübingen 1954, S. 19.

B. Von der Kreditschöpfungslehre im allgemeinen

I. Der generelle Inhalt und die Terminologie der modernen Kreditschöpfungslehre

1. Die generellen Seiten der modernen Kreditschöpfungslehre

Die Lehre von der Kreditschöpfung ist im Sinne ihrer Begründer (John Law, Alexander Hamilton, Jean Pièrre Proudhon sowie Henry Dunning Macleod) die Theorie von der Fähigkeit auch der „privaten“ Banken, Geld bzw. Kredit zu schöpfen. Nun ist das Problem der Kreditschöpfung vielschichtig: Es wird nicht immer in der engen, banktheoretischen Auslegung behandelt, sondern seine Erörterung erfolgt vielfach im Rahmen allgemeiner, sehr weitgefaßter wirtschaftlicher Theorien, die nicht einen banktheoretischen Ausgangspunkt besitzen, sondern sich auf andere wirtschaftliche Problemkreise beziehen.

Es ist schwierig, durch die Vielzahl der verschiedenen Meinungen, deren Variationen und Modifikationen, hindurchzufinden und sie zu ordnen.

Nun lassen sich jedoch unseres Erachtens die unterschiedlichen Auffassungen grundsätzlich *zwei* Richtungen zuordnen, und zwar kann man zwischen einer mikro- und einer makroökonomischen Seite der Kreditschöpfungslehre unterscheiden.

Wir geben im folgenden keine dogmenhistorische Darstellung des Inhalts der beiden Seiten der Kreditschöpfungslehre, sondern greifen nur einige charakteristische Lehrmeinungen heraus, um die Variationsbreite des Inhalts der Kreditschöpfungslehre darzustellen.

a) Die mikroökonomische Seite der Kreditschöpfungslehre

Die mikroökonomische Seite der Kreditschöpfungslehre beinhaltet vorwiegend die banktheoretische Seite des Problems, d. h. sie behandelt die Frage, ob die Banken zur Kreditschöpfung fähig sind[20].

Im Mittelpunkt dieser Erörterungen steht die Frage, „welche Momente das Ausmaß der Kredite bestimmen, die eine Kommerzbank

---

[20] Ischboldin unterscheidet neben der „klassischen“ Schule folgende Richtungen, die „das wichtigste in der Kredittheorie verwurzelte Problem“, nämlich die Frage, „ob Kapitaldisposition als Leihkapital von einer Privatbank geschaffen werden kann oder ob ein solches Finanzierungsinstitut nur in der Lage ist, die von ersparten Beträgen abgeleitete Kapitalverfügung zu verteilen“, auf verschiedene Weise behandeln:

a) Die Dynamische Schule mit ihren Vertretern: Joseph Schumpeter, Albert Hahn, Frederik Taussig, D. H. Robertson, Knut Wicksell, Ludwig Mises u. a.

ihren Klienten zur Verfügung stellen kann, und welchen Grad der Liquidität sie einzuhalten hat, d. h. welches Verhältnis zwischen den der Bank obliegenden Verpflichtungen und den ihr zur Verfügung stehenden flüssigen Mitteln bestehen soll. Die angelsächsische Literatur hat hierbei die Gewohnheit angenommen, sich fast ausschließlich auf die Betrachtung der ‚deposits', der ‚cash' und der sich hieraus errechnenden ‚ratio' zu beschränken"[21].

Den Kern der mikroökonomischen Seite des Kreditschöpfungsproblems bildet also die banktheoretische Erklärung des Vorgangs, des Wesens sowie der Bestimmungsgrenze der bankbetrieblichen Kreditschöpfung.

Da das Erkenntnisobjekt der mikroökonomischen Seite des Kreditschöpfungsproblems die Geldmenge und deren Veränderung durch die Kredittätigkeit der Banken ist, werden im Rahmen dieser Seite der Kreditschöpfungslehre noch Fragen geldtheoretischer Natur abgehandelt. So wird insbesondere die Frage nach dem Charakter der von den Banken via Kredit zur Verfügung gestellten Mittel untersucht. Ferner wird die Frage erörtert, ob der Kredit eine passive oder eine aktive Erscheinung darstellt, m. a. W., ob das Geld oder der Kredit das Primäre ist.

Für die Vertreter der mikroökonomischen Seite des Kreditschöpfungsproblems ist typisch, daß sie als Ausgangspunkt ihrer Untersuchung die banktheoretische Seite des Kreditschöpfungsproblems

---

b) Die Intermediäre Richtung mit unterschiedlicher Interpretation, unter der insbesondere die von Ischboldin als „Synthetische Schule" bezeichnete Richtung herausragt. Vertreter dieser Richtung sind u. a.: Chester Arthur Phillips, Harold Logan, Paul A. Samuelson, Roy Westerfield sowie Ischboldin selbst.

c) Die Inflationistische Schule, die von Thornstein Veblen gegründet wurde. (Vgl. *Ischboldin*, Boris: Die Hauptrichtungen der modernen Kredittheorie. In: Schmollers Jahrbuch für Gesetzgebung, Verwaltung und Volkswirtschaft. 73. Jahrgang 1953, II. Halbband, S. 661 f.)

Das Positive der Klassifikation Ischboldins liegt nach unserer Auffassung darin, daß sie die verschiedenen Möglichkeiten einer Behandlung des Kreditschöpfungsproblems deutlich zum Ausdruck bringt, wenngleich sie auch unvollständig ist, ferner Gemeinsamkeiten und charakteristische Unterschiede zwischen den einzelnen Vertretern der modernen Kreditschöpfungslehre verwischt und schließlich die Zuordnung der Vertreter der modernen Kreditschöpfungslehre zu den einzelnen Schulen vielfach nach willkürlichen, sachlich nicht zu rechtfertigenden Prinzipien vornimmt, so daß es zu einer Verwischung der klar zutage tretenden Grenzen zwischen der mikro- und der makroökonomischen Behandlungsmethode des Problems der Kreditschöpfung kommt.

[21] Vgl. *Reisch*, Richard: Die „Deposit"-Legende in der Banktheorie. In: Zeitschrift für Nationalökonomie. Band 1, Jahrgang 1930, S. 489.

wählen und ihre Ergebnisse aus Zusammenhängen monetärer Natur zu deduzieren versuchen[22].

b) Die makroökonomische Seite der Kreditschöpfungslehre

Im Rahmen der makroökonomischen Seite der Kreditschöpfungslehre wird insbesondere untersucht, welche Funktionen der zusätzliche, d. h. der aus Kreditschöpfung stammende Kredit ausübt bzw. welche Wirkungen er auf den Wirtschaftsprozeß ausübt.

Die Ausdehnung des Kreditschöpfungsproblems von Fragen mikroökonomischer (banktheoretischer) Natur auf die Erörterung von Fragen makroökonomischer Natur liegt insbesondere in der Erkenntnis begründet, daß im Gegensatz zur Auffassung der „klassischen" oder „orthodoxen" Kredittheorie der Kreditierungsvorgang keine private Angelegenheit ist, sondern daß durch ihn die Volkswirtschaft in ihrem Gefüge betroffen wird: Durch die Theorie der Kreditschöpfung wird „theoretisch und praktisch die Frage der volkswirtschaftlichen Virulenz des Kredites angeschnitten"[23].

Die Wirkungen des zusätzlichen, d. h. des aus Kreditschöpfung stammenden Kredits (der zur „immanenten Instabilität des Kreditumfanges" führt)[24], beruhen darauf, daß durch ihn zusätzliches Geld in die Wirtschaft fließt: „Die Art der Wirkungen des Kredits auf die Vorgänge des güterwirtschaftlichen Ablaufs hängt ... vom Charakter jener ‚Kapitaldispositionen' ab, die auf dem Kreditwege übertragen werden[25]." Die von einigen Exponenten der Kreditschöpfungslehre ursprünglich vertretene Auffassung über die volkswirtschaftliche Virulenz des Kredits, die in der von Macleod aufgestellten Behauptung: „Credit is Productive Capital"[26] zum Ausdruck kommt, die später in etwas modifizierter Form von Hahn[27] und insbesondere von

---

[22] Hahn geht sogar so weit, zu behaupten, eine güterwirtschaftliche Betrachtung der Kreditvorgänge mache es unmöglich, „einerseits die Veränderungen in der Güterwelt, die durch Veränderungen im Geldwesen verursacht sind, zu erkennen, andererseits über Gründe und Wirkungen der tatsächlichen Erscheinungen auf den Geld- und Kapitalmärkten Aufschluß zu geben". (Vgl. *Hahn*, L. Albert: Volkswirtschaftliche Theorie des Bankkredits. 3. Auflage, Tübingen 1930, S. 1.)

[23] Vgl. *Marbach*, Fritz: Die Kreditschöpfung der Handelsbanken und das Postulat der Verstaatlichung des Kredits. Bern 1947, S. 5.

[24] Diesen Ausdruck prägte *Hawtrey*, R. G.: Trade and Credit. London 1928, S. 97.

[25] Vgl. *Forstmann*, Albrecht: Vom Paradoxon der Ausschließlichkeit der Kreditschöpfung. a.a.O., S. 439.

[26] Vgl. *Macleod*, Henry Dunning: Article „Credit". In: A Dictionary of Political Economy. Volume I, London 1863, S. 584.

[27] Hahn sagt: „Der Kredit wirkt gütervermehrend." (Vgl. *Hahn*, L. Albert: Volkswirtschaftliche Theorie des Bankkredits. a.a.O., S. 119.)

Honegger[28] vertreten wurde und die folglich in jeder Kreditschöpfung eine Vermehrung des Realkapitals sieht, ist inzwischen aufgegeben worden. Durch den zusätzlichen Kredit, der zu einer Einführung zusätzlichen Geldes in den Kreislauf der Wirtschaft führt, wird „die strenge Interdependenz und Geschlossenheit des Gleichgewichtssystems aufgehoben" und werden Bewegungen in der Wirtschaft ermöglicht, „die innerhalb des Gleichgewichtssystems unvorstellbar sind"[29].

Eine dem heutigen Stand der Forschung entsprechende Übersicht über die möglichen Wirkungen der Kreditschöpfung der Banken im Investitions- und Konsumsektor gibt Voigt[30].

V. F. Wagner unterscheidet nun drei Gruppen, die in unterschiedlicher Weise die makroökonomische Seite des Kreditschöpfungsproblems behandeln[31]:

Die erste Gruppe bringe den zusätzlichen Kredit in eine funktionelle Verbindung mit der wirtschaftlichen Entwicklung, also der Steigerung der Produktivität der Wirtschaft.

Die zweite Gruppe sehe den zusätzlichen Kredit ebenfalls im Zusammenhang mit den Bewegungsphänomenen, mache aber das Auftreten eines reinen Kreditangebots für die krisenhaften Störungen der Wirtschaft verantwortlich.

Die dritte Gruppe sehe im Gegensatz zu den beiden ersten Gruppen die Funktion des zusätzlichen Kredits vornehmlich in der Sicherung des statischen oder dynamischen Gleichgewichts.

Aus den obigen Ausführungen geht hervor, daß das Problem der Kreditschöpfung der Banken vielseitig ist und daß nicht nur banktheoretische (mikroökonomische) Fragen, sondern auch Fragen allgemein volkswirtschaftlicher Natur (makroökonomische Fragen) im Mittelpunkt der Erörterungen stehen.

---

[28] Vgl. *Honegger*, Hans: Der schöpferische Kredit. Jena 1929, insbesondere S. 80 f..

[29] Vgl. *Hayek*, Friedrich A.: Geldtheorie und Konjunkturtheorie. Wien und Leipzig 1928, S. 14.

Nach Auffassung Koopmans führt diese Erscheinung dazu, daß die Vorgänge in der Geldwirtschaft nicht mehr „dem Idealtypus einer reinen Tauschwirtschaft nach den Gesetzen der Gleichgewichtstheorie entsprechen". (Vgl. *Koopmans*, J. G.: Zum Problem des „neutralen" Geldes. In: Beiträge zur Geldtheorie. Herausgegeben von Friedrich A. Hayek. Wien 1933, S. 228.) Vgl. hierzu auch die Ausführungen von *Forstmann*, Albrecht: Zur Frage einer Erneuerung der Geldtheorie. In: Finanzarchiv. Band 14. Jahrgang 1953/54, insbesondere S. 297 f.

[30] Vgl. *Voigt*, Fritz: Der volkswirtschaftliche Sparprozeß. Berlin 1950, S. 228.

[31] Vgl. *Wagner*, Valentin Fritz: Geschichte der Kredittheorien. a.a.O., S. 227 f.

[32] Beispielsweise kritisieren V. F. Wagner und Dobretsberger, daß die

Je nach der Wahl des Identitätsprinzips rückt nun die eine oder andere Seite des Kreditschöpfungsproblems in den Vordergrund. Dies wirkt sich insbesondere auch auf die Bildung der Begriffe, die als Instrumente der Untersuchung des Kreditschöpfungsproblems dienen, aus.

2. Zur Terminologie der Kreditschöpfungslehre

Die bei der Erörterung des Kreditschöpfungsproblems relevanten Fragen werden nicht immer mit einem monetären Instrumentarium untersucht; sie werden vielmehr häufig mit Hilfe güterwirtschaftlicher Kategorien durchdacht[32].

Es zeigt sich, daß die Begriffsbildung auf dem Gebiete der Kreditschöpfungslehre ebenso verschieden ist wie die Behandlung des Kreditschöpfungsproblems:

Grundsätzlich lassen sich zwei Kreditschöpfungsbegriffe unterscheiden, die völlig verschiedenartige Sachverhalte beinhalten, nämlich ein monetärer und ein güterwirtschaftlicher Kreditschöpfungsbegriff.

Innerhalb dieser zwei Begriffsfassungen gibt es weitere Varianten.

Die unterschiedlichen Begriffsfassungen lassen sich unmittelbar aus der Verschiedenartigkeit des Inhalts des Begriffes „Kredit" ableiten. Besonders in der englischen Literatur gibt es — wie Currie sagt[33] —

Kreditschöpfungslehre hauptsächlich an bank- und zahlungstechnischen Äußerlichkeiten hängen geblieben sei. (Vgl. *Wagner,* Valentin Fritz: Geschichte der Kredittheorien. a.a.O., S. 203, sowie *Dobretsberger,* Josef: Das Geld im Wandel der Wirtschaft. Bern 1946, S. 74.) Dieselbe Auffassung vertreten: *Wagemann,* Ernst, und *Feilen,* Josef: Die Einkommenskomponente in der Geldschöpfungslehre und Geldschöpfungspolitik. In: Jahrbücher für Nationalökonomie und Statistik. Band 153, Jahrgang 1944, S. 431.

Neuerdings betonen insbesondere G. Neuhauser und Forstmann, die Frage nach den Kreditschöpfungsmöglichkeiten der Banken sei insbesondere von der „eigentlich kredittheoretischen Warte" aus zu stellen. (Vgl. *Neuhauser,* Gertrud: Kritische Untersuchungen zur Kreditschöpfungslehre. a.a.O., S. 648, sowie *Forstmann,* Albrecht: Geld und Kredit, a.a.O., S. 254.)

Mit der „eigentlich kredittheoretischen Warte" ist letzlich nichts anderes gemeint als eine güterwirtschaftliche Betrachtungsweise. G. Neuhauser und Forstmann verfahren in dieser Weise und behandeln das Kreditschöpfungsproblem (und zwar nicht nur die makroökonomische, sondern auch die mikroökonomische Seite) unter güterwirtschaftlichen Aspekten. (Vgl. beispielsweise *Forstmann,* Albrecht: Über produktive und nichtinflatorische Kreditgewährung. In: Weltwirtschaftliches Archiv. 45. Band. Jahrgang 1947 [I], S. 543 f. Ferner *Forstmann,* Albrecht: Geld und Kredit. a.a.O., S. 254 f. Ferner: *Forstmann,* Albrecht: Volkswirtschaftliche Theorie des Geldes. Erster Hauptteil: Reine Theorie des Geldes. Band I. Allgemeine Geldtheorie. a.a.O., insbesondere S. 334. Ferner: *Forstmann,* Albrecht: Neue Wirtschaftslehren. Berlin 1954, insbesondere S. 176 f. *Neuhauser,* Gertrud: Versuch einer kreislauftheoretischen Analyse der bankmäßigen Geld- und „Kreditschöpfung". In: Schweizerische Zeitschrift für Volkswirtschaft und Statistik. 91. Jahrgang, Heft 2, S. 198 f.

[33] Vgl. *Currie,* Laughlin: Treatment of Credit in Contemporary Monetary Theory. In: The Journal of Political Economy. Volume XLI, February 1933, Number 1, S. 58.

„many economic meanings of the term ‚credit'". Da die moderne Kredittheorie hauptsächlich von der angelsächsischen Forschung beeinflußt wurde, fanden diese begrifflichen Besonderheiten teilweise auch in der deutschen Literatur Eingang.

Wir greifen einige Auffassungen heraus, um die auf diesem Gebiete herrschende Variationsbreite darzustellen.

a) Monetär orientierte Fassungen des Begriffes „Kreditschöpfung"

Kriterium des monetär orientierten Inhalts des Begriffes „Kreditschöpfung" ist die Vermehrung der *Geldmenge.*

Verschiedene Variationen dieser Auffassung ergeben sich dadurch, daß sowohl dem Begriff „Geld" wie auch dem Begriff „Kredit" ein verschiedener Inhalt beigelegt wird.

Es lassen sich zwei Richtungen unterscheiden, nämlich einmal die Richtung, die keinen Unterschied zwischen Geld- und Kreditschöpfung kennt, zum andern die Richtung, die die Geld- und Kreditschöpfung voneinander trennt.

aa) Begriffliche Identifizierung der Geld- und Kreditschöpfung

Die Richtung, die die beiden Begriffe Kredit- und Geldschöpfung miteinander identifiziert, hat ihre Wurzeln in der angelsächsischen Literatur.

In der angelsächsischen Literatur setzte sich seit Mill immer mehr die Nebenbedeutung des Begriffes „Kredit", nach der er seinem Wesen nach Zahlungsmittel sei, durch. So stellt Currie fest: „Although Mill's treatment of the subject was not new, it became the standard doctrine. The general drift of his reasoning, and such statements as ‚credit ... is purchasing power' and ‚credit, in short, has exactly the same purchasing power with money' unquestionable tended to identify the term ‚credit' with the concept of means of payment, even though exception may be taken to some of the instruments which he regarded as purchasing power[34]."

Beispielsweise verwenden in der angelsächsischen Literatur folgende Autoren, die die moderne Kredittheorie zum Teil sehr stark beeinflußt haben, den Begriff „Kredit" im Sinne von Zahlungsmittel: John Stewart Mill, Jevons, Marshall, R. G. Hawtrey, Macleod[35], A. C. Pigou, J. M. Keynes, F. W. Taussig, R. T. Ely und andere[36].

---

[34] Vgl. ebenda, S. 58.

[35] Macleod, der als einer der Begründer der Kreditschöpfungslehre gilt, ordnet die beiden Begriffe „Kredit" und „Geld" dem Oberbegriff „Currency and Circulating Medium" unter. Macleod sieht lediglich graduelle, nicht aber wesensmäßige Unterschiede zwischen Geld und Kredit: „Money and Credit are essentially of the same nature: Money being only the highest and most general form of Credit. They are each a Right, or Title, to demand some product or service in future. Nevertheless, there is a very important distinction between Money and Credit, which must now be pointed out. In Economics all Money is Credit: but all Credit is not Money." (Vgl. *Macleod,* Henry Dunning: The Theory of Credit. Second Edition. Volume I, London 1893, S. 90.) Vgl. auch die Hinweise Diehls auf die Terminologie von Macleod. (*Diehl,* Karl: Über neuere Kredittheorien im Lichte der

Bei den genannten Autoren hat der Begriff „Kredit" stets die Nebenbedeutung „means of payment represented by demand deposits"[37].

Wenn diese Autoren von „creation of credit" sprechen, so meinen sie folglich Geldschöpfung.

Diese Handhabung ist auch in der deutschen Literatur anzutreffen.

Von Kreditschöpfung sprechen und Geldschöpfung meinen bei der Erörterung der Geldschöpfungsfähigkeit der Banken beispielsweise: Hahn[38], V. F. Wagner[39], Rittershausen[40], Schulte-Middelich[41], Marbach[42] und andere.

bb) *Begriffliche Unterscheidung zwischen Kredit- und Geldschöpfung*

Unterscheidungen zwischen den beiden Begriffen Kredit- und Geldschöpfung werden von den Autoren vorgenommen, die die beiden Begriffe „Kredit" und „Geld" nicht miteinander identifizieren.

Insbesondere Erich Schneider führt eine scharfe Trennung zwischen den beiden Begriffen „Kreditschöpfung" und „Geldschöpfung" durch. Dieser Trennung liegt die Unterscheidung der Kreditbeziehungen in solche monetärer und solche güterwirtschaftlicher Natur zugrunde.

Erich Schneider macht sich die Auffassung Höpker-Aschoffs zu eigen, daß Kreditbeziehungen nur da vorliegen, „wo die Güter nicht im Besitz des wahren Eigentümers sind, wo ein Schuldner die Güter besitzt (und auch das juristische Eigentum hat) und der wahre Eigentümer sich mit einer Forderung gegen den besitzenden Schuldner begnügt"[43].

Die Eigenart der Schneider'schen Auffassung besteht darin, daß er unter dem Begriff „Gut" nur Bestandteile des Realvermögens und nicht etwa auch Geld versteht. Folglich sieht Schneider das hauptsächliche Merkmal der Kreditwirtschaft darin, „daß die juristischen Eigentümer der Bestand-

---

Lehre von Macleod. Kölner Vorträge. Die Kreditwirtschaft. I. Teil. Leipzig 1927, S. 116.)

[36] Vgl. die kurzgefaßte Übersicht, die Currie gibt. *Currie,* Laughlin: Treatment of Credit in Contemporary Monetary Theory. a.a.O., S. 58/59.

[37] Vgl. ebenda, S. 60.

[38] *Hahn,* L. Albert: Volkswirtschaftliche Theorie des Bankkredits. a.a.O., passim.

[39] *Wagner,* Valentin Fritz: Geschichte der Kredittheorien. a.a.O., S. 150 f.

[40] *Rittershausen,* Heinrich: Bankpolitik. Eine Untersuchung des Grenzgebiets zwischen Kredittheorie, Preistheorie und Wirtschaftspolitik. Frankfurt/M. 1956, insbesondere S. 110 f.

Rittershausen schreibt der Kreditgewährung der Banken folgenden Effekt zu: „Ihre Kredite schöpfen bei Inanspruchnahme Geld." (Vgl. ebenda, S. 10.) Denn nach Auffassung Rittershausens sind Bankguthaben Geld: „Haben wir Geld als Bankguthaben definiert, so ist der Kredit vom Geld leicht zu unterscheiden. Beide unterscheiden sich, vom Gläubiger aus gesehen, nur durch den Schuldner: ist dieser eine Bank (und ist das Guthaben fällig), so handelt es sich um Geld; ist er eine Nichtbank, so handelt es sich um Kredit." (Vgl. ebenda, S. 11.)

[41] *Schulte-Middelich,* Theo: Die Entwicklung der modernen Kredittheorie insbesondere in Deutschland. Dissertation. Köln 1953, S. 24.

[42] *Marbach,* Fritz: Die Kreditschöpfung der Handelsbanken und das Postulat der Verstaatlichung des Kredits. Bern 1947, passim.

[43] Vgl. *Schneider,* Erich: Einführung in die Wirtschaftstheorie. I. Teil: Theorie des Wirtschaftskreislaufs. 6. umgearbeitete und erw. Auflage. Tübingen 1956, S. 30 (künftig abgekürzt: Wirtschaftstheorie I). *Höpker-Aschoff,* Hermann: Geld und Gold. Jena 1939, S. 14.

teile des *Real*vermögens (Hervorhebung von uns) nicht immer mit ihren wirtschaftlichen Eigentümern identisch sind“[44].

Daraus folgert Schneider, daß eine Kreditschöpfung, d. h. eine Erhöhung der volkswirtschaftlichen Kreditsumme, nur dann vorliegt, wenn (*reale*) Güter von einem Wirtschaftssubjekt A zu einem Wirtschaftssubjekt B derart übertragen werden, daß A wirtschaftlicher Eigentümer, B dagegen juristischer Eigentümer wird[45].

Aus der von Schneider entwickelten Auffassung über das Wesen der Kreditwirtschaft folgt, daß die Schaffung monetärer Kreditbeziehungen keine Vermehrung der volkswirtschaftlichen Kreditsumme und damit auch keine Kreditschöpfung darstellt, denn das Objekt der monetären Kreditbeziehungen sind nicht reale Güter; Objekt der monetären Kreditbeziehungen ist vielmehr Geld.

Die Banken sind also gar nicht in der Lage, Kredite zu schöpfen oder zu schaffen, weil ihr Handelsobjekt Geld ist. Da nun Schneider auf Banken gerichtete Forderungen als Geld ansieht[46], bezeichnet er die Kreditgewährung einer Bank, durch die eine neue, monetäre Kreditbeziehung entsteht, als Geldschöpfung.

Wir halten die von Schneider durchgeführte Trennung zwischen den beiden Begriffen Kreditschöpfung und Geldschöpfung grundsätzlich für richtig, doch eignen sich die Schneiderschen Begriffsfassungen, wie wir noch sehen werden, nicht für eine Diskussion des Kreditschöpfungsproblems im banktheoretischen Sinne.

Von Geldschöpfung sprechen und den Sachverhalt der Kreditschöpfung (als Fähigkeit der Banken, autonom Zahlungsmittel schaffen zu können) meinen: Stucken[47], Lukas[48], Mayer[49] und Höpker-Aschoff[50] sowie verschiedene andere Autoren.

b) Güterwirtschaftlich orientierte Fassungen des Begriffes „Kreditschöpfung“

Für die güterwirtschaftlich orientierten Begriffsfassungen ist typisch, daß sie als Kriterien der Abgrenzung des aus Kreditschöpfung stammenden „zusätzlichen“ Kredites güterwirtschaftliche Sachverhalte und Vorgänge wählen.

So unterscheidet beispielsweise Lütge zwischen einem „regulären“ und einem „schöpferischen“ Kredit. Die im regulären Kredit zur Verfügung gestellten Zahlungsmittel repräsentieren bereits zurückliegende Leistungen und vorhandene Güter, „die eben beide nur einem andern als dem Eigentümer zur Verfügung gestellt werden“[51]. Dagegen repräsentieren die von den Ban-

---

[44] Vgl. *Schneider,* Erich: Wirtschaftstheorie I, S. 29.

[45] Vgl. ebenda, S. 32.

[46] Vgl. *Schneider,* Erich: Einführung in die Wirtschaftstheorie. III. Teil: Geld, Kredit, Volkseinkommen und Beschäftigung. 5. verb. u. erw. Auflage. Tübingen 1959, S. 9 (künftig abgekürzt: Wirtschaftstheorie III).

[47] Vgl. *Stucken,* Rudolf: Geld und Kredit. 2. Auflage. Tübingen 1957, insbesondere S. 53 f.

[48] Vgl. *Lukas,* Eduard: Geld und Kredit. Heidelberg 1951, S. 133.

[49] Vgl. *Mayer,* Helmut: Die „multiple“ Geldschöpfung der Banken. In: Zeitschrift für das gesamte Kreditwesen. Jahrgang 1956. 6. Heft, S. 185 f.

[50] Vgl. *Höpker-Aschoff,* Hermann: Geld und Währungen. Göttingen 1948, S. 32.

[51] Vgl. *Lütge,* Friedrich: Einführung in die Lehre vom Gelde. 2. Auflage, München 1948, S. 85.

ken im „schöpferischen" Kredit zur Verfügung gestellten Zahlungsmittel keine volkswirtschaftliche Leistung. Diese Zahlungsmittel beziehen sich „auf künftige Leistungen"[52/53].

Die bemerkenswertesten Versuche, dem Begriff „Kreditschöpfung" einen güterwirtschaftlichen Inhalt zu verleihen, unternahmen neuerdings Forstmann und G. Neuhauser.

Forstmann geht davon aus, daß „der eigentliche und letzte Sinn einer jeden Kreditgewährung nicht geldseitig, sondern güterwirtschaftlich bestimmt ist und daher nicht in der Übertragung von Geld, sondern vielmehr in der Übertragung von Gütern liegt"[54].

Für den aus Kreditschöpfung stammenden Kredit ist nun nach Forstmann charakteristisch, daß er Ansprüche an das volkswirtschaftliche Gütervolumen schafft, die zu jenen im „vermittelnden" Kredit in Erscheinung tretenden und auf Grund güterwirtschaftlicher Leistungen erworbenen und damit wirtschaftlich „legitimen" Ansprüchen „zusätzlich" hinzukommen, so daß also die Nachfrage nach Gütern eine Steigerung erfährt, ohne daß das Güterangebot eine Vermehrung erfahren hätte[55]. Der „zusätzliche" Kredit bewirkt also nach Auffassung Forstmanns inflatorische Erscheinungen.

Daraus folgert nun Forstmann, daß die für eine Unterscheidung der Begriffe „Kreditvermittlung" und „Kreditschöpfung" relevanten Kriterien nur dadurch ermittelt werden können, „daß der Kreditumfang in Beziehung zu jenem Gütervorrat gesetzt wird, über den mit Hilfe der Kapitaldispositionen verfügt werden soll, die im Kreditvorgang übertragen werden"[56]. Da nun nach Auffassung Forstmanns die aus Einzahlungen, Überweisungen und eigenen flüssigen Mitteln der Bank stammenden Beträge Ersparnisse früherer Einkommensperioden darstellen, die einen durch wirtschaftliche Vorleistung erworbenen Anspruch auf bereits in einem dieser Vorleistung entsprechenden Umfang vorhandene Güter repräsentieren, liegt nach seiner Auffassung Kreditschöpfung, oder — nach seiner Ausdrucksweise — die Gewährung eines zusätzlichen Kredites vor, wenn die Banken mehr Kredite gewähren, als ihnen aus eigenen und fremden Mitteln zur Verfügung steht[57], bzw. „wenn die Summe der von einer Bank bzw. dem gesamten Banksystem gewährten Kredite und verausgabten Noten größer ist als die Summe der den Banken aus Einzahlungen und Überweisungen sowie eigenen flüssigen Mitteln zur Verfügung stehenden ‚echten' Geldkapitalien"[58].

Die Begriffsfassungen Forstmanns erweisen sich in mancher Hinsicht als sehr problematisch[59].

---

[52] Vgl. ebenda, S. 85.

[53] Röpke und Adolf Weber geben dem Begriff „Kreditschöpfung" bzw. dem Begriff „zusätzlicher" (d. h. aus Kreditschöpfung stammender) Kredit in ähnlicher Weise wie Lütge einen güterwirtschaftlichen Inhalt. (Vgl. *Röpke*, Wilhelm: Kredit und Konjunktur. In: Jahrbücher für Nationalökonomie und Statistik. III. Folge, 69. Band, Jahrgang 1926, S. 243 f. *Weber*, Adolf: Zusätzlicher Bankkredit durch Giralgeldschöpfung. In: Bankarchiv. Jahrgang 1937/38. S. 372 f.)

[54] Vgl. *Forstmann*, Albrecht: Volkswirtschaftliche Theorie des Geldes. Zweiter Band: Monetäre Ökonomie. Allgemeine Volkswirtschaftslehre der Geldwirtschaft. a.a.O., S. 256.

[55] *Forstmann*, Albrecht: Geld und Kredit. a.a.O., S. 14.

[56] Ebenda, S. 21.

[57] Vgl. ebenda, S. 254 und 259.

[58] Vgl. ebenda, S. 264.

[59] Vgl. hierzu auch die Ausführungen von *Linhardt*, Hanns: Monetäre

Forstmann irrt, wenn er glaubt, daß die sich bei den Banken ansammelnden Ersparnisse „güterwirtschaftlich legitimiert" sind, und daß ihre Weitergabe daher die Ausnutzung der durch dieses Sparen geschaffenen güterwirtschaftlichen Reserven ermöglicht[60]. Wie Voigt feststellt, decken sich die Vorgänge im monetären Bereich und die Vorgänge im güterwirtschaftlichen Bereich grundsätzlich nicht immer: Sparkapitalbildung, die sich im monetären Bereich vollzieht und auf Grund der Nichtverwendung von Einkommen zustande kommt, sowie Realkapitalbildung, die im güterwirtschaftlichen Bereich stattfindet und „Schaffung einer volkswirtschaftlichen Leistungsreserve" bedeutet[61], können auseinanderfallen[62].

Es sei hier auf die von Voigt erarbeiteten Ergebnisse verwiesen, der die möglichen, die Sparkapitalbildung betreffenden Divergenzen zwischen den Vorgängen im monetären und im güterwirtschaftlichen Bereich darstellt[63].

Ferner versteht Forstmann unter „echtem Geldkapital" nicht nur die Spareinlagen bei Banken, sondern überhaupt die Summe der den Banken aus Einzahlungen, Überweisungen sowie eigenen flüssigen Mitteln zur Verfügung stehenden Zahlungsmittel. Nun kann es sich jedoch bei diesen Einlagen, die in der Form von (nicht bewegten) Sicht- und Termineinlagen ihren Niederschlag in den Bankbilanzen finden, einmal um Kassenbestände der Bankkunden handeln, die aus Hortungsmotiven resultieren, zum andern aber um Überschüsse der Kassenführungsguthaben der Bankkunden, die zahlungstechnisch bedingt sind. Wie G. Neuhauser bemerkt, besitzen diese Zahlungsmittel dann kein güterwirtschaftliches Äquivalent, wenn sich die Volkswirtschaft auf ihre Absorption bereits eingestellt hat[64].

Einen weiteren bemerkenswerten Versuch, die Kreditschöpfung güterwirtschaftlich zu bestimmen, unternimmt G. Neuhauser. Die besondere Betrachtungsweise G. Neuhausers ist durch eine eigentümliche Synthese güterwirtschaftlicher und monetärer Gesichtspunkte gekennzeichnet, ferner dadurch, daß sie die Kredittätigkeit der Banken in Beziehung zu den geld- und güterwirtschaftlichen Kreislaufgrößen setzt.

G. Neuhauser hält den Ersparnisbegriff als das entscheidende Kriterium für die Abgrenzung zwischen „Kreditvermittlung" und „Kreditschöpfung"

Ökonomie. (Rezension zu Forstmann: Volkswirtschaftliche Theorie des Geldes. Band II.) In: Zeitschrift für handelswissenschaftliche Forschung. N. F. 8. Jahrgang 1956, S. 491 f.

[60] Forstmann vertritt diese Auffassung u. a. in: Geld und Kredit. a.a.O., S. 259 und 263.

[61] Vgl. zu diesem Begriff *Voigt*, Fritz: Der volkswirtschaftliche Sparprozeß. a.a.O., insbesondere S. 40 f.

[62] Vgl. ebenda, S. 25/26.

[63] Vgl. ebenda, S. 39, S. 69 f., S. 93 f.

[64] Vgl. *Neuhauser*, Gertrud: Versuch einer kreislauftheoretischen Analyse der bankmäßigen Geld- und „Kreditschöpfung". a.a.O., S. 202; sowie *Voigt*, Fritz: Der volkswirtschaftliche Sparprozeß. a.a.O., S. 245.

und damit für die Determinierung der Kreditschöpfung. G. Neuhauser geht von einem geld- und güterwirtschaftliche Gesichtspunkte integrierenden Ersparnisbegriff aus, und zwar liegt nach ihrer Auffassung Sparen nur vor, „wenn das Nicht-Ausgeben von Einkommensteilen tatsächlich Teile des Sozialprodukts bzw. Produktionsfaktoren freisetzt und damit eine Leistungsreserve schafft"[65].

Damit versteht G. Neuhauser unter dem Begriff „Ersparnis" „alle jene Einlagen — gleich welcher bankmäßigen Form — und alle Eigenkapitalien der Bank, die Ausdruck eines realen volkswirtschaftlichen Sparprozesses sind"[66].

Bei derartigen Einlagen handelt es sich somit um „echtes" Geldkapital. Stellen nun die Banken den Kreditnehmern auf dem Wege des Kredits echtes Sparkapital repräsentierende Mittel zur Verfügung, so ist nach Meinung G. Neuhausers der Sachverhalt der Kreditvermittlung gegeben[66].

Kreditschöpfung liegt dagegen nach Auffassung G. Neubauers dann vor, wenn die Banken mehr Kredite geben, als sie an echtem Sparkapital besitzen, also an Verfügungsrechten über Kaufkraft, die nicht ausgenützt wurden[67].

Nun untersucht jedoch G. Neuhauser den Inhalt der von ihr erarbeiteten Begriffe ferner auf ihre kreislauftheoretische Bedeutung. Sie geht davon aus, daß jede Beschleunigung des Geldes zu einer Verbreiterung des Geldstroms führt. Resultiert diese Verbreiterung des Geldstroms aus einer Kreditgewährung der Banken, so liegt nach ihrer Auffassung eine Kreditschöpfung vor[67].

G. Neuhauser folgt also nicht der Auffassung Forstmanns, der eine Übereinstimmung der „geldseitigen" und „güterwirtschaftlichen" Begriffskriterien annimmt. Bei den von G. Neuhauser entwickelten Begriffsfassungen handelt es sich um theoretisch äußerst reine Abgrenzungen. Als Instrumente einer Untersuchung der banktheoretischen Seite des Kreditschöpfungsproblems sind diese Begriffe dagegen nicht zweckmäßig, ja sogar unbrauchbar.

Dies liegt in folgendem begründet:

Trotz Berücksichtigung bankbetrieblicher Gesichtspunkte ermöglicht der von G. Neuhauser entwickelte Kreditschöpfungsbegriff keine banktheoretisch fundierte Abgrenzung des Vorgangs der „Kreditschöpfung" gegenüber dem Vorgang der „Kreditvermittlung", weil der Ersparnisbegriff, den G. Neuhauser als Kriterium für die Bestimmung des Kreditschöpfungsbegriffes heranzieht, seinen Bezugspunkt außerhalb der Banksphäre, und zwar im Gütersektor, besitzt. Denn Ersparnisse sind nach Auffassung G. Neuhausers alle jene Einlagen und Eigenkapitalien der Bank, durch die eine volkswirtschaftliche Leistungsreserve entsprechenden Ausmaßes geschaffen wurde.

---

[65] Vgl. *Neuhauser*, Gertrud: Versuch einer kreislauftheoretischen Analyse der bankmäßigen Geld- und „Kreditschöpfung". a.a.O., S. 204.
[66] Vgl. ebenda, S. 204.
[67] Vgl. ebenda, S. 205.

Nun kann aber dem Gelde, das den Banken im Depositengeschäft zufloß und das von den Deponenten nicht sofort erneut für Zahlungen verwendet, sondern vielmehr „gespart“ wurde, nicht angesehen werden, ob es tatsächlich Teile des Sozialprodukts bzw. Produktionsfaktoren freisetzte und damit eine Leistungsreserve schuf.

Ist es bereits bei den bei Banken liegenden Spareinlagen zweifelhaft, ob sie stets das monetäre Äquivalent güterwirtschaftlicher Leistungsreserven sind, so ist dies erst recht zweifelhaft bei den Termineinlagen, insbesondere aber bei den Sichteinlagen, die ebenfalls als Grundlage einer Kreditgewährung dienen können.

Eine Anwendung des von G. Neuhauser entwickelten Instrumentariums würde es also unmöglich machen, die Tätigkeit der Kreditinstitute daraufhin zu untersuchen, ob jeweils eine Kreditvermittlung oder eine Kreditschöpfung vorliegt[68].

Da nun aber die Möglichkeit einer Charakterisierung der bankbetrieblichen Tätigkeit als Kreditschöpfung oder als Kreditvermittlung für die Lösung des mit der vorliegenden Arbeit aufgegriffenen Problems von entscheidender Bedeutung ist, kann auf die von G. Neuhauser entwickelten Begriffe in der vorliegenden Untersuchung nicht zurückgegriffen werden.

3. Ergebnis und Konsequenzen

Aus den obigen Ausführungen geht hervor, daß sich die von der modernen Kreditschöpfungslehre aufgestellten Behauptungen nicht nur auf banktheoretische, d. h. mikroökonomische, sondern auch auf Fragen allgemein volkswirtschaftlicher Natur, also auf makroökonomische Fragen, beziehen. Die Frage, welche Wirkungen eine Kreditschöpfung der Sparkassen auf die volkswirtschaftlichen Kreislaufgrößen ausübt, wie sie den güterwirtschaftlichen Ablauf des Wirtschaftsprozesses beeinflußt, geht jedoch über den Rahmen der vorliegenden Arbeit hinaus.

Bei der Erörterung des mit der vorliegenden Arbeit aufgegriffenen Problems interessieren letztlich die Bestimmungsgründe des Kreditangebots der Sparkassen:

Sind die Sparkassen in der Lage, ihr Kreditangebot über die bloße Kreditvermittlung hinaus auszudehnen, m. a. W., sind sie in der Lage, aus Kreditschöpfung stammende Zahlungsmittel den Kreditnehmern zur Verfügung zu stellen?

Daraus folgt, daß für die Lösung des mit der vorliegenden Arbeit aufgegriffenen Problems nur die banktheoretischen Behauptungen und Thesen der modernen Kreditschöpfungslehre relevant sind.

---

[68] Vgl. hierzu insbesondere Seite 49 f. der vorliegenden Arbeit.

II. Inhalt und Problematik der banktheoretischen Seite der modernen Kreditschöpfungslehre

Die folgenden Ausführungen dienen dem Zweck, die im Rahmen der Behandlung der banktheoretischen Seite des Kreditschöpfungsproblems in der Literatur aufgestellten Behauptungen und Thesen auf ihre Aussagefähigkeit im Hinblick auf das mit der vorliegenden Arbeit aufgegriffene Problem zu untersuchen.

1. Die Grundgedanken der banktheoretischen Seite der modernen Kreditschöpfungslehre und ihre Problematik

Bereits über die Grundgedanken der banktheoretischen Seite der Kreditschöpfungslehre gibt es verschiedene Versionen.

Bei einer Durchsicht der verschiedenen Formulierungen kristallisiert sich schließlich die These heraus, die „Geschäftsbanken" (d. h. die „privaten", nicht-notenausgebenden Banken) seien in der Lage, mit selbst geschaffenem Geld Kredite in einem Ausmaß zu gewähren, welches das Volumen des Geldes, das der betreffenden Bank von dritter Seite zur Verfügung gestellt wurde, übersteigt[69].

Daraus resultiert die Annahme der Unabhängigkeit des Aktivkreditvolumens einer Bank von den ihr zufließenden Ersparnissen[70]. Bei einer Kreditschöpfung kann eine Bank *autonom* mit ad hoc geschaffenen Zahlungsmitteln die Zahlungsaufträge der Kreditnehmer erfüllen.

Ist diese Autonomie nicht gegeben, dann kann auch nicht von einer Kreditschöpfung gesprochen werden.

Der Bezeichnung „Autonomie der Banken bei der Kreditschöpfung" wird nun aber in der Literatur ein verschiedenartiger Inhalt beigelegt[71].

Die erste Deutung besteht darin, daß eine Unabhängigkeit des Aktivkreditvolumens einer Bank von den ihr im Depositengeschäft zugeflossenen, kreditär nutzbaren Zahlungsmitteln angenommen wird. Nach dieser Auffassung gewährt eine Bank Kredite auf Grund der Möglichkeit des Rückgriffs auf die Zentralnotenbank: Die Kreditgewährung erfolgt zwar, ohne daß die Bank über eine entsprechende Überschußreserve verfügt. Die kreditgewährende Bank besitzt jedoch geldmarktfähige Titel oder es werden ihr durch die Kreditgewährung geldmarktfähige Titel zugeführt, die es ihr

---

[69] Vgl. *Gestrich*, Hans: Kredit und Sparen. 1. Auflage 1944, 2. Auflage, Bad Godesberg 1947, S. 26.

[70] Vgl. ebenda, S. 27. Vgl. ferner die Darstellung von *Schulte-Middelich*, Theo: Die Entwicklung der modernen Kredittheorie insbesondere in Deutschland. Kölner Dissertation 1953, S. 22 f.

[71] Vgl. zu den verschiedenen, möglichen Deutungen des Begriffs „Autonomie" auch *Neuhauser, Gertrud:* Versuch einer kreislauftheoretischen Analyse der bankmäßigen Geld- und „Kreditschöpfung". a.a.O., S. 214.

ohne weiteres ermöglichen, sich das erforderliche Zentralbankgeld zu beschaffen[72].

„Autonomie" besagt also bei dieser Deutung, daß eine kreditgewährende Bank „Kredite über ihren depositären Kassamitteleingang hinaus gewähren und indirekt somit tatsächlich Kredit und damit auch Geld produzieren . . ." kann[73].

Die geschilderte Auffassung über die „Autonomie" wird dem Wesen der Kreditschöpfung jedoch keineswegs gerecht. Denn in diesem Fall „schöpft" die Bank „nur in unbewußter Vertretung der Notenbank"[74]. Wenn die Banken in dieser Weise „Kredit erteilen und damit den Kredit, wenigstens bis zu einem gewissen Grade produzieren, so tun sie es letzten Endes also nur im Hinblick auf die Möglichkeit des Rückgriffs auf die zentrale Notenbank. Man geht über den Sonnenschein hinaus spazieren, aber man weiß, daß man den Regenschirm für alle Fälle bei sich hat. Dieser Regenschirm ist das Symbol der Nichtautonomie der dargelegten Kreditschöpfung"[75].

Bei der zweiten Deutung des Begriffes „Autonomie" wird angenommen, daß eine Bank eine Kreditgewährung ohne jeglichen Konnex zur Notenbank vornimmt. Sie besitzt bei der Kreditgewährung weder eine Überschußreserve, noch refinanziert sie sich nachträglich beim Zentralbanksystem. Sie kann die aus der Kreditinanspruchnahme resultierenden Zahlungen völlig autonom, d. h. ohne Beanspruchung von Zentralbankgeld, leisten[76].

Lediglich die letztere Deutung des Begriffes „Autonomie" wird dem Wesen der Kreditschöpfung gerecht. Denn von einer bankbetrieblichen Kreditschöpfung kann nur dann gesprochen werden, wenn eine Bank fähig ist, die Zahlungen im Auftrag ihres Kreditnehmers ohne „fremdes" Geld, also ausschließlich mit ad hoc geschaffenem Geld auszuführen.

Aus den geschilderten Grundgedanken der banktheoretischen Seite der modernen Kreditschöpfungslehre entwickelten sich nun verschiedene Modifikationen.

Diese Modifikationen sind teilweise heftig umstritten. Es ist daher erforderlich, zunächst die einzelnen Behauptungen und Thesen der Modifikationen der banktheoretischen Seite der modernen Kreditschöpfungslehre kritisch zu durchleuchten.

---

[72] Marbach nennt eine in dieser Form erfolgende Kreditgewährung „Methode A der Kreditgewährung" und den aus dieser Methode resultierenden Kredit „Schöpfkredit". (Vgl. *Marbach*, Fritz: Die Kreditschöpfung der Handelsbanken und das Postulat der Verstaatlichung des Kredits. a.a.O., S. 15.)

[73] Ebenda, S. 17.

[74] Ebenda, S. 18.

[75] Ebenda, S. 18/19.

[76] Marbach spricht bei einer derartigen Kreditgewährung von einem „autonomen Schöpfkredit". (Vgl. ebenda, S. 15.)

2. Die Modifikationen der banktheoretischen Seite der modernen Kreditschöpfungslehre

a) Modifikationen hinsichtlich der Frage nach der Art der von den Banken im Kredit zur Verfügung gestellten Zahlungsmittel

Die Diskussion der modernen Kredittheoretiker dreht sich hauptsächlich um die Frage, „ob jeder Kreditierungsvorgang zugleich ein Kredit- bzw. Geldschöpfungsvorgang sei, oder ob die Kommerzbanken neben ihrer Tätigkeit als Kredit- und damit Geldproduzenten nicht vielleicht doch auch noch diejenige des Kredit- bzw. Geldvermittlers ausüben“[77/78].

Nach Auffassung der „klassischen“ Kreditvermittlungstheorie[79] üben die Banken lediglich eine vermittelnde Funktion aus[80]; sie stellen den Kreditnehmern also nur „fremde“ Gelder zur Verfügung.

---

[77] Vgl. ebenda, S. 7.

[78] Dieses Problem kann auch in der Weise erörtert werden, daß nach der Art der von den Banken im Kredit zur Verfügung gestellten Zahlungsmittel gefragt wird. V. F. Wagner, der von dieser Fragestellung bei seinen Erörterungen über die Kreditschöpfungslehre ausgeht, sieht das relevante Problem darin, welche geld- und kreditmäßige Natur die Depositen als kurzfristige Verbindlichkeiten der Banken besitzen, m. a. W., ob die Depositen wirklich „fremde“ Gelder sind. (Vgl. *Wagner,* Valentin Fritz: Geschichte der Kredittheorien. a.a.O., S. 145/146.)

Denn stellen die Depositen in ihrer Gesamtheit „fremde“ Gelder dar, dann kann es sich ja auch bei den von den Banken via Kredit zur Verfügung gestellten Geldern nur um „fremde“ Gelder handeln.

[79] Auch die Auffassungen etwa von V. F. Wagner, Bouniatian, Reisch, Cannan, Leaf, Somary, De Viti de Marco sind in diesem Punkte mit der Auffassung der „klassischen“ Kreditvermittlungstheorie identisch.

(Vgl. *Wagner,* Valentin Fritz: Geschichte der Kredittheorien, insbesondere S. 192. *Cannan,* Edwin: Modern Currency and the Regulation of its Value. London 1931, insbesondere S. 97. *Bouniatian,* Mentor: Die vermeintlichen Kreditkreierungen und die Konjunkturschwankungen. In: Jahrbücher für Nationalökonomie und Statistik. 136. Band, Jahrgang 1932, S. 337 f. *Bouniatian,* Mentor: Industrielle Schwankungen. Bankkredite und Warenpreise. In: Archiv für Sozialwissenschaft und Sozialpolitik. 58. Band, Jahrgang 1927, Heft 3, S. 449—477. *Leaf,* Walter: Banking. London 1927, S. 105 f. *Reisch,* Richard: Die „Deposit“-Legende in der Banktheorie. In: Zeitschrift für Nationalökonomie. Band 1. Jahrgang 1930, S. 489 f. *De Viti de Marco,* A.: La Funzione della banca. Introduzione allo studio dei problemi monetari e bancari contemporanei. Torino 1934. Deutsch: Die Funktion der Bank. Wien 1935, insbesondere S. 64 f. *Somary,* Felix: Bankpolitik. 3. Auflage. Tübingen 1934, S. 17 sowie S. 47 f.

[80] Wirtschaftssubjekte, die entweder sparen oder ihr Geld vorübergehend nicht brauchen, legen es bei den Banken ein. Die Banken können dieses Geld an andere Wirtschaftssubjekte ausleihen. Gestrich bemerkt zutreffend, die Modernisierung des Bankapparates durch die Ausbildung des bargeldlosen Zahlungsverkehrs werde von dieser Anschauungsweise lediglich als eine Transporterleichterung, eine Erleichterung der Übertragbarkeit des Bargeldes aufgefaßt, die dessen bessere Ausnützung gestatte. (Vgl. *Gestrich,* Hans: Neue Kreditpolitik. Stuttgart und Berlin 1936, S. 9.)

Demgegenüber sind die Vertreter der modernen Kreditschöpfungslehre der Auffassung, daß die von den Banken im Kredit zur Verfügung gestellten Zahlungsmittel von den Banken selbst ad hoc geschaffen worden sind.

Nun bestehen allerdings zwischen den Auffassungen der einzelnen Vertreter der modernen Kreditschöpfungslehre graduelle Unterschiede, die in zwei Theorien ihren Niederschlag finden, nämlich einmal in der sogenannten „Theorie der ausschließlich giralen Kreditschöpfungstätigkeit der Banken", zum andern in der sogenannten „Theorie der kombinativen Kreditvermittlungs- und Kreditschöpfungstätigkeit der Banken".

aa) Theorie der ausschließlich giralen Kreditschöpfungstätigkeit der Banken

aaa) Darstellung

Der Grundgedanke dieser Theorie besagt, daß die Banken die Mittel, die sie den Kreditnehmern zur Verfügung stellen, selbst ad hoc schaffen. Da das von den Banken geschaffene Geld nur die Form von Giralgeld besitzen kann, ist jeder Kredit, den eine Bank gewährt, giral geschöpft[81].

Zu dieser Auffassung, die ihren Ausgangspunkt in der These Withers', every loan makes a deposit[82], hat, gelangen ihre Vertreter auf verschiedenen Wegen.

Hahn vertritt erstmalig die Theorie von der ausschließlich giralen Kreditschöpfungstätigkeit der Banken. Nach seiner Auffassung bestehen die Mittel, die die Banken ihren Kreditnehmern zur Verfügung stellen, einzig und allein „in den Guthaben, die sie zu schaffen die Kraft und Fähigkeit besitzen"[83]. Diese These, die Hahn in der ersten Auflage seines Buches „Volkswirtschaftliche Theorie des Bankkredits" entwickelte, milderte er in den folgenden Auflagen[84].

Über die Auffassung der „klassischen" Kreditvermittlungstheorie in diesem Punkt unterrichten ausführlich V. F. Wagner und Rist. (Vgl. *Wagner*, Valentin Fritz: Geschichte der Kredittheorien. a.a.O., passim, sowie *Rist*, Charles: Histoire des Doctrines Relatives au Crédit et la Monnaie. Depuis John Law Jusqu'a Nos Jours. Paris 1938. [Deutsche Übersetzung durch Gustav Büscher: Geschichte der Geld- und Kredittheorien. Von John Law bis heute. Bern 1947, passim.])

[81] Deshalb bezeichnet G. Neuhauser im Anschluß an Marbach (vgl. *Marbach*, Fritz: Die Kreditschöpfung der Handelsbanken und das Postulat der Verstaatlichung des Kredits. a.a.O., S. 7) diese Richtung als „Theorie von der ausschließlich giralen Kreditschöpfungstätigkeit der Banken". (Vgl. *Neuhauser*, Gertrud: Kritische Untersuchungen zur Kreditschöpfungslehre. a.a.O., S. 652.)

[82] Vgl. *Withers*, Hartley: The Meaning of Money. First Edition, London 1909. Fifth Edition New York 1930, S. 60.

[83] Vgl. *Hahn*, L. Albert: Volkswirtschaftliche Theorie des Bankkredits. 1. Auflage. Tübingen 1920, S. 29.

[84] Vgl. hierzu die ausführliche Darstellung von *Forstmann*, Albrecht: Vom Paradoxon der Ausschließlichkeit der Kreditschöpfung. a.a.O., S. 448.

Gestrichs Auffassung ist mit der Hahns in diesem Punkte identisch: Nach seiner Meinung befriedigen die Banken den Kreditbedarf nicht aus Ersparnissen, sondern durch Schaffung von Geld. Kein Kredit wird nach seiner Ansicht von irgendwelchem Geld genommen, das sonst unverwendet liegen bliebe, denn es existieren gar keine von dritter Seite überlassenen, den Banken für Kredite zur Verfügung stehenden Mittel, wie Gestrich glaubt, aus den Bankbilanzen herauslesen zu können[85].

Auch Schulte-Middelich, Heuss und Preiser vertreten diese Auffassung[86]. Ferner ist Schneider trotz terminologischer Abweichungen den Vertretern dieser Richtung hinzuzurechnen. Die für die Theorie von der ausschließlich giralen Kreditschöpfungstätigkeit der Banken typische These, jeder Kredit, den eine Bank gewährt, sei giral geschöpft, formuliert Schneider wie folgt: „Wir sagen nicht, die Bank leiht das überschüssige Zentralbankgeld aus. Eine solche Formulierung wäre falsch. Die Bank schafft selbst die Zahlungsmittel, die sie den Kreditnehmern gutschreibt[87].“

Auch Mülhaupt vertritt diese Auffassung, wenn auch in besonderer Form. Er mißt dem Bankkredit den Effekt der Schaffung von Liquidität zu und sagt, mit *jedem* Kredit, den eine Bank gewährt, „produziert sie gewissermaßen neue Liquidität in Form von Giralgeld“[88].

bbb) Kritik

Insbesondere die Behauptung Withers', „every loan makes a deposit“, von der die Theorie der ausschließlich giralen Kreditschöpfungstätigkeit der Banken ihren Ausgang nimmt, ist sehr problematisch, weshalb sie auch häufig Gegenstand der Kritik ist[89].

---

[85] Vgl. *Gestrich*, Hans: Kredit und Sparen. a.a.O., S. 81 f.

[86] Vgl. *Schulte-Middelich*, Theo: Die Entwicklung der modernen Kredittheorie, insbesondere in Deutschland. Kölner Dissertation 1953, S. 29. Vgl. *Heuss*, Ernst: Der Zusammenhang von Sparen und Investieren. In: Schmollers Jahrbuch für Gesetzgebung, Verwaltung und Volkswirtschaft. 70. Jahrgang 1950, I. Halbband, S. 86. Vgl. *Preiser*, Erich: Geldschöpfung oder Sparen? In: Jahrbücher für Nationalökonomie und Statistik. Band 162, Jahrgang 1950, S. 251. Abgedruckt in: *Preiser*, Erich: Bildung und Verteilung des Volkseinkommens. Gesammelte Aufsätze zur Wirtschaftstheorie und Wirtschaftspolitik. Göttingen 1957, S. 71.

[87] Vgl. *Schneider*, Erich, Wirtschaftstheorie III, S. 40.

[88] Vgl. *Mülhaupt*, Ludwig: Umsatz-, Kosten- und Gewinnplanung einer Kreditbank. In: Zeitschrift für handelswissenschaftliche Forschung. N. F. 8. Jahrgang 1956, Heft 1, S. 9.

[89] So bemerkt Halm in einer Stellungnahme zu den diesbezüglichen Ausführungen Hahns, es sei nicht einzusehen, warum betont werden sollte, daß jede Krediteinräumung eine Geldvermehrung bedeute, denn sie tue das nur in den seltensten Fällen. (Vgl. *Halm*, Georg: Kritische Betrachtungen zu Albert Hahns „Volkswirtschaftliche Theorie des Bankkredits“. In: Jahrbücher für Nationalökonomie und Statistik. Band 139, Jahrgang 1933, S. 5.)

In ähnlicher Weise kritisiert G. Neuhauser die Auffassung Gestrichs, die Banken schafften die Kreditmittel dadurch, daß sie ihren Kreditnehmern versprächen, „bis zur vereinbarten Höhe von ihnen auf sie gezogene Schecks einzulösen oder von ihnen gegebene Überweisungsaufträge auszuführen“ (vgl. *Gestrich*, Hans: Kredit und Sparen. a.a.O., S. 27.), und zwar bemerkt G. Neuhauser, daß Gestrich bei dieser Behauptung zu übersehen scheine, daß die kreditgewährenden Banken ihren Kreditnehmern gegenüber auch

Bei einer Kritik der These, jeder Kredit, den eine Bank gewährt, sei giral geschöpft, weshalb jede Kreditgewährung eine (Giral-)Geldschöpfung darstelle, ist jedoch zu berücksichtigen, daß diese Behauptung je nach ihrer Deutung einen verschiedenartigen Inhalt besitzt. Es sind folgende Unterscheidungen zu treffen:

1. Diese Behauptung kann so aufgefaßt werden, daß jede Kreditgewährung zur Entstehung eines als Geld angesehenen Deposits bzw. Sichtguthabens führt, das sich bilanziell in der Bilanzposition „Sichteinlagen" niederschlägt.

Hierzu ist folgendes zu bemerken:

Es ist keineswegs so, daß mit jeder Kreditgewährung ein Deposit bzw. ein Sichtguthaben entsteht.

Die Entstehung eines Deposits bzw. eines Sichtguthabens bei einer Kreditgewährung hängt von der Art des gewährten Kredites sowie von der zugrunde liegenden Verbuchungsmethode ab:

Bei Diskont- und Lombardkrediten entsteht ein Sichtguthaben, und zwar tritt es unmittelbar bei der Krediteinräumung in den Büchern der kreditgewährenden Bank zutage.

Bei Kontokorrentkrediten liegen die Verhältnisse dagegen anders: Wendet man die „angelsächsische" Kreditverbuchungsmethode an, so findet das durch den Kreditakt entstehende Sichtguthaben sofort bei der Krediteinräumung seinen Niederschlag in den Büchern der kreditgewährenden Bank.

Wendet man dagegen die „kontinentale" Kreditverbuchungsmethode an, so entsteht bei der Krediteinräumung noch kein Sichtguthaben. Ob bei Kontokorrentkrediten überhaupt ein Sichtguthaben entsteht, entscheidet sich nicht im Zeitpunkt der Krediteinräumung, sondern erst im Zeitpunkt der Kreditinanspruchnahme[90], und zwar hängt dies von der Form der Inanspruchnahme des Kredits ab:

Wird der Kredit bar beansprucht, so kommt es in diesem Falle nicht zur Entstehung eines Sichtguthabens.

Diesen Fall beachten die Vertreter der Theorie der ausschließlich giralen Kreditschöpfungstätigkeit der Banken überhaupt nicht.

Ferner berücksichtigen die Vertreter der Theorie der ausschließlich giralen Kreditschöpfungstätigkeit der Banken die von Lautenbach entwickelten Regeln der Kreditmechanik nicht[91]:

---

die Verpflichtung zu Stückgeldauszahlungen übernehmen (vgl. *Neuhauser,* Gertrud: Kritische Untersuchungen zur Kreditschöpfungslehre. a.a.O., S. 654).

Auch Forstmann kritisiert die These, jede Kreditgewährung stelle eine Geldschöpfung dar. (Vgl. *Forstmann,* Albrecht: Vom Paradoxon der Ausschließlichkeit der Kreditschöpfung. In: Zeitschrift für die gesamte Staatswissenschaft. Band 111, Jahrgang 1955, S. 438 f.)

90 Vgl. hierzu auch *Rittershausen,* Heinrich: Bankpolitik. a.a.O., S. 96.

91 Vgl. *Lautenbach,* Wilhelm: Zins, Kredit und Produktion. Herausgegeben von Wolfgang Stützel. Tübingen 1952, S. 45.

Wird nämlich ein Kredit derart beansprucht, daß der Debitor an einen anderen Debitor zahlt, dann entsteht keine neue Sichteinlage. Eine neue Sichteinlage kann nur dann entstehen, wenn der Debitor bei der Kreditinanspruchnahme an einen Kreditor zahlt.

Nun sind aber die angegebenen formellen Gesichtspunkte — insbesondere die Art der Verbuchung[92] — für die Entstehung von (Giral-) Geld nicht entscheidend. Entscheidend sind vielmehr geldtheoretische Gesichtspunkte:

Die Behauptung, jede Kreditgewährung stelle eine Geldschöpfung dar, basiert auf der geldtheoretischen Auffassung, Sichtguthaben seien Geld.

Hierzu ist folgendes zu bemerken:

Versteht man — wie etwa Schneider und andere Autoren — unter Geld eine kurzfristige Forderung gegen eine Bank[93], dann stellt tatsächlich jede Kreditgewährung eine Geldschöpfung dar, denn jeder Kredit seitens einer Bank begründet eine Forderung des Kreditnehmers gegen die Bank:

---

[92] Vgl. hierzu auch die Hinweise Hagenmüllers. (*Hagenmüller*, Karl Fr.: Die Bedeutung von Krediteinweisungen und Kontoüberziehungen für Geldschöpfung und Gelddisposition. a.a.O., S. 511.)

[93] Schneider sagt, Geld, d. h. Zahlungsmittel der heutigen Wirtschaft, seien Forderungen ihrer Inhaber an die Kreditinstitute. (Vgl. *Schneider*, Erich: Wirtschaftstheorie III, S. 9.)

Diese Auffassung wird heute sinngemäß überwiegend vertreten.

So behauptet Haberler: „Die Schulden einer Bank gegenüber ihren Kunden (d. h. deren Depositen) werden gewöhnlich als Geld gebraucht. Der Besitzer behandelt sie als Bargeld: Sie stellen Kaufkraft dar und haben eine Umlaufsgeschwindigkeit." (Vgl. *Haberler*, Gottfried: Prosperität und Depression. Tübingen/Zürich 1955, S. 319.)

Auch Gestrich sagt: „Die grundlegende Tatsache, die weiten Kreisen der Praxis durch die Jahre 1931/32 klar gemacht wurde, war die, daß die Bankguthaben, über die durch Scheck und Überweisung verfügt wird oder in absehbarer Zeit verfügt werden kann, zum Zahlungsmittelsystem der modernen Volkswirtschaft gehören." (Vgl. *Gestrich*, Hans: Neue Kreditpolitik. Heft 3 der Schriftenreihe: Ordnung der Wirtschaft. Stuttgart und Berlin 1936, S. 4.)

Dieselbe Auffassung vertreten ferner Gleske und Lukas. (*Gleske*, Leonhard: Die Liquidität in der Kreditwirtschaft. a.a.O., S. 24, sowie *Lukas*, Eduard: Geld und Kredit. Heidelberg 1951, S. 137.)

Vgl. dagegen die Auseinandersetzung zwischen Reisch und Ottel anläßlich der Rezension von Ottels „Bankpolitik" durch Reisch in: Finanzarchiv, N. F. Band 5, Jahrgang 1938, Heft 4, sowie die Erwiderung hierauf von Ottel in: Finanzarchiv, N. F. Band 6, Jahrgang 1939, S. 175; ferner die Replik hierauf von Reisch in: Finanzarchiv, N. F. Band 6, Jahrgang 1939, S. 176, die im wesentlichen um die Frage kreist, ob Bankguthaben als Geld anzusehen seien. Reisch vertritt die Auffassung, „daß als Geld nur das Währungsgeld — Münzen, Staats- und Banknoten und Notenbankgiroverpflichtungen — bezeichnet werden kann".

Vgl. ferner die Ausführungen über die verschiedenen Auffassungen des Wesens des Geldes von *Forstmann*, Albrecht: Zur Frage einer Erneuerung der Geldtheorie. In: Finanzarchiv. Band 14, N. F. Jahrgang 1953/54, S. 302 f.

Die Banken gehen bei der Kreditgewährung dem Kreditnehmer gegenüber eine jederzeit fällige Verpflichtung ein. Diese Verpflichtung der Bank stellt für den Kreditnehmer eine kurzfristige Forderung gegen die Bank dar. Ex definitione handelt es sich bei dieser Forderung um Geld[94]. Den Einwand, ein in bar beanspruchter Kredit könne nicht zur Entstehung von Giralgeld führen, kann diese Richtung dadurch entkräften, daß sie diesen Vorgang einfach als eine Umwandlung des nach ihrer Auffassung bei der Krediteinräumung entstandenen Giralgeldes in Stückgeld ansieht.

Trotzdem halten wir diese Auffassung in mehrfacher Hinsicht für sehr problematisch:

Diese Problematik zeigt sich bereits darin, daß die Vertreter dieser Auffassung ihre Gedankengänge nicht immer bis zur letzten Konsequenz durchführen: Wird nämlich Geld als kurzfristige Forderung gegen eine Bank definiert, dann müßten nicht nur die bei Diskont- und Lombardkrediten entstandenen Sichtguthaben, sondern auch die bei Kontokorrentkrediten zunächst entstehenden Kreditlimits als Geld aufgefaßt werden. Kreditlimits werden jedoch nur von einem Teil der Autoren als Geld angesehen[95]. Andere Autoren, wie Schneider und Rittershausen, äußern über diese Frage widerspruchsvolle Auffassungen[96].

Die Auffassung, eine kurzfristige Forderung gegen eine Bank in Form von Sichtguthaben oder von Kreditlimits stelle Geld dar, wird mit der unbedingten, jederzeitigen Verpflichtung der Bank, auf Anforderung des Berechtigten Zahlung zu leisten, begründet. Der Geldcharakter der kurzfristigen Forderung gegen eine Bank beruht also nach dieser Auffassung auf der jederzeitigen Verwertbarkeit des Sichtguthabens bzw. des Kreditlimits zu Zahlungszwecken.

Das Kriterium der jederzeitigen Verwendbarkeit zu Zahlungszwecken reicht nun aber unseres Erachtens nicht aus, um etwas als Geld bezeichnen zu können. Denn Spareinlagen werden richtigerweise in der Literatur überwiegend nicht als Geld angesehen, obwohl sie ja auch zum größten Teil sofort in Geld umgewandelt und dann zu Zahlungszwecken verwendet werden können.

Worauf es ankommt, ist nicht der formelle Gesichtspunkt der *Möglichkeit* der Verwendung für Zahlungszwecke, sondern der ma-

---

[94] Schneider sagt daher folgerichtig: „Gewährt eine Kreditbank einem Kunden einen Kredit in Höhe von DM 100,— so schafft sie damit Giralgeld in Höhe dieses Betrages." (Vgl. *Schneider*, Erich: Wirtschaftstheorie III, S. 34.)

[95] Ein Vertreter dieser Auffassung ist beispielsweise Lautenbach. (Vgl. *Lautenbach*, Wilhelm: Zins, Kredit und Produktion. a.a.O., S. 45 und S. 47.)

[96] Vgl. hierzu die ausführlichen Hinweise von Hagenmüller. (*Hagenmüller*, Karl F.: Die Bedeutung von Krediteinweisungen und Kontoüberziehungen für Geldschöpfung und Gelddisposition. a.a.O., S. 511/512.)

terielle Gesichtspunkt, ob Sichtguthaben *tatsächlich* zu Zahlungszwecken verwendet werden, ob sie also eine „normale" Umlaufsgeschwindigkeit aufweisen.

Letzteres ist nun aber bei Sichtguthaben generell nicht immer der Fall: Ein Teil der Sichtguthaben bleibt völlig unbewegt, ebenso unbewegt wie das Gros der Spareinlagen[97/98]. Das gilt aber auch für einen Teil der aufgrund von Kreditgewährungen seitens der Banken entstehenden kurzfristigen Forderungen der Kreditnehmer, die nach Auffassung der Vertreter dieser Richtung bereits „Geld" darstellen. Diese Auffassung ist nicht haltbar. Dies liegt in folgendem begründet:

Kriterium des „aktiven" Geldes ist die „normale" Umlaufsgeschwindigkeit. Es ist nun aber keineswegs gesagt, daß die den Kreditnehmern zur Verfügung gestellten Zahlungsmittel eine „normale" Umlaufsgeschwindigkeit aufweisen. Bei der Kreditgewährung (-einräumung) entsteht zunächst nur ein rechtlicher Anspruch des Kreditnehmers gegen die Bank auf Geld. Kreditgewährung bedeutet für eine Bank also zunächst „Vermehrung ihrer Zahlungsverpflichtun-

---

[97] Diesen Gedanken drückt Walde wie folgt aus: „Geld, das nicht umläuft, ist kein Geld, da es dann kein Mittel sein kann, irgendeiner bislang bekannten oder denkbaren wirtschaftlichen Zielsetzung zu dienen." (Vgl. *Walde*, Gernot: Die Umlaufsgeschwindigkeit des Geldes als Begriff der Geldtheorie. In: Finanzarchiv. N. F. Band 6, Jahrgang 1939, S. 718.)

[98] Pigou weist darauf hin, daß „money consists of two divisions, current money and bank money ... Within each of our two divisions money in existence must be distinguished from money in circulation". (Vgl. *Pigou*, Arthur: The Veil of Money. London 1950, S. 6.)

Derselbe Hinweis findet sich auch bei Samuelson. (Vgl. *Samuelson*, Paul A.: Volkswirtschaftslehre. Deutsche Übersetzung der 3. Auflage von „Economics". [New York 1955] Köln 1955, S. 317—319.)

Auch Dandy bemerkt treffend: The term „deposit" is in itself misleading, because it includes not only current account money, which is on the move, but also money which is actually on deposit and, as it were, sitting still. (Vgl. *Dandy*, James: An Approach to Money and Banking. London/New York 1954, S. 134.)

Konstituierendes Merkmal des Wesens des Geldes ist also die Umlaufsgeschwindigkeit. Der Teil der gesamten Bankdepositen, über den nicht verfügt wird, der „still liegt", stellt „inaktives" bzw. „nicht-wirksames" oder — bei entsprechender Definition des Geldes — überhaupt *kein* Geld dar.

Es scheiden somit von vornherein Termin- und Spareinlagen aus dem Geldvolumen aus, weil ihre Besitzer über längere Zeit darüber nicht verfügen. Das gilt aber auch für die Sichtdepositen: Der Teil der Sichtdepositen, der „still liegt", stellt inaktives Geld dar.

Auch in der modernen Literatur kommen die Meinungsverschiedenheiten über die Frage, ob Sichtdepositen Geld darstellen, zum Ausdruck.

So faßt beispielsweise Schneider bei der Berechnung der Barabhebungssätze in der Bundesrepublik für den Zeitraum von 1948 bis 1954 außer dem Bargeldumlauf auch die Sichtguthaben von Nichtbanken bei den Kreditinstituten sowie die Einlagen von Nichtbanken beim Zentralbanksystem als Geld auf. (Vgl. *Schneider*, Erich: Wirtschaftstheorie III, S. 54 f.)

Demgegenüber vertritt Stucken die Auffassung, der Geldcharakter der von Nichtbanken beim Zentralbanksystem unterhaltenen Einlagen (es hangen"[99]. Sofern bei der Krediteinräumung Sichtguthaben entstehen (wie etwa bei der Diskontierung von Wechseln durch Banken), stellen sie also noch nicht „aktives", sondern „potentielles" Geld dar. Die Umwandlung der Sichtguthaben in aktives Geld hängt davon ab, ob über die Sichtguthaben verfügt wird. Dies ist nun aber vielfach erst nach einiger Zeit der Fall.

Beispielsweise liegt bei Wechselkrediten vielfach der Sachverhalt vor, daß die Wechselbesitzer die in ihrem Besitz befindlichen Wechsel mangels anderer Verwertungsmöglichkeiten von ihrer Bank diskontieren lassen, ohne daß sie sogleich zu Lasten der auf diese Weise entstandenen Sichtguthaben Zahlungen vornehmen. Motiv dieser Handlungsweise kann beispielsweise die Liquiditätspräferenz sein.

Aber auch eingeräumte Kontokorrentkredite werden vielfach erst nach geraumer Zeit beansprucht:

Der Fall, daß sich Wirtschaftssubjekte *vorsorglich* einen Kredit einräumen lassen, ohne daß sie im Zeitpunkt der Krediteinräumung Geld benötigen, ist durchaus möglich.

Selbst wenn der Kredit in der Absicht genommen wird, ihn sofort für Zahlungen zu verwenden, kann die Beanspruchung aus verschiedenen Gründen sukzessiv derart erfolgen, daß die via Kredit zur Verfügung gestellten Zahlungsmittel wenigstens zu einem bestimmten Teil über längere Zeit von der Bank nicht abverlangt werden.

---

delt sich praktisch fast ausschließlich um Konten der öffentlichen Hand) sei außerordentlich problematisch, weil über diese Kassenüberschüsse, insbesondere des Bundes, in der zurückliegenden Zeit größtenteils jahrelang nicht verfügt wurde. (Vgl. *Stucken*, Rudolf: Geld und Kredit. a.a.O., S. 59.) Stucken sowie Lierow (vgl. *Lierow*, Hans-Joachim: Zahlenmäßige Feststellung des Geldschöpfungskoeffizienten der Kreditbanken in der Bundesrepublik. Erlanger Dissertation 1957) rechnen deshalb bei der Ermittlung der Barabhebungssätze für den Zeitraum von 1948 bis 1956 zu Recht von Nichtbanken beim Zentralbanksystem unterhaltene Sichtguthaben *nicht* zum Geld. Der Bund baute seine Kassenüberschüsse in der darauffolgenden Zeit allerdings stark ab. Auf alle Fälle folgt aber daraus, daß bei der Beantwortung der aufgegriffenen Frage stets das Verhalten der Deponenten im Untersuchungszeitraum berücksichtigt werden muß.

Konsequenterweise müßte jedoch auch der Teil der Sichtguthaben der Nichtbanken beim Zentralbanksystem und beim Geschäftsbanksystem, der unbewegt bleibt (der „Bodensatz"), bei der Berechnung der Barabhebungssätze nicht als Geld angesehen werden. Dieser Teil läßt sich jedoch statistisch nicht erfassen, weshalb über sein Ausmaß auch keine Vorstellungen bestehen. (Vgl. hierzu auch den Aufsatz ohne Verfasserangabe: Der Bodensatz. In: Der Industriekurier. Ausgabe Nr. 194 vom 20. 12. 1958.)

Die in der Theorie herrschende Unklarheit über diese Fragen spiegelt sich wider in den Monatsberichten der Bank deutscher Länder: Die BdL änderte in ihren Berichten wiederholt ihren Geldbegriff. (Vgl. hierzu auch die ausführlichen Darlegungen von *Gros*, E.: Geldvolumen und Preisentwicklung. In: Sparkasse. 73. Jahrgang, Heft 3 vom 1. 2. 1956, S. 36.)

[99] Vgl. *Gestrich*, Hans: Kredit und Sparen. a..a.O., S. 90.

In allen diesen Fällen bleiben somit die im Kredit zur Verfügung gestellten Zahlungsmittel zunächst „inaktiv" und besitzen noch keine Umlaufsgeschwindigkeit.

Man kann folglich im Zeitpunkt der Krediteinräumung noch nicht von einer „Geldschöpfung" sprechen, wie es alle Vertreter der Auffassung, Geld sei seinem Wesen nach eine Forderung gegen eine Bank, zwangsläufig tun müssen, weil ja bereits im Zeitpunkt der Krediteinräumung die Forderung gegen die Bank entsteht.

Ganz eindeutig ist der Sachverhalt bei eingeräumten Kreditlimits: Unterscheidet man zwischen „aktivem" und „potentiellem" Gelde, so kann man unter keinen Umständen — wie etwa Lautenbach — behaupten, Kreditlimits seien „wirksames" Geld[100]. *Kreditlimits stellen „potentielles" Geld dar.* Die Existenz von Kreditlimits besagt nichts anderes, als daß Kredite noch nicht beansprucht wurden. Solange ein Kredit noch nicht beansprucht wurde, können auch keine Geldbewegungen stattgefunden haben.

Zusammenfassend kann also festgestellt werden, daß sowohl die Kreditlimits sowie ein mehr oder weniger großer Teil der Sichteinlagen (auch wenn diese — wie beispielsweise bei Wechselkrediten — unmittelbar bei einer Krediteinräumung entstanden sind) noch *keine* Umlaufsgeschwindigkeit besitzen. Sie müssen folglich als inaktives bzw. als potentielles Geld angesehen werden.

Die geldtheoretische Auffassung, Sichtguthaben stellten als kurzfristige Forderungen gegen Banken Geld dar, läßt sich somit in dieser Form nicht aufrecht erhalten.

Daraus folgt: Will man dem Charakter des Geldes als „Zahlungsmittel mit normaler Umlaufsgeschwindigkeit" gerecht werden, so muß bei der Gelddefinition unbedingt die Umlaufsgeschwindigkeit berücksichtigt werden.

Der Versuch des Exponenten der Theorie der ausschließlich giralen Kreditschöpfungstätigkeit der Banken, die Richtigkeit der These, bei jeder Kreditgewährung entstehe ein Sichtguthaben, das Geld darstelle, zu beweisen, muß somit als mißlungen angesehen werden:

Einerseits erweist sich die formelle Seite der These, bei jeder Kreditgewährung entstehe ein Sichtguthaben, das sich bilanziell als „Sichteinlage" niederschlage, als unrichtig. Andererseits trifft die Auffassung, Sichtguthaben stellten als kurzfristige Forderungen gegen Banken Geld dar, nicht in allen Fällen zu. Entscheidend für den Geldcharakter der Forderung ist, daß sie geltend gemacht wird, daß sie eine Umlaufsgeschwindigkeit aufweist. Damit kann im Zeitpunkt der Krediteinräumung noch von keiner Geldschöpfung gesprochen

---

100 Vgl. *Lautenbach*, Wilhelm: Zins, Kredit und Produktion. a.a.O., S. 47.

werden, obwohl bereits zu diesem Zeitpunkt eine Forderung des Kreditnehmers gegen die kreditgewährende Bank entsteht.

2. Deutet man nun die Behauptung, jede Kreditgewährung stelle eine Geldschöpfung dar, im Sinne einer Vermehrung des *aktiven* Geldes, so ist hierzu folgendes zu bemerken: *Keine* Vermehrung der aktiven Geldmenge liegt vor, wenn die aus der Kreditgewährung resultierende „Geldschöpfung" kompensatorischer Natur ist. Denn in diesem Fall entstand die Überschußreserve, auf der die Kreditgewährung basiert, dadurch, daß die Deponenten mit der Wiederverwendung des bei der betreffenden Bank eingelegten Geldes mehr oder weniger lange Zeit „warten". Das von den Deponenten eingelegte Geld liegt also still, ist inaktiviert. Man kann diesen Vorgang als „Geldvernichtung" oder als „Geldinaktivierung" bezeichnen.

Ein Kredit, der auf einer durch Geldinaktivierung bzw. „Geldvernichtung" entstandenen Überschußreserve basiert, kann jedoch nur kompensatorischer Natur sein. Denn der aus der Kreditgewährung resultierenden „Geldschöpfung" steht ja eine „Geldvernichtung" entsprechenden Ausmaßes gegenüber. Durch die Kreditgewährung wird lediglich die durch die Geldstillegung bewirkte Verminderung der im Nichtbankensektor befindlichen Kaufkraft ausgeglichen[101].

Damit kann auch der Behauptung der modernen Kreditschöpfungslehre, *jede* Kreditgewährung stelle eine Geldschöpfung im Sinne einer Vermehrung des *aktiven* Geldes dar, *nicht* zugestimmt werden.

3. Nun kann man die Behauptung, jede Kreditgewährung stelle eine Geldschöpfung dar, auch so verstehen, daß man nicht nur eine Vermehrung der aktiven Geldmenge als Geldschöpfung auffaßt, sondern auch die Aktivierung bereits existierenden, jedoch inaktiven Geldes durch die Kreditgewährung einer Bank als Geldschöpfung ansieht[102].

---

[101] So stellt beispielsweise Dandy fest: „When describing how the banks lend money, we said that the effect of a bank's lending money on loan account and transferring it to the credit of another account was to increase the figures on both sides of the bank's balance sheet. It is this method of creating bank money which is known as the creation of credit, although in one sense it is not creating anything at all, but is merely putting inactive money to work." (*Dandy,* James: An Approach to Money and Banking. London/New York 1954, S. 131.)

Auch Behrens sieht als Geldschöpfung nur die Vorgänge an, durch die die Geldmenge tatsächlich vermehrt wird, ohne daß gleichzeitig eine Geldvernichtung vor sich geht. (Vgl. *Behrens,* Walter G.: Das Geldschöpfungsproblem. Jena 1928, S. 31.)

[102] So behauptet beispielsweise Ottel: „Geldschöpfung liegt ... immer vor, wenn Geld in Verwendung tritt, gleichgültig, ob bereits vorhandene Geldzeichen wieder ausgegeben oder neue Zeichen hergestellt werden." (Vgl. *Ottel,* Fritz: Ständische Theorie des Geldes. Jena 1934, S. 17.) Dieselbe

Dieser Auffassung liegt die Vorstellung zugrunde, *jeder* Zufluß von Geld zu einer Bank stelle eine Geldvernichtung dar, während dann zwangsläufig jeder Geldabfluß von einer Bank auf Grund einer Kreditgewährung eine Geldschöpfung darstelle. Diese Anschauung gilt auch für den Fall, „wenn das Verschwinden und die Neuschaffung von Kaufkraft so ineinander greifen, daß die gesamte Geldmenge in diesem Prozeß nur eine ganz kurze Zeit verringert wird ..."[103].

Man kann gegen diese Auffassung, die auf terminologischen Eigentümlichkeiten beruht, formell nichts einwenden. Man muß sich jedoch vergegenwärtigen, daß diese Auffassung die Sicht auf wesentliche Probleme kredittheoretischer Natur versperrt: Die „klassische" Kreditvermittlungstheorie behauptet, daß die Banken Geld empfangen und es wieder ausleihen. Ein und denselben Sachverhalt beinhaltet auch die angegebene Deutung der Behauptung, jede Kreditgewährung stelle eine Geldschöpfung dar. Sie benützt zur Darstellung dieses Sachverhalts lediglich eine andere Terminologie:

In eine Bank fließt Geld ein („Vorgang der Geldvernichtung"). Via Kredit leitet die Bank dieses Geld an andere Wirtschaftssubjekte weiter („Vorgang der Geldschöpfung"). In sachlicher Hinsicht enthält somit diese Version der Behauptung, jede Kreditgewährung stelle eine Geldschöpfung dar, nichts Neues gegenüber der „klassischen" Kreditvermittlungstheorie[104]. Sie stiftet vielmehr bei der Auseinandersetzung „orthodoxe versus moderne Kredittheorie" mehr Verwirrung als Klarheit.

Zusammenfassend kann festgestellt werden, daß die im Mittelpunkt der Theorie der ausschließlich giralen Kreditschöpfungstätigkeit der Banken stehende These, jede Kreditgewährung stelle eine Geldschöpfung dar, in der Form der *Ausschließlichkeit* unzutreffend ist: Zwar gibt es Kredite, bei denen zusätzliches aktives Geld entsteht; bei anderen wiederum braucht dies aber keineswegs der Fall zu sein.

Auffassung vertritt Preiser. (Vgl. *Preiser*, Erich: Geldschöpfung oder Sparen? a.a.O., S. 251.)

[103] Vgl. *Peltzer*, Ernst: Der reale Kapitalzins und der Darlehenszins. Zur Frage der Beziehungen zwischen Kapital, Kreditschöpfung, Zins und Preisniveau. (Untersuchungen zur theoretischen Nationalökonomie. Herausgegeben von Prof. Dr. Karl Diehl. Heft 9), Jena 1932, S. 246.

[104] Diese Lesart der modernen Kredittheorie erhält erst einen Sinn durch die Forschungsergebnisse Stuckens. Stucken, der ebenfalls jede Kreditgewährung grundsätzlich als Geldschöpfung ansieht, analysiert den Vorgang der Geldschöpfung noch näher. Er grenzt die moderne Kredittheorie gegenüber der „klassischen" Kreditvermittlungstheorie dadurch ganz klar ab, daß er zwischen einer „kompensatorischen" und einer „zusätzlichen" Geldschöpfung unterscheidet. (Vgl. *Stucken*, Rudolf: Geld und Kredit. a.a.O., S. 57 sowie S. 70 f.)

bb) Theorie der „kombinativen Kreditvermittlungs- und Kreditschöpfungstätigkeit" der Banken

aaa) Darstellung

Die Theorie der kombinativen Kreditvermittlungs- und Kreditschöpfungstätigkeit der Banken besagt, daß die Banken sowohl kreditvermittelnd als auch kreditschöpfend tätig sind[105/106].

Diese Theorie besitzt zwei Richtungen, nämlich eine rein monetär und eine rein güterwirtschaftlich orientierte Richtung.

α) Monetär orientierte Richtung

Diese Richtung versucht, die Kreditvermittlung aus Liquiditätszusammenhängen gegenüber der Kreditschöpfung abzugrenzen.

Nach Auffassung dieser Richtung ist eine Bank kreditvermittelnd tätig, wenn sie durch den Kredit bereits existierendes Geld, welches „in Form konkreten Geldes schon vorhanden ist und nicht im Kreditierungsvorgang ‚uno actu' erst geschaffen werden muß"[107], an Wirtschaftssubjekte überträgt. Die Banken sind nach dieser Auffassung aber auch noch kreditschöpfend tätig, wenn sie durch den Kredit Geld in Form von ad hoc geschaffenem Giralgeld den Kreditnehmern zur Verfügung stellen. „Dieser Produktionstätigkeit der Banken sind zugestandenermaßen allerdings Grenzen gezogen durch ihren Status[108]."

β) Güterwirtschaftlich orientierte Richtung

Charakteristisch für diese Richtung ist, daß sie die Kreditvermittlung mit Hilfe güterwirtschaftlicher Kriterien gegenüber der Kreditschöpfung abzugrenzen versucht[109].

Nach Auffassung dieser Richtung sind die von den Banken auf Grund einer Kreditvermittlung gewährten Kredite güterwirtschaftlich „legitimiert", während die auf Grund einer Kreditschöpfung gewährten Kredite kein güterwirtschaftliches Äquivalent besitzen.

---

105 Vertreter dieser Auffassung sind beispielsweise: *Stucken,* Rudolf: Geld und Kredit. a.a.O., S. 7. *Mills,* R. C., und *Walker,* E. R.: Money. Sydney/London, 15th Edition 1952, S. 27 f.

Neuerdings: *Hellwig,* Hans: Kreditvermittlung und Kreditschöpfung. Stuttgart 1958, passim. *Stützel,* Wolfgang: Volkswirtschaftliche Saldenmechanik. Tübingen 1958, insbesondere S. 213 f. (Vgl. hierzu auch die Rezension des Buches von Stützel durch Eberhard *Floss:* Kreditschöpfung und Kreditvermittlung. In: Sparkasse. Heft 14 vom 15. Juli 1958, S. 228 f.)

Frühere Vertreter sind: *Budge,* Siegfried: Lehre vom Gelde. I. Band: Theorie des Geldes. 2. Halbband: Bankkredit und Valuta. Jena 1933, S. 64/65. *Bernicken,* H.: Bankbetriebslehre. Stuttgart 1926, S. 9. *von Mises,* Ludwig: Theorie des Geldes und der Umlaufsmittel. München und Leipzig 1912, S. 297 f. *Döring,* Franz: Kreditwirtschaft und Bankenreform. München o. J., S. 25.

106 Deshalb bezeichnet Marbach diese Richtung der modernen Kreditschöpfungslehre als „Theorie der kombinativen Kreditvermittlungs- und Kreditschöpfungstätigkeit der Banken". (Vgl. *Marbach,* Fritz: Die Kreditschöpfung der Handelsbanken und das Postulat der Verstaatlichung des Kredits. a.a.O., S. 8.)

107 Vgl. ebenda, S. 10.

108 Vgl. ebenda, S. 9.

109 Beispielsweise kritisiert Forstmann an der monetär orientierten Richtung, „daß der Charakter der ‚Zusätzlichkeit' des Kredits nicht — wie es

bbb) Kritik

Die Auseinandersetzung mit der Theorie der ausschließlich giralen Kreditschöpfungstätigkeit der Banken zeigte, daß erstens nicht mit jedem Kredit, den eine Bank gewährt, eine Sichteinlage (ein „Deposit“) entsteht, daß zweitens nicht mit jedem Kredit — auch wenn auf Grund der besonderen Form der Inanspruchnahme durch den Kreditnehmer eine neue Sichteinlage entsteht — eine Vermehrung der „wirksamen“ bzw. „aktiven“ Geldmenge verbunden ist und daß schließlich, wenn eine sinnvolle Abgrenzung der Kreditschöpfungstheorie gegenüber der „klassischen“ Kreditvermittlungstheorie erzielt werden soll, nicht jeder Geldabfluß von einer Bank (auf Grund einer Kreditgewährung) als Geldschöpfung aufgefaßt werden kann.

Dagegen muß der Theorie der kombinativen Kreditvermittlungs- und Kreditschöpfungstätigkeit der Banken zugestimmt werden, denn zweifellos schaffen die Banken nicht bei jeder Kreditgewährung neues Geld, „schöpfen“ also Kredit, sondern sie leiten vielmehr auch Geld, das ihnen im Einlagengeschäft oder auf Grund einer Refinanzierung bzw. einer Geldaufnahme zugeflossen ist, an die Kreditnehmer weiter; sie sind also auch „kreditvermittelnd“ tätig.

Irrtümer unterlaufen den Vertretern dieser Theorie lediglich bei der Frage, *wann* die Kreditgewährungstätigkeit der Banken als Kreditvermittlung und *wann* sie als Kreditschöpfung anzusehen ist.

Diese Frage wird, wie sich zeigt, sehr unterschiedlich beantwortet, und zwar lassen sich grundsätzlich zwei Richtungen der Theorie der kombinativen Kreditvermittlungs- und Kreditschöpfungstätigkeit der Banken unterscheiden, nämlich eine monetär und eine güterwirtschaftlich orientierte Richtung.

α) Kritik der monetär orientierten Richtung

Ein typischer Vertreter der monetär orientierten Richtung ist beispielsweise *Föhl*[110]. Er determiniert die Kreditschöpfung rein monetär.

---

allein den wirtschaftlichen Tatbeständen, d. h. den zwischen Real- und Nominalkategorie des Kapitals bestehenden Zusammenhängen entspricht — auf güterwirtschaftlich bestimmte Kriterien zurückgeführt wird, sondern, daß man ihn einfach aus Liquiditätszusammenhängen zu deduzieren versucht, indem man einen jeden Kredit, der nicht aus Bargeld oder Zentralbankgeld gewährt wird, als ‚zusätzlich‘ bezeichnet“. Forstmann vertritt die Auffassung, „daß der Charakter eines Kredits, d. h. die Frage, ob es sich um einen ‚vermittelnden‘ oder um einen ‚zusätzlichen‘ Kredit handelt, mit der Frage eines Barbestandes oder eines Bestandes an Zentralbankgeld gar nichts zu tun hat“. Er zieht daraus die Folgerung, daß der Begriff „zusätzlich“ nur Sinne haben könne „in einer Beziehung der gesamten Kaufmittel zu denjenigen Kaufmitteln, die durch eine entsprechende wirtschaftliche Vorleistung und damit durch einen entsprechenden Güterbestand wirtschaftlich legitimiert sind“. (Vgl. *Forstmann*, Albrecht: Geld und Kredit. a.a.O., S. 265—267.)

110 Vgl. *Föhl*, Carl: Geldschöpfung und Wirtschaftskreislauf. 2. Auflage

Aus der von ihm vertretenen Auffassung, die wir im Prinzip für richtig halten, folgt, daß in einem Geldsystem, in dem es — nach der Ausdrucksweise Föhls — nur die Geldart „knappes Geld" (d. h. Zentralbankgeld) gibt, eine Kreditschöpfung der Geschäftsbanken unmöglich ist.

Eine Kreditschöpfung ist den Geschäftsbanken dagegen möglich, wenn ein Mischgeldsystem herrscht und das Publikum der Banken sich unbarer Zahlungsweisen bedient, so daß die Geschäftsbanken einen Teil der Zahlungen mit Giralgeld, das sie selbst „schaffen", ausführen können.

Föhls Konzeption beinhaltet: Der Teil des Aktivkreditvolumens einer Bank, der aus Zahlungen des Kreditnehmers resultiert, die die kreditgewährende Bank mit Geschäftsbankgeld leisten kann, stellt das Ergebnis von Kreditschöpfungsvorgängen dar; dagegen handelt es sich bei dem Teil des Aktivkreditvolumens, der aufgrund von Zahlungen des Kreditnehmers entsteht, die diese Bank mit Zentralbankgeld ausführt, um das Resultat von Kreditvermittlungsvorgängen.

Demnach sind nach Auffassung Föhls die Banken sowohl kreditvermittelnd als auch kreditschöpfend tätig.

Marbach grenzt die Kreditschöpfung gegenüber der Kreditvermittlung grundsätzlich ebenfalls mittels monetärer Kriterien ab. Er sagt: „Die Bank vermittelt Rücklagen aus ‚echten', bei ihr in Stückgeld eingezahlten Depositen und gibt somit echten Kredit[111]." „Echtes", d. h. „konkretes" Geld ist nach Auffassung Marbachs bereits vorhandenes Geld, nämlich Stückgeld, dessen Einzahlung bei einer Bank zu einem „echten" Depositum führt[112]. Soweit Marbach die Abgrenzung zwischen Kreditvermittlung und Kreditschöpfung an Hand monetärer Kriterien vornimmt, können wir ihm im Grundsätzlichen beipflichten. Problematisch wird unseres Erachtens seine Auffassung jedoch, wenn er den Begriff „echtes" Geld als Kriterium der Abgrenzung zwischen Kreditvermittlung und Kreditschöpfung güterwirtschaftlich zu erklären versucht. Er behauptet, daß Stückgeld, das als „Rücklage" entweder in Form der „Spargelder auf Sparheft, als Depositen . . . auf Depositenheft, sei es als Einlage in Kontokorrentrechnung oder als Gegenwert für eine erstandene Kassaobligation"[113] den Banken zufließt, von den Banken für die Gewährung „echter" Kredite (d. h. aus „Kreditvermittlung" stammender Kredite) verwendet wird und daß den auf diese Weise ausgeliehenen Mitteln eben jene Güter zur Verfügung stehen, „die der Sparer nicht selber verbraucht, obwohl er sie hätte verbrauchen können"[113].

Dieser Auffassung liegt also die Vorstellung zugrunde, Stückgeld sei „echtes", d. h. güterwirtschaftlich gedecktes Geld.

Wir können dieser Auffassung nicht zustimmen, denn es gibt durchaus Situationen, in denen das in einer Volkswirtschaft befindliche Stückgeld *nicht* güterwirtschaftlich gedeckt ist.

(unveränderter Nachdruck der ersten Auflage, München und Leipzig 1937) Berlin 1955, S. 75 f.

111 Vgl. *Marbach*, Fritz: Die Kreditschöpfung der Handelsbanken und das Postulat der Verstaatlichung des Kredits. a.a.O., S. 14.

112 Vgl. ebenda, S. 9 und S. 14/15.

113 Vgl. ebenda, S. 14.

β) Kritik der güterwirtschaftlich orientierten Richtung

Eine Abgrenzung der bankbetrieblichen Kreditvermittlung gegenüber der Kreditschöpfung nach güterwirtschaftlichen Kriterien wäre dann zweckmäßig, wenn eine lineare Kausalität zwischen den durch die bankbetriebliche Kredittätigkeit hervorgerufenen monetären Vorgängen und den güterwirtschaftlichen Vorgängen bestehen würde, eine Kausalität, die sich in parallel laufenden Bewegungen entweder in der Geldsphäre einerseits und in der Gütersphäre andererseits *oder* in der Geldsphäre einerseits und in der Preissphäre andererseits äußern müßte[114].

Diese Kausalität ist nun aber nicht gegeben:

Monetäre Vorgänge bewirken keineswegs immer automatisch parallel laufende Vorgänge in der Gütersphäre.

Die Reaktion der Wirtschaft auf Veränderungen in der Geld- und Kreditsphäre erfolgt nie prompt. „In dieser Hinsicht hat unsere heutige Wirtschaft einen viel komplizierteren Bewegungsrhythmus erhalten. Vor allem ist sie schwerfälliger geworden[115].“

Die Schwerfälligkeit der Reaktionen der Wirtschaft auf Vorgänge in der Geldsphäre wird vor allem hervorgerufen durch Preisregulierungen der verschiedensten privatwirtschaftlichen und öffentlichen Stellen, durch die Einflüsse anderer ökonomischer Machtträger auf die verschiedensten Positionen des Wirtschaftsablaufes, ferner durch staatliche Interventionen[116].

So bleiben notwendig auf Grund der wirtschaftlichen Dynamik Differenzen zwischen güterwirtschaftlichen und monetären Vorgängen[117].

Bei der Abgrenzung der bankbetrieblichen Kreditvermittlung gegenüber der bankbetrieblichen Kreditschöpfung nach güterwirtschaftlichen Kriterien ist ferner zu berücksichtigen, daß monetäre und kreditäre Vorgänge nicht nur durch die Banken, sondern von allen am Kreditwesen partizipierenden Wirtschaftseinheiten hervorgerufen werden. Wirkungen, die von den durch Banken verursachten monetären Bewegungen ausgehen, können also durch die Dispositionen an-

---

114 Vgl. beispielsweise zu den Einflüssen der aus Kreditschöpfung der Banken resultierenden Geldbewegungen auf die Gütersphäre (Investitions- und Konsumsektor) die von Voigt erzielten Ergebnisse. (*Voigt*, Fritz: Der volkswirtschaftliche Sparprozeß. a.a.O., S. 228.)

115 Vgl. ebenda, S. 15/16.

116 Vgl. ebenda, S. 16.

117 Derartige Divergenzen zwischen monetären und güterwirtschaftlichen Vorgängen erarbeitete beispielsweise auf dem Gebiete der Sparkapitalbildung Voigt. (Vgl. ebenda, S. 39, 53, 75 f., 94 f., 394, 403. Hier spielt insbesondere die Erscheinung des „leeren“ Sparens eine große Rolle. Vgl. ebenda, S. 69 f.)

derer Wirtschaftseinheiten aufgehoben, verstärkt oder in entgegengesetzter Richtung überkompensiert werden.

Man muß also bei einer Gegenüberstellung der Geldsphäre einerseits zur Realgüter- oder Preissphäre andererseits, wie sie eine Abgrenzung der bankbetrieblichen Kreditvermittlung gegenüber der bankbetrieblichen Kreditschöpfung erfordert, *sämtliche* Faktoren auf *beiden* Seiten berücksichtigen.

Stellt man lediglich die durch Banken hervorgerufenen monetären und kreditären Vorgänge den güterwirtschaftlichen Vorgängen gegenüber, so erhält man ein irreführendes Bild, weil ja auf der einen Seite nur *ein Teil* der Faktoren, auf der anderen Seite dagegen *alle* Faktoren berücksichtigt werden.

Ferner ist bei der Abgrenzung der Kreditvermittlung gegenüber der Kreditschöpfung der Banken nach güterwirtschaftlichen Kriterien zu berücksichtigen, daß ein Kredit, dem nach einer güterwirtschaftlichen Charakterisierung eine Kreditvermittlung zugrunde liegt, bei dem also die kreditgewährende Bank dem Kreditnehmer bereits vorhandenes, güterwirtschaftlich „legitimiertes" Geld vermittelt, für eine volkswirtschaftliche Fehlinvestition verwendet werden kann. Das güterwirtschaftliche Äquivalent der im Kredit zur Verfügung gestellten, güterwirtschaftlich „legitimierten" Zahlungsmittel wird also in diesem Falle in wirtschaftlicher Hinsicht „vernichtet". Eine sinnvolle güterwirtschaftliche Abgrenzung zwischen Kreditvermittlung und Kreditschöpfung der Banken müßte also auch den Zweck sowie die Verwendung der im Kredit zur Verfügung gestellten Zahlungsmittel berücksichtigen und nicht nur — wie es gemeinhin geschieht — deren Herkunft.

Aus all dem folgt, daß die Abgrenzungsversuche zwischen der bankbetrieblichen Kreditvermittlung und der bankbetrieblichen Kreditschöpfung nach güterwirtschaftlichen Kriterien für eine Charakterisierung der bankbetrieblichen Kredittätigkeit unzweckmäßig sind.

cc) Ergebnis und Konsequenzen

Die Auseinandersetzung mit den im Rahmen der modernen Kreditschöpfungslehre auftretenden Modifikationen hinsichtlich der Art der von den Banken im Kredit zur Verfügung gestellten Zahlungsmittel zeigte, daß die Theorie der ausschließlich giralen Kreditschöpfungstätigkeit der Banken unrichtig ist: Die Banken betreiben zwar eine Kreditschöpfung; daneben sind sie jedoch auch kreditvermittelnd tätig.

Damit ist der im Rahmen der modernen Kreditschöpfungslehre vorgetragenen Theorie der kombinativen Kreditvermittlungs- und Kreditschöpfungstätigkeit der Banken in der Form, wie sie sich etwa aus der von Föhl vertretenen Auffassung ableiten läßt, zuzustimmen.

Für die Lösung des mit der vorliegenden Arbeit aufgegriffenen Problems ergibt sich daraus folgende bedeutsame Konsequenz:

Wäre jede Kreditgewährung eine Geldschöpfung, wie die Vertreter der Theorie der ausschließlich giralen Kreditschöpfungstätigkeit der Banken behaupten, dann wäre auch *jede* Kreditgewährung der Sparkassen eine Geld- bzw. Kreditschöpfung, wobei es völlig gleichgültig wäre, daß die Sparkassen ihre Kredite vorwiegend auf der Basis von Spareinlagen gewähren.

Beispielsweise würde sich bei Anwendung des von Schneider entwickelten Instrumentariums folgendes ergeben:

Jede Kreditgewährung begründet eine kurzfristige Forderung des Kreditnehmers gegen die kreditgewährende Bank. Diese Forderung stellt nach Schneiders Auffassung Geld dar. Da bei jeder Kreditgewährung eine kurzfristige Forderung des Kreditnehmers gegen die kreditgewährende Bank entsteht, entsteht bei jeder Kreditgewährung Geld, m. a. W., jede Kreditgewährung stellt eine Geldschöpfung dar.

Somit wäre das in der vorliegenden Arbeit zu behandelnde Problem von vornherein in der Weise gelöst, daß jede Kreditgewährung der Sparkassen zu einer Geldschöpfung führt, daß sie also eine Kreditschöpfung darstellt.

Die Theorie der ausschließlich giralen Kreditschöpfungstätigkeit der Banken läßt sich aber nicht aufrecht erhalten. Es erübrigt sich also, die Anwendbarkeit dieser These auf das typische Sparkassengeschäft zu untersuchen.

Bei der Untersuchung, ob die Eigentümlichkeiten des typischen Sparkassengeschäftes eine Kreditschöpfung erlauben, ist folglich von den Ergebnissen der monetär orientierten Richtung der Theorie der kombinativen Kreditvermittlungs- und Kreditschöpfungstätigkeit der Banken auszugehen.

b) Modifikationen hinsichtlich des Trägers der bankbetrieblichen Kreditschöpfung

Ein Diskussionsobjekt von gravierender Bedeutung für die moderne Kreditschöpfungslehre bildet die Frage, ob eine Kreditschöpfung im Sinne einer Kreditausdehnung über das Ausmaß eines kreditär nutzbaren Liquiditätszuflusses nur vom *gesamten* Banksystem oder aber auch von einer *Einzel*bank vorgenommen werden kann[118].

Diese Frage wird in der Literatur in unterschiedlicher Weise beantwortet. Es lassen sich zwei Modifikationen unterscheiden, nämlich eine Modifikation, deren Vertreter die Kreditschöpfungsfähigkeit einer

[118] Neuerdings weist insbesondere Stützel auf dieses Problem hin. (Vgl. *Stützel*, Wolfgang: Volkswirtschaftliche Saldenmechanik. a.a.O., insbesondere S. 18 f.)

Einzelbank bestreiten, dagegen dem gesamten Banksystem diese Fähigkeit zuerkennen, und eine zweite Modifikation, deren Vertreter bereits der einzelnen Bank die Fähigkeit zur Kreditschöpfung zuerkennen[119].

aa) Theorie der Kreditschöpfungsfähigkeit ausschließlich des gesamten Banksystems

aaa) Darstellung

Die These, nur das *gesamte* Banksystem sei zu einer Geld- bzw. Kreditschöpfung fähig, herrscht in der modernen Literatur vor[120].

Die Vertreter dieser These unterscheiden scharf zwischen dem Vorgang der Kreditgewährung einer einzelnen Bank und dem Vorgang der Rückwirkungen dieser Kreditgewährung im Kreditbankensystem als Ganzes[121].

Die einzelne Bank kann nach Auffassung der Vertreter dieser These „gewiß nicht ein Vielfaches des bei ihr eingezahlten Bargeldes ausleihen". Jede Bank leihe nur einen Betrag aus, der sich unter dem der Bank zugeflossenen Betrage bewegt, weil die Bank von diesem Betrage eine Liquiditätsreserve (Mindestreserve) unterhalte. „Da aber alle Banken so handeln, so ist letzten Endes doch ein Vielfaches einer gegebenen Bargeldmenge zu Buchgeld geworden[122]."

Eine Kreditschöpfung im Sinne einer Kreditausdehnung über das Ausmaß des kreditär nutzbaren Liquiditätszuflusses hinaus ist also nach Auffassung der Vertreter dieser These nur dem gesamten Banksystem möglich[123].

Die Argumente für den Nachweis der Kreditschöpfung des *gesamten* Banksystems liefert den Vertretern dieser Richtung die Theorie vom Geldschöpfungsmultiplikator[124].

---

[119] Wagner bezeichnet die eine Richtung als „Lehre von der multiplen giralen Kreditkreation des Banksystems", die andere dagegen als „Lehre von der multiplen giralen Kreditkreation der Einzelbank". (Vgl. *Wagner,* Valentin Fritz: Geschichte der Kredittheorien. a.a.O., S. 514.)

[120] Vertreter dieser Richtung sind unter anderen: *Schneider,* Erich: Wirtschaftstheorie III, S. 39 f. *Samuelson,* Paul A.: Volkswirtschaftslehre. a.a.O., S. 290 f. *Halm,* George N.: Economics of Money and Banking. Homewood/ Illinois 1956, S. 163—165. *Kolhatkar,* V. Y.: Monetary Theory. With Special Reference to the Trade Cycle. Baroda 1953, S. 45/46. *Gleske,* Leonhard: „Kreditaktivität". a.a.O., S. 815. *van Zwoll,* Johann Hermann: Mindestreserven als Mittel der Geld- und Kreditpolitik. Finanzwissenschaftliche Forschungsarbeiten. Neue Folge. Heft 8, Berlin 1954, S. 48.

[121] Vgl. beispielsweise *Schneider,* Erich: Wirtschaftstheorie III, S. 41.

[122] Vgl. *Carell,* Erich: Allgemeine Volkswirtschaftslehre. 7. Auflage, Heidelberg 1956, S. 266/267.

[123] Vgl. beispielsweise *Gleske,* Leonhard: „Kreditaktivität". a.a.O., S. 815.

[124] Es gibt insbesondere in der englischen und amerikanischen Literatur eine Fülle von Darstellungen des Geldschöpfungsmultiplikatorprozesses, die in der Regel nur geringfügig von einander abweichen.

Wir können uns daher mit einem Hinweis auf einige der Darstellungen begnügen. Vgl. beispielsweise: *Angell,* James W., und *Ficek,* Karel F.: The Expansion of Bank Credit. In: The Journal of Political Economy. Volume XLI. February 1933, Number 1, S. 15 f. *McDonald,* Stephen L.: The Internal Drain and Bank Credit Expansion. In: The Journal of Finance. Volume VIII. December 1953, Number 4, S. 407—421. *Halm,* George N.: Economics

bbb) Kritik

Die für die Vertreter dieser These typische Auffassung, eine einzelne Bank könne Kredit nur in einem Ausmaß gewähren, das der Höhe der jeweils vorhandenen Überschußreserve entspricht, weil die Bank — wie etwa Halm und Schneider argumentieren — damit rechnen müsse, daß der ganze eingeräumte Kreditbetrag bei der Kreditinanspruchnahme im Zuge von Überweisungen an andere Banken und von Barabhebungen in Zentralbankgeld abgefordert werde[125], steht unseres Erachtens völlig im Gegensatz zu den Grundgedanken der modernen Kreditschöpfungslehre. Der Grundgedanke der modernen Kreditschöpfungslehre, etwa in der Fassung Schneiders, besagt, eine Bank leihe bei der Kreditgewährung nicht ihr überschüssiges Zentralbankgeld aus, sie schaffe vielmehr selbst die Zahlungsmittel, die sie den Kreditnehmern gutschreibe[126].

Wenn nun aber von der Bank durch die Kreditinanspruchnahme das Zentralbankgeld, das die Überschußreserve verkörpert, sofort in voller Höhe abfließt, wie bei den üblichen Darstellungen des Geldschöpfungsmultiplikatorprozesses angenommen wird, dann zahlt die Bank also

---

of Money and Banking. Homewood/Illinois 1956, S. 165 f. *Samuelson,* Paul A.: Volkswirtschaftslehre. a.a.O., S. 290 f.

Frühere Darstellungen sind die von: *Phillips,* Chester Arthur: Bank Credit. A Study of the Principles and Factors underlying Advances made by Banks to Borrowers. New York 1921. *Rodkey,* R. G.: The Banking Process. New York 1928, S. 181 f. *Rogers,* J. H.: The Absorption of Bank Credit. In: Econometrica. Band 1, Jahrgang 1933, S. 63 f.

Vgl. ferner: *Schneider,* Erich: Wirtschaftstheorie III, S. 41 f.

[125] Halm sagt: „... derivative deposits ... are almost sure to be withdrawn in full and to be transferred to other banks. (Vgl. Halm, George N.: Economics of Money and Banking. a.a.O., S. 164.)

[Unter „derivative deposits" versteht Halm von ‚privaten' Banken „actively created deposits". (Vgl. ebenda, S. 154.) Der Begriff „derivative deposits" geht zurück auf Phillips. Phillips definiert die derivativen Depositen wie folgt: „By a derivative deposit is meant one which arises in anticipation of the repayment of a loan." (Vgl. Phillips, Chester A.: Bank Credit. a.a.O., S. 40/41.)

Den Gegensatz zu den „derivativen Depositen" bilden die „primären" oder „originären" Depositen. Philipps definiert: „A primary deposit may be defined as one that arises from the actual lodgement in a bank of cash or its readily convertible equivalent such as checks and drafts drawn on other banks, but not made in anticipation of the repayment of a loan." (Vgl. ebenda, S. 40.) Ebenso sagt Halm: Primary deposits arise „from an actual deposit of money in the bank." (Vgl. Halm, George N.: Economics of Money and Banking. a.a.O., S. 153.)]

Auch Schneider stellt fest: „Mit der Einräumung des Kredits verpflichtet sich die Bank, dem Kreditnehmer den eingeräumten Betrag auf Anforderung auch in Zentralbankgeld zur Verfügung zu stellen. Und da der Kreditnehmer alsbald über den eingeräumten Betrag verfügen wird, muß die Bank damit rechnen, daß der ganze eingeräumte Betrag im Zuge von Überweisungen an andere Banken und von Barabhebungen in Zentralbankgeld abgefordert wird." (Vgl. *Schneider,* Erich: Wirtschaftstheorie III, S. 34/35.)

[126] Vgl. ebenda, S. 40.

bei der Kreditinanspruchnahme offenbar doch nicht mit den Zahlungsmitteln, die sie selbst schafft und den Kreditnehmern gutschreibt, wie Schneider ausführt, sondern sie zahlt, wie Schneider selbst im Gegensatz dazu an anderer Stelle sagt, mit Zentralbankgeld[127]. Fließt bei der Kreditinanspruchnahme tatsächlich — wie die Vertreter dieser Richtung annehmen — die gesamte Überschußreserve von der kreditgewährenden Bank ab, dann nützt der Bank die ihr zugeschriebene Fähigkeit, bei der Kreditgewährung selbst ad hoc Geld in der Form von Giralgeld zu schaffen, nicht das geringste, denn die Kreditinanspruchnahme führt ja nach Ansicht der Vertreter dieser Richtung zu einer Zahlung mit Zentralbankgeld. Zentralbankgeld kann die Bank aber selbst nicht schaffen[128].

Das in diesem Fall vermeintlich entstehende „Giraldgeld" in Form eines Deposits ist lediglich eine aus der Doppik der Buchführung resultierende Verrechnungsgröße zum Zentralbankgeldbetrag, mit welchem die aus der Kreditinanspruchnahme resultierende Zahlung von der Bank ausgeführt wird.

Die Vertreter dieser Richtung verwechseln also hier Depositen mit Giralgeld. Effektiv findet keine (Giral-)Geldschaffung statt; die kreditgewährende Bank leitet lediglich bei der etwa von Schneider entwickelten Konstruktion Zentralbankgeld, das ihr zugeflossen ist, via Kredit weiter.

Von einer Fähigkeit der Banken zur Geldschöpfung, wie sie die Kreditschöpfungslehre den Banken zuschreibt, kann also bei dieser Konstruktion keine Rede sein.

Die von Schneider, Samuelson, Halm und anderen entwickelte Form der Darstellung des Geldschöpfungsmultiplikatorprozesses, mit dem nun die Kreditschöpfungsfähigkeit des *gesamten* Banksystems nachgewiesen werden soll, erweist sich in mehrfacher Hinsicht als sehr problematisch:

Der Geldschöpfungsmultiplikatorprozeß läuft nach Auffassung der Genannten sukzessiv in folgender Weise ab[129]:

Zentralbankgeldzufluß bei einer Bank auf Grund eines Einlagenzuwachses[130] — Bildung einer Überschußreserve — Kreditgewährung

---

127 Schneider sagt: „Bei Abforderungen in bar und Überweisungen an andere Banken verliert die Bank Zentralbankgeld. (Vgl. ebenda, S. 40.)

Schneider geht dann bei der Darstellung des Geldschöpfungsmultiplikatorprozesses von dem für die Bank „ungünstigsten" Fall aus: „Der Kreditnehmer disponiere so, daß die Bank ihre gesamte Überschußreserve verliert.((Vgl. ebenda, S. 40.)

128 „Es ist klar, daß Zentralbankgeld nur von der Zentralbank, das Giralgeld der Kreditbanken nur von den Kreditbanken geschaffen werden kann." (Vgl. ebenda, S. 25.)

129 Vgl. ebenda, S. 41. *Halm*, Georg: Geld — Kredit — Banken. München und Leipzig 1935, S. 66. *Phillips*, Chester Arthur: Bank Credit. a.a.O., S. 37.

130 Schneider bezeichnet diesen Vorgang als „passive Giralgeldschöpfung

der Bank in Höhe dieser Überschußreserve[131] — Kreditinanspruchnahme derart, daß sofort ein Abfluß der gesamten Überschußreserve erfolgt — Zufluß des bei der kreditgewährenden Bank abgeflossenen Zentralbankgeldes bei einer anderen Bank. Bei der begünstigten Bank wiederholt sich der geschilderte Vorgang usw.

Diese Darstellung erweckt den Eindruck, jeder Zufluß von Zentralbankgeld bei einer Bank führe zwangsläufig zu einer Kreditgewährung, und da alle Banken des gesamten Banksystems so handeln, komme es zu der mit Hilfe der Geldschöpfungsmultiplikatorformel errechenbaren Vermehrung der Geldmenge. Das ist nun aber keineswegs der Fall:

Die Banken reagieren nicht — wie bei der geschilderten Form der Darstellung des Geldschöpfungsmultiplikatorprozesses angenommen wird — auf jeden Geldzufluß mit einer Kreditgewährung. Untersucht man die verschiedenen Arten des Liquiditätszuflusses bei einer Bank auf ihren Einfluß auf die Höhe des Kreditangebots, so ergibt sich — erörtert man dieses Problem mit Hilfe einer Modellkonstruktion — folgendes:

Bei der Untersuchung des Depositenzuwachses als Quelle eines Liquiditätszuflusses wird zweckmäßigerweise von den nachstehenden Modelldaten ausgegangen:

Unveränderter Zentralbankgeldbestand in einer geschlossenen Volkswirtschaft (also keine Geldschöpfung durch das Zentralbanksystem sowie kein Auflösen von Zentralbankgeldhorten durch Nichtbanken), konstante Zahlungssitten, ferner konstante Liquiditätsreserven der Banken.

Bei dieser Datenkonstellation kann ein Zentralbankgeldzufluß bei einer Bank nur erfolgen, wenn bei einer anderen Bank ein Zentralbankgeldabfluß vor sich geht:

Zentralbankgeldbewegungen, die sich innerhalb des Geschäftsbanksystems in Form einer Verschiebung von Bank zu Bank vollziehen, können das Kreditpotential des *gesamten* Banksystems jedoch nicht erhöhen[132].

Erfolgt bei den angegebenen Daten bei einer einzelnen Bank auf Grund eines Depositenzuwachses ein überdurchschnittlicher Zentralbankgeldzufluß, so wird sie, da es sich um einen Zufluß auf Sichteinlagenkonten handelt, dadurch nicht veranlaßt, den eingegangenen Zentralbankgeldbetrag zur Grundlage einer Kreditexpansion zu machen[133]. Sie muß vielmehr gewärtig

---

im Zuge von Passivgeschäften". (Vgl. *Schneider*, Erich: Wirtschaftstheorie III, S. 29.)

[131] Schneider bezeichnet diesen Vorgang als „aktive Geldschöpfung". (Vgl. ebenda, S. 30 f.)

[132] Dieselbe Auffassung vertritt: *Klepsch-Bodack*, Hildegard: Der Geldschöpfungskoeffizient der Kreditbanken. Erlanger Dissertation, S. 45. Vgl. hierzu auch die generellen Ausführungen von Stützel. (*Stützel*, Wolfgang: Volkswirtschaftliche Saldenmechanik. a.a.O., passim.)

[133] Ein Spareinlagenzuwachs wird dagegen von den Banken in der Regel mit einer entsprechenden Erhöhung des Kreditangebots beantwortet. (Vgl. auch *Lautenbach*, Wilhelm: Zins, Kredit und Produktion. a.a.O., S. 64.)

Der Geldzufluß erfolgt jedoch bei der Konstruktion, von der die Vertreter des Geldschöpfungsmultiplikatorprozesses ausgehen, in Form eines Zuwachses auf Sichteinlagenkonten, weil die Sichteinlagenkonten die dem Zahlungsverkehr gewidmeten Bankguthaben aufnehmen.

sein, daß in diesem Fall der Deponent das Zentralbankgeld alsbald selbst wieder auf Grund von Zahlungsleistungen abzieht[134].

Abstrahiert man von den Daten des Modells, so ergibt sich folgendes:

Zunächst sei der Einfluß des Faktors „Zahlungssitten" untersucht. Zahlungssitten ändern sich in praxi nur allmählich. Ein plötzlich auftretender, überdurchschnittlicher Zentralbankgeldzufluß auf Grund einer Änderung der Zahlungssitten ist daher so gut wie ausgeschlossen.

Hinsichtlich der Herabsetzung der Liquiditätsreserven als Quelle eines kreditär nutzbaren Zentralbankgeldzuflusses gilt folgendes:

Eine einzelne Bank wird (und kann auch infolge gesetzlicher Regelungen der Liquiditätsreserven) nicht wagen, ihre Reservesätze in eigenmächtigem Vorgehen unter den von den anderen Banken des Systems eingehaltenen Reservesatz herabzusetzen, weil sie dann sehr bald gegenüber den anderen Banken Passivsalden aufweisen würde. Die Herabsetzung der Liquiditätsreserve als Ursache für die Entstehung einer Überschußreserve wird für eine einzelne Bank nur dann möglich sein, wenn alle anderen Banken dies auch tun. Erfolgt eine Geldschöpfung des Zentralbanksystems (entweder auf Grund vermehrter Gold- und Devisenzuflüsse, des Rück- bzw. Ankaufs von Offenmarkttiteln, der Erweiterung des Diskont- und Lombardgeschäftes), so wird zwar den einzelnen Banken zusätzliches Zentralbankgeld zufließen. Ob jedoch dieser Zufluß bei den einzelnen Geschäftsbanken zu einer Kreditausweitung führt, ist fraglich:

Es hängt dies davon ab, ob die einzelnen Geschäftsbanken beim Zentralbanksystem verschuldet sind.

Sind die betreffenden Geschäftsbanken beim Zentralbanksystem verschuldet, so benützen sie „jede Periode der Geldverflüssigung als Folge des Zuflusses von Notenbankgeld (z. B. aus einem anhaltenden Aktivsaldo der Zahlungbilanz oder aus Notenbankkrediten an die öffentliche Hand) zunächst einmal zum Abbau der von ihnen stets als drückend empfundenen Last ihres Refinanzierungsobligos bei der Landeszentralbank"[135/136].

Im realen Fall ist somit davon auszugehen, daß nicht jeder Zentralbankgeldzufluß bei einer Bank erstens das Kreditpotential des *gesamten* Banksystems erhöht und zweitens die einzelne Bank veranlaßt, ihr Kreditangebot automatisch zu erhöhen.

Der von Schneider, Samuelson und Halm vertretenen Auffassung über die Stellung der *einzelnen* Bank im Kausalnexus des Geld-

---

[134] Bereits Moeller macht diesen Einwand im Rahmen der Behandlung des „Gleichschritts"-Problems. (Vgl. *Moeller*, Hero: Gleichschritt der Banken. In: Weltwirtschaftliches Archiv. Band 70, Jahrgang 1953, Heft 2, S. 180/181.) Wir sehen diesen Einwand jedoch nur unter den von uns oben angegebenen Voraussetzungen als stichhaltig an.

[135] Vgl. Geschäftsbericht des Bundesverbandes des privaten Bankgewerbes. Köln 1951, S. 38.

[136] Umgekehrt führt in der Regel auch nicht jeder überdurchschnittliche Abfluß von Zentralbankgeld etwa auf Grund einer Erhöhung der Mindestreservesätze automatisch zu einem Abbau von Bankkrediten. Es kommt vielmehr zu einer Ausweitung des Refinanzierungsvolumens. (Vgl. Geschäftsbericht des Bundesverbandes des privaten Bankgewerbes für das Jahr 1951. Köln 1951, S. 38. Vgl. hierzu ferner: *Pedersen*, Jørgen: Credit Policy Reviewed. In: Weltwirtschaftliches Archiv. Band 67, Jahrgang 1951. Heft 1, S. 1 f.)

schöpfungsmultiplikatorprozesses haftet außerdem folgende Inkonsequenz an:

Aus der von den Genannten entwickelten Darstellung folgt nämlich zwangsläufig, daß die Inanspruchnahme der durch Kreditgewährung entstandenen Sichteinlagen für Zahlungszwecke zu einem Abfluß von Zentralbankgeld in voller Höhe der Sichteinlage bei den einzelnen Banken führt, während es bei der Inanspruchnahme der durch Einzahlung entstandenen Sichteinlagen zu Zahlungszwecken offenbar zu *keinem* Abfluß von Zentralbankgeld kommt. (Schneider bezeichnet ja die durch Einzahlungen entstandenen Sichteinlagen als Geld. Stellen sie Geld dar, so muß auch notwendig über sie zu Zahlungszwecken verfügt werden.)

Wenn nun aber die aus Kreditgewährung resultierenden Sichteinlagen, die sogenannten „derivativen" Depositen[137], bei der Inanspruchnahme zu einem Abfluß von Zentralbankgeld im Ausmaß der Höhe der betreffenden Depositen führen, muß dies auch bei den aus Einzahlungen stammenden Sichteinlagen, den sogenannten „originären" oder „ursprünglichen" Depositen[138], der Fall sein.

Entweder gelten die Möglichkeiten von Zahlungen ohne Zentralbankgeld (bar oder giral in Form einer Transaktion von Zentralbankguthaben) sowohl für die originären wie auch für die derivativen Depositen, oder sie gelten für keine der beiden Depositenarten[139].

Da nun aber bei der Form der Darstellung Schneiders die originären Depositen bei der Bank verbleiben, werden sie also offensichtlich nicht bewegt, denn wenn sie für Zahlungszwecke verwendet würden, müßte es doch bei den originären Depositen notwendig genau so zu einem

---

[137] Die Begriffe „derivative" und „primäre" Depositen definierten wir bereits auf S. 53 der vorliegenden Arbeit.

[138] Auf die genannte, der Darstellung Schneiders, Samuelsons, Halms anhaftende Inkonsequenz wurde bereits von G. Neuhauser, Mayer, Stucken sowie H. Klepsch-Bodack hingewiesen. (Vgl. *Neuhauser*, Gertrud: Kritische Untersuchungen zur Kreditschöpfungslehre. a.a.O., S. 646 f. *Mayer*, Helmut: Die „Multiple" Geldschöpfung der Banken. In: Zeitschrift für das gesamte Kreditwesen. Jahrgang 1956, Heft 6, S. 185 f. *Stucken*, Rudolf: Geld und Kredit. a.a.O., S. 67 f. *Klepsch-Bodack*, Hildegard: Der Geldschöpfungskoeffizient der Kreditbanken. a.a.O., S. 41 f.) Wir schließen uns ihrer Kritik voll und ganz an.

[139] G. Neuhauser bemerkt hierzu: „Diese Guthaben (gemeint sind die „originären Depositen"; der Verf.) sind ebenso zusätzliche Verbindlichkeiten der Banken wie die neu eingegangenen Kreditverpflichtungen. Die Banken müssen mit der Inanspruchnahme dieser Guthaben genau so rechnen wie mit den Abdisponierungen der Kreditnehmer; es ist nicht einzusehen. warum angenommen werden sollte, daß die Erfüllung neuer Verbindlichkeiten die Barmittelbestände der Banken entweder in entsprechender Höhe dauernd schwächt oder aber völlig unberührt läßt, je nach dem, ob die Verbindlichkeiten aus Kreditgewährung oder aus Einlagen bzw. Scheck- oder Überweisungsgutschriften stammen." (Vgl. *Neuhauser*, Gertrud: Kritische Untersuchungen zur Kreditschöpfungslehre. a.a.O., S. 646 f.)

Abfluß von Zentralbankgeld kommen wie bei den derivativen. Dies ist nun aber nicht der Fall. Folglich werden die originären Depositen auch nicht für Zahlungszwecke verwendet; sie verbleiben also bei der betreffenden Bank. In materieller Hinsicht stellen sie somit auch kein Geld dar, sondern sie sind geldtheoretisch etwa wie Spareinlagen zu behandeln.

Da nun aber bei der Darstellung Schneiders die originären Depositen, die den in den Kausalnexus des Geldschöpfungsmultiplikatorprozesses eingeschalteten Banken als Grundlage ihrer Kreditgewährung dienen, kein Geld darstellen, ergibt sich folgendes:

Die einzelnen Banken verhalten sich bei der von Schneider vorgetragenen Darstellung in einer, der Auffassung der orthodoxen Kredittheorie entsprechenden, typisch kreditvermittelnden Weise: Sie empfangen Kredit und gewähren Kredit in derselben Höhe. Nach der Darstellung Schneiders nimmt eine Bank eine Kreditgewährung erst vor, wenn bei ihr Zentralbankgeld zugeflossen ist. Das der Bank zugeflossene Geld liegt nun aber — wie wir sahen — „still", m. a. W., es ist bei der Schneider'schen Darstellung als aus dem Geldkreislauf ausgeschieden anzusehen: Eine Geldstillegung stellt nichts anderes als die Verwandlung von aktivem in inaktives Geld dar.

Die betreffende Bank gewährt nun nach Auffassung der von Schneider, Samuelson, Halm und anderen vertretenen Richtung einen Kredit in Höhe dieser Überschußreserve, wodurch es zu einem Abfluß der gesamten Überschußreserve bei der kreditgewährenden Bank kommt. Damit sind die Kreditgewährungsmöglichkeiten der betreffenden Bank erschöpft. Sie kann erst wieder Kredite gewähren, wenn sie sich erneut im Besitz einer Überschußreserve sieht.

Die Einzelbank kann also bei dieser Konstruktion durch ihren Kredit nur soviel (Zentralbank-)Geld in die Wirtschaft pumpen, wie ihr zuvor Geld auf Grund ihres Passivkreditgeschäftes zugeflossen ist[140].

[140] Daß bei der geschilderten Form der Kredittätigkeit die Banken nur „kompensatorische" Kredite im Sinne der „klassischen" Kreditvermittlungstheorie gewähren können, erkennt bereits Carell, wenn er sagt: „Man mißversteht jedoch die Buchgeldschöpfung (in der etwa von Schneider dargestellten Form; der Verf.), wenn man aus ihr folgern zu können glaubt, daß die Depositenbanken in ihrer Kreditgebung unabhängig von den gemachten Ersparnissen seien. Bei näherem Zusehen zeigt sich, daß der Buchgeldschöpfungsprozeß weiter nichts besagt, als daß die Banken Kredite in Höhe des Geldbetrages geben können, über den in der gleichen Zeitperiode Wirtschaftssubjekte kraft eigenen Rechts (d. h. nicht kreditweise) verfügen, ihn jedoch nicht verausgaben. Wenn ein Wirtschaftssubjekt 1000 M Bargeld auf Scheckkonto einzahlt, so entsteht ein Scheckguthaben in Höhe von 1000 M und für die Banken eine Erhöhung der Barmittel um 1000 M. Bei einer benötigten 10 % Barreserve kann die Bank an ein Wirtschaftssubjekt B Scheckguthaben in Höhe von 900 M ausleihen, also 900 M Buchgeld schöpfen, *sofern und solange das Wirtschaftssubjekt A sein Scheckguthaben in*

Dasselbe behauptet aber auch — lediglich in einer anderen Form — die „klassische" Kreditvermittlungstheorie. Sie stimmt in den hier relevanten Punkten genau mit der Auffassung der geschilderten Modifikation der modernen Kreditschöpfungslehre überein. Stucken bemerkt daher zu Recht:

„Jedoch leiden die heute in Deutschland bekanntesten Darstellungen dieser Art, nämlich die von Paul A. Samuelson, Erich Schneider und Georg Halm darunter, daß sie das, was sie beweisen wollen (nämlich die Geld- bzw. Kreditschöpfung der Banken; der Verf.), tatsächlich nicht beweisen[141/142]."

Einige der Vertreter dieser Richtung sind sich nun bewußt, daß zwischen ihrer Darstellung des Geldschöpfungsmultiplikatorprozesses sowie der „klassischen" Kreditvermittlungstheorie hinsichtlich der Kredittätigkeit einer *einzelnen* Bank lediglich Divergenzen terminologischer, nicht aber sachlicher Natur bestehen[143]. Sie sehen jedoch in der sich aus dem Multiplikatorprozeß ergebenden Depositenausweitung den Beweis der Kreditschöpfungsfähigkeit der Banken. Die Depositenausweitung ergibt sich nach dem Multiplikatorprinzip durch „Addition sowohl der jeweils gewährten Kredite als auch der entstandenen Einlagen ..." als „ein Vielfaches des ursprünglichen Liquiditätszuwachses, ohne daß die einzelne in diesem Kausalnexus stehende Bank über jene Grenzen hinausgegangen wäre, die der solide Bank- oder Sparkassenleiter einhalten muß"[143].

Hierzu ist nun folgendes zu bemerken:

Die Kreditgewährung der Einzelbanken wird von den Vertretern dieser Modifikation der modernen Kreditschöpfungslehre als eine Geldschöpfung aufgefaßt. In sachlicher Hinsicht erweist sich diese „Geldschöpfung" jedoch als eine Kreditvermittlung im Sinne der orthodoxen Kredittheorie. Folglich stellt der aus der Kredittätigkeit der *einzelnen* Banken des *gesamten* Banksystems abgeleitete Geldschöpfungsmultiplikator in der von den Vertretern dieser Modifikation entwickelten Form lediglich eine *Summe von Kreditvermittlungen* dar.

Höhe von 1000 M nicht verausgabt. (Vgl. *Carell*, Erich: Allgemeine Volkswirtschaftslehre. a.a.O., S. 269.)

141 Vgl. *Stucken*, Rudolf: Geld und Kredit. a.a.O., S. 67.

142 H. Klepsch-Bodack geht sogar soweit, zu behaupten, „daß die Art der Beweisführung dieser Autoren — in logisch folgerichtiger Weise durchgeführt — dazu angetan wäre, eher die Unmöglichkeit der Geldschöpfung zu beweisen als ihr Gegenteil". (Vgl. *Klepsch-Bodack*, Hildegard: Der Geldschöpfungskoeffizient der Kreditbanken. Erlanger Dissertation 1955, S. 41.)

143 So bemerkt Gleske, die Grenzen, die den einzelnen Bankleitern bei der Festsetzung des Kreditangebots gesetzt seien, würden eben doch durch die ihnen zufließenden Mittel bestimmt und die volkswirtschaftliche Geldschöpfungslehre nütze ihnen bei ihrem Kreditgeschäft herzlich wenig. (Vgl. *Gleske*, Leonhard: „Kreditaktivität". a.a.O., S. 815.)

143 Ebenda, S. 815.

Denn trotz der auf diese Weise zustande gekommenen Depositenausweitung erfährt die „aktive" Geldmenge keine Zunahme: Die Darstellungsform des Geldschöpfungsmultiplikatorprozesses durch die Vertreter dieser Richtung besagt nichts anderes, als daß die einzelnen, in den Kausalnexus eingeschalteten Banken inaktives Geld durch Kreditgewährungen wieder aktivieren.

Sie machen dies aber *nicht gleichzeitig*, wie es für die Vermehrung der wirksamen Geldmenge bei dieser Konstruktion erforderlich wäre.

Die Kreditgewährung der einzelnen Banken erfolgt nach der Konstruktion der Vertreter dieser Richtung vielmehr *sukzessiv*, denn es wird eine *lineare* Dispersion des Zentralbankgeldes durch die Kreditgewährung der in den Kausalnexus des Geldschöpfungsprozesses eingeschalteten Banken angenommen: Die Banken sind nach Auffassung der Vertreter dieser Richtung *hintereinandergeschaltet*.

Dadurch entspricht jeder Kreditgewährung einer Bank eine vorhergehende Geldinaktivierung:

Der von der einen — in den Kausalnexus des Geldschöpfungsprozesses eingeschalteten — Bank durch Kreditgewährung aktivierte Geldbetrag fließt einer anderen Bank zu und wird dort zunächst stillgelegt. Dieser Inaktivierung folgt dann eine Aktivierung des Geldbetrages durch die Kreditgewährung der zweiten Bank.

Nach Vollendung des Geldschöpfungsmultiplikatorprozesses entspricht die Summe der von den Deponenten vorgenommenen Geldinaktivierungen der Summe der Geldaktivierungen durch die Banken.

Die geschilderte Erkenntnis gewinnen die Vertreter dieser Modifikation der modernen Kreditschöpfungslehre aber nicht, weil sie einfach aktives und inaktives Geld (das nur die äußere Form des Geldes besitzt, in materieller Hinsicht aber stilliegt und somit inaktives Geld darstellt) nach dem Multiplikatorprinzip addieren und damit zum Ergebnis gelangen, es sei eine Vervielfachung des ursprünglich in der Wirtschaft vorhandenen Geldes durch die Kreditgewährungen der einzelnen Banken eingetreten.

Tatsächlich bleibt jedoch die Menge des wirksamen, in der Wirtschaft befindlichen Geldes unverändert:

Keine der kreditgewährenden Banken verbreitert durch ihre Kreditgewährung den Geldstrom. Durch die Kreditgewährung der einzelnen, in den Kausalnexus des Geldschöpfungsmultiplikatorprozesses eingeschalteten Banken fließt vielmehr ein Strom aktiven Geldes von gleichbleibender Breite durch die Wirtschaft.

Der Irrtum, durch den geschilderten Prozeß käme eine Geldvermehrung zustande, tritt besonders bei einer von Gleske vertretenen Auffassung klar zutage:

Gleske ist der Meinung, das Geschäftsbankensystem als Ganzes könne Geldschöpfung durch Ausdehnung seines Kreditvolumens betreiben, „selbst wenn es keinen bargeldlosen Zahlungsverkehr gäbe und alle Zahlungen mit Bargeld geleistet werden müßten"[144].

Gleske begründet die geldmengenvermehrende Wirkung der Kreditgewährung der Banken im System einer Wirtschaft mit ausschließlichem Bargeldverkehr wie folgt:

Eine Bank verzeichne einen Depositenzuwachs auf Grund einer Bareinzahlung. Die Bank sehe sich dadurch im Besitz einer Überschußreserve. Die Bank gewähre in Höhe dieser „Überschußreserven" neue Kredite, die zusätzlich zu ihren bisher gewährten Krediten hinzutreten. Der Kreditnehmer verfüge über den ihm eingeräumten Kredit nach den im Modell gegebenen Voraussetzungen in bar, wodurch sich die Liquidität der kreditgebenden Bank in entsprechendem Ausmaße vermindere. Der auf diese Weise im Kreditwege der Wirtschaft zur Verfügung gestellte Bargeldbetrag nehme nun seinen Weg durch die Volkswirtschaft und werde schließlich von einem der Empfänger bei einer anderen Bank oder auch bei der gleichen Bank eingezahlt. Sofern nicht ein Kredit zurückgezahlt wird, entstehe in Höhe der Einzahlung ein neues Depositum, aus dem sich eine Überschußreserve bilde, da durch den Zahlungseingang die Liquidität der bargeldempfangenden Bank über den Betrag hinausgehe, der zur Aufrechterhaltung ihrer Zahlungsbereitschaft unbedingt erforderlich sei. Auch diese Bank könne in Höhe ihrer „Überschußreserve" einen neuen Kredit gewähren.

Auf diese Weise komme es zu einer Depositenausdehnung bei den Banken, die „je nach Höhe der Mindestreserven und des beim Publikum verbleibenden Bargeldbetrages weit über den ursprünglich verfügbaren Bargeldbetrag hinausgehen kann"[145]. Die im Zuge der Depositenausweitung neu entstandenen Depositen besitzen nach Meinung Gleskes Geldcharakter, „denn die Wirtschaftssubjekte können über sie beliebig für Zahlungszwecke verfügen"[145].

Hier irrt nun aber Gleske.

Gleske beachtet nicht, daß der „Geldschöpfung" durch die einzelnen Banken im Ablauf des „Geldschöpfungs"-Multiplikatorprozesses eine Geldvernichtung entsprechenden Ausmaßes gegenübersteht:

Bareinzahlungen bedeuten nach den Voraussetzungen des Modells, daß sich der Einleger mehr oder weniger lange der Verfügungsmacht über das eingezahlte Geld begibt. Denn würde der Deponent sofort zu Zahlungszwecken über sein Deposit verfügen, so müßte es in Bargeld umgewandelt werden, weil ja im Modell einer Wirtschaft mit ausschließlichem Barverkehr Zahlungen nur bar geleistet werden können. Es käme also durch die Umwandlung der Einlage in Bargeld zu einer Auflösung des Deposits.

Gleske macht diese Annahme aber nicht. Folglich verbleibt das Deposit der Bank über einen mehr oder weniger langen Zeitraum.

Der Akt der Einzahlung bei den Banken bedeutet also bei den Voraussetzungen des Modells nichts anderes als eine Inaktivierung seither aktiven Geldes.

Durch die Kreditgewährung der Banken wird diese Geldstillegung egalisiert: Geld, das aus der Zirkulation ausgeschieden war, wird durch die Kreditgewährung der Banken wieder dem Kreislauf zugeführt. Die Kontraktion,

---

144 Vgl. *Gleske*, Leonhard: Die Liquidität in der Kreditwirtschaft. Frankfurt/M. (o. J.) (1953), S. 31.

145 Vgl. ebenda, S. 32.

die eingetreten wäre, wenn der Inhaber des Bargeldbetrages diesen etwa zu Hause gehortet hätte, wird durch die Kreditgewährung der Banken verhindert[146].

Nimmt nun das aktivierte Geld in der von Gleske beschriebenen Weise seinen Weg durch die Wirtschaft, fließt es also einer anderen Bank zu, so setzt die kreditäre Verwertung des Geldes, welches dieser zweiten Bank zugeflossen ist, voraus, daß der Deponent darüber nicht sofort verfügt. Der kreditären Verwendung dieses Betrages durch die zweite Bank geht somit wieder eine Geldstillegung entsprechenden Ausmaßes voran. Was Gleske als Geld ansieht, stellt in Wirklichkeit also inaktives Geld dar. Denn wäre es aktives Geld, dann würde es sich gar nicht bei den Banken befinden, sondern im Nichtbankensektor zirkulieren.

Es kann also keine Rede davon sein, daß durch die Kreditgewährung der Banken in der von Gleske geschilderten Weise eine Geldvermehrung zustande kommt.

Die von Schneider, Halm und Samuelson im Geldschöpfungsmultiplikatorprozeß dargestellte und mit der Geldschöpfungsfähigkeit der Banken erklärte Depositenausweitung läßt sich mit der von Bouniatian entwickelten Theorie der „realen Umlaufsgeschwindigkeit des Geldes" erklären[147].

Bouniatian erkennt, daß das Geld auf Grund der Kreditgewährungen der Banken zirkuliert und somit zu einer Ausweitung des Depositenvolumens führt[148]. Seine Darstellung dieses Vorganges unterscheidet sich im Prinzip in keiner Weise von derjenigen des Geldschöpfungs-Multiplikatorprozeses, wie sie etwa Schneider bietet.

Während aber das durch die Geldzirkulation verursachte Wachstum des Depositenvolumens von der von Schneider vertretenen Richtung der modernen Kreditschöpfungslehre als Nachweis für die Kreditschöpfungsfähigkeit angesehen wird, erklärt Bouniatian diesen Vorgang nicht mit der Kredit-

---

[146] Floss bemerkt zu Recht: „Im barzahlenden Wirtschaftssystem besteht die umlaufende Geldmenge also nur aus Bargeld, und die Zwischenschaltung von Banken bei der Kreditvermittlung bewirkt lediglich, daß eine bereits *vorhandene* Bargeldmenge wirtschaftlicher „verwertet" und damit *latente* Kaufkraft freigesetzt wird." (Vgl. *Floss*, Eberhard: Anlage- und Liquiditätsrichtlinien im Sparkassenwesen. a.a.O., S. 32/33.)

[147] Bouniatian trägt diesen Gedanken als Kritik an der Kreditschöpfungslehre generell vor und versucht damit, die Kreditschöpfungslehre zu Fall zu bringen. Keineswegs halten wir jedoch die Kritik Bouniatians für tragfähig genug, die Kreditschöpfungslehre generell zu Fall zu bringen.

Dagegen läßt sich mit der von Bouniatian im Rahmen dieser Kritik erarbeiteten Theorie der „realen Umlaufsgeschwindigkeit des Geldes" die Depositenausweitung, wie sie etwa Erich Schneider im Geldschöpfungsmultiplikatorprozeß darstellt und die Schneider als Geldschöpfung ansieht, erklären. (*Bouniatian,* Mentor: Die vermeintlichen Kreditkreierungen und die Konjunkturschwankungen. In: Jahrbücher für Nationalökonomie und Statistik. Band 136 [Dritte Folge Band 81], Jahrgang 1932, S. 337 f.)

[148] Bouniatian greift damit einen Gedanken auf, den in ähnlicher Form bereits Djelal in Form einer Kritik an Hahn äußert. Djelal wirft nämlich Hahn vor, er vergesse, „daß ein und dieselbe Münze durch ihren Umlauf beliebig viel Konten errichten kann". (Vgl. Eumer *Djelal* Bey: Kritik der Hahn'schen Bankkredittheorie. Berliner Dissertation 1926, S. 41.)

schöpfungsfähigkeit der Banken, sondern damit, daß *dieselben* Banknoten zu einer mehrmaligen, aufeinanderfolgenden Kreditgewährung dienen[149].

Schließlich ist noch auf einen Korrekturversuch an der von Schneider vertretenen Auffassung durch H. Klepsch-Bodack einzugehen. H. Klepsch-Bodack kritisiert in einer von Stucken angegebenen Richtung[150], „der entscheidende Fehler in den Darlegungen Schneiders und Samuelsons" liege „in der Annahme einer ausschließlich linearen Verteilung der zusätzlichen Notenbankguthaben"[151].

Dieser Auffassung können wir uns nicht anschließen. Der Mangel der von Schneider vorgetragenen Auffassung liegt unseres Erachtens nicht in der technischen Frage der Annahme einer ausschließlich linearen Dispersion der Notenbankguthaben, sondern darin, daß Schneider nicht den Nachweis erbringt, daß die Depositen, die als Grundlage der Kreditgewährung der in den Kausalnexus des „Geldschöpfungs"-Multiplikatorprozesses eingeschalteten Banken dienen, im realen Fall zu Zahlungszwecken verwendet werden und damit Geld darstellen.

Eine Vergrößerung der aktiven Geldmenge auf Grund einer Kreditgewährung einer Bank liegt dann vor, wenn das Deposit, durch das die Bank in den Besitz einer Überschußreserve gelangt und das somit der betreffenden Bank als Basis für eine Kreditgewährung dient, tatsächlich zu Zahlungszwecken verwendet wird, so daß *neben* dieses, tatsächlich Geld darstellende Deposit durch die Kreditgewährung der Bank ein zusätzlicher Geldbetrag tritt und somit die in der Volkswirtschaft befindliche Geldmenge eine Vergrößerung erfährt. Voraussetzung für die Vermehrung der aktiven Geldmenge ist also, daß das originäre Sichtguthaben, das die Bank in den Besitz einer Überschußreserve versetzt, Geld darstellt, eine Voraussetzung, die E. Schneider zwar annimmt, deren Gegebenheit im realen Fall er aber nicht nachweist[152].

---

149 Vgl. *Bouniatian*, Mentor: Die vermeintlichen Kreditkreierungen und die Konjunkturschwankungen. a.a.O., S. 342.

150 Vgl. *Stucken*, Rudolf: Geld und Kredit. a.a.O., S. 68.

151 *Klepsch-Bodack*, Hildegard: Der Geldschöpfungskoeffizient der Kreditbanken. a.a.O., S. 41.

152 Zwar tritt nach Schneiders Auffassung eine Vergrößerung der Geldmenge ein: Das auf Grund einer „passiven Geldschöpfung" entstandene Sichtguthaben, durch das die Bank in den Besitz einer Überschußreserve gelangt, stellt nach seiner Auffassung Geld dar. Wird die Überschußreserve kreditär genutzt, so liegt eine „aktive Geldschöpfung" vor. Passive und aktive Geldschöpfung zusammen bewirken also eine Verdoppelung der wirksamen Geldmenge.

Dieser Auffassung können wir jedoch nicht folgen. Denn mit der Behauptung, das originäre Deposit stelle Geld dar, ist es noch nicht getan. Es muß erst nachgewiesen werden, daß das originäre Deposit tatsächlich Geld darstellt.

Hierzu ist es erforderlich, zu untersuchen, ob das originäre Deposit zu Zahlungen dient, so daß die Zahlungen der Besitzer der originären Deposi-

H. Klepsch-Bodack berücksichtigt nun bei ihrem Versuch, den Vorgang der Geldschöpfung darzustellen, „wie er sich durch die Verteilung einer dem System neu zugeflossenen Überschußreserve über eine Vielzahl von Banken tatsächlich vollzieht“[153], daß über die originären Depositen zu Zahlungszwecken verfügt wird. Trotzdem erbringt ihre Darstellung den Nachweis einer Vermehrung der aktiven Geldmenge u. E. aber nicht, wenn man von unveränderten Zahlungssitten der Wirtschaftssubjekte ausgeht[154]:

Auch bei der Darstellung von H. Klepsch-Bodack vollzieht sich der Prozeß der Geldschöpfung im Bankensystem sukzessiv. Der Unterschied zur Darstellung Schneiders beruht lediglich darin, daß H. Klepsch-Bodack erstens eine wechselseitige (Schneider eine lineare) Dispersion des Zentralbankgeldes

---

ten (der Kreditoren) sowie die Zahlungen der Kreditnehmer (der Debitoren), gleichzeitig, also *nebeneinander*, erfolgen.

[153] Vgl. *Klepsch-Bodack*, Hildegard: Der Geldschöpfungskoeffizient der Kreditbanken. S. 41.

[154] H. Klepsch-Bodack geht von einem Gleichgewichtszustand des bankmäßigen Verrechnungsverkehrs aus. Sieht sich eine Bank im Besitz zusätzlichen Zentralbankgeldes, so stellt dieses Zentralbankgeld — wie H. Klepsch-Bodack richtig erkennt — noch keine Überschußreserve dar. Der Besitzer des Zentralbankgeldes, der Kreditor, veranlaßt Zahlungen. Durch die Dispositionen des Kreditors kommt es zu einer einseitigen Ausweitung der von der betreffenden Bank zu leistenden Zahlungen; es tritt also ein Ungleichgewicht ein.

Außerdem verfügen in der Konstruktion von H. Klepsch-Bodack die durch die Zahlungen des Kreditors begünstigten Wirtschaftssubjekte.

Diese laufend stattfindenden Verfügungen der Einlageninhaber führen nun nach Auffassung Klepsch-Bodacks so lange zu einer Verschiebung des ursprünglich neu zugeflossenen Zentralbankgeldes von Bank zu Bank, „bis schließlich nach Vollzug einer Vielzahl von Zahlungsakten das neu zugeflossene Zentralbankguthaben und die daraus resultierenden Einlagen sich dergestalt über das System verteilt haben, daß ein neuer Gleichgewichtszustand sozusagen auf höherer Ebene erreicht ist“. (Vgl. *Klepsch-Bodack*, Hildegard: Der Geldschöpfungskoeffizient der Kreditbanken. a.a.O., S. 42.)

Der Gleichgewichtszustand „auf höherer Ebene“ wird dadurch charakterisiert, daß das der ersten Bank zugeflossene Zentralbankgeld nicht untergegangen ist, sondern sich auf die anderen Banken verteilt hat.

Das beim neuen Gleichgewichtszustand bei den Banken befindliche Zentralbankgeld stellt jetzt nach Abzug der davon zu unterhaltenden Liquiditätsreserve eine kreditär nutzbare Überschußreserve dar.

Die neue — und unseres Erachtens — richtige Erkenntnis von H. Klepsch-Bodack besteht also darin, daß das Zentralbankgeld, das einer Bank zufließt, erst dann zu einer Kreditexpansion verwendet werden kann, „wenn es durch die Verfügung der Einlagenempfänger nicht sofort zur Tilgung im Verrechnungsverkehr entstehender Salden benötigt wird. Dies wird erst dann der Fall sein, „wenn im Zahlungsverkehr der Banken untereinander sich zumindest annäherungsweise ein gewisser Gleichgewichtszustand eingespielt hat“. (Vgl. *Klepsch-Bodack*, Hildegard: Der Geldschöpfungskoeffizient der Kreditbanken. a.a.O., S. 43.)

Stellt sich der neue Gleichgewichtszustand ein, dann verläuft der Prozeß nach Auffassung von H. Klepsch-Bodack wie folgt: Kreditgewährung einer Bank — Ungleichgewicht des Verrechnungsverkehrs — Zahlungen der Begünstigten sowie Kreditausdehnung der anderen Banken — neuer Gleichgewichtszustand auf höherer Ebene — Wiederholung des geschilderten Vorganges. (Vgl. *Klepsch-Bodack*, Hildegard: Der Geldschöpfungskoeffizient der Kreditbanken. a.a.O., S. 43 f.)

annimmt und daß sie ferner nicht nur die Zahlungen der Debitoren, sondern auch die Zahlungen der Kreditoren berücksichtigt.

Entscheidend ist jedoch, daß die Zahlungen der Debitoren und Kreditoren auch bei der Modellkonstruktion von H. Klepsch-Bodack nicht *gleichzeitig*, wie es für eine Vermehrung der wirksamen Geldmenge erforderlich wäre, sondern *nacheinander* vor sich gehen[155].

Damit kann auch der Erklärungsversuch von H. Klepsch-Bodack nicht befriedigen.

bb) Theorie der Kreditschöpfungsfähigkeit der Einzelbank

aaa) Darstellung

Diese Richtung hält im Gegensatz zur Theorie der Kreditschöpfungsfähigkeit ausschließlich des gesamten Banksystems bereits die einzelne Bank zu einer Kreditschöpfung (im Sinne einer Vermehrung der aktiven Geldmenge durch Kreditgewährung) fähig.

Für diese Richtung ist das Ausmaß des Kreditangebots einer Bank nicht linear begrenzt durch die Höhe der Überschußreserve; sie nimmt lediglich eine Abhängigkeit der Geldschöpfungskapazität einer Bank von der Höhe der ihr für Kredite zur Verfügung stehenden Überschußreserve derart an, daß die Bank ihr Kreditvolumen solange ausdehnen kann, bis die für Kredite verfügbaren Stückgeldbeträge und Notenbankguthaben verbraucht sind.

Da nicht jeder Kredit zu einem Abfluß von Stückgeld oder Notenbankguthaben führt, besteht durchaus die Möglichkeit, daß bereits eine einzelne Bank, sofern bestimmte Voraussetzungen erfüllt sind, eine Kreditausdehnung bis zu einem Vielfachen der Höhe ihrer Überschußreserve vornehmen kann[156]. Diese Theorie, die den Kern der modernen Kreditschöpfungslehre, wie sie von Macleod begründet und später von Hahn und Gestrich weiter ausgebaut wurde, darstellt, wird in moderner Form beispielsweise von Mayer vertreten[157].

---

[155] Während die Kreditnehmer zahlen, verfügen die Kreditoren bei dieser Modellkonstruktion nicht; umgekehrt gewähren im Zeitraum der Zahlungen der Kreditoren die Banken keine Kredite: während des Zeitraums der Zahlungen der Kreditoren können also keine Zahlungen der Debitoren erfolgen.

Kreditgewährungen und damit Zahlungen der Debitoren erfolgen nach der Konstruktion von Klepsch-Bodack erst, wenn sich nach Abschluß der Zahlungen der Kreditoren ein neuer Gleichgewichtszustand eingestellt hat. Das bedeutet jedoch nichts anderes, als daß während der Zahlungen der Debitoren die Zahlungsverkehrsguthaben der Kreditoren stilliegen, also inaktiv sind.

Somit bleibt die Breite des Geldstroms auch bei der Modellkonstruktion von Hildegard Klepsch-Bodack unverändert.

[156] So stellt beispielsweise Goertz fest, die einzelne Bank „kann also einen wesentlich höheren Kredit einräumen als der brachliegende Kassenbestand beträgt". (Vgl. *Goertz*, Walter: Die Liquiditätsprobleme der Kreditbanken. Bonner Dissertation 1938, S. 13.)

[157] Vgl. *Mayer*, Helmut: Die „Multiple" Geldschöpfung der Banken. In: Zeitschrift für das gesamte Kreditwesen. 6. Heft, Jahrgang 1956, S. 185 f.

Früher wurde diese Auffassung in ähnlicher Form insbesondere vertreten von Henry Dunning Macleod. Die wesentlichen, den Gegensatz zur „klassischen" Kreditvermittlungstheorie begründenden Behauptungen von Macleod beziehen sich auf die einzelne Bank oder den einzelnen Bankier. Beispielsweise stellt Macleod fest: „... we see that the very essence and nature of a Bank and a Banker is to create and issue Credit payable on demand: and bbb) Kritik

Sowohl von den Vertretern der Theorie der Kreditschöpfungsfähigkeit ausschließlich des gesamten Banksystems wie auch von den Vertretern der Theorie, die bereits den einzelnen Banken die Fähigkeit der Kreditschöpfung zuschreibt, wird richtig erkannt, daß scharf unterschieden werden muß zwischen der Kreditschöpfung der Einzelbank sowie der Rückwirkung dieser Kreditschöpfung im gesamten Banksystem.

Gleske als Vertreter der Theorie der Kreditschöpfungsfähigkeit ausschließlich des gesamten Banksystems behauptet, „daß ein Widerspruch zwischen den Grundsätzen, nach denen das einzelne Kreditinstitut geleitet wird und geleitet werden muß (also nach den der „klassischen“ Kreditvermittlungstheorie entsprechenden Grundsätzen; der Verf.), und der Geldschöpfungslehre nicht besteht und daß es sich hier vielmehr nur um zwei verschiedene Aspekte desselben Tatbestandes handelt ...“[158].

Dieser Auffassung können wir nicht folgen, weil sie den Sinn der Kreditschöpfungslehre, wie sich ihn ihre Begründer dachten[159], verkennt.

Das Problem der Kreditschöpfung einer einzelnen Bank liegt auf einer völlig anderen Ebene als das Problem der Kreditschöpfung des gesamten Banksystems. Es ist daher unmöglich, aus der Kreditschöpfung des gesamten Banksystems, wie sie sich die Vertreter der Theorie der Kreditschöpfungsfähigkeit ausschließlich des gesamten Banksystems vorstellen, die Kreditschöpfungsfähigkeit der Banken schlecht-

---

this Credit is intended to circulate and perform all the functions of money. A Bank is, therefore, not an office for ‚borrowing‘ and ‚lending‘ Money: but it is a Manufactory of Credit.“ (Vgl. *Macleod*, Henry Dunning: The Theory and Practice of Banking. Volume II, London 1866, S. 594, ferner ähnlich S. 605, S. 584/585, S. 607. Ferner: The Theory and Practice of Banking. Volume I, S. 118. Ferner: Art.: „Capital“. In: A Dictionary of Political Economy. Biographical, Bibliographical, Historical and Practical. Volume I, London 1863, S. 353.

Vgl. ferner: *Dunbar*, C. F.: Theory and History of Banking. 5th Edition, New York 1929. *Schumpeter*, Joseph: Theorie der wirtschaftlichen Entwicklung. a.a.O., S. 144.

[158] Vgl. *Gleske*, Leonhard: „Kreditaktivität“. a.a.O., S. 815.

[159] Vgl. beispielsweise die Auffassung von Macleod. *Macleod*, Henry Dunning: Articles in: A Dictionary of Political Economy. Biographical, Bibliographical, Historical and Practical. Volume I. London 1863. Article „Bank“, S. 68 f.; Article „Credit“, S. 567 f.; Article „Capital“, S. 323 f.; Article „Currency“, S. 648 f. *Macleod*, Henry Dunning: The Theory and Practice of Banking. Second Edition. Volume I und II. London 1866. *Macleod*, Henry Dunning: The Theory of Credit. Second Edition. In Two Volumes. Volume I, London 1893, Volume II, Part I, London 1894; Volume II, Part II, London 1891 (First Edition).

Vgl. auch: *Lindner*, Martin: Die Kredittheorie von Henry Dunning Macleod. Freiburger Dissertation 1929.

hin — und damit der *einzelnen Banken* — nachzuweisen und auf diese Weise die „orthodoxe“ Kredittheorie als unrichtig zu erklären.

Erkenntnisobjekt der „orthodoxen“ Kredittheorie ist die Kredittätigkeit der einzelnen Banken. Folglich kann ein Gegensatz zur „orthodoxen“ Kredittheorie nur begründet werden, wenn an demselben Untersuchungsobjekt, nämlich einer *einzelnen* Bank, andere Ergebnisse als diejenigen, die die „orthodoxe“ Kredittheorie beinhaltet, erzielt werden. Diesem Erfordernis werden nun die Vertreter der Theorie der Kreditschöpfungsfähigkeit der einzelnen Banken gerecht:

Ihr Erkenntnisobjekt bildet die Kredittätigkeit der einzelnen Bank. Die Ergebnisse, die sie bei der Untersuchung ihres Erkenntnisobjektes erzielen, stellen als „Theorie der Kreditschöpfungsfähigkeit der einzelnen Bank“ den eigentlichen Gegensatz zur „orthodoxen“ Kredittheorie dar. Bei der Theorie der Kreditschöpfungsfähigkeit der Einzelbank handelt es sich daher um die weiter entwickelte, moderne Form der von Macleod und anderen begründeten Kreditschöpfungstheorie.

Im realen Fall kommt eine Kreditschöpfung des gesamten Banksystems nur zustande, wenn die einzelnen Glieder des Banksystems, also die einzelnen Banken, Kreditschöpfung betreiben, und zwar ergibt sich dann die Kreditschöpfung des *gesamten* Banksystems als Summe der Kreditschöpfungen der einzelnen Banken.

Aus all dem folgt, daß mit der Theorie der Kreditschöpfungsfähigkeit der einzelnen Banken die moderne Kreditschöpfungslehre steht und fällt.

Die Kreditschöpfung einer einzelnen Bank ist nun an verschiedene Voraussetzungen und Bedingungen geknüpft.

Unter Berücksichtigung dieser Voraussetzungen und Bedingungen gelingt Mayer der Nachweis der Kreditschöpfungsfähigkeit der Einzelbank im Sinne einer Kreditausdehnung, die das Mehrfache des kreditär nutzbaren Zentralbankgeldzuflusses beträgt. Wir schließen uns der von Mayer vorgetragenen Auffassung an und können uns daher mit einem Hinweis auf seine Ergebnisse begnügen[160].

cc) Ergebnis und Konsequenzen

Aus den obigen Ausführungen geht hervor, daß die Theorie der Kreditschöpfungsfähigkeit ausschließlich des gesamten Banksystems in der Form, in der sie Schneider, Halm, Samuelson und andere darstellen, den Nachweis der Kredit- bzw. Geldschöpfung der Banken nicht erbringen kann.

Aber selbst, wenn diese Theorie richtig wäre, ließe sie sich nicht in Beziehung bringen zu dem in der vorliegenden Arbeit aufgegriffenen Problem. Das liegt in folgendem begründet:

---

160 Vgl. *Mayer*, Helmut: Die „Multiple“ Geldschöpfung der Banken. a.a.O., S. 185 f.

Die Sparkassen stellen nur einen Teil des gesamten Banksystems dar. Wäre nun, wie die Vertreter dieser Modifikation annehmen, nur das gesamte Banksystem zu einer Kreditschöpfung fähig, so könnte diese Frage nicht für einen Teil des gesamten Banksystems gestellt werden: Der Teil ist dem Ganzen untergeordnet. Würde das gesamte Banksystem eine Kreditschöpfung betreiben, so wären die einzelnen Banken — weil sie nach Auffassung der Vertreter dieser Richtung im Kausalnexus des Geldschöpfungsprozesses stehen — *automatisch* kreditschöpfend tätig[161], wobei es völlig gleichgültig wäre, ob sie ihre Kreditgewährung auf der Basis von Spareinlagen oder von Sichteinlagen vornehmen würden. Die Unterscheidung Hahns zwischen Primär- und Sekundärbanken[162], die wir im Prinzip für richtig halten, wäre überflüssig. Für die Notenbank würde sich daraus die Konsequenz ergeben, alle Banken — ungeachtet der Besonderheiten ihrer Geschäftsstruktur — gleich zu behandeln, weil ja alle Banken automatisch gleichermaßen in den Kredit- und Geldschöpfungsprozeß eingeschaltet wären.

Aus all dem folgt, daß von einer Anwendung der Theorie der Kreditschöpfungsfähigkeit nur des gesamten Banksystems auf die besondere Art des Sparkassengeschäftes abgesehen werden muß.

Dagegen zeigte es sich, daß die Theorie der Kreditschöpfungsfähigkeit der *einzelnen* Banken, etwa in der von Mayer[163] vorgetragenen Form, unangreifbar ist. Zur Lösung des mit der vorliegenden Arbeit aufgegriffenen Problems ist es daher erforderlich, diese Theorie auf ihre Anwendbarkeit auf die besondere Art des Sparkassengeschäftes zu untersuchen.

C. Die theoretischen Grundlagen für eine Untersuchung der Kreditschöpfung im Sparkassengeschäft

I. Der banktheoretische Kreditschöpfungsbegriff

1. Die Grundlagen des banktheoretischen Kreditschöpfungsbegriffs

Die Anwendbarkeit der unangreifbaren Thesen der modernen Kreditschöpfungslehre auf die besondere Art des Sparkassengeschäftes untersuchen wir nun in der Weise, daß wir die relevanten Gesichts-

---

161 Diese Auffassung spricht beispielsweise aus den Ausführungen Gleskes. Vgl. *Gleske*, Leonhard: „Kreditaktivität". a.a.O., S. 815.

162 Vgl. *Hahn*, L. Albert: Volkswirtschaftliche Theorie des Bankkredits. a.a.O., S. 49.

163 Vgl. *Mayer*, Helmut: Die „Multiple" Geldschöpfung der Banken. a.a.O., S. 185 f.

punkte dieser Thesen im Begriff „Kreditschöpfung“ konzentrieren. Dieser Kreditschöpfungsbegriff stellt als Konzentrat der „richtigen“ Thesen der banktheoretischen Seite der modernen Kreditschöpfungslehre den Maßstab für eine Untersuchung der Frage dar, ob und inwieweit im Sparkassengeschäft eine Kreditschöpfung möglich ist.

Bei der Fassung des Begriffes „Kreditschöpfung“ müssen folgende Gesichtspunkte berücksichtigt werden:

a) Die Banken sind grundsätzlich zu einer Kreditschöpfung fähig.
b) Nicht jeder Kredit resultiert aus einer Kreditschöpfung einer Bank. Es gibt Kredite, bei denen die Banken den Kreditnehmern bereits existierendes Geld zur Verfügung stellen.
c) Bereits die *einzelne* Bank ist unter bestimmten Voraussetzungen zu einer Kreditschöpfung (im Sinne einer Kreditausdehnung über das Ausmaß des kreditär nutzbaren Liquiditätszuflusses hinaus) fähig.

Den theoretischen Hintergrund der Kredittätigkeit der modernen Banken bilden also nicht nur Elemente der modernen Kreditschöpfungslehre, sondern auch Elemente der „klassischen“ Kreditvermittlungstheorie.

Die Fassung des Begriffes „Kreditschöpfung“ ist folglich nur dann sinnvoll, wenn die Antinomie zwischen der „klassischen“ Kreditvermittlungstheorie einerseits und der Kreditschöpfungstheorie andererseits berücksichtigt wird[164].

Ferner dürfen bei der Determinierung des Begriffes „Kreditschöpfung“ die folgenden Gesichtspunkte nicht unbeachtet bleiben:

a) Die Auseinandersetzung mit dem Inhalt der banktheoretischen Seite der modernen Kreditschöpfungslehre ergab, daß nicht haltbare Ergebnisse erzielt werden, wenn
   1. Sichtguthaben (Depositen) schlechthin als Geld angesehen werden und wenn

---

[164] Man kann — wie wir bereits andeuteten — bei der Lösung des mit der vorliegenden Arbeit aufgegriffenen Problems nicht einfach jede Kreditgewährung als Kredit- bzw. Geldschöpfung auffassen, wie viele Autoren, die glauben, die moderne Kreditschöpfungslehre zu vertreten, denn wenn man in jeder Kreditgewährung eine Kredit- bzw. Geldschöpfung sieht, so fällt sowohl der Sachverhalt, den die „orthodoxe“ Kredittheorie als Kreditvermittlung ansieht sowie der Sachverhalt, der im Sinne der modernen Kredittheorie eine Kreditschöpfung darstellt, unter den Begriff „Kreditschöpfung“, wodurch die wesentliche Trennungslinie zwischen den beiden Vorgängen verwischt, die Antinomie einfach auf Grund eigentümlicher Begriffsfassungen, keineswegs aber sachlich begründet, beseitigt wird.

Das Problem der Kreditschöpfung läßt sich mit der von den Exponenten der Theorie der ausschließlich giralen Kreditschöpfungstätigkeit der Banken vertretenen Auffassung, jede Kreditgewährung stelle eine Kredit- bzw. Geldschöpfung dar, gar nicht diskutieren, es sei denn, man unterscheidet wie R. Stucken zwischen einer „kompensatorischen“ und einer „zusätzlichen“ Geldschöpfung.

2. aus den rein formell-bilanztechnischen Veränderungen dieses „Geldes“ Schlüsse auf den Charakter der Kredittätigkeit der Banken, d. h. auf die Frage, ob ein Kredit eine Kreditschöpfung oder eine Kreditvermittlung darstellt, gezogen werden.

Die Ausdehnung der Sichtdepositen bedeutet noch keine Geldschöpfung. Sichtdepositen und Geld müssen scharf auseinandergehalten werden. Dies kann nur geschehen, wenn unterschieden wird zwischen Sichtdepositen, die nicht zu Zahlungszwecken verwendet werden, die also stilliegen, und Sichtdepositen, die zu Zahlungszwecken verwendet, die also bewegt werden. Das Kriterium für diese Unterscheidung ist die Umlaufsgeschwindigkeit des Geldes: Sichtguthaben mit einer unterdurchschnittlichen Umlaufsgegeschwindigkeit, d. h. mit einer Umlaufsgeschwindigkeit nahe bzw. gleich Null, stellen inaktives Geld dar; sie sind aus dem Geldkreislauf ausgeschieden. Sichtguthaben mit einer „normalen“[165] Umlaufsgeschwindigkeit sind dagegen als Geld aufzufassen.

Die Auseinandersetzung mit dem Inhalt der banktheoretischen Seite der modernen Kreditschöpfungslehre zeigte ferner, daß viele Erscheinungen, die von den Vertretern der Theorie der Kreditschöpfungsfähigkeit ausschließlich des gesamten Banksystems als Kredit- bzw. Geldschöpfung aufgefaßt werden, bereits mit der Umlaufsgeschwindigkeit des Geldes erklärt werden können.

---

[165] Der Begriff „normale Umlaufsgeschwindigkeit“ läßt sich quantitativ-statistisch nicht exakt bestimmen. (Vgl. zu diesem Problem auch S. 75 der vorliegenden Arbeit.)

Knut Wicksell bezeichnet die Umlaufsgeschwindigkeit des Geldes einmal als einen der „luftigsten und am wenigsten greifbaren Faktoren der ganzen Volkswirtschaft“. (Vgl. *Wicksell*, Knut: Geldzins und Güterpreise. 1898, S. 38.)

Unter „normaler Geldumlaufsgeschwindigkeit“ als rein monetäre Kategorie verstehen wir eine Umlaufsgeschwindigkeit, die *ständig in Bewegung befindliche, fortwährend zu Zahlungen verwendete Zahlungsmittel aufweisen.*

Zur näheren Bestimmung unserer Begriffsfassung sei ein von Stucken gewonnenes Ergebnis angeführt: Stucken ermittelt auf Grund einer Überschlagsrechnung als „durchschnittliche Kreislaufperiode“ des Geldes für die Bundesrepublik $1/5$ Jahr, d. s. 2,4 Monate. Zahlungsmittel, die sich so rasch bewegen, daß sie für einen Kreislauf von den Haushaltungen über den Handel und die Produktion wieder zurück zu den Haushaltungen nur 2,4 Monate benötigen, weisen folglich eine „normale“ Umlaufsgeschwindigkeit auf.

Stucken selbst verweist auf die Problematik der von ihm angegebenen Zahl. (Vgl. *Stucken*, Rudolf: Geld und Kredit. a.a.O., S. 31.) Die angegebene Zahl ist also nur im Sinne einer plastischen Beschreibung, keineswegs jedoch als exakte Bestimmung aufzufassen.

Unter „normaler Umlaufsgeschwindigkeit“ als *makro*ökonomische Kategorie verstehen wir den Sachverhalt, daß bei einer ausreichenden Versorgung einer Volkswirtschaft mit Geld durch die Banken das im Umlauf befindliche Geld eine derartige Kreislaufgeschwindigkeit aufweist, daß sämtliche Kräfte der Volkswirtschaft zweckmäßig ausgenützt werden. (Vgl. zur Problematik dieses Maßstabs: *Voigt*, Fritz: Der volkswirtschaftliche Sparprozeß. a.a.O., S. 245.)

b) Ein wesentliches Unterscheidungsmerkmal zwischen dem Vorgang der Kreditvermittlung und dem Vorgang der Kreditschöpfung besteht ferner hinsichtlich der Laufzeit der Aktivkreditgeschäfte und der Laufzeit der mit diesen korrespondierenden Passivkreditgeschäfte: Sofern die Laufzeit des der Bank zugeflossenen, originären Geldes, das kreditär nutzbar ist, mit der Laufzeit der gewährten Kredite übereinstimmt, liegt eine Kreditvermittlung vor[166].

Aus all dem folgt, daß für die Determinierung des Begriffes „Kreditschöpfung" der Faktor *Zeit* entscheidend wichtig ist.

Die Berücksichtigung des Faktors *Zeit* bedeutet jedoch nichts anderes als die Berücksichtigung der Umlaufsgeschwindigkeit des Geldes.

Wird die Umlaufsgeschwindigkeit des Geldes bei der Fassung des Begriffes „Kreditschöpfung" berücksichtigt, dann muß zwangsläufig von der gemeinhin üblichen, statischen Geld*mengen*betrachtung abgegangen und statt dessen eine dynamische Geld*strom*betrachtung angewendet werden.

Damit ist die Frage nach dem Wesen der bankbetrieblichen Kreditschöpfung anders zu stellen, als es gemeinhin geschieht, denn zwischen dem „Geld", das statistisch seinen Niederschlag als Summe des Noten- und Münzumlaufs (Notenbankbilanz) und als Summe der Sichtguthaben (Notenbank- und Geschäftsbankenbilanzen) findet *und* dem Zahlungsmittelfunktion erfüllenden, sich also in Bewegung befindlichen und den Geldstrom konstituierenden Geld bestehen tiefgreifende Unterschiede[167]:

Es ist zu fragen, unter welchen Voraussetzungen im Sinne einer *dynamischen* Betrachtungsweise die Kreditgewährungstätigkeit der Sparkassen und Banken als Geld- bzw. Kreditschöpfung anzusehen ist.

---

[166] Eine Kreditgewährung, die der angegebenen Bedingung entspricht, bezeichnet Stucken als „kompensatorische Geldschöpfung". (Vgl. *Stucken*, Rudolf: Geld und Kredit. a.a.O., S. 70.)

[167] Der zwischen Geldmenge und Geldstrom bestehende grundsätzliche Unterschied geht bereits aus einer rechnerischen Analyse des Geldstroms hervor: Der Geldstrom ist eine aus Quantum und Bewegung zusammengesetzte Größe, also rechnerisch das Produkt aus $G \times U$. (Vgl. *Veit*, Otto: Liquidität und Güterstrom. In: Zeitschrift für die gesamte Staatswissenschaft. 105. Band, Jahrgang 1949, S. 449, sowie *Holtrop*, Marius W.: Die Umlaufsgeschwindigkeit des Geldes. In: Beiträge zur Geldtheorie. Herausgegeben von Friedrich Hayek. Wien 1933, S. 127 f.) Die zu einem bestimmten Zeitpunkt von den Banken in der Bilanz bzw. im Status ausgewiesene Geldmenge ist Ausdruck einer Augenblickskonstellation: Mit dieser Geldmenge kann ein Vielfaches an Zahlungen bewirkt werden, ohne daß sich dadurch die Gesamtgeldmenge auch nur im geringsten ändert. (Vgl. auch *Halm*, George N.: Monetary Theory. A modern Treatment of the Essentials of Money and Banking. Philadelphia 1946. Deutsche Übersetzung von Walter Diehm, München 1951, insbesondere S. 64.)

Der Bezugspunkt des Begriffes „Kreditschöpfung" ist damit der *Geldstrom*[168].

Sparkassen und Banken stehen nun ständig mitten im Geldstrom: Auf der einen Seite tritt ein Geldstrom bestimmter Breite in die Bank, auf der anderen Seite verläßt dieser Geldstrom in vermehrter oder verminderter Breite die Bank wieder.

Somit stellt jede Bank ein Glied in der Kette des Geldkreislaufes dar.

Daraus folgt zwingend, daß der Begriff „Kreditschöpfung" nur durch eine Analyse der aus Kreditgewährung resultierenden Veränderungen des Geldstroms, der die einzelnen Banken durchfließt, determiniert werden kann. Es muß also die Kredittätigkeit der Banken mit Hilfe einer dynamischen Betrachtungsweise analysiert werden, m. a. W., es müssen Kriterien dynamischer Natur gefunden werden, mit denen sich die Kreditschöpfung erfassen und gegenüber ähnlichen Erscheinungen abgrenzen läßt.

2. Wesen und Definition des banktheoretischen Kreditschöpfungsbegriffes

Theoretisch lassen sich zwei Arten der Kreditgewährung auseinanderhalten.

Die eine Art der Kreditgewährung vollzieht sich wie folgt:

Die Banken nutzen Zentralbankgeld, das ihnen zufließt, bis zum Zeitpunkt der Rückzahlung kreditär. Das Aktivkreditgeschäft der Banken ist also in diesem Fall durch die Phasenfolge: „Zugang eines originären Deposits[169] — Kreditgewährung / Kreditinanspruchnahme — Kreditrückzahlung — Abzug des Deposits, das als Basis der Kreditgewährung diente", gekennzeichnet. Die Banken gewähren in diesem Falle nur Kredite im Ausmaße des ihnen zuvor zugeflossenen Zentralbankgeldes. Die Kreditfrist ist bei dieser Art der Kreditbetätigung eine Funktion der Laufzeit der Depositen.

---

[168] Unser Begriff „Geldstrom" ist identisch mit dem Begriff „Zahlungsmittelstrom" im Sinne von Stützel. Stützel unterscheidet exakt zwischen geldvermögenswirksamen und geldvermögensneutralen Transaktionen (Geldvermögens- und Zahlungsströme). (Vgl. *Stützel*, Wolfgang: Volkswirtschaftliche Saldenmechanik. a.a.O., S. 57 f., ferner *Stützel*, Wolfgang: Artikel „Geldstrom-Analyse". In: Enzyklopädisches Lexikon für das Geld-, Bank- und Börsenwesen. Frankfurt/M. 1957, S. 685—687.)

[169] Da die Veränderung der Breite des Geldstroms durch die Kreditgewährung der Banken das Untersuchungsobjekt darstellt, ist es zweckmäßig, den idealtypischen Fall nur an *einem* Depositum darzustellen und von der Erscheinung der Substitution der Depositen abzusehen, denn durch die Substitution wird nicht das Ausmaß der Kreditgewährung, m. a. W., die Breite des auf Grund der Kredittätigkeit aus einer Bank austretenden Geldstroms, sondern nur die Frist der gewährten Kredite (durch Prolongation) beeinflußt.

Die Betätigung der Banken besteht hier also darin, inaktives Geld wieder zu aktivieren. Die Breite des die Bank durchfließenden Geldstroms bleibt durch den geschilderten Vorgang unverändert.

Wir bezeichnen diesen Vorgang als Kreditvermittlung[170]. Die andere, theoretisch mögliche Form der Kreditbetätigung der Banken besteht darin, daß eine Bank die ihr aus der Kreditgewährung erwachsenen Zahlungsverpflichtungen mit Geschäftsbankgeld erfüllt, das ad hoc bei der Kreditinanspruchnahme entsteht.

Das Aktivkreditgeschäft der Banken vollzieht sich in diesem Falle wie folgt:

Kreditgewährung/Kreditinanspruchnahme — Kreditrückzahlung. Der aufgrund dieser Form der Kreditbetätigung aus der Bank austretende Geldstrom steht in keiner Beziehung zu dem in die Bank eintretenden Geldstrom. Die durch diese Form der Kreditbetätigung aus der Bank austretende Geldmenge tritt vielmehr *zusätzlich* zur bisherigen Geldmenge hinzu: Sie bewirkt eine Verbreiterung des Geldstroms.

Wir bezeichnen den Vorgang der Verbreiterung des Geldstroms durch Kreditgewährung als Kreditschöpfung[171].

Wir können somit die Kreditschöpfung definieren als die aus Kreditgewährung resultierende Geldschöpfung mit dem Effekt einer Verbreiterung des die Bank durchfließenden Geldstroms.

Mit dieser Definition wird zum Ausdruck gebracht, daß nicht jede Schaffung von zusätzlichen Depositen, die gemeinhin als „Geldschöpfung" bezeichnet wird, eine Kreditschöpfung darstellt. Die Ausweitung des Depositenvolumens kann ja — wie wir bereits feststellten — dadurch zustande kommen, daß durch eine „passive Geldschöpfung" im Sinne Schneiders ein Geldbetrag einer Bank zufließt, der betreffende Geldbetrag jedoch bei der Bank stilliegt. Aktiviert nun die Bank durch Kreditgewährung diesen Betrag, so kommt es zwar zu einer Verdoppelung der Depositen (sofern der Betrag vom Kreditnehmer giral und nicht bar beansprucht wird). Die aktive Geldmenge bleibt jedoch in diesem Falle unverändert, weil sich der aus dem Vorgang der „passiven Geldschöpfung" im Sinne Schneiders resultierende Einfluß auf die aktive Geldmenge mit dem aus dem Vorgang der „aktiven Geldschöpfung" im Sinne Schneiders resultierenden Einfluß kompensiert. Aus unserer Definition geht ferner hervor, daß es sich bei dem Vorgang der Kreditschöpfung um die Schaffung (Schöpfung) zusätzlichen *Geldes* handelt. Der Ausdruck „Kreditschöpfung" ist somit irreführend[172]. „Was die Banken schöpfen, ist zusätzliche Kapitaldisposition. . .[173/174]"

---

[170] Unser Begriff „Kreditvermittlung" ist dem Stuckenschen Begriff der „kompensatorischen" Geldschöpfung verwandt. (Vgl. *Stucken,* Rudolf: Geld und Kredit. a.a.O., S. 70 f.)

[171] Unser Begriff „Kreditschöpfung" entspricht dem Stucken'schen Begriff der „zusätzlichen" Geldschöpfung. (Vgl. ebenda, S. 57.)

[172] Vgl. zu dieser Frage auch die Ausführungen Jöhrs. (*Jöhr,* W. A.: Die Konjunkturschwankungen. [Theoretische Grundlagen der Wirtschaftspolitik. Band II.] Tübingen/Zürich 1952, S. 497.)

[173] Vgl. *Neuhauser,* Gertrud: Versuch einer kreislauftheoretischen Analyse der bankmäßigen Geld- und „Kreditschöpfung". a.a.O., S. 213.

[174] Auch Voigt stellt fest, daß „durch die Tätigkeit der Kreditbanken

Die Begründer und Exponenten der modernen Kreditschöpfungslehre meinen mit der Bezeichnung „Kreditschöpfung“ auch die Schaffung zusätzlichen Geldes durch Bankkredit. Es wäre also sachlich richtiger, von „Geldschöpfung“ anstatt von „Kreditschöpfung“ zu sprechen, wie es viele Vertreter der modernen Kreditschöpfungslehre tun.

Zwischen „Kreditschöpfung“ und „Geldschöpfung“ bestehen Unterschiede, die je nach der Fassung des Begriffes „Kredit“ und des Begriffes „Geld“ entsprechend tiefgreifend sind:

Kreditschöpfung im eigentlich kredittheoretischen Sinne bedeutet die Schaffung einer neuen Kreditbeziehung. Konstituierendes Merkmal einer Kreditbeziehung ist eine Zeitdifferenz, die auftritt zwischen dem Zeitpunkt der Leistung und dem Zeitpunkt der Gegenleistung. Jede Begründung einer schuldnerischen Beziehung stellt also die Begründung einer Kreditbeziehung dar. Dieser Kreditbegriff umfaßt also nicht nur die von Banken begründeten oder sich auf Banken beziehenden Kreditbeziehungen, sondern gleichermaßen die von Nichtbanken begründeten bzw. sich auf Nichtbanken beziehenden Kreditbeziehungen, also die Kreditbeziehungen sämtlicher am Kreditwesen Beteiligter[175].

Bei einer derartigen Betrachtungsweise liegt eine Kreditschöpfung vor, wenn die Summe der zusätzlich geschaffenen Kreditbeziehungen während einer Periode die Summe der gleichzeitigen Kreditvernichtungen übersteigt.

Eine Kreditschöpfung ist also in diesem Falle gegeben durch de Beziehung:

Schaffung von Kreditbeziehungen	>	Vernichtung von Kreditbeziehungen

Kreditschöpfung bedeutet nach dieser Auffassung somit eine Zunahme *sämtlicher* Kreditbeziehungen in einer Volkswirtschaft, während umgekehrt eine Abnahme der Kreditbeziehungen per Saldo eine Kreditvernichtung darstellt.

„Kreditschöpfung“ im eigentlich kredittheoretischen Sinn bedeutet also einen völlig anderen Sachverhalt wie Geldschöpfung, die ihren Bezugspunkt in der Banksphäre besitzt. Wenn wir trotzdem den Begriff „Kreditschöpfung“ verwenden, so deshalb, weil im angelsächsischen Sprachbereich, von dem aus die Entwicklung der modernen Kredittheorie maßgeblich beeinflußt

---

eigentlich nicht der „Kredit“ neu geschöpft wird, sondern Verfügungsmacht über Sozialleistung, im Idealfall über die volkswirtschaftliche Leistungsreserve“. (Vgl. *Voigt*, Fritz: Der volkswirtschaftliche Sparprozeß. a.a.O., S. 224.)

[175] „Der Begriff ‚Kredit‘ in seinem vollen Umfang geht über den Bereich der Geldwirtschaft hinaus.“ (Vgl. *Kröll*, Michael: Indifferenter oder schöpferischer Kredit? In: Österreichisches Bankarchiv. 3. Jahrgang 1955, Heft IX vom September 1955, S. 266.)

Von diesem umfassenden Kreditbegriff geht beispielsweise Linhardt in seinem Buche „Kreditkontrolle“ aus. (Vgl. *Linhardt*, Hanns: Kreditkontrolle. Essen 1954.)

Legt man dem Begriff „Kredit“ diesen umfassenden Inhalt bei, dann sind auch die Nichtbanken zu einer Kreditschöpfung fähig. Vgl. zu dieser Frage auch: *Rittershausen*, Heinrich: Der ungeklärte Geldmengenbegriff als Gegenstand gemeinsamer statistischer und theoretischer Bemühungen. In: Statistik. Aufgaben und Anwendung in der Gegenwart. Albert-Hesse-Festausgabe. Herausgeber: Dr. Emil von Lucadou. Nürnberg-Düsseldorf 1952, S. 201 f. Vgl. ferner: *Veit*, Otto: Scheinprobleme der Geldtheorie. In: Zeitschrift für die gesamte Staatswissenschaft. Band 107/2, Jahrgang 1951, S. 265 f.

wurde, der Begriff „Kredit" die Nebenbedeutung „means of payment represented by demand deposits" aufweist[176]. Wird in der angelsächsischen Literatur von „Creation of Credit" gesprochen, dann wird darunter in der Regel: „Schaffung zusätzlicher Zahlungsmittel" oder „Geldschöpfung" verstanden[177].

Das gilt auch für das deutsche Sprachgebiet: stets wird in der Literatur unter Kreditschöpfung bei einer Gegenüberstellung zur „klassischen" Kreditvermittlungstheorie die Schaffung zusätzlicher Zahlungsmittel, also eine Geldschöpfung, verstanden.

Nun ist jedoch der Begriff „Geldschöpfung" ein Begriff, der Sachverhalte von der „passiven Geldschöpfung" im Sinne Erich Schneiders bis zur Geldschöpfung der Notenbank durch Notenemission oder zur „Geldschöpfung" von Nichtbanken durch Auflösen von Ersparnissen bzw. Horten umfaßt. Der Begriff „Geldschöpfung" reicht also in seiner generellen Bedeutung über die Sphäre der „privaten" Geschäftsbanken hinaus. Er ist damit insbesondere für die in der vorliegenden Arbeit aufgegriffene Problemstellung zu weit, denn hier interessiert nur die autonome Geldschöpfung der „privaten" Geschäftsbanken, nämlich die autonome Geldschöpfung der Sparkassen.

In der vorliegenden Arbeit verwenden wir somit für die Bezeichnung des Sachverhalts der Schaffung zusätzlichen Geldes durch Kreditgewährung der Geschäftsbanken nicht den Begriff „Geldschöpfung", sondern den Begriff „Kreditschöpfung".

Der Nachteil einer Fassung des Begriffes „Kreditschöpfung" in der Weise, daß sein Bezugspunkt der Geldstrom bzw. die „wirksame" Geldmenge ist, besteht darin, daß diese Begriffsfassung keine quantitative Determinierung erlaubt. Es liegt dies darin begründet, daß es bis heute noch nicht gelungen ist, die Umlaufsgeschwindigkeit des Geldes quantitativ-statistisch zu erfassen[178].

---

[176] Vgl. *Currie*, Laughlin: Treatment of Credit in Contemporary Monetary Theory. a.a.O., S. 60.

[177] Vgl. auch S. 26 f. der vorliegenden Arbeit.

[178] Vgl. zum Problem der statistischen Erfaßbarkeit der Umlaufsgeschwindigkeit des Geldes die kurzen Hinweise auf S. 70 dieser Arbeit. Ferner: *Rittershausen*, Heinrich: Der ungeklärte Geldmengenbegriff als Gegenstand gemeinsamer statistischer und theoretischer Bemühungen. a.a.O., S. 201 f. *Nogaro*, Bertrand: Die Abhängigkeit des Preisniveaus von der Geldmenge. In: Weltwirtschaftliches Archiv. Band 48, Jahrgang 1938, S. 227.

Vgl. zur Frage der Bestimmungsgründe der Umlaufsgeschwindigkeit des Geldes: *Neisser*, Hans: Der Kreislauf des Geldes. Weltwirtschaftliches Archiv. Band 33, Jahrgang 1931, S. 368, S. 403/404.

In der Literatur wurden zahlreiche Versuche, das schwierige Problem der Umlaufsgeschwindigkeit des Geldes in einer objektiv befriedigenden Weise zu klären, angestellt. Es sei hier nur verwiesen auf: *Eucken*, Walter: Die Ursachen der potenzierten Wirkung des vermehrten Geldumlaufs auf das Preisniveau. In: Jahrbücher für Nationalökonomie und Statistik. Band 125, Jahrgang 1926, S. 293. *Lutz*, Friedrich: Über die Umlaufsgeschwindigkeit des Geldes. In: Jahrbücher für Nationalökonomie und Statistik. Band 144, Jahrgang 1936, S. 385 f. *Holtrop*, Marius W.: Die Umlaufsgeschwindigkeit des Geldes. a.a.O., S. 127 f. *Wijnholds*, Heiko W. J.: Geldmenge, Umlaufsgeschwindigkeit und Preisniveau. In: Weltwirtschaftliches Archiv. Band 50, Jahrgang 1939, S. 583 f. *Sokoloff*, A.: Zwei Beiträge zur Theorie der Umlaufsgeschwindigkeit des Geldes. In: Archiv für Sozialwissenschaft und

Es ist nun erforderlich, den ermittelten Kreditschöpfungsbegriff näher zu präzisieren und insbesondere die für die vorliegende Untersuchung der Kreditschöpfung der Sparkassen grundlegend wichtige Abgrenzung des Vorgangs der Kreditschöpfung gegenüber den Vorgängen der Kreditausweitung und Kreditvermittlung zu treffen.

II. Abgrenzung der Kreditschöpfung gegenüber anderen Vorgängen

1. Abgrenzung der Kreditschöpfung gegenüber Vorgängen, die ebenfalls zu einer Vermehrung der wirksamen Geldmenge führen

Veränderungen der Breite des eine Bank oder Sparkasse durchfließenden Geldstroms können nicht nur durch die kreditären Dispositionen der Banken und Sparkassen, sondern auch durch die Dispositionen des Publikums der Banken und Sparkassen verursacht werden.

Um die möglichen Wirkungen, die von den beiden Dispositionsarten auf die Breite des eine Bank durchfließenden Geldstroms ausgehen, zu analysieren, ist es zweckmäßig, die eine der beiden Arten von Dispositionen als konstant anzunehmen, während die andere variiert wird.

a) Denkt man sich die Dispositionen des Publikums konstant, so daß von ihnen per Saldo keine Veränderungen auf die Breite des Geldstroms ausgehen, dann üben die Dispositionen der Banken folgende Einflüsse auf die Breite des Geldstroms aus:

Eine *Verbreiterung* des aus einer Bank austretenden Geldstroms gegenüber dem der Bank zuvor zugeflossenen Geldstrom tritt ein, wenn die Bank ihr Aktivkreditvolumen derart ausdehnt, daß das Ausmaß der aus der Kreditinanspruchnahme resultierenden Zahlungen den Betrag der bei ihr auf Grund von Einlagen bzw. sonstigen Geldzuflüssen vor sich gegangenen Zahlungseingänge übersteigt, *oder* wenn sie — ceteris paribus — von den anderen Wirtschaftssubjekten „primäre“ Aktiva ankauft.

Eine *Verminderung* der Breite des aus einer Bank austretenden Geldstroms im Vergleich zu dem zuvor zugeflossenen Geldstrom tritt dagegen ein, wenn die Bank entweder die auf Grund der Einlagen des Publikums oder die auf Grund von Kreditgewährungen oder aus sonstigen Geldzuflüssen entstandenen Überschußreserven nicht völlig für Kreditgewährungen nutzt, so daß das Ausmaß der Zahlungsausgänge hinter den Zahlungseingängen zurückbleibt, *oder* wenn sie — ceteris paribus — „primäre“ Aktiva verkauft.

Sozialpolitik. 57. Band 1927, S. 143 und S. 627. *Wrede*, Victor: Die Umlaufsgeschwindigkeit des Geldes. In: Zahlungsverkehr und Bankbetrieb. 17. Jahrgang 1935, Heft Nr. 8, S. 519. *Hilling*, Reinhold: Die Umlaufsgeschwindigkeit des Geldes. Dissertation Münster 1949. *Sprung*, Rudolf: Umlaufsgeschwindigkeit und Multiplikator. Dissertation Göttingen 1952. *Andreae*, Wilhelm: Geld und Geldschöpfung. Stuttgart-Wien 1953, S. 94, 97, 102, 104. *Sternschein*, Adolf: Das Wesen der Umlaufsgeschwindigkeit des Geldes. Dissertation Bern 1933. *Feilen*, J. F.: Die Umlaufsgeschwindigkeit des Geldes. Untersuchungen zur Gegenstandstheorie und Kategorienlehre der Geldwirtschaft. Berlin und Leipzig 1923.

Keine dieser Arbeiten kann das Problem der quantitativ-statistischen Erfassung der Umlaufsgeschwindigkeit des Geldes lösen.

b) Denkt man sich die Dispositionen der Banken konstant, so daß sie per Saldo keine Veränderungen der Geldstrombreite verursachen, dann üben die Dispositionen des Publikums einer Bank folgende Einflüsse auf den die Bank durchfließenden Geldstrom aus:

Die Breite des aus der Bank austretenden Geldstroms *verringert* sich im Vergleich zu dem zuvor in die Bank eingetretenen Geldstrom, wenn das Publikum der Bank nicht sofort wieder über das bei der Bank eingelegte bzw. der Bank kreditweise überlassene Geld zu Zahlungszwecken verfügt, sondern mit der Wiederverwendung längere Zeit wartet, m. a. W., wenn es spart bzw. der Bank das kreditweise überlassene Geld längere Zeit zur Verfügung stellt. Es ist dabei gleichgültig, in welcher Form das Publikum spart, ob in der Form des „Giralgeldsparens" auf Sichtkonten oder in der Form des eigentlichen Kontensparens auf Termin- oder Sparkonten: Entscheidend ist allein, daß sich durch die Sparakte die Umlaufsgeschwindigkeit des Geldes verringert.

Die Breite des aus einer Bank austretenden Geldstroms *erweitert* sich dagegen dann, wenn das Publikum „entspart". Die Wirkung der Verbreiterung des die Bank durchfließenden Geldstroms beruht hierbei auf einer Beschleunigung der Umlaufsgeschwindigkeit des Geldes.

Grundsätzlich kann also die Breite des aus einer Bank austretenden Geldstroms im Vergleich zu dem der Bank zuvor zugeflossenen Geldstrom vergrößert werden durch vermehrte Kreditgewährung der Bank oder durch ein Auflösen der bei der Bank unterhaltenen Ersparnisse.

Die Breite des aus der Bank austretenden Geldstroms kann dagegen im Vergleich zu dem der Bank zugeflossenen Geldstrom durch eine verminderte Kreditgewährung der betreffenden Bank oder durch eine Zunahme der Ersparnisse des Publikums verringert werden.

Es zeigt sich somit, daß auf Grund von Veränderungen der Umlaufsgeschwindigkeit des Geldes die Breite des Geldstroms bzw. die Menge des aktiven Geldes genau so beeinflußt werden kann wie durch die Kreditschöpfung der Banken.

Binder bemerkt zu Recht, der Umfang des Zahlungsvolumens sei vom Umfang der vorhandenen Geldmittel unabhängig[179].

Nun ist es jedoch wichtig, sich zu vergegenwärtigen, daß durch die Kreditvermittlungstätigkeit der Banken die Umlaufsgeschwindigkeit bereits vorhandenen (Zentralbank-)Geldes berührt wird (inaktives Geld wird durch die Kredittätigkeit der Banken aktiviert), während durch die Kreditschöpfungstätigkeit der Banken die Geld*menge* verändert wird. Schließt man das Notenbanksystem in die Betrachtung mit ein, wendet man also eine makroökonomische Betrachtungsweise an, so läßt sich behaupten, daß durch die Kredittätigkeit der Banken sowohl die Geld*menge* wie auch die Umlaufsgeschwindigkeit des Geldes, durch die Dispositionen der Nichtbanken dagegen ausschließlich die *Umlaufsgeschwindigkeit* des Geldes beeinflußt wird. Die auf die Breite des Geldstroms einwirkenden Faktoren sind scharf auseinanderzuhalten, nicht zuletzt deswegen, weil viele Einflüsse auf den Ablauf

---

179 Vgl. *Binder*, Paul: Die Geldkapitalbildung. Tübingen 1952, S. 8.

des Wirtschaftsprozesses, die der Kreditschöpfung zugeschrieben werden, auf andere Faktoren zurückzuführen sind.

2. Abgrenzung der „Kreditschöpfung" gegenüber der „Kreditausweitung"

In der Regel werden in der Literatur die beiden Begriffe „Kreditausweitung" und „Kreditschöpfung" synonym gebraucht[180]. Wir sind dagegen der Auffassung, daß es erforderlich ist, zwischen Kreditschöpfung und Kreditausweitung zu unterscheiden[181].

Sowohl der Vorgang der Kreditvermittlung wie auch der Vorgang der Kreditschöpfung führen zu einer Kreditausweitung im Status bzw. in der Bilanz der Banken. Das zeigt folgendes Beispiel[182]:

Eine Bank weise in der Ausgangslage den folgenden Status aus:

Status I

Kasse	5 000 GE	Einlagen I	10 000 GE
Debitoren	5 000 GE	(= originäre Einlagen)	

Nun gewähre diese Bank weitere Kredite.

Auf Grund des Sachverhalts, daß die aus der Kreditinanspruchnahme resultierenden Zahlungen nur zur Hälfte zu einem Abfluß von Zentralbankgeld (bar oder giral) führen, während die andere Hälfte mit Geschäftsbankgeld ausgeführt werden kann, gewährt diese Bank insgesamt Kredite in Höhe von 10 000 Geldeinheiten.

Nach vollzogener Kreditinanspruchnahme ergibt sich somit der Status:

Status II

Debitoren	15 000 GE	Einlagen I	10 000 GE
		(= originäre Einlagen)	
		Einlagen II (= derivative Einlagen)	5 000 GE

Den zusätzlich gewährten Krediten in Höhe von 10 000 Geldeinheiten ging nur teilweise (in Höhe von 5 000 Geldeinheiten) ein Passivgeschäft als Primärgeschäft voran. Der andere Teil in Höhe von 5 000 Geldeinheiten ist dagegen „ungedeckt", resultiert also aus einer Kreditschöpfung. Nach Abschluß der zusätzlichen Kreditoperationen ergeben sich folgende Werte:

Kreditvermittlung in Höhe von 5 000 Geldeinheiten,
Kreditschöpfung in Höhe von 5 000 Geldeinheiten,
Kreditausweitung in Höhe von 10 000 Geldeinheiten.

---

[180] So bezeichnet beispielsweise Gestrich die Kreditschöpfung (im Sinne der üblichen Darstellungsweise) als „Kreditausweitung auf Grund einer Geldschöpfung". (Vgl. *Gestrich*, Hans: Neue Kreditpolitik. a.a.O., S. 14 f.)

[181] Dieselbe Forderung erhebt Prion. (Vgl. *Prion*, Wilhelm: Das deutsche Finanzwunder. 3. Auflage. Berlin-Wilmersdorf 1938, S. 16.)

[182] Die durch die Kreditgewährung der Bank in der ersten Phase induzierten Rückwirkungen auf die Kredittätigkeit des gesamten Banksystems können unberücksichtigt bleiben, weil hier nur der Nachweis der formellbilanztechnischen Kreditausweitung bei der einzelnen Bank dargestellt werden soll. Der Einfachheit halber bleiben auch die Reservesätze unberücksichtigt.

Nun gewähre eine andere Bank mit demselben Status in der Ausgangslage Kredite. Bei dieser Bank führen die Kreditinanspruchnahmen in voller Höhe zu einem Abfluß von Zentralbankgeld. Diese Bank kann also nur Kredite in Höhe von insgesamt 5 000 Geldeinheiten gewähren. Nach vollzogener Kreditinanspruchnahme weist diese Bank folgenden Status aus:

Status III

Debitoren	10 000 GE	Einlagen I	10 000 GE

Fließt nun dieser Bank eine weitere originäre Einlage in Höhe von etwa 5 000 Geldeinheiten zu, so ist sie in der Lage, erneut Kredite in Höhe von insgesamt 5 000 Geldeinheiten zu gewähren. Nach vollzogener Kreditinanspruchnahme weist diese Bank somit den folgenden Status aus:

Status IV

Debitoren	15 000 GE	Einlagen I (= originäre Einlagen)	10 000 GE
		Einlagen II (= originäre Einlagen)	5 000 GE

Nach Abschluß der Kreditoperationen ergeben sich bei dieser Bank folgende Werte:

Kreditvermittlung in Höhe von 10 000 Geldeinheiten,
Kreditausweitung in Höhe von 10 000 Geldeinheiten.

Auch diese Bank kann demnach trotz — in materieller Hinsicht — reiner Kreditvermittlungstätigkeit formell, d. h. bilanziell, eine „Kreditausweitung“ betreiben.

Die durch Kreditvermittlungen zustande kommende Kreditausweitung läßt sich mit der von Bouniatian entwickelten „Theorie der realen Umlaufsgeschwindigkeit des Geldes“[183] erklären. Aus den vorhergehenden Erörterungen folgt, daß die Erscheinung der „Kreditausweitung“ keineswegs mit den sie verursachenden Erscheinungen der Kreditschöpfung oder der Kreditvermittlung identifiziert werden darf. Der Begriff „Kreditausweitung“ eignet sich nur als formelle, d. h. buchhalterische bzw. bilanztechnische Kategorie.

Wir halten es für zweckmäßig, unter dem buchhalterischen bzw. bilanztechnischen Begriff der Kreditausweitung die beiden Begriffe Kreditschöpfung und Kreditvermittlung zu subsumieren.

3. Abgrenzung der „Kreditschöpfung“ gegenüber der „Kreditvermittlung“

Die Klarstellung der Beziehungen zwischen der Erscheinung der Kreditausweitung einerseits und den Erscheinungen der Kreditvermittlung und der Kreditschöpfung andererseits ermöglicht nun eine

---

[183] Vgl. *Bouniatian*, Mentor: Die vermeintlichen Kreditkreierungen und die Konjunkturschwankungen. a.a.O., S. 349.

Abgrenzung der Kreditvermittlung gegenüber der Kreditschöpfung der Einzelbank.

Bei der Darstellung der Beziehungen zwischen Kreditausweitung, Kreditschöpfung und Kreditvermittlung zeigte es sich, daß sowohl eine Kreditschöpfung wie auch eine Kreditvermittlung zu einer Kreditausdehnung führen kann.

Dennoch besteht eine Reihe wesentlicher Unterschiede zwischen der Kreditvermittlung und der Kreditschöpfung, die — wie sich aus den Erörterungen auf S. 118, insbesondere aber S. 121 bis 123 der vorliegenden Arbeit ergibt — in der modernen Geldverkehrswirtschaft mit Mischgeldsystem allerdings nur aufgrund theoretischer Überlegungen erkennbar sind.

Im Falle der Kreditvermittlung dehnt eine Bank ihr Aktivkreditvolumen nach einem Zufluß kreditär nutzbaren Zentralbankgeldes, d. h. nach einem Zufluß originärer Einlagen entsprechenden Ausmaßes, aus. Es geht also stets ein Passivkreditgeschäft als Primärgeschäft einem Aktivkreditgeschäft als Sekundärgeschäft voran. Erfolgt das Passivkreditgeschäft nicht, so unterbleibt auch das Aktivkreditgeschäft. Das Aktivkreditgeschäft ist also im Falle der Kreditvermittlung völlig abhängig vom Passivkreditgeschäft.

Die Kreditinanspruchnahme führt beim Vorgang der Kreditvermittlung zu einem Abfluß kreditär nutzbaren Zentralbankgeldes in voller Höhe des Kreditbetrages. Für die kreditgewährende Bank ist damit der Prozeß der Kreditausdehnung beendigt. Sie kann erst wieder Kredite gewähren, wenn ein erneuter Zufluß kreditär nutzbaren Zentralbankgeldes erfolgt.

Anders im Fall der Kreditschöpfung: Hier dehnt die Bank entweder ihr Aktivkreditvolumen sofort über das Ausmaß des ihr zugeflossenen, kreditär nutzbaren Zentralbankgeldes hinaus aus, oder die Ausdehnung erfolgt dadurch, daß auf Grund der im Mischgeldsystem herrschenden Zahlungssitten ein Teil der Zahlungen von der kreditgewährenden Bank mit Geschäftsbankgeld ausgeführt werden kann, so daß die Kreditinanspruchnahmen nie zu einem Abfluß kreditär nutzbaren Zentralbankgeldes in voller Höhe der jeweiligen Kredite führen, weshalb die Bank in einer Reihe von aufeinanderfolgenden Kreditgewährungen ihr Aktivkreditvolumen über das Ausmaß des ihr zugeflossenen, kreditär nutzbaren Zentralbankgeldes hinaus ausdehnt, *ohne daß den einzelnen Kreditgewährungen — wie im Fall der Kreditvermittlung — ein auf Grund eines Einlagenzuwachses erfolgender Zufluß kreditär nutzbaren Zentralbankgeldes vorausgehen muß.*

Zwar ist es durchaus möglich, daß im Falle der Kreditschöpfung die Kreditausdehnung auch erst nach einer mehrphasigen Kreditgewährung zustande kommen kann. Der Unterschied zum Fall der Kreditvermittlung besteht in dieser Hinsicht jedoch darin, daß die mehrphasige Kreditgewährung im Fall der Kreditschöpfung — abgesehen vom Liquiditätszufluß bei der kreditgewährenden Bank in der ersten Phase — *autonom* vorgenommen wird, d. h., in den der ersten Phase folgenden Phasen erfolgt die Kreditgewährung *ohne* einen Zufluß kreditär nutzbaren Zentralbankgeldes.

Im Fall der Kreditvermittlung kann eine mehrphasige Kreditgewährung dagegen nur zustande kommen, wenn bei der betreffenden Bank in *jeder* Phase ein entsprechender Zufluß kreditär nutzbaren Zentralbankgeldes erfolgt. Die mehrphasige Kreditgewährung hängt also im Fall der Kreditvermittlung von den Dispositionen der Deponenten der betreffenden Bank ab.

Abgesehen von zeitlichen Verzögerungen besteht in diesem Falle die Gefahr, daß das zirkulierende Geld im Nichtbankensektor „versickert", daß es also nicht mehr in den Bankensektor zurückkehrt; dann ist eine weitere Kreditgewährung der betreffenden Bank unmöglich.

D. Die Bedeutung der banktheoretischen Seite der modernen Kreditschöpfungslehre für eine Untersuchung der Kreditschöpfung im Sparkassengeschäft

I. Die orthodoxe Auffassung über die Kreditschöpfungsfähigkeit der Sparkassen

Das Problem, ob die Sparkassen zu einer Kreditschöpfung fähig sind, wird in der Literatur gemeinhin in der Weise erörtert, daß gefragt wird, ob die Spareinlagen, die die Grundlage der Kreditgewährung bilden, Geld darstellen oder nicht.

Entscheidend für das Zustandekommen einer Kreditschöpfung ist also nach der in der Regel vertretenen Auffassung, ob die der Kreditgewährung zugrunde liegende Einlage Geld darstellt.

Der Tenor der in der Literatur vertretenen Auffassungen besagt nun, eine auf Spareinlagen basierende Kreditgewährung ermögliche keine Kreditschöpfung, während andererseits eine auf Sichteinlagen basierende Kreditgewährung eine Kreditschöpfung darstelle[184].

---

184 Die Auffassung, daß eine auf Sichteinlagen basierende Kreditgewährung als Kreditschöpfung angesehen wird, wird damit begründet, daß die der Kreditgewährung zugrundeliegende Sichteinlage Geld darstelle: Durch die Kreditgewährung entstehe außerdem eine neue, Geld darstellende Sichteinlage; es trete also eine Geldvermehrung ein.

Analog hierzu wird auch bei einer auf Spareinlagen basierenden Kreditgewährung argumentiert: Diejenigen Autoren, die Spareinlagen als Geld auffassen, wie beispielsweise Lin-Lin und Gleske (vgl. *Lin-Lin:* Are Time

Damit wird in der Regel den „reinen" Sparbanken bzw. den modernen Sparkassen mit Universalbankcharakter im typischen Geschäft die Fähigkeit zur Kreditschöpfung nicht beigemessen[185]

Deposits Money? In: The American Economic Review. Volume XXVII No. 1, March 1937, S. 76 f.; sowie *Gleske*. Leonhard: Die Liquidität in der Kreditwirtschaft. a.a.O., S. 17 f.) sehen auch in einer auf Spareinlagen basierenden Kreditgewährung eine Kreditschöpfung, während umgekehrt diejenigen Autoren, die Spareinlagen nicht als Geld auffassen, der auf Spareinlagen basierenden Kreditgewährung den Charakter einer sogenannten „kompensatorischen Geldschöpfung" bzw. einer Kreditvermittlung beimessen. So sagt beispielsweise schon Djelal: „Zunächst braucht nicht hervorgehoben zu werden, daß die fest auf längere Zeit gegebenen Einlagen nicht als Grundlage zur Erweiterung der Kredite dienen können, sondern nur die täglich fälligen, die sogenannten Kassenführungsguthaben." (Vgl. Eumer *Djelal* Bey: Kritik der Hahn'schen Bankkredittheorie. Berliner Dissertation 1926, S. 91.)

Auch Lukas sagt: „Vermögen dagegen Guthaben *nicht* selbständig umzulaufen, so werden sie auch nicht zu neuem Gelde, wie etwa richtige *Spareinlagen* nicht zusätzliches Geld zu werden vermögen, und wären sie auch nur zu fünf oder weniger Prozent in bar gedeckt, solange man sie nicht bargeldlos übertragen kann." (Vgl. *Lukas*, Eduard: Geld und Kredit, a.a.O., S. 129.)

Auch die Sparkassenorganisation macht sich diese Auffassung zu eigen, wenn gesagt wird: „Was die Frage der Kreditexpansion schlechthin anbelangt, so meinen wir, daß zwischen einer auf Sicht- und Termineinlagen beruhenden, uno actu mit einer Geldschöpfung *außerhalb* des Zentralbanksystems (Gutschrift des Kredits in laufender Rechnung) *einhergehenden Kreditexpansion* und einer Kreditgewährung auf der Grundlage einer vorangegangenen Geldkapitalbildung gerade unter währungspolitischen Aspekten ein Unterschied besteht ... (Vgl. Aufsatz ohne Verfasserangabe: Klarstellungen zum Monatsbericht der Bank deutscher Länder vom August 1955. a.a.O., S. 313.) Aus dieser Bemerkung der Sparkassenorganisation geht eindeutig hervor, daß nach ihrer Auffassung eine auf Sicht- und Termineinlagen basierende Kreditgewährung eine Geldschöpfung im Rahmen einer Kreditexpansion darstellt.

[185] Das geht beispielsweise aus den folgenden Ausführungen Halms hervor, die sich auf eine „reine" Sparbank beziehen. Halm sagt: „... savings banks which are institutions which depend in their investment operations strictly on the savings of their lending customers ... are not able to create credit. They are not able to create credit because their deposit liabilities cannot circulate. If savings banks grant loans, they lose reserve balances; if commercial banks (all taken together) grant loans, they lose no reserves but create deposit liabilities." (Vgl. *Halm*, George N.: Monetary Theory. A Modern Treatment of the Essentials of Money and Banking. Philadelphia/Toronto 1948, S. 358.)

Floss nimmt zu dieser Frage wie folgt Stellung: „Im bargeldsparenden Wirtschaftssystem kann die Spareinlagenbildung wohl eine sogenannte kompensatorische Kredit- und Geldschöpfung induzieren, die Spareinlagen als solche können jedoch niemals als Unterlage einer *zusätzlichen*, die Geldmenge vergrößernden Kredit- und Giralgeldschöpfung dienen ..." (Vgl. *Floss*, Eberhard: Anlage- und Liquiditätsrichtlinien im Sparkassenwesen. a.a.O., S. 53.)

Aus dem Sachverhalt, daß Spareinlagen nicht die Grundlage für eine Kreditschöpfung abgeben können, sowie aus dem Sachverhalt, daß Sparkassen in ihrem typischen Geschäft ausschließlich eine auf Spareinlagen basierende Kreditgewährung betreiben, wird dann in der Literatur gemein-

II. Die aus der modernen Kreditschöpfungslehre resultierende neue Fragestellung

1. Der Zusammenhang zwischen dem Passiv- und dem Aktivkreditgeschäft einer Bank bei einer Kreditschöpfung

Zur Behandlung des Problems der Kreditschöpfungsfähigkeit der Banken, die in der Literatur gemeinhin in Form einer Erörterung der Frage vorgenommen wird, ob die Einlagen, welche die Grundlage einer Kreditgewährung darstellen, Geld sind, bedarf es einiger Hinweise.

Es muß von dem als „gesicherter" Bestand der Wirtschaftstheorie geltenden Grundgedanken der modernen Kreditschöpfungslehre ausgegangen werden, daß in der modernen Geld- und Kreditwirtschaft Bankkredite nicht mit von dritter Seite zur Verfügung gestelltem Geld, sondern mit Zahlungsmitteln, die bei der Kreditinanspruchnahme entstehen, gewährt werden *können.*

Wenn es zu einer Geldstromverbreiterung auf Grund einer Kreditschöpfung kommt, so leistet die kreditschöpfende Bank Zahlungen mit Geschäftsbankgeld, also mit einem Gelde, das ihr *nicht* von dritter Seite zur Verfügung gestellt wurde, das ihr folglich auch nicht im Passivkreditgeschäft zufloß.

Für das aus Kreditschöpfung resultierende Aktivkreditvolumen ist also keineswegs ein vorangehendes Passivgeschäft die Voraussetzung. Vielmehr ist das Passivgeschäft in diesem Fall „nichts anderes als ein Reflex gleichzeitiger Kreditgewährung"[186].

2. Die neue Fragestellung

Entscheidend für das Zustandekommen einer Kreditschöpfung ist stets, daß die kreditschöpfende Bank Zahlungen mit Geschäftsbankgeld ausführen kann. Kreditschöpfungsmöglichkeiten ergeben sich also bei bestimmten institutionellen Konstellationen des Zahlungsverkehrs.

---

hin gefolgert, Sparkassen seien in ihrem typischen Geschäft zu *keiner* Kreditschöpfung fähig.

Wie Lukas ausführt, wollte man in Deutschland auf gesetzlichem Wege eine Geldschöpfung bei Spareinlagen verhindern. Man beschritt „darum im seinerzeitigen *Reichskreditwesengesetze* den Weg, daß man *keine* bargeldlose Verfügung über solche Einlagen gestattete, sondern verlangte, daß über diese lediglich in Form der *Barabhebung* verfügt werde. Damit wurde gleichzeitig erreicht, daß die Spareinlagen den Charakter einer auch volkswirtschaftlich *echten Einlage* annahmen, die nur dann vorliegt, wenn der Einleger bis zur Abhebung der Einlage auf die Verfügung über jene Kaufkraft *verzichtet,* auf welche die Einlage lautet. Beim Giroguthaben, das volkswirtschaftlich ja nichts anderes als eine besondere Form von Geld ist, trifft diese Bedingung eben nicht zu." (Vgl. *Lukas,* Eduard: Geld und Kredit. a.a.O., S. 129.)

[186] Vgl. *Hahn,* L. Albert: Volkswirtschaftliche Theorie des Bankkredits. a.a.O., S. 26.

Der Zahlungsverkehr resultiert nun aber sowohl aus der Abwicklung des Passivkreditgeschäfts wie aus der Abwicklung des Aktivkreditgeschäfts.

Daraus folgt, daß das Problem der Kreditschöpfungsfähigkeit einer Bank bzw. einer Sparkasse sich nicht mit einer Erörterung der Frage der zahlungstechnischen Eigentümlichkeiten der Einlagen, die der Kreditgewährung zugrunde liegen, begnügen darf. Die Behauptung, die Floss aufstellt und die das Resümee der in der Literatur gemeinhin vertretenen Auffassung darstellt, „auf Grund von zirkulierenden Depositenverbindlichkeiten" lasse sich „Kredit und damit Giralgeld" schöpfen, „Spareinlagen als ruhende Depositenverbindlichkeiten" könnten dagegen „nicht Grundlage einer Kredit- und Giralgeldschöpfung des Geschäftsbankensystems sein", eine „reine" Sparbank bzw. eine moderne Sparkasse könne daher im typischen Sparkassengeschäft keine Kreditschöpfung betreiben[187], erfaßt nur einen Teil der Problematik.

Man muß bei der Erörterung des Problems, ob eine Sparkasse zu einer Kreditschöpfung fähig ist, vielmehr davon ausgehen, daß zwischen Spareinlagenbildung und Krediterteilung die Kreditschöpfungsfähigkeit mit den für sie geltenden, von der Spartätigkeit grundsätzlich unabhängigen Bestimmungsgründen tritt.

Ob die Geldmenge, die aus der im Anschluß an das Spargeschäft erfolgenden Kreditgewährung resultiert, derjenigen entspricht, welche durch das Sparen ausgeschaltet wurde, oder ob sie größer ist, das läßt sich nur von den Bedingungen der Kreditschöpfungsfähigkeit her beantworten[188]. Folglich muß der Blick bei der Erörterung des Problems, ob eine Sparkasse zur Kreditschöpfung fähig ist, insbesondere auf den aus der Abwicklung des Aktivkreditgeschäftes bzw. auf den aus der Abwicklung des Aktiv- *und* des Passivkreditgeschäftes resultierenden Zahlungsverkehr gleichermaßen gerichtet werden.

Es genügt also bei einer Untersuchung des Kreditschöpfungsproblems nicht, nur die zahlungstechnischen Eigentümlichkeiten, die im Passivkreditgeschäft gegeben sind, zu untersuchen. Es muß vielmehr auch untersucht werden, welche zahlungstechnischen Eigentümlichkeiten im Aktivkreditgeschäft gegeben sind.

Eine Betrachtungsweise, die diese beiden Teilströme des *gesamten* Zahlungsstroms, der eine Bank durchfließt, *gleichermaßen* umfaßt, eröffnet völlig neue Perspektiven:

Wenn auch — wie noch zu zeigen sein wird — über Spareinlagen nicht giral verfügt werden kann, so können doch die Kreditnehmer

---

[187] Vgl. *Floss*, Eberhard: Spareinlagenbildung und Kreditschöpfung bei Sparkassen. In: Sparkasse. 74. Jahrgang, Heft 6 vom 15. März 1957, S. 88.

[188] Vgl. hierzu auch *Peltzer*, Ernst: Der reale Kapitalzins und der Darlehenszins. a.a.O., S. 247.

in der Regel ohne weiteres die kreditgewährenden Banken — auch die kreditgewährenden Sparkassen — zu bargeldlosen Zahlungen beauftragen.

Ferner: Wenn auch — wie ebenfalls noch zu zeigen sein wird — girale Gutschriften auf Sparkonten nur in einem begrenzten Umfange üblich sind, so können doch girale Gutschriften auf debitorischen Konten — auch auf debitorischen Konten bei Sparkassen — in der Regel ohne weiteres erfolgen. Der aus der Abwicklung des Aktivkreditgeschäftes resultierende Zahlungsverkehr wurde bisher unter diesem Gesichtspunkt bei der Behandlung des Kreditschöpfungsproblems der Sparkassen nicht beachtet. Gerade er spielt aber als wichtiger Bestandteil des eine Bank durchfließenden Geldstroms eine überragende Rolle: Ist eine Bank fähig, den aus der Abwicklung des Aktivkreditgeschäftes resultierenden Zahlungsverkehr mit Geschäftsbankgeld auszuführen, so ist sie hinsichtlich des Ausmaßes ihres Aktivkreditvolumens nicht auf die kreditäre Nutzung des ihr im Passivkreditgeschäft zugeflossenen Zentralbankgeldes angewiesen. Sie kann vielmehr ihr Aktivkreditvolumen über das Ausmaß des ihr im Passivkreditgeschäft zugeflossenen Zentralbankgeldes hinaus ausdehnen. Bei dem in der vorliegenden Arbeit aufgegriffenen Problem der Frage nach der Kreditschöpfungsfähigkeit der Sparkassen kann also die Fragestellung nur lauten:

> Erlauben die Eigentümlichkeiten des aus der Abwicklung des Aktivkreditgeschäftes der Sparkassen resultierenden Zahlungsverkehrs, daß die Sparkassen ihren Kreditnehmern aus Kreditschöpfung stammende Zahlungsmittel zur Verfügung stellen, daß sie also ihr Kreditangebot über die bloße Kreditvermittlung hinaus ausdehnen bzw. können die Sparkassen pari passu Zahlungen im Auftrag eines Debitors sowie einer Kreditors, dessen Guthaben als Basis der Kreditgewährung dient, leisten, so daß beide Zahlungen *zusammen* eine Geldstromverbreiterung bewirken und damit der an den Debitor gewährte Kredit den Charakter eines „zusätzlichen" (d. h. aus Kreditschöpfung stammenden) Kredits annimmt?

Zweiter Teil

Bedingungen und Voraussetzungen für eine Kreditschöpfung im typischen Sparkassengeschäft

A. Das Problem

Den Gegenstand der folgenden Erörterungen bildet die Untersuchung der Frage, ob im typischen Sparkassengeschäft, d. h. in dem durch Liquiditätsverbesserung aufgrund eines Spareinlagenzuwachses induzierten Kreditgeschäft die Voraussetzungen für eine Kreditschöpfung gegeben sind, ob die Sparkassen also in ihrem typischen Geschäft die technischen „Kreditschöpfungseinrichtungen" besitzen. Vor Erörterung dieser Frage bedarf es einiger Hinweise auf die Charakteristik des typischen Sparkassengeschäftes.

Bilanziell äußert sich das typische Sparkassengeschäft wie folgt[1]:

Sparkasse

Kasse	Spareinlagen
Debitoren	

Zum Vergleich und damit zur Illustration sei das Bilanzbild der Kreditbanken, wie es sich als Niederschlag der typischen Geschäftsvorfälle ergibt, gegenübergestellt:

Kreditbank

Kasse	Sichteinlagen
Debitoren	

Nun ist jedoch das Geschäft moderner Sparkassen mit Universalbankcharaker „zweigleisig", d. h. die Sparkassen betreiben als Passivgeschäft nicht nur das Spargeschäft, sondern auch das Girogeschäft, sie nutzen also nicht nur die ihnen im Spareinlagengeschäft, sondern

[1] Es werden lediglich die im Rahmen unseres Problems relevanten Bilanzpositionen angegeben. Ferner erfassen wir unter dem Begriff „Debitoren" sämtliche Kreditarten, also auch Darlehen.

auch die ihnen im Sichteinlagengeschäft zugeflossene Liquidität kreditär.

Das charakteristische Bilanzbild moderner Sparkassen sieht somit wie folgt aus:

Sparkasse

Kasse	Sichteinlagen
Debitoren	Spareinlagen

Unsere Untersuchung der Kreditschöpfungsfähigkeit der modernen Sparkassen mit Universalbankcharakter beschränkt sich jedoch ausschließlich auf das durch Liquiditätsverbesserung auf Grund eines Spareinlagenzuwachses induzierte Kreditgeschäft. Der Fall, daß ein Liquiditätszufluß auf Sichtkonten eine Kreditgewährung der Sparkassen induziert, scheidet bei der vorliegenden Untersuchung aus.

Wie wir bereits erwähnten, bedingt nun aber die Untersuchung der Kreditschöpfungsmöglichkeiten eine Analyse des *gesamten,* vom Kreditakt ausgehenden und dem Kreditakt überhaupt zugrunde liegenden Zahlungsstroms. Dieser Zahlungsstrom betrifft sowohl die debitorischen Konten wie auch die kreditorischen Konten. Die kreditorischen Konten der Sparkassen sind erstens die Sichteinlagen bzw. die Girokonten und zweitens die Sparkonten[2]. Eine Berücksichtigung der sich auf Girokonten abspielenden Vorgänge läßt sich also gar nicht vermeiden. Nun muß aber ein Zuwachs auf Sichtkonten scharf von einem Zuwachs auf Sparkonten auseinandergehalten werden:

Da wir nur das typische Sparkassengeschäft untersuchen, besagt ein bei einer ex post-Analyse festgestellter Zuwachs auf Sichtkonten keineswegs, daß die Sichteinlagenbildung als Primärgeschäft der in der Bilanz ausgewiesenen Kreditausdehnung vorausging; die Sichteinlage stellt vielmehr eine derivative Einlage dar, die das Ergebnis der auf Spareinlagenbasis vorgenommenen Kreditgewährung ist.

Untersuchungsobjekt der vorliegenden Arbeit bleibt stets das typische Sparkassengeschäft und nicht das „gemischte" Sparkassengeschäft, wie vielleicht a prima vista aus dem Sachverhalt gefolgert werden könnte, daß in die folgenden Erörterungen des öfteren die Sichteinlagen miteinbezogen sind.

Wird in den folgenden Bilanzschemata die Position Sichteinlagen ausgewiesen, so geschieht das nur deshalb, um die Geschäftsbankgeldbeträge, die aus einer auf einem Spareinlagenzuwachs basierenden Kreditgewährung resultieren und bei der Kreditinanspruchnahme ihren Niederschlag auf Girokonten finden, buchungsmäßig zu erfassen und in der Bilanz bzw. im Status auszuweisen.

---

[2] Von den Terminkonten wird einfachheitshalber abgesehen.

B. Die grundsätzlichen Bedingungen für eine Kreditschöpfung im Sparkassengeschäft

Voraussetzung für eine Kreditschöpfung (in dem von uns auf den Seiten 68 f. der vorliegenden Arbeit dargestellten Sinne) ist die Fähigkeit der Kreditinstitute, Geschäftsbankgeld zu „schaffen", m. a. W., Zahlungen mit Geschäftsbankgeld zu leisten.

Nun können die Sparkassen aber nicht beliebig Zahlungen mit Geschäftsbankgeld leisten[3].

Geschäftsbankgeld kann nur in giraler Form auftreten. Seine Entstehung und Verwendung ist folglich nur im unbaren Zahlungsverkehr möglich[4].

Die technische Voraussetzung für Zahlungen mit Geschäftsbankgeld durch Sparkassen besteht folglich darin, daß sie an das Netz des bargeldlosen Zahlungsverkehrs angeschlossen sind, daß sie also mit anderen Banken durch gegenseitiges Unterhalten von Konten verflochten sind[5]. Denn müßten sie sämtliche Zahlungen mit Bargeld

---

[3] Über die technische Seite der Zahlungen mit Geschäftsbankgeld — dem Buchgeld der Geschäftsbanken — unterrichtet ausführlich: *Glarakis*, Konstantin: Das Buchgeld als ordentliches Mittel einer bargeldlosen Geld- und Kreditzirkulation. In: Österreichisches Bankarchiv. 3. Jahrgang 1955, Heft IX, S. 263 f.

[4] Wrede sagt richtig, die stufenweise zu schaffenden Voraussetzungen für eine „Schaffung" von Geschäftsbankgeld (nach seiner Ausdrucksweise „Bankgeldschaffung") sei der Gebrauch unbarer Zahlungsweisen und ferner ein System der gegenseitigen Verrechnung unter den Trägern des unbaren Zahlungsverkehrs. (Vgl. *Wrede*, Victor: Die Geldschöpfung des Kreditwesens und ihre Kontrolle durch die Notenbank. In: Zahlungsverkehr und Bankbetrieb. 18. Jahrgang 1936, Heft Nr. 1, S. 2.)

Dieselbe Auffassung vertritt Floss, der ausdrücklich auf Wrede Bezug nimmt. (Vgl. *Floss*, Eberhard: Anlage- und Liquiditätsrichtlinien im Sparkassenwesen. a.a.O., S. 23.) Wrede nennt an derselben Stelle als weitere Voraussetzung für die Schaffung von Geschäftsbankgeld „die Möglichkeit zur Begleichung der bei der Verrechnung etwa entstehenden Debetsalden durch Rückgriff auf einen organisierten Markt für hochliquide Kredite (Geldmarkt) oder auf die bargeldschaffende Notenbank". Floß folgt Wrede auch in diesem Punkte. (Vgl. *Floss*, Eberhard: Ebenda, S. 23.)

Wir halten diese Auffassung nicht für richtig, weil ein Rückgriff dem Grundsatz der Autonomie, dem konstituierenden Merkmal der „Schaffung" von Geschäftsbankgeld, widerspricht. Ein Rückgriff bedeutet nichts anderes als eine Beschaffung von Zentralbankgeld, um Zahlungen mit Zentralbankgeld leisten zu können. Zahlungen mit Zentralbankgeld schließen aber Zahlungen mit Geschäftsbankgeld aus.

[5] Lukas hebt richtig hervor, eine Voraussetzung für die Entstehung von Giralgeld bilde die Entwicklung eines umfassenden Giro- und Abrechnungswesens, *ohne* daß man aber, wie solches in der weniger sachkundigen Öffentlichkeit häufig geschehe, beide Erscheinungen einander gleichsetzen oder aus der Existenz der letzteren schon unbesehen auf die auch der ersteren schließen dürfe. (Vgl. *Lukas*, Eduard: Geld und Kredit. a.a.O., S. 127.)

(also mit Zentralbankgeld) ausführen, dann wären von vornherein Zahlungen mit Geschäftsbankgeld ausgeschlossen.

Die Teilnahme am unbaren Zahlungsverkehr bedeutet aber noch nicht, daß die Sparkassen nun Zahlungen ohne Zentralbankgeld leisten. Denn bargeldlose Zahlungen können sich auch in Form einer Übertragung von Zentralbankguthaben vollziehen, wodurch gleichfalls ein Abfluß von Zentralbankgeld — nur eben in giraler Form — erfolgt[6].

Es ist einer Sparkasse nur möglich, Zahlungen mit Geschäftsbankgeld auszuführen, wenn die Zahlungen, die sie zu leisten hat

1. zugunsten eines eigenen Kunden erfolgen, oder
2. sich mit einem im Zeitraum zwischen zwei Abrechnungsterminen erfolgenden Zahlungseingang verrechnen lassen.

Eine derartige Verrechnung bedingt nicht nur ein gleichartiges Handeln der Banken hinsichtlich des Ausmaßes der Kreditausdehnung, sondern auch ein gleichartiges Handeln der Kreditnehmer hinsichtlich des Zeitpunktes der Kreditinanspruchnahme.

Eine weitere Bedingung für das Zustandekommen einer Kreditschöpfung ist somit das Erfordernis bestimmt gearteter Dispositionen des Publikums der Sparkassen.

Nun bewirken jedoch Zahlungen mit Geschäftsbankgeld noch keine Geldstromverbreiterung. Sie bedeuten zunächst nur eine *Struktur*veränderung des Geldstroms derart, daß anstelle von Zahlungen mit Zentralbankgeld Zahlungen mit Geschäftsbankgeld treten.

Wenn die Sparkassen die auf Grund der Zahlungen mit Geschäftsbankgeld bewirkte Zentralbankgeldersparnis nicht zu einer weiteren Zahlung nutzen, kann es zu keiner Geldstromverbreiterung kommen.

Als weitere Bedingung für das Zustandekommen einer Kreditschöpfung ergibt sich also, daß die Sparkassen die durch die Zahlung mit Geschäftsbankgeld eingetretene Zentralbankgeldersparnis durch eine kreditäre Nutzung des „ersparten" Zentralbankgeldes kompensieren, kurz, daß die Sparkassen selbst bestimmt geartete Dispositionen vornehmen.

Zusammenfassend kann festgestellt werden, daß grundsätzlich drei Bedingungen erfüllt sein müssen, wenn eine Kreditschöpfung zustande kommen soll, nämlich:

---

[6] So stellt bereits Goertz fest, daß „Zahlungen, die den Girokreis verlassen, die Wirkung von Bargeldabzügen haben". (Vgl. *Goertz,* Walter: Die Liquiditätsprobleme der Kreditbanken. Bonner Dissertation 1938, S. 15.) Es muß hinzugefügt werden, daß *jeder* Zahlungsausgang bei einer einzelnen Bank, der sich nicht durch einen Zahlungseingang kompensieren läßt, zu einem Abfluß von Zentralbankgeld führt. Der Zentralbankgeldabfluß könnte nur *verzögert* werden, wenn sich die begünstigte Bank zunächst mit einer Forderung gegen die zahlende Bank begnügt, also Kredit gewährt. Das ist aber im Zahlungsverkehr nicht üblich.

1. Technische Voraussetzungen.
2. Bestimmt geartete Dispositionen der Debitoren, nämlich
   a) Zahlungen an Wirtschaftssubjekte, die zum Kundenkreis der zahlenden Sparkasse gehören, und zwar entweder an Kreditoren oder an Debitoren.
   b) Bei Zahlungen an Kunden anderer Banken Gleichschritt in zeitlicher Hinsicht, so daß sich Verrechnungsmöglichkeiten zwischen den kreditausdehnenden Banken ergeben.
3. Bestimmt geartete Dispositionen der Sparkassen selbst, nämlich
   a) gleichartiges Handeln im Aktivkreditgeschäft in Form einer Kreditausdehnung, die sich mit der Kreditausdehnung des gesamten Banksystems zeitlich und betragsmäßig im Gleichschritt bewegt.
   b) Ausnützung der durch Zahlungen mit Geschäftsbankgeld eingetretenen Zentralbankgeldersparnis durch weitere Kreditgewährungen.

Es erhebt sich nun die Frage, ob diese Voraussetzungen im typischen Sparkassengeschäft, d. h. in dem durch Liquiditätsverbesserung aufgrund eines Spareinlagenzuwachses induzierten Kreditgeschäft gegeben sind.

C. Die Voraussetzungen für eine Kreditschöpfung im Geschäft einer „reinen" Sparbank

I. Das Modell einer „reinen" Sparbank als Untersuchungsobjekt

Die Frage nach den Voraussetzungen einer Kreditschöpfung im Sparkassengeschäft kann nicht direkt am Geschäft, wie es die modernen Sparkassen betreiben, untersucht werden, weil das Untersuchungsobjekt bei den modernen Sparkassen in Deutschland nicht in der erforderlichen Reinheit auftritt.

Die modernen Sparkassen betreiben ein „gemischtes" Geschäft und gleichen sich, obwohl die typischen Sparkassengeschäfte vorherrschen, stark dem Kreditbanktyp an[7].

---

[7] Die Entwicklungsgeschichte der deutschen Sparkassen beginnt mit der Gründung von Waisenkassen. Sie führt über die Gründung von „Leihkassen einerseits und Ersparniskassen andererseits zur Zusammenfassung beider Funktionen in der kombinierten Spar- und Leihkasse, deren Aktiv- und Passivgeschäfte gleichwertig nebeneinander stehen. Annahme und Weiterleitung von Ersparnissen umreißen somit das ureigenste Aufgabengebiet der Sparkassen, das auch dadurch nicht eingeschränkt wird, daß sich mit der Einschaltung der Sparkassen in den bargeldlosen Zahlungsverkehr eine Umgestaltung der reinen „kreditmittelnden" Sparbank zur „kreditschöpfenden" „Universalbank" mittelständisch-kommunalen Typs vollzieht." (Vgl. *Floss*, Eberhard: Anlage- und Liquiditätsrichtlinien im Sparkassenwesen.

Da die Sparkassen ihr auf Spareinlagen basierendes Kreditgeschäft nicht gesondert führen, vermischen sich die auf der Grundlage der einzelnen Einlagearten, und zwar der Sicht-, Termin- und Spareinlagen vorgenommenen Kreditgeschäfte. Es ist daher bei der Untersuchung der Frage, ob im typischen Sparkassengeschäft die Voraussetzungen für eine Kreditschöpfung gegeben sind, erforderlich, vom Typ der „reinen“ Sparbank auszugehen, um dann im Wege der abnehmenden Abstraktion zu untersuchen, ob im typischen Geschäft einer modernen Sparkasse mit Universalbankcharakter die Voraussetzungen für eine Kreditschöpfung gegeben sind.

In der Literatur ist nun zwar häufig der Typ „reine Sparbank“ Objekt der Untersuchung. Dieser Begriff wird jedoch in der Regel nicht definiert. Aus der Art der Anwendung dieses Begriffes ist zu ersehen, daß — in Übereinstimmung mit der Definition, die H. Bächler und A. Stampfli geben — unter „reinen Sparbanken“ Sparkassen verstanden werden, „die fremde Gelder ausschließlich in der Form von Spargeldern entgegennehmen“[8].

Auch wir sehen daher in der vorliegenden Arbeit in „reinen“ Sparbanken solche Sparkassen, die als Passivkreditgeschäft lediglich das Spareinlagengeschäft betreiben.

Nun begnügt sich aber eine reine Sparbank nicht damit, lediglich Spargelder zu verwahren. Sie nützt als Bank vielmehr die ihr im Spareinlagengeschäft zugeflossenen Zahlungsmittel kreditär.

Über die Form, in der eine reine Sparbank ihr Aktivkreditgeschäft betreibt, sagt die obige Definition nichts aus. Da die technische Form des aus der Abwicklung des Aktivkreditgeschäftes resultierenden Zahlungsverkehrs für das Zustandekommen einer Kreditschöpfung von großer Bedeutung ist, muß bei der Erörterung der Frage, ob im Geschäft der reinen Sparbanken die Voraussetzungen für eine Kreditschöpfung gegeben sind, untersucht werden, ob eine reine Sparbank die aus der Abwicklung des Aktivkreditgeschäftes resultierenden Zahlungen mit Geschäftsbankgeld ausführen kann.

Die folgende Untersuchung erfolgt daher vorwiegend unter diesem Blickwinkel:

Tübinger Dissertation 1956, S. 53. Vgl. ferner: *Trende,* Adolf: Geschichte der deutschen Sparkassen. Stuttgart 1957.)

Vgl. zur Frage der zweiseitigen Stellung der modernen Sparkasse im Kreditgeschäft auch die Ausführungen von Eisfeld und Hoffmann. (Vgl. *Eisfeld,* Curt: Artikel „Sparkassen“. In: Handwörterbuch der Sozialwissenschaften. 13. Lieferung. Stuttgart/Tübingen/Göttingen (1956), S. 670. *Hoffmann,* Josef: Sparkassen — sozialverpflichtete Kreditinstitute. In: Beilage zu Nummer 9 der Zeitschrift „Der Volkswirt“ vom 28. Februar 1953: Deutsche Wirtschaft im Querschnitt, 19. Folge: Sparkassen. S. 5 f.)

[8] Vgl. *Bächler,* H., und *Stampfli,* A.: Allgemeine Bankbetriebslehre. Zürich 1950, S. 48.

Zwar wird berücksichtigt, daß die reine Sparbank im Passivkreditgeschäft nur das Spareinlagengeschäft betreibt; im Vordergrund des Interesses steht jedoch das Aktivkreditgeschäft.

Es wird nun also untersucht, inwieweit die Voraussetzungen für eine Kreditschöpfung im Geschäft der reinen Sparbanken gegeben sind, m. a. W., inwieweit reine Sparbanken fähig sind, die aus dem Aktiv- *und* dem Passivkreditgeschäft resultierenden Zahlungen mit Geschäftsbankgeld auszuführen.

Um bei der folgenden Untersuchung des Typs der „reinen" Sparbank die größtmögliche Annäherung an die Wirklichkeit zu erzielen, stellen wir unsere Untersuchung auf den Typ einer „reinen" Sparbank ab, wie er in praxi auch heute noch — zwar nicht in Deutschland, wohl aber beispielsweise in den USA und in den Niederlanden — auftritt.

Wir schildern also zunächst einmal die charakteristischen Merkmale der Arbeitsweise einer „reinen" Sparbank, und zwar greifen wir als Beispiel die holländische „Spaarbankvereeniging" in Zutphen heraus. (Zwar gibt es in praxi hinsichtlich der von den einzelnen „reinen" Sparbanken betriebenen Geschäfte gewisse Unterschiede, doch kann die Spaarbankvereeniging Zutphen als typisches Beispiel gelten.)

Die Geschäfte, die von einer „reinen" Sparbank betrieben werden, illustriert sehr anschaulich das nachstehende Bilanzschema der Spaarbankvereeniging Zutphen:

Aktiva	Passiva
Kassaldo (= Kassenbestand)	Inleggelden (= Spareinlagen)
Tegoed bij de Nederlandsche Bank (= Notenbankguthaben)	Stichtingskapitaal (= Stiftungskapital)
Tegoed bij Postcheque en Girodienst (= Postscheckguthaben)	Reservekapitaal [= Rücklagen (9½ % der Spareinlagen)]
Tegoed bij Kredietinstellingen (= Guthaben bei Kreditinstituten)	
Effekten (= Wertpapiere)	
Leningen op korte termijn [= kurzfristige Ausleihungen (3 Monate bis 5 Jahre)]	
Leningen op lange termijn [= langfristige Ausleihungen (5 bis 40 Jahre), nur gegen Staats-, Provinzial- oder Kommunaldeckung]	
Hypotheken (= Hypotheken: entweder 3monatige Kündigungsfrist oder für 5 Jahre fix)	
Gebouwen (in eigen gebruik) [= Gebäude (dem eigenen Geschäftsbetrieb dienend)]	
Gebouwen en boerderijen [= Gebäude und Bauernhöfe (Anlagen)]	
Debiteuren (= Debitoren)	
Interest (= Noch nicht fällige Zinsen)	

Es zeigt sich also, daß „reine“ Sparbanken auch in praxi nur das Spareinlagengeschäft betreiben.

Im Aktivgeschäft dominiert zwar das langfristige Kreditgeschäft, doch wird daneben auch das kurzfristige Kreditgeschäft gepflegt. Wichtig ist, daß eine „reine“ Sparbank Kredite *nicht* in der Form von Kontokorrentkrediten gewährt; die eingeräumten Kredite lauten stets auf einen Fixbetrag. (Unter der Position „Debitoren“ werden nicht — wie nach deutscher Übung — Kredite ausgewiesen, die in Kontokorrentform gewährt wurden; es handelt sich vielmehr um bürgschaftsgesicherte Vorschüsse an natürliche Personen, die auf einen Fixbetrag lauten.) Das Gewähren von Kontokorrentkrediten gilt beispielsweise in Holland als typisches, ausschließlich von den Geschäftsbanken betriebenes *Bank*geschäft.

II. Die Voraussetzungen für eine Kreditschöpfung im Geschäft einer reinen Sparbank im Bargeldsystem

Im Bargeldsystem ist alleiniges Zahlungsmittel Bargeld in Form von Münzen und Noten. Geld in giraler Form existiert nicht.

Die reine Sparbank führt im Bargeldsystem zur Abwicklung des Passivkreditgeschäftes nur Sparkonten; zur Abwicklung des Aktivkreditgeschäftes hält sie für alle Arten von Krediten Konten, also Darlehens-, Wechselkredit-, Hypothekenkreditkonten. Zur Abwicklung des aus dem Passiv- und dem Aktivkreditgeschäft resultierenden Zahlungsverkehrs benötigt sie ferner ein Konto Kasse.

Da im Bargeldsystem alleiniges Zahlungsmittel Bargeld ist, vollzieht sich der Zahlungsverkehr der reinen Sparbank in der folgenden Weise:

Einzahlungen eines Sparers auf Sparkonten führen zu einer entsprechenden Erhöhung, Auszahlungen an einen Sparer zu Lasten seines Sparkontos zu einer entsprechenden Verminderung des Kassenbestandes der Sparbank.

Das Kreditgeschäft dieses Sparbanktyps vollzieht sich in der folgenden Weise: Jede Kreditinanspruchnahme führt zu einem Kassenausgang, jede Kreditrückzahlung zu einem Kasseneingang aufgrund einer Stückgeldeinzahlung des Kreditnehmers. Bilanziell äußert sich die Kreditgewährung im Zeitpunkt der Kreditinanspruchnahme in einer Verminderung des ausgewiesenen Kassenbestandes und in einer Zunahme der auf den einzelnen Kreditkonten ausgewiesenen Kreditbestände, also etwa Wechselkredite in einer Zunahme des Wechselbestandes, ungedeckte Personalkredite und Kredite gegen irgendwie geartete Sicherheiten in einer Zunahme der Positionen „Darlehen“, „Hypothekenkredite“, „Debitoren“; Kreditrückzahlungen rufen den umgekehrten bilanziellen Effekt hervor.

Da der aus der Abwicklung des Kreditgeschäftes sowie des Spargeschäftes resultierende Zahlungsverkehr von den Sparbanken nur mit Bargeld abgewickelt werden kann, wird der Sparbank bei einer Kreditgewährung sämtliches, in ihrem Besitze befindliches, kreditär nutzbares Bargeld abverlangt. Die Sparbank kann also erst wieder Kredite gewähren, wenn sie sich erneut im Besitze kreditär nutzbaren Bargeldes sieht.

Das Aktivkreditgeschäft dieses Sparbanktyps ist folglich eine abhängige Variable des Passivkreditgeschäftes[9]. Da also bei diesen Modelldaten weder im Aktiv- noch im Passivkreditgeschäft der Sparbank Zahlungen mit Geschäftsbankgeld möglich sind, fehlen die technischen Voraussetzungen für eine Kreditschöpfung.

III. Die Voraussetzungen für eine Kreditschöpfung im Geschäft einer reinen Sparbank im Mischgeldsystem

Im Mischgeldsystem fungieren als Zahlungsmittel Bargeld sowie Giralgeld. Giralgeld äußert sich bilanziell als Sichtguthaben bei der Zentralbank und beim Postscheckamt (Zentralbankgeld in giraler Form) sowie als Sichtguthaben bei den Geschäftsbanken (Geschäftsbankgeld).

Die reinen Sparbanken können in einem Mischgeldsystem girale Zahlungen nur ausführen, wenn sie an das Netz des bargeldlosen Zahlungsverkehrs angeschlossen sind, d. h., wenn sie mit anderen

---

[9] Durch die Kreditgewährung der Sparbanken dieses Modells kann also lediglich die auf Grund der vor sich gegangenen Spareinlagenbildung bewirkte Inaktivierung von Geldbeträgen in einem um die Reservehaltung verminderten Ausmaße „kompensiert" werden.

Mellerowicz sagt richtig: „In einer Volkswirtschaft, in der alle Zahlungen bar geleistet werden müssen, können die Banken nur so viel Kredit geben, wie ihnen vorher Spardepositen zugeflossen sind ..." (Vgl. *Mellerowicz*, Konrad: Liquidität. In: Die deutsche Bankwirtschaft, Berlin 1935 bis 1938, S. 459. Sowie: *Mellerowicz*, Konrad: Liquidität. In: Die Bank. Wiesbaden o. J. (1950), Band II, S. 624. *Mellerowicz*, Konrad: Zur Frage der volkswirtschaftlichen Liquidität der deutschen Banken. In: Bankwissenschaft. 4. Jahrgang 1927/1928, S. 115.)

Dieselbe Auffassung vertritt Lederer. (Vgl. *Lederer*, Emil: Technischer Fortschritt und Arbeitslosigkeit. Genf 1938, S. 234.)

Demgegenüber ist Gleske der Auffassung, daß selbst dann, „wenn es keinen bargeldlosen Zahlungsverkehr gäbe und alle Zahlungen mit Bargeld geleistet werden müßten, ... das Geschäftsbankensystem als Ganzes Geldschöpfung durch Ausdehnung seines Kreditvolumens betreiben" könnte. (Vgl. *Gleske*, Leonhard: Die Liquidität in der Kreditwirtschaft. a.a.O., S. 31.)

Gleske verwechselt hier Kreditausdehnung mit Geld- bzw. Kreditschöpfung, welhalb wir seiner Auffassung nicht folgen können. (Vgl. hierzu auch die Begründung, die wir auf S. 61 f. der vorliegenden Arbeit geben.)

Auch Floss widerlegt die Auffassung Gleskes. (Vgl. *Floss*, Eberhard: Anlage- und Liquiditätsrichtlinien im Sparkassenwesen. Tübinger Dissertation 1956, S. 31.)

Banken durch gegenseitiges Unterhalten von Konten verflochten sind. Durch diese Verflechtung ändert sich das Kontenbild der Sparbanken im Mischgeldsystem gegenüber dem der Sparbanken im Bargeldsystem.

Nun können je nach dem Grade der Ausbildung des giralen Zahlungsverkehrs mehrere Sparbanktypen unterschieden werden, bei denen jeweils die für Zahlungen mit Geschäftsbankgeld relevanten Daten in entsprechend unterschiedlichen Konstellationen auftreten.

1. Typ einer reinen Sparbank mit Nostrokonto bei einer Korrespondenzbank

Für diesen Sparbanktyp ist charakteristisch, daß er das Spargeschäft, das er als einziges Passivkreditgeschäft betreibt, ausschließlich in barer Form abwickelt, während er das Aktivkreditgeschäft nicht nur in barer, sondern auch in giraler Form durchführen kann.

Dieser Sparbanktyp führt zur Abwicklung des Passivkreditgeschäftes lediglich Sparkonten. Zur Abwicklung des Aktivkreditgeschäftes unterhält er Konten für die einzelnen Kreditarten.

Die Abwicklung des baren Zahlungsverkehrs vollzieht sich über die Kasse. Zur Abwicklung des unbaren Zahlungsverkehrs unterhält dieser Sparbanktyp dagegen ein Nostrokonto bei einer anderen Bank, seiner Korrespondenzbank.

Dieses Konto wird aber von der Sparbank lediglich auf Guthabenbasis unterhalten. Sie kann also bei einer anderen Bank nicht Kredit nehmen, denn das Charakteristikum der Sparbank besteht darin, nur Verpflichtungen aus Spareinlagen, keineswegs aber aus einer Geldaufnahme bzw. einer Refinanzierung einzugehen. Das Guthaben bei der Korrespondenzbank kann nur dadurch entstehen, daß die Sparbank eine Bargeldeinzahlung leistet bzw. eine Zahlung, die bei der Korrespondenzbank zu ihren Gunsten eingeht, dort stehen läßt.

Gegenseitig können die einzelnen Sparbanktypen dieses Modells keine Konten für die Abwicklung des giralen Zahlungsverkehrs beieinander unterhalten, weil die einzelnen Sparbanken nach den Prämissen des Modells nur Verpflichtungen aus der Unterhaltung von Sparkonten eingehen.

Der aus der Abwicklung des Spareinlagengeschäfts resultierende Zahlungsverkehr spielt sich lediglich mit Bargeld ab und schließt damit von vornherein Zahlungen mit Geschäftsbankgeld aus.

Zahlungen mit Geschäftsbankgeld können daher nur noch bei dem aus der Abwicklung des Aktivkreditgeschäftes resultierenden Zahlungsverkehr in Betracht kommen und auch da grundsätzlich nur dann, wenn die Sparbank entweder an ein Wirtschaftssubjekt des eigenen

Kundenkreises zahlt oder wenn sich ein Zahlungsausgang mit einem Zahlungseingang verrechnen läßt.

Es erhebt sich also die Frage, ob der Sparbanktyp dieses Modells in der Lage ist, Zahlungen ohne Bargeld im Auftrag des Debitors an Wirtschaftssubjekte auszuführen, die selbst zum Kundenkreis der Sparbank gehören.

Zu den Kunden der Sparbank gehören die Sparer, ferner die Kreditnehmer sowie die Korrespondenzbank (und damit die in den Kundenbereich der Korrespondenzbank — eventuell auch über weitere Banken — gehörenden Wirtschaftssubjekte).

Will der Kreditnehmer an den Besitzer eines Sparguthabens bei der Sparbank zahlen, so muß er von der Sparbank Stückgeld abverlangen und es dem Sparer zur Begleichung seiner Schuld aushändigen, da sich nach den Voraussetzungen des Modells der Ein- und Auszahlungsverkehr auf Sparkonten nur mit Bargeld abwickeln läßt. Ob der Sparer das empfangene Geld spart, ob also eine neue Spareinlage entsteht und die Sparbank dadurch einen Geldzufluß verzeichnet, hängt ausschließlich von seinen Dispositionen ab.

Die Sparbank ist also in diesem Falle nicht in der Lage, eine Zahlung ohne Bargeld auszuführen.

Will der Kreditnehmer eine Zahlung an ein Wirtschaftssubjekt leisten, das selbst Kreditnehmer (I) der kreditgewährenden Sparbank ist, so kann diese Zahlung dann ohne weiteres giral ausgeführt werden, wenn dem begünstigten Kreditnehmer (I) ein Kreditlimit eingeräumt wurde[10]. Bei Darlehenskrediten mit zeitlich und betragsmäßig genau festgelegten Tilgungsraten kann die Gutschrift zugunsten des Kreditnehmers I nur dann vorgenommen werden, wenn der Zahlungseingang als Tilgungsrate verwertbar ist.

Es ist jedoch stets gleichgültig, ob dem Kreditnehmer II, der den Zahlungsauftrag erteilt, der Kredit in Form eines Kreditlimits oder in Form eines Darlehens gewährt wurde: Nicht nur bei einem ihm eingeräumten Kreditlimit, sondern auch bei einem ihm gewährten Darlehen besitzt der Kreditnehmer II die Möglichkeit giraler Inanspruchnahme (Ausnahme das sogenannte „Naturadarlehen")[11].

---

[10] In diesem Fall beauftragt der neue Kreditnehmer II die Bank, an das Wirtschaftssubjekt, das selbst Kreditnehmer der Bank (Kreditnehmer I) ist, zu zahlen: Da die Sparbank nach den Voraussetzungen des Modells für ihre Kreditnehmer bargeldlose Zahlungen leistet und entgegennimmt, wird sie den Zahlungsauftrag derart ausführen, daß sie den Kreditnehmer II belastet und den Kreditnehmer I erkennt. Zwar gewähren — wie wir auf S. 93 der vorliegenden Arbeit feststellten — beispielsweise die reinen Sparkassen in den Niederlanden keine Kontokorrentkredite.

Die Erwähnung der Kontokorrentkredite hat daher hier nur rein theoretische Bedeutung.

[11] Die technische Abwicklung des Darlehensgeschäftes bei Realkrediten, nämlich Darlehensangebot und -auszahlung, schildert ausführlich Tornier.

Ferner ist die Sparbank in der Lage, eine Zahlung im Auftrag des Kreditnehmers mit Geschäftsbankgeld auszuführen, wenn der Kreditnehmer die Sparbank zu einer Zahlung an einen Kunden ihrer Korrespondenzbank beauftragt und sich die Korrespondenzbank derart im Gleichschritt mit der Sparbank bewegt, daß sie gleichzeitig eine Zahlung zugunsten eines Debitors bzw. eines Darlehensnehmers der Sparbank vornimmt, wobei der Zahlungseingang zugunsten des Darlehensnehmers als Tilgungsrate verwertbar sein muß. In diesem Falle kreuzen sich die beiden Zahlungen. Sie können also miteinander verrechnet werden. Ergeben sich keine Kompensationsmöglichkeiten aufgrund eines Gleichschritts, so führen die giralen Zahlungen der Sparbank im Auftrag ihrer Kreditnehmer zu einem entsprechenden Abfluß ihres Korrespondenzbankguthabens; sie können also nicht ohne Stückgeld ausgeführt werden. In diesem Falle bedeutet die girale Zahlung in Form eines Abflusses von Korrespondenzbankguthaben nichts anderes als eine endgültige rechtliche Zahlung von Verpflichtungen seitens der Sparbank, die realiter durch die vorausgegangene, kreditmäßige Übertragung des Bargeldes zur Begründung des Guthabens auf die Korrespondenzbank bereits erfüllt worden ist. Insofern ist die bargeldlose Zahlung ein rein formeller Akt, der dem eigentlichen ökonomischen, nämlich dem Akt der Überlassung des Bargeldes, folgt. Zusammenfassend kann also festgestellt werden, daß der Sparbanktyp dieses Modells grundsätzlich die Möglichkeit besitzt, Zahlungen mit Geschäftsbankgeld auszuführen. Diese Möglichkeit ist jedoch praktisch auf einige wenige Grenzfälle beschränkt.

2. Typ einer reinen Sparbank mit Nostrokonto bei einer Korrespondenzbank sowie mit giralem Einzahlungsverkehr im Spargeschäft

Die Daten dieses Sparbanktyps erfahren gegenüber den beim Sparbanktyp mit Nostrokonto bei einer Korrespondenzbank und barem Ein- und Auszahlungsverkehr auf Sparkonten gegebenen Daten insofern eine Veränderung, als dieser Sparbanktyp Zahlungen zugunsten von Besitzern von Sparkonten nicht nur in barer, sondern auch in giraler Form entgegennimmt. Damit können nun Spareinlagen auch giral durch Überweisung entstehen.

Es sind also folgende Möglichkeiten für Zahlungen mit Geschäftsbankgeld gegeben:

Zahlungen zu Lasten der bei der Sparbank unterhaltenen Sparkonten kommen nicht für Zahlungen mit Geschäftsbankgeld in Frage,

---

(Vgl. *Tornier*, Kurt: Der Realkredit. In: Die Bank. Wiesbaden o. J., Bank II, S. 249/250 sowie S. 259.

weil sie nach den Voraussetzungen des Modells mit Bargeld ausgeführt werden müssen.

Zahlungen im Auftrage der Debitoren können dagegen mit Geschäftsbankgeld ausgeführt werden, wenn sie an Wirtschaftssubjekte zu leisten sind, die

1. zum Kundenkreis der Sparbank selbst gehören, und zwar an
   a) Sparkontenbesitzer,
   b) Kreditnehmer der Sparbank[12],
2. zum Kundenkreis der Korrespondenzbank der Sparbank gehören, sofern sich die Korrespondenzbank mit der Sparbank derart im Gleichschritt bewegt, daß sich Zahlungsausgänge bei der Sparbank mit Zahlungseingängen von der Korrespondenzbank verrechnen lassen.

Damit sind bei diesem Sparbanktyp die technischen Voraussetzungen für eine Kreditschöpfung in weitgehendem Umfange gegeben.

3. Typ einer reinen Sparbank mit Nostrokonto bei einer Korrepondenzbank sowie mit giralem Ein- und Auszahlungsverkehr im Spargeschäft

Für diesen Sparbanktyp ist charakteristisch, daß er nicht nur Einzahlungen in giraler Form auf Sparkonten entgegennimmt, sondern auch girale Verfügungen (mit Schecks und Überweisungen) über Sparguthaben zuläßt[13].

Der Sparbanktyp dieses Modells besitzt also die Möglichkeit, sämtliche Zahlungen sowohl im Auftrag seiner Kreditnehmer wie auch im Auftrag seiner Kreditoren, nämlich der Besitzer von Sparguthaben, mit Geschäftsbankgeld auszuführen, sofern die Zahlungen zugunsten von Wirtschaftssubjekten vorgenommen werden, die zu seinem eigenen Kundenbereich gehören, wobei es gleichgültig ist, ob der Kunde Kreditnehmer[12] oder Kreditor ist.

Ferner kann der Sparbanktyp dieses Modells sämtliche Zahlungen seiner Debitoren und Kreditoren an Wirtschaftssubjekte, die zum Kundenbereich der Korrespondenzbank gehören, mit Geschäftsbankgeld ausführen, sofern sich die Korrespondenzbank mit der Sparbank im Gleichschritt bewegt.

Bei diesem Sparbanktyp sind also sämtliche technischen Voraussetzungen für eine Kreditschöpfung gegeben.

---

[12] Die Zahlungen können erfolgen: ohne weiteres an Debitoren, denen ein Kreditlimit eingeräumt ist, dagegen an Darlehensnehmer nur, wenn sich der Zahlungseingang zu Gunsten des Darlehensnehmers als Tilgungsrate verwerten läßt. Bei Zahlungen an Debitoren ist allerdings das auf S. 96 der vorliegenden Arbeit Gesagte zu berücksichtigen.

C. Die Voraussetzungen für eine Kreditschöpfung im typischen Geschäft moderner Sparkassen mit Universalbankcharakter

I. Über die Voraussetzungen für eine Kreditschöpfung im typischen Geschäft moderner Sparkassen im allgemeinen

Aus der Untersuchung der Voraussetzungen für eine Kreditschöpfung bei den verschiedenen Modelltypen einer reinen Sparbank ging hervor, daß die Voraussetzungen für Zahlungen mit Geschäftsbankgeld bei dem durch Liquiditätsverbesserung aufgrund eines Spareinlagenzuwachses induzierten Kreditgeschäft gegeben sind, wenn die Sparbanken girale Verfügungen und girale Zahlungseingänge wenigstens auf einem Teil der von ihnen geführten Konten zulassen und zu diesem Zwecke nicht — wie die Sparbanken im Bargeldsystem — von den anderen Banken des Systems isoliert, sondern vielmehr mit ihnen durch Nostrokonten, die eine Verrechnung der Zahlungseingänge mit den Zahlungsausgängen gestatten, verflochten sind.

Erst diese technischen Voraussetzungen ermöglichen den Gebrauch unbarer Zahlungsweisen durch die Nichtbanken.

Bei der Erörterung der Frage, ob bei den modernen Sparkassen mit Universalbankcharakter die Voraussetzungen für eine Kreditschöpfung gegeben sind, ist also zu untersuchen, ob die Sparkassen erstens am unbaren Zahlungsverkehr teilnehmen und ob die Sparkassen zweitens girale Verfügungen und girale Zahlungseingänge bei debitorischen und kreditorischen Konten zulassen.

II. Die Teilnahme der Sparkassen am bargeldlosen Zahlungsverkehr

Die Voraussetzungen für Zahlungen mit Geschäftsbankgeld sind bei den deutschen Sparkassen erst seit etwa fünfzig Jahren gegeben[14]. Der aus der Anlegung der im Spareinlagengeschäft zugeflossenen Gelder sowie der aus der Abwicklung des Spargeschäftes

[13] Diese Daten sind keineswegs irreal. Beispielsweise waren die Sparguthaben bei den preußischen und den meisten anderen deutschen Sparkassen vom 20. April 1909 (Datum der Verleihung der „passiven Scheckfähigkeit" an die preußischen Sparkassen) bis zum Erlaß der Mustersatzung von 1932 zirkulationsfähig.

[14] Die Entwicklung verlief bei den einzelnen Sparkassen länderweise unterschiedlich. In der vorliegenden Arbeit wird, wenn nicht ausdrücklich etwas anderes gesagt wird, stets auf die Verhältnisse bei den preußischen Sparkassen Bezug genommen. Vgl. zur Entwicklung der Sparkassengeschäfte auch: *Trende*, Adolf: Geschichte der deutschen Sparkassen. Stuttgart 1957; ferner: Sparkasse, 76. Jahrgang, Heft vom 1. Januar 1959: „50 Jahre Spargiro".

(Ein- und Auszahlungsverkehr) resultierende Zahlungsverkehr vollzog sich ursprünglich ausschließlich mit Bargeld.

Die Schaffung der technischen Kreditschöpfungsvoraussetzungen, nämlich Zahlungen mit Geschäftsbankgeld zu leisten, wurde eingeleitet mit der Verleihung der „passiven Scheckfähigkeit" an die Sparkassen im Jahre 1908 im Rahmen des Reichsscheckgesetzes vom 1. März 1908[15]: Die Ausführungsbestimmungen zu diesem Gesetz gestatteten es den Sparkassen, den Scheckverkehr auf Sparguthaben einzuführen.

In Preußen fand das Scheckgesetz eine landesrechtliche Ergänzung durch einen Erlaß des preußischen Ministers des Inneren, der den Sparkassen die Aufnahme des Depositen- und Kontokorrentverkehres unter Benutzung des Schecks und der Giroüberweisung gestattete[16/17].

Diese beiden gesetzlichen Bestimmungen boten den Sparkassen grundsätzlich die Möglichkeit einer Teilnahme am unbaren Zahlungsverkehr.

Zunächst wurde jedoch das Ausmaß des unbaren Zahlungsverkehrs gesetzlich eingeschränkt: So wurde bestimmt, daß der Gesamtbetrag der Scheck- und Giroguthaben 10 % der Spareinlagen nicht übersteigen dürfe[18].

Diese Grenze wurde mit Erlaß vom 10. August 1917 auf 25 % heraufgesetzt[19].

Mit Erlaß vom 15. April 1921 fiel dann auch die auf 25 % des jeweiligen Spareinlagenbestandes festgesetzte Begrenzung des Geschäftsumfanges im Giro- und Scheckverkehr weg[20].

Damit war die eine der technischen Voraussetzungen für eine Kreditschöpfung der Sparkassen, nämlich die Teilnahme am bargeldlosen Zahlungsverkehr, auch praktisch in vollem Ausmaße gegeben, da sie durch die gesetzlichen Bestimmungen, die ein Limit für das kurzfristige Einlagenvolumen vorschrieben, in keiner Weise beeinträchtigt wurde, denn bis zum Jahre 1932 konnte über Sparguthaben bargeldlos

---

[15] RGBl. 1908, Nr. 12, S. 71 f.

[16] Erlaß des preußischen Ministers des Innern vom 20. April 1909. (Vgl. Min.-Blatt für die gesamte innere Verwaltung 1909, S. 124.)

[17] Die Aufnahme des Depositen- und Kontokorrentverkehrs unter Benutzung des Schecks und der Giroüberweisung wurde beispielsweise den bayerischen Sparkassen erst durch die Bekanntmachung des Bayer. Staatsministeriums des Inneren vom 24. Januar 1922 gestattet.

[18] Vgl. Ministerialblatt für die gesamte innere Verwaltung 1909, S. 124, Abschnitt II, Ziffer 2.

[19] Vgl. Verfügung vom 11. Juli 1916: Forderung des bargeldlosen Zahlungsverkehrs. Ferner: Verfügung vom 6. Mai 1919: Bargeldloser Zahlungsverkehr. Abgedruckt in: Gegenwartsprobleme des deutschen Sparkassenwesens. Berlin 1928, S. 80/81.

[20] Vgl. Ministerialblatt für die preußische innere Verwaltung 1921, S. 128.

verfügt werden[21]. Bis zu diesem Zeitpunkt bestand also die Möglichkeit, Scheck- und Giroeinlagen auf Sparkonten zu unterhalten, wenn die Obergrenze der Scheck- und Giroguthaben erreicht war.

Da jedoch der bargeldlose Zahlungsverkehr nur ein relativ geringes Ausmaß aufwies, wurde von dieser Möglichkeit überhaupt kein Gebrauch gemacht[22].

III. Die technische Form des Zahlungsverkehrs der Sparkassen

1. Die Form des Zahlungsverkehrs, der sich auf debitorischen Konten abspielt

Girale Verfügungen und girale Eingänge auf Konten, die der Abwicklung von Kontokorrentkrediten der Sparkassen dienen, sind ohne weiteres möglich[23].

Bei Konten, die der Abwicklung von Darlehenskrediten der Sparkassen dienen, sind zwar Zahlungsausgänge in giraler Form ohne weiteres denkbar. Girale Zahlungseingänge auf derartigen Konten sind dagegen nur dann möglich, wenn die Zahlungseingänge Tilgungsraten darstellen.

2. Die Form des Zahlungsverkehrs, der sich auf kreditorischen Konten abspielt

Bei den kreditorischen Konten handelt es sich um Spar- und um Sichteinlagenkonten.

a) Die Form des Zahlungsverkehrs, der sich auf Girokonten abspielt

Girale Verfügungen und girale Eingänge auf Girokonten der Sparkassen sind ohne weiteres möglich[23/24].

---

[21] Zwar wurde erst durch das Reichsgesetz für das gesamte Kreditwesen vom 5. Dezember 1934 im § 22 Abs. 1 und 2 die bargeldlose Verfügung über Spareinlagen verboten. (Vgl. RGBl. I, S. 1203). Praktisch wurde jedoch die Zirkulationsfähigkeit schon durch die Mustersatzung von 1932 im § 16 Ziffer 6 und im § 22 Abs. 1 und 2 in Verbindung mit der Aufhebung des Scheckerlasses vom 20. April 1909 (vgl. Runderlaß vom 26. August 1932, Ziffer 6) aufgehoben.

[22] Das Volumen der Scheck- und Giroguthaben erreichte beispielsweise im Jahre 1920, als ein Höchstsatz von 25 % galt, erst 10 % der Spareinlagen. (Vgl. *Wegner*, Carl: Entwicklung und Organisation der Deutschen Sparkassen und des Kommunalen Giroverkehrs. Berlin 1925, S. 133.)

[23] Durch die Verleihung der „passiven Scheckfähigkeit" im Rahmen des Reichsscheckgesetzes vom 1. März 1908 und dessen Ausführungsbestimmungen wurde den Sparkassen, wie wir bereits erwähnten, die Aufnahme des Giroverkehrs erlaubt.

[24] Hinsichtlich der Bedeutung der Girokonten bei Sparkassen für die vorliegende Untersuchung sei auf S. 86 f. dieser Arbeit verwiesen.

b) Die Form des Zahlungsverkehrs, der sich auf Sparkonten abspielt

Obwohl es sich bei den Spareinlagen um Einlagen handelt, die – wie noch zu zeigen sein wird — der Anlage gewidmet sind und damit relativ wenig bewegt werden, ist es bei der Erörterung des mit der vorliegenden Arbeit aufgegriffenen Problems erforderlich, die zahlungstechnische Form der sich auf Sparkonten vollziehenden Bewegungen zu untersuchen. Die Untersuchung dieser Frage ist deshalb wichtig, weil girale Ein- und Auszahlungen die Möglichkeit der Abwicklung des Zahlungsverkehrs mit Geschäftsbankgeld eröffnen, wodurch die technischen Voraussetzungen für eine Kreditschöpfung gegeben sind.

Der Sparverkehr der modernen Sparkassen besitzt folgende technische Form:

Die mit der Teilnahme der Sparkassen am bargeldlosen Zahlungsverkehr geschaffene Möglichkeit giraler Verfügungen über Sparguthaben wurde durch das Reichsgesetz für das gesamte Kreditwesen (KWG) vom 5. Dezember 1934[25] § 22 Abs. 1 und 2 verboten.

Seither ist der Sparverkehr den Bestimmungen des KWG (in neuer Fassung vom 25. September 1939[26]), und zwar den Bestimmungen des Abschnitts VII, Sparverkehr (§§ 22 bis 27), unterworfen.

Das neue KWG enthält in diesem Punkte gleichlautende Bestimmungen (vgl. § 20 und 21 des Entwurfs eines Gesetzes über das Kreditwesen. Bundesdrucksache 50/59), weshalb wir der folgenden Untersuchung das KWG in seiner Fassung vom 25. September 1939[26] zugrunde legen können.

aa) Vorschriften des KWG, welche den Einzahlungsverkehr auf Sparkonten betreffen

Das KWG gestattet neben Bareinzahlungen auch girale Gutschriften auf Sparkonten durch Scheck oder Überweisung. Bei der Einzahlung braucht das Sparbuch nicht vorgelegt zu werden; die Eintragung der Einzahlungen im Sparbuch kann vielmehr auch bei der nächsten Vorlage erfolgen. Eingänge von Geschäftsbankgeld auf Sparkonten sind also grundsätzlich möglich.

Nun besagt jedoch § 22 Abs. 4 KWG, daß ein Kreditinstitut Beträge, die es erst im Kreditwege zur Verfügung stellt, nicht auf Sparkonto gutschreiben darf. Auch ist es unzulässig, Kreditbeträge auf Spar-

---

[25] Vgl. RGBl. I, S. 1203.

[26] RGBl. I, S. 1955 in der Fassung der Verordnung zur Änderung des Gesetzes über das Kreditwesen vom 23. Juli 1940 (RGBl. I, S. 1047) und der Verordnung zur Änderung des Gesetzes über das Kreditwesen vom 18. September 1944 (RGBl. I, S. 211).

konten zum Zwecke der Kautionsstellung, z. B. bei dem Zollamt, der Monopolverwaltung und ähnlichen Stellen, gutzuschreiben.

Dagegen wird es — wie Hennigs bemerkt — „allgemein für zulässig erachtet, daß zum Zwecke der *Erbschaftsregulierung* ein an den Hauptenerben gewährtes Darlehen auf Wunsch der abzufindenden Miterben auf ein für diese zu errichtendes oder bereits bestehendes Sparkonto gutgebracht wird“[27].

§ 22 Abs. 4 KWG verhindert zwar die direkte Gutschrift eingeräumter Kredite auf Sparkonten. Diese Vorschrift kann aber nicht verhindern, daß girale Zahlungen, die aus einer Kreditinanspruchnahme resultieren und die zugunsten eines Sparkontenbesitzers geleistet werden, dem betreffenden Sparkonto gutgeschrieben werden. Leistet ein Kreditnehmer eine Zahlung an den Besitzer eines Sparguthabens, der Kunde der kreditgewährenden Bank ist, liegt also der Zahlungsvorgang „Debitor an Kreditor“ vor, dann führt die kreditgewährende Bank die Zahlung zugunsten des Sparers aus, ohne sich wahrscheinlich überhaupt bewußt zu werden, daß der sich daraus ergebende Zuwachs an Spareinlagen direkt aus Zahlungen, die aus einer Kreditinanspruchnahme resultieren, stammt. Der Kreditnehmer wird eben in Höhe des Betrages belastet, der Sparer erkannt. Leistet der Kreditnehmer die Zahlung an den Besitzer eines Sparguthabens, der sein Guthaben bei einer anderen Bank unterhält, so ist es der begünstigten Bank ohnehin nicht möglich, zu erkennen, daß der girale Eingang auf dem Sparkonto aus einer Kreditgewährung resultiert.

Trotz der Bestimmung des § 22 Abs. 4 KWG ist es also durchaus möglich, daß sich Geschäftsbankgeldbeträge, die aus Kreditschöpfung stammen, auf Sparkonten niederschlagen.

Zusammenfassend kann festgestellt werden, daß girale Gutschriften auf Sparkonten grundsätzlich möglich sind. In praxi wird in steigendem Maße von diesen Möglichkeiten Gebrauch gemacht. Es sei hier nur verwiesen auf die Umbuchungen von Gehaltskonten auf Sparkonten. Ferner kann die Bestimmung des § 22 Abs. 1 KWG nicht verhindern, daß bei entsprechenden Dispositionen eines Kreditnehmers girale Zahlungseingänge, die aus Kreditgewährung bzw. auch aus Kreditschöpfung resultieren, auf Sparkonten ihren Niederschlag finden.

bb) Vorschriften des KWG, welche den Auszahlungsverkehr zu Lasten von Sparkonten betreffen

Wir erörtern den Auszahlungsverkehr zu Lasten von Sparkonten nur deshalb, um sämtliche Seiten des Zahlungsverkehrs im typischen

---

[27] Vgl. *Hennigs,* O.: Artikel „Spareinlagen“. In: Die Bank. Wiesbaden o. J. (1950), S. 219/220.

Sparkassengeschäft erschöpfend auf die Möglichkeiten giraler Zahlungen untersucht zu haben.

Der Zusammenhang zwischen dem Auszahlungsverkehr zu Lasten von Sparkonten und dem mit der vorliegenden Arbeit aufgegriffenen Problem ist natürlich nur indirekter Natur, weil Sparkonten als kreditorische Konten ja nicht zur Abwicklung des aus Kreditgewährungen resultierenden Zahlungsverkehrs dienen.

Die Untersuchung des sich zu Lasten kreditorischer Konten abspielenden Zahlungsverkehrs — in unserem speziellen Falle also des Auszahlungsverkehrs zu Lasten von Sparkonten — interessiert also nur deshalb, weil er als Teil des gesamten Zahlungsverkehrs Kompensationsmöglichkeiten mit Zahlungseingängen zugunsten debitorischer Konten eröffnet und somit eventuell das Ausmaß des giralen Zahlungsverkehrs erweitern kann.

Beim Auszahlungsverkehr zu Lasten von Sparkonten liegt nun in dieser Hinsicht folgende Situation vor:

Das KWG bestimmt, daß es grundsätzlich verboten ist, über Spareinlagen durch Überweisungen zu verfügen. Auch eine Einlösung von Schecks zu Lasten von Sparkonten ist nicht statthaft[28].

Allerdings ist es zulässig, statt der Barauszahlung im Auftrag des Sparers eine Überweisung auf ein eigenes oder *fremdes* Bankkonto vorzunehmen, sofern der Sparer sein Sparbuch persönlich vorlegt[29]. Ebenso kann der Sparer, der seinen Wohnsitz nicht am Sitz des Kreditinstitutes hat, eine Überweisung von seinem Sparkonto an seine eigene Adresse ausführen lassen, sofern er jedem Überweisungsauftrag das Sparbuch beifügt[29]. Außerdem kann der Auftrag eines Kunden an ein Kreditinstitut, sein Sparkonto bei einem anderen Kreditinstitut durch Überweisung einzuziehen und damit ein neues Sparkonto zu errichten, ausgeführt werden[29].

Schließlich ist es zulässig, daß ein Kreditinstitut Beträge, die es als Gläubiger zu fordern hat, z. B. regelmäßige Zahlung von Hypothekenzinsen, Tilgungsraten, Depotgebühren, Tresormieten, dem Sparkonto ohne Vorlegung des Sparbuches belastet[29].

Dagegen sind Daueraufträge zu Lasten von Sparkonten unzulässig[29].

Daraus folgt, daß grundsätzlich die Möglichkeit besteht, auch über Spareinlagen giral zu verfügen.

Nun dienen aber Spareinlagen nicht dem Zahlungsverkehr und außerdem eignen sich die Spareinlagen aufgrund einer weiteren ge-

---

[28] Vgl. § 22, Abs. 3 KWG.

[29] Vgl. Stellungnahme des Reichsaufsichtsamtes für das Kreditwesen zu § 22, Abs. 3, des Gesetzes über das Kreditwesen in der Fassung vom 25. September 1939 (RGBl. I, S. 1955) vom 3. August 1940 — 15 444/40 V.

setzlichen Bestimmung, nämlich der, daß bei unbaren Verfügungen seitens des Sparkontenbesitzers im Normalfall das Sparbuch vorgelegt werden muß[30], nicht für girale Verfügungen.

Die Regelung, daß bei unbaren Verfügungen zu Lasten der Sparkonten das Sparbuch vorgelegt werden muß, ist streng einzuhalten. Das geht schon daraus hervor, „daß selbst Übertragungen vom Sparkonto auf andere Konten bei dem gleichen Kreditinstitut ohne Vorlage des Sparbuchs nicht statthaft sind“[31]. Zwar gibt es einige Ausnahmen, wonach auch ohne Vorlage des Sparbuchs über die Spareinlagen giral verfügt werden kann[32]. Ihr Ausmaß ist jedoch in praxi minimal. Von der Möglichkeit der unbaren Verfügung über Spareinlagen wird somit seitens der Sparkontenbesitzer kaum Gebrauch gemacht.

Zusammenfassend kann festgestellt werden, daß zwar girale Verfügungen über Spareinlagen unter bestimmten Umständen möglich sind, daß dieser Möglichkeit jedoch nur eine geringe Bedeutung zukommt, weil durch die aufgrund der gesetzlichen Bestimmungen bedingte Umständlichkeit des technischen Vorgangs (Vorlegung des Sparbuchs) von der Möglichkeit der giralen Verfügung über Spareinlagen nur in Ausnahmefällen Gebrauch gemacht wird.

IV. Ergebnis

1. Die modernen Sparkassen sind an das Netz des bargeldlosen Zahlungsverkehrs angeschlossen. Sie erfüllen damit eine der technischen Voraussetzungen für eine Kreditschöpfung.

2. Girale Eingänge zugunsten sowie girale Ausgänge zu Lasten von debitorischen und kreditorischen Girokonten sind bei Sparkassen ohne weiteres möglich.

---

30 § 22, Abs. 2 KWG.

31 Vgl. *Hennigs*, O.: Artikel „Spareinlagen“. a.a.O., S. 220.

32 Hier ist inbesondere der bereits erwähnte Fall zu nennen, daß ein Kreditinstitut regelmäßige Zahlungen von Hypothekenzinsen, Tilgungsraten, Depotgebühren, Tresormieten, dem Sparkonto ohne Vorlegung des Sparbuches belasten kann. Ferner kann in dringenden Fällen, z. B. bei Krankheit oder längerer Abwesenheit des Sparers vom Sitz des Kreditinstituts und ähnlichen dringenden Fällen ausnahmsweise dem Sparer die Verfügung über die Spareinlagen auch ohne Vorlegung des Sparbuches gestattet werden. Allerdings können Verfügungen durch Überweisungen in solchen Fällen nur zugelassen werden, sofern es sich um Überweisungen an die eigene Adresse handelt. Dabei bleibt die Vorschrift des § 23 Abs. 3 KWG zu beachten. Bei Verlust des Sparbuches kann ohne Vorlegung des Sparbuches ausgezahlt werden, wenn sich ein Aufgebot wegen der Geringfügigkeit der Einlagen nicht lohnt. (Vgl. Stellungnahme des Reichsaufsichtsamtes für das Kreditwesen zu § 22 Abs. 2 des Gesetzes über das Kreditwesen in der Fassung vom 25. Sept. 1939 (RGBl. I, S. 1955), vom 3. August 1940 — 15 444/40 V.)

Girale Gutschriften auf Sparkonten sind ebenfalls ohne weiteres möglich. Auch girale Verfügungen über Sparguthaben sind grundsätzlich möglich. Da jedoch girale Verfügungen aufgrund der Bestimmung des § 22 Abs. 2 KWG äußerst umständlich sind (Vorlegung des Sparbuchs), weisen sie in praxi einen nicht nennenswerten Umfang auf.

Grundsätzlich ist somit auch die andere technische Voraussetzung für eine Kreditschöpfung im typischen Sparkassengeschäft — wenn auch nur *bedingt* — gegeben.

Dritter Teil

Theoretische Möglichkeiten für das Zustandekommen einer Kreditschöpfung im Sparkassengeschäft

A. Das Problem

Bevor untersucht wird, inwieweit die typischen Eigentümlichkeiten des Sparkassengeschäfts eine Ausnützung der bedingt gegebenen „Kreditschöpfungseinrichtungen" zulassen, ist die Klärung der Frage erforderlich, in welcher Weise eine eventuelle Kreditschöpfung der Sparkassen überhaupt vor sich gehen kann. Aus unserer Definition der Kreditschöpfung auf Seite 73 dieser Arbeit läßt sich ableiten, daß eine Kreditschöpfung zustande kommt, wenn bei einer Gleichgewichtslage im Ausgangspunkt einer Periode sowie bei gleichbleibender Umlaufsgeschwindigkeit des Geldes (unveränderte Liquiditätspräferenz und unveränderte Sparneigung der Wirtschaftssubjekte) eine Bank während dieser Periode mehr Zahlungsausgänge als Zahlungseingänge verzeichnet.

Es erhebt sich nun die Frage, *in welcher Weise* die Geldstromverbreiterung zustande kommt.

Erst nach Beantwortung dieser Frage kann untersucht werden, ob bei der angegebenen Datenkonstellation zu Beginn eines Untersuchungszeitraums im typischen Sparkassengeschäft eine derartige Geldstromverbreiterung überhaupt möglich ist.

Theoretisch kann eine Geldstromverbreiterung aufgrund einer Kreditgewährung nur zustande kommen, wenn eine Sparkasse oder Bank Kredit in einem Ausmaße gewährt, das die Höhe ihrer Überschußreserve übersteigt.

Hierbei sind theoretisch zwei Möglichkeiten denkbar:

1. Die Sparkasse begrenzt zwar ihr Kreditangebot auf das Ausmaß der jeweils bei ihr vorhandenen Überschußreserve. Aufgrund eines bestimmt gearteten Verhaltens der Sparkasse (Handeln nach Liquiditätsgesichtspunkten) sowie aufgrund der Gegebenheiten des modernen Zahlungsverkehrs (bargeldlose Zahlungen) kommt es durch sukzessive Kreditausdehnung doch zu einer Geldstromverbreite-

rung. Dies ist der typische Fall der in praxi auftretenden Kreditschöpfung.

2. Die Sparkasse setzt ex ante ihr Kreditangebot in einer Höhe fest, daß es das Ausmaß ihrer Überschußreserve übersteigt. Ein derartiges Handeln basiert auf der *Erwartung*, daß sich die Liquidität noch während der Laufzeit der eingeräumten Kredite so entwickelt, daß die auf diese Weise sich einstellende Überschußreserve jeweils den aus den Kreditinanspruchnahmen resultierenden Zentralbankgeldanforderungen genügt. Kreditäre Dispositionen der geschilderten Art sind jedoch nur ganz großen Banken mit einem universalen Geschäftsbetrieb möglich. In praxi werden bei dem gegenwärtigen Entwicklungsgrad des Bankwesens aber auch die großen Banken nur in Ausnahmefällen so vorgehen.

Wir unterscheiden daher zwei Arten der Kreditschöpfung, nämlich

1. die „unbeabsichtigte" Kreditschöpfung und
2. die „beabsichtigte" Kreditschöpfung.

Das Charakteristikum der „unbeabsichtigten" Kreditschöpfung besteht darin, daß sie von der kreditgewährenden Bank nicht ex ante geplant ist. Die Bank verhält sich vielmehr exakt nach den Prinzipien der „orthodoxen" Kreditvermittlungstheorie. Aufgrund einer bestimmten, bereits angedeuteten, jedoch noch näher zu erläuternden Datenkonstellation kommt es nach mehreren Kreditgewährungen im Endeffekt doch zu einer Geldstromverbreiterung.

Das Charakteristikum der „beabsichtigten" Kreditschöpfung besteht darin, daß die Bank die Kreditschöpfung ex ante plant. Sie gewährt in diesem Falle entweder ohne Überschußreserve oder aber in einem die Überschußreserve übersteigenden Ausmaße Kredit. Die Geldstromverbreiterung kommt also in diesem Falle uno actu mit der Kreditinanspruchnahme zustande.

B. Der Vorgang der „unbeabsichtigten" Kreditschöpfung

Das folgende Beispiel zeigt den Vorgang der „unbeabsichtigten" Kreditschöpfung:

Im Modell einer Wirtschaft mit Mischgeldsystem gebe es zwei Bankgruppen, nämlich eine Bankgruppe A und eine Bankgruppe B, die über ein Zentralbanksystem miteinander in Verbindung stehen. Das Zentralbanksystem sei einstufig.

Die konsolidierten Ausweise der beiden Bankgruppen sowie des Zentralbanksystems sollen zu Beginn einer Periode den folgenden Status aufweisen:

Konsolidierter Status I der Bankgruppe A

Kasse	2500 GE	Spareinlagen	5000 GE
Zentralbankguthaben	2500 GE		

Konsolidierter Status I des Zentralbanksystems

(Kasse	5000 GE)	Einlage der Bankgruppe A	2500 GE
		Einlage der Bankgruppe B	2500 GE

Konsolidierter Status I der Bankgruppe B

Kasse	2500 GE	Spareinlagen	5000 GE
Zentralbankguthaben	2500 GE		

Die Banken der beiden Bankgruppen A und B seien zu einer Reservehaltung in Höhe von 20 % der gesamten Einlagen verpflichtet.

Folglich beträgt die Überschußreserve, die kreditär nutzbar ist, bei beiden Bankgruppen je 4000 Geldeinheiten.

In dem im Modell angenommenen Mischgeldsystem vollzieht sich der Zahlungsverkehr teils bar, teils unbar. Damit sind die Voraussetzungen für Zahlungen mit Geschäftsbankgeld gegeben, nämlich Gebrauch unbarer Zahlungsweisen sowie ein System der gegenseitigen Verrechnung zwischen den Instituten der beiden Bankgruppen wie auch zwischen den beiden Bankgruppen über das Zentralbanksystem.

Es sei außerdem angenommen, daß die Dispositionen der Banken, der Kreditoren und Debitoren den Bedingungen, an die Zahlungen mit Geschäftsbankgeld geknüpft sind, entsprechen[1]. Die Banken müssen also folglich stets nur einen Teil der ihnen aus Krediteinräumung erwachsenden Zahlungsverpflichtungen mit Zentralbankgeld ausführen; den anderen Teil der Zahlungen können sie dagegen mit Geschäftsbankgeld ausführen, das bei der Kreditinanspruchnahme ad hoc entsteht.

Es sei nun angenommen, daß die kreditgewährenden Banken unseres Modells 50 % der aus Kreditgewährung resultierenden Zahlungsverpflichtungen mit Zentralbankgeld (die ihren Niederschlag in Kassenauszahlungen bzw. in einem Abfluß von Zentralbankguthaben finden), die anderen 50 % dagegen mit ad hoc bei der Kreditinanspruchnahme entstehendem Geschäftsbankgeld ausführen können.

Gewähren die beiden Bankgruppen insgesamt Kredite in Höhe der bei ihnen befindlichen Überschußreserve, also in Höhe von 4000 Geldeinheiten, dann werden sie ihre Überschußreserven folglich nicht los.

Die Banken müssen vielmehr — sofern sie sich bei der Kreditgewährung stets nach dem Ausmaße der jeweils bei ihnen vorhandenen Überschußreserven orientieren — eine Reihe von sukzessiv auf-

---

[1] Die Bedingungen, an die Zahlungen mit Geschäftsbankgeld geknüpft sind, stellten wir auf S. 88 f. der vorliegenden Arbeit dar.

einanderfolgenden Kreditgewährungen vornehmen, wenn sie ihre Überschußreserven völlig für Kreditgewährungen nutzen wollen[2].

Die Höhe des Kreditbetrages „z“, der von den Banken der beiden Bankgruppen insgesamt gewährt werden kann, errechnet sich mit Hilfe der Formeln:

$$x = \frac{1}{c + r - c \cdot r} \quad ^{3)}$$

$$z = x \cdot a$$

r = Reservesatz
c = Satz der von der Bank mit Zentralbankgeld (bar bzw. giral) auszuführenden Zahlungen[4]
x = Kreditangebotskoeffizient
a = Überschußreserve
z = absolute Gesamthöhe der Kredite, die die Kreditinstitute gewähren müssen, um ihre Überschußreserve völlig loszuwerden.

Da die Relation der Zahlungen mit Zentralbankgeld (in barer oder giraler Form) zu den Zahlungen mit Geschäftsbankgeld in unserem Beispiel mit 1 : 1 angenommen wurde, beträgt der Satz „c“ der mit Zentralbankgeld auszuführenden Zahlungen 0,5.

Da andererseits der Satz „r“ annahmegemäß den Wert 0,2 besitzt, läßt sich aus der angegebenen Formel errechnen, daß die absolute Gesamthöhe der Kredite, die die Banken gewähren müssen, um ihre Überschußreserve völlig loszuwerden, das 1,666fache der jeweiligen Überschußreserve beträgt.

Die absolute Gesamthöhe „z“ der Kredite, die die Banken gewähren müssen, um ihre Überschußreserve in Höhe von 4000 Geldeinheiten loszuwerden, beläuft sich also bei jeder der beiden Bankgruppen auf je 6660 Geldeinheiten.

Damit zeigt sich bereits a prima vista, daß eine Geldstromverbreiterung aufgrund von Kreditgewährungen, also eine Kreditschöpfung, zustande gekommen ist. Mit der Frage nach dem Ausmaß dieser Kreditschöpfung werden wir uns noch näher befassen.

C. Der Vorgang der „beabsichtigten“ Kreditschöpfung

Zur Illustrierung der „beabsichtigten“ Kreditschöpfung gehen wir von derselben Datenkonstellation aus, die wir der Erklärung der „unbeabsichtigten“ Kreditschöpfung zugrunde legten.

---

[2] In ähnlicher Weise argumentiert bereits Crick. (Vgl. *Crick*, W. F.: The Genesis of Bank Deposits. In: Economica, 7 (1927), p. 191—202. Reprinted in: Readings in Monetary Theory. London 1952, S. 45.)

[3] Vgl. zur Herleitung der Formel: *Stucken*, Rudolf: Geld und Kredit. a.a.O., S. 57 f.

[4] Dieser Satz wird gemeinhin als Barabhebungssatz bezeichnet. Wir verstehen darunter jedoch nicht nur die Barabhebungen, sondern auch girale Abflüsse von Zentralbankgeld.

Bei der „beabsichtigten" Kreditschöpfung setzt die Bank in ihr Erwartungsparameter von vornherein folgende Daten ein:

$$c = 0{,}5 \qquad r = 0{,}2$$

Das Aktionsparameter dieser Bank hat dann folgendes Aussehen:

$$z > a$$

Das Ausmaß der Kredite, die die Bank auf diese Weise insgesamt gewähren kann, errechnet sich mit Hilfe der auf S. 110 angegebenen Formeln:

$$x = \frac{1}{c + r - c \cdot r}$$

$$z = x \cdot a$$

Es beläuft sich also — wenn wir von den angegebenen Daten ausgehen (c = 0,5, r = 0,2, a = 4000 GE) — wie im Falle der „unbeabsichtigten" Kreditschöpfung — auf insgesamt 6660 GE.

Auch in diesem Falle ist eine Geldstromverbreiterung aufgrund von Kreditgewährungen, also eine Kreditschöpfung, zustande gekommen. Das Ausmaß dieser Kreditschöpfung bildet den Gegenstand der folgenden Erörterungen.

D. Das theoretisch mögliche Ausmaß der Kreditschöpfung

Für die Lösung des mit der vorliegenden Arbeit aufgegriffenen Problems ist von entscheidender Wichtigkeit, welches Ausmaß eine Kreditschöpfung theoretisch aufweisen kann. Unsere bisherigen Überlegungen führten lediglich zur Erkenntnis, welches Ausmaß das Kredit*angebot* einer Bank aufweisen muß, damit sie ihre Überschußreserve bei einer bestimmten Datenkonstellation los wird. Wir erzielten dabei das wichtige Ergebnis, daß das Kreditangebot zur Erreichung dieses Ziels bei gleichen Prämissen und unter gleichen Bedingungen beim Prozeßablauf im Falle der „beabsichtigten" wie im Falle der „unbeabsichtigten" Kreditschöpfung gleich groß sein muß.

Die Höhe des Kreditangebots sagt nun aber noch nichts über die Höhe der Kreditschöpfung aus, die aus den Kreditakten resultiert.

Es soll daher jetzt versucht werden, das theoretisch mögliche Ausmaß der Kreditschöpfung zu determinieren.

Diese Frage sei wieder mit Hilfe der in den obigen Abschnitten dieses Teils der vorliegenden Arbeit genannten Modelldaten untersucht.

Es ist also:

$$\begin{aligned} a &= 4000 \text{ GE} \\ z &= 6660 \text{ GE} \\ c &= 0{,}5 \\ r &= 0{,}2 \end{aligned}$$

Die Ausgangssituation sei ferner durch die auf S. 109 der vorliegenden Arbeit dargestellten Bilanzschemata charakterisiert.

Untersucht man nun das theoretische Ausmaß der Kreditschöpfung an den aus den angegebenen Daten resultierenden Bilanzen, dann ergibt sich folgendes:

Die giralen Zahlungen (ohne Zentralbankgeld), die zur Verbreiterung der die Banken durchfließenden Geldströme führen, können entweder zugunsten von Debitoren oder zugunsten von Kreditoren erfolgen.

Erfolgen die Zahlungen in idealtypischer Weise ausschließlich in der Form „Debitor an Kreditor", dann zeigen die konsolidierten Bankausweise der beiden Institutsgruppen nach vollzogener Kreditausdehnung folgendes Aussehen:

Konsolidierter Status II der Bankgruppe A

Kasse	1670 GE	Spareinlagen (originäre Depositen)	5000 GE
Debitoren	6660 GE	Sichteinlagen (derivative Depositen)	3330 GE

Konsolidierter Status II des Zentralbanksystems

Kasse	—	Bankeinlagen	—

Konsolidierter Status II der Bankgruppe B

Kasse	1670 GE	Spareinlagen (originäre Depositen)	5000 GE
Debitoren	6660 GE	Sichteinlagen (derivative Depositen)	3330 GE

Bei beiden Bankgruppen kommt es also in diesem Falle nach Abschluß der Kreditgewährung zur Entstehung von Sichteinlagen derivativer Natur in Höhe von 3330 Geldeinheiten.

Beide Bankgruppen dehnten ihre Aktivkreditvolumen auf 6660 Geldeinheiten aus, obwohl sie nur über Überschußreserven von je 4000 Geldeinheiten verfügten.

Werden die Kredite dagegen derart beansprucht, daß es in idealtypischer Weise ausschließlich zu Zahlungen „Debitor an Debitor" kommt, dann kompensieren sich die mit Geschäftsbankgeld ausgeführten Zahlungen zu Lasten debitorischer Konten mit Zahlungseingängen auf debitorischen Konten. Es ergibt sich dann folgendes Bilanzbild:

Konsolidierter Status III der Bankgruppe A

Kasse	1670 GE	Spareinlagen	5000 GE
Debitoren	3330 GE		

Konsolidierter Status III des Zentralbanksystems

Kasse	—	Bankguthaben	—

Konsolidierter Status III der Bankgruppe B

Kasse	1670 GE	Spareinlagen	5000 GE
Debitoren	3330 GE		

In diesem Falle ist die Geldstromverbreiterung aus der Bilanz nicht ersichtlich. Es kam jedoch auch in diesem Falle eine Geldstromverbreiterung zustande, denn trotz eines Bestandes von nur 4000 Geldeinheiten kreditär nutzbarer Liquidität leisteten die Banken Zahlungen im Auftrage der Debitoren in Höhe von 6660 Geldeinheiten.

Mit der Feststellung, daß die Banken im Beispiel einen Geldabfluß von 6660 GE verzeichnen, ist die Frage nach dem Ausmaß der Kreditschöpfung noch nicht beantwortet. Ein Teil des Geldabflusses beruht auf reiner Kreditvermittlung (empfangenes und von der Bank für mehr oder weniger lange Zeit überlassenes Geld wurde via Kredit weitergeleitet); insofern blieb die Breite des Geldstroms unverändert. Lediglich der Teil des Geldabflusses, der zur Verbreiterung des die Bank durchfließenden Geldstroms führte, kann als Kreditschöpfung angesprochen werden.

Wie groß ist nun dieser Teil?

Das Ausmaß des die Geldstromverbreiterung bewirkenden Geldabflusses von der Bank hängt entscheidend davon ab, ob die Depositen, die den Zufluß kreditär nutzbaren Zentralbankgeldes bei der betreffenden Sparkasse oder Bank hervorriefen und somit die Kreditgewährung induzierten, stilliegen, der Bank also über die Dauer der Kreditlaufzeit verbleiben, oder ob über diese Depositen seitens der Deponenten noch während der Laufzeit der eingeräumten Kredite verfügt wird.

Demgemäß sind zwei Fälle auseinanderzuhalten:

1. Fall: Das Deposit, das den Zufluß kreditär nutzbaren Geldes bei der Bank bewirkte und die Kreditgewährung induzierte, verbleibt der Bank; Geld in Höhe des Deposits ist also aus dem Geldkreislauf ausgeschieden. (Diese Annahme legten wir der Beschreibung des Vorgangs der „beabsichtigten" und der „unbeabsichtigten" Kreditschöpfung zugrunde.)

Von der Überschußreserve in Höhe von 4000 GE sind nach vollendeter Kreditschöpfung bei den angegebenen Modelldaten 3330 GE abgeflossen. Die Bank leitete folglich bei der Kreditgewährung Zentralbankgeld in dieser Höhe weiter; sie war also in Höhe dieses Betrages rein kreditvermittelnd tätig[5].

Der Rest der aus der Kreditinanspruchnahme resultierenden Zahlungen konnte dagegen mit Geschäftsbankgeld ausgeführt werden.

Entscheidend für die Ermittlung der Kreditschöpfung „y" ist die „materielle", d. h. die unter Berücksichtigung der Reservehaltung be-

[5] Wäre nur eine Kreditvermittlung betrieben worden, dann hätten die Banken bis zu einer Höhe von 4000 GE Kreditvermittlung betreiben können. Bei der „kombinativen Kreditvermittlungs- und Kreditschöpfungstätigkeit" beläuft sich dagegen in unserem Beispiel die Kreditvermittlung nur auf je insgesamt 3330 GE. Die „fehlenden" 70 GE dienen als Deckung der durch die Kreditschöpfungstätigkeit neu entstandenen derivativen Depositen.

wirkte Verbreiterung des Geldstroms. Sie beträgt im angegebenen Beispiel:

$$y = 6660 - 4000$$
$$y = 2660 \text{ GE}$$

(Die „formelle" Geldstromverbreiterung beträgt lediglich 1660 GE, da bei den angegebenen Modelldaten ein Geldabfluß von 6660 GE einem Geldzufluß von 5000 GE bei dem betreffenden Institut gegenübersteht.)

Generell errechnet sich das Ausmaß der Kreditschöpfung „y" also in diesem Falle mit Hilfe der Formeln

$$x = \frac{1}{c + r - c \cdot r}$$
$$y = x \cdot a - a$$

2. *Fall:* Über das Deposit, das den Zufluß kreditär nutzbaren Geldes bei der Bank bewirkte und das die Kreditgewährung induzierte, wird vom Deponenten verfügt; der Geldkreislauf schrumpft also durch die Entstehung des Deposits nicht.

Zur Illustrierung dieses Falles gehen wir wieder von der auf S. 111 der vorliegenden Arbeit angegebenen Datenkonstellation aus.

Ferner sind folgende Verhaltensweisen des Deponenten zu berücksichtigen:

Der Einleger beauftrage die kontoführende Bank zu giralen Zahlungen zu Lasten seiner Einlage. Bewirken diese Zahlungen einen Abfluß des Zentralbankgeldes von der Bank, dann kann keine Überschußreserve entstehen, weshalb die Bank auch nicht in der Lage ist, Kredite zu gewähren. Nun kann aber der Fall eintreten, daß die Bank diese Zahlungen mit Geschäftsbankgeld auszuführen vermag.

In diesem Falle verändert sich der Status trotz der Zahlungen des Einlegers nicht. Es ändern sich lediglich die Besitzverhältnisse an der Einlage: An die Stelle des ursprünglichen Deponenten, der die Bank zu einer Zahlung beauftragte, tritt der Zahlungsbegünstigte als neuer Kreditor der Bank.

Erteilt auch dieser der Bank einen giralen Zahlungsauftrag in der Weise, daß die Bank die Zahlung wieder mit Geschäftsbankgeld leisten kann, so wiederholt sich der eben geschilderte Vorgang. In diesem Falle steht der Bank das zugeflossene Zentralbankgeld trotz der Zahlungen der jeweiligen Besitzer der Einlagen zur kreditären Nutzung solange zur Verfügung, bis durch die Zahlungen der Kreditoren das Zentralbankgeld schließlich von der betreffenden Bank abfließt.

Bei einer Reservehaltung von 20 % ($r = 0{,}2$) sieht sich die Bank also trotz der Verfügungen der Kreditoren über die Einlagen, durch die ihr ursprünglich Zentralbankgeld zugeführt wurde, im Besitz einer Überschußreserve in Höhe von 4000 GE.

Gewährt nun die Bank bei der Datenkonstellation:

a = 4000 GE
r = 0,2
c_1 = 0,5 (es handelt sich nur um den für die Zahlungen der Debitoren gültigen Barabhebungssatz)
c_2 = 0,0 (es handelt sich nur um den für die Zahlungen der Kreditoren gültigen Barabhebungssatz: die Zahlungen der Kreditoren können ausschließlich mit Geschäftsbankgeld ausgeführt werden),

einen Kredit, so erfolgt die Kreditgewährung in diesem Falle nicht auf der Basis inaktiven, sondern auf der Basis aktiven Geldes. Die Zahlungsdispositionen der Debitoren treten in diesem Falle *neben* die Zahlungsdispositionen der *Kreditoren*[6].

Flossen dem Kreditinstitut Depositen in Höhe von 5000 GE zu, und wird — im idealtypischen Falle — über diese Depositen in voller Höhe zu Zahlungszwecken verfügt, gewährt das Institut ferner bei der angegebenen Datenkonstellation Kredite (wobei besonders zu beachten ist, daß $c_2 = 0$ ist), so wird in diesem Falle in voller Höhe der Kreditgewährung eine Kreditschöpfung betrieben, obwohl die Bank das Ausmaß ihrer Kreditgewährung exakt auf das Ausmaß des ihr zugeflossenen Zentralbankgeldes beschränkt.

Das Ausmaß der Kreditschöpfung „y" errechnet sich in diesem Falle wieder mit Hilfe der Formeln:

$$x = \frac{1}{c + r - c \cdot r}$$

$$y = x \cdot a$$

Die Kreditschöpfung beträgt also bei den oben angegebenen Daten 6660 GE. Der Geldabfluß vom betreffenden Institut beläuft sich auf insgesamt 11 660 GE [= 5000 GE (Verfügungen der Kreditoren) + 6660 GE (Verfügungen der Debitoren)].

---

[6] Diesen Sachverhalt hat Schneider bei der Erörterung der Kreditschöpfung einer einzelnen Bank vermutlich im Auge. Seine Darstellung ist jedoch inkonsequent (vgl. hierzu auch S. 56 ff. der vorliegenden Arbeit). Der Nachweis der Geldstromverbreiterung durch Kreditschöpfung kann nicht mit der Bemerkung, die der Kreditgewährung zugrunde liegende Einlage stelle Geld dar, erbracht werden; es bedarf vielmehr des Hinweises, daß der Deponent bzw. der Kreditor zu Lasten der Einlage Zahlungen leistet, und zwar — was entscheidend ist — in der Form, daß die Bank die Zahlungen mit Geschäftsbankgeld ausführen kann. Derartige Hinweise fehlen aber bei der Darstellung von Erich Schneider. Nur wenn der Deponent die Zahlung gleichzeitig mit der des Debitors leistet — was jedoch bedingt, daß die Bank wenigstens eine der beiden Zahlungen mit Geschäftsbankgeld leisten kann — ist eine Geldstromverbreiterung möglich

Nun trifft jedoch die oben angegebene Datenkonstellation in praxi niemals zu: Es ist unmöglich, daß eine Bank sämtliche Zahlungen im Auftrage ihrer Kreditoren mit Geschäftsbankgeld ausführen kann.

Wir benutzen die oben angegebenen Daten lediglich dazu, um zeigen zu können, unter welchen Bedingungen die gemeinhin in der Literatur dargestellten Formeln für die Berechnung des Ausmaßes der Kreditschöpfung gültig sind. Dabei erkannten wir, daß diese Formeln dann zutreffen, wenn die Kreditoren, deren Guthaben als Basis für Kreditgewährungen dienen, über ihre Guthaben derart verfügen, daß die Banken die daraus resultierenden Zahlungen ausschließlich mit Geschäftsbankgeld ausführen können.

In praxi muß jedoch davon ausgegangen werden, daß sich die Kreditoren derselben Zahlungsweisen bedienen wie die Debitoren. Die in unserem Beispiel angenommene Bedingung $c = 0{,}5$ ist also auch für die Zahlungen der Kreditoren gültig.

Geht man von dieser Datenkonstellation aus, dann schrumpfen die Einlagen und damit auch die zur Verfügung stehende Überschußreserve um 50 %. Diese Fakten beeinflussen das Ausmaß der Kreditschöpfung in folgender Weise:

Der Leiter eines Kreditinstituts, der eine Liquiditätsverbesserung durch einen Zuwachs von Depositen, die zu Zahlungszwecken dienen, zum Anlaß nimmt, Kredite zu gewähren, rechnet von vornherein damit, daß er die durch den Depositenzuwachs verursachte Liquiditätsverbesserung nicht völlig für die Kreditgewährung nutzen kann. Ein Teil der zugeflossenen Liquidität wird alsbald aufgrund der Verfügungen der Kreditoren wieder abfließen, steht also für Kreditgewährungen nicht zur Verfügung; in entsprechendem Ausmaße stellt also die zugeflossene Liquidität keine Überschußreserve dar. Der Leiter der betreffenden Bank ist folglich gezwungen, für den zu erwartenden Depositenabzug liquiditätsmäßig Vorsorge zu treffen.

Dies geschieht dadurch, daß er seine Liquiditätsreserve entsprechend erhöht.

Dies wirkt sich in der Weise aus, daß sich der Reservesatz r erhöht, allgemein gesprochen, daß

$$r_2 > r_1$$

r_2 = Reservesatz für Depositen, die als Basis für Kreditgewährungen dienen, über die aber gleichzeitig auch zu Zahlungszwecken verfügt wird (= „aktive" Depositen)

r_1 = Reservesatz für Depositen, die als Basis für Kreditgewährungen dienen, über die jedoch nicht zu Zahlungszwecken verfügt wird, die also „still" liegen (= „inaktive" Depositen)

Bei der in unserem Beispiel angenommenen Datenkonstellation wird also, da $c = 0{,}5$ ist, r_2 zumindest ebenfalls 0,5 betragen müssen.

Unter Berücksichtigung dieser Änderung erhalten wir dann folgende Daten:

$$r = 0{,}5$$
$$c = 0{,}5$$
$$a = 2500 \text{ GE}$$

Unter Verwendung der Formeln

$$x = \frac{1}{c + r - c \cdot r}$$
$$y = x \cdot a$$

erhalten wir dann bei der oben angegebenen Datenkonstellation folgendes Ergebnis:

Kreditangebotskoeffizient	x = 1,333	
Kreditschöpfung	y = 3330 GE	
Geldzufluß	5000 GE	
Geldabfluß	8330 GE	[= 5000 GE (Verfügungen der Kreditoren) + 3330 GE (Verfügungen der Debitoren)].

Als entscheidend wichtiges Ergebnis können wir somit feststellen, daß der Rahmen der Kreditschöpfung zunächst einmal von den Faktoren „r“, „c“ und „a“ abgesteckt wird.

Ferner wird das Ausmaß der Kreditschöpfung entscheidend dadurch beeinflußt, ob es sich bei den der Kreditgewährung zugrunde liegenden Depositen um „aktive“ oder um „inaktive“ Depositen handelt.

E. Zusammenfassung

Eine Kreditschöpfung kann auf zwei verschiedenen Ursachen beruhen. Analog hierzu kann unterschieden werden zwischen der „beabsichtigten“ und der „unbeabsichtigten“ Kreditschöpfung. Bei gleichen Prämissen und unter gleichen Bedingungen während des Ablaufs des Kreditschöpfungsprozesses können beide Kreditschöpfungstypen das gleiche Ausmaß erreichen. Wir vernachlässigen daher bei der folgenden Untersuchung diese Unterscheidung und fragen lediglich generell, ob und inwieweit die Kreditschöpfung im typischen Sparkassengeschäft realisierbar ist.

Vierter Teil

Über die Existenz der konstituierenden Faktoren einer Kreditschöpfung im Sparkassengeschäft

A. Das Problem

Wie sich aus den Ausführungen des II. Teils der vorliegenden Arbeit ergab[1], sind im typischen Sparkassengeschäft die technischen Voraussetzungen für eine Kreditschöpfung bedingt gegeben. Nun soll näher untersucht werden, ob in praxi im typischen Sparkassengeschäft eine Kreditschöpfung möglich ist, ob also die Eigentümlichkeiten des Sparkassengeschäftes eine Ausnützung der begrenzt vorhandenen „Kreditschöpfungsreinrichtungen" zulassen.

Aus den Erörterungen des III. Teils der vorliegenden Arbeit ergab sich[2], daß — sofern die technischen Voraussetzungen erfüllt sind — das Zustandekommen einer Kreditschöpfung an folgende zwei Bedingungen geknüpft ist:

1. Ein Kreditinstitut muß sich bei der Festsetzung des Kreditangebots nach seiner jeweiligen Liquidität orientieren. Verhalten sich die Kreditinstitute derart, so bedeutet dies, daß sie ihre Kredite so weit ausdehnen, „wie es ihre Liquidität erlaubt", d. h. wie sie in der Lage sind, „den aufgrund ihrer Zahlungsverpflichtungen an sie herantretenden Bedarf an Zentralbankgeld zu befriedigen"[3].

2. Das Publikum eines Kreditinstituts muß sich des bargeldlosen Zahlungsverkehrs bedienen. Ist dies der Fall, so braucht nur ein Teil der von dem Institut zu leistenden Zahlungen bar ausgeführt zu werden; der andere Teil kann giral geleistet werden. Das gilt natürlich auch für die aus Kreditinanspruchnahmen resultierenden Zahlungen.

Die genannten Bedingungen sind die konstituierenden Faktoren einer Kreditschöpfung.

Es erhebt sich nun die Frage, inwieweit diese Bedingungen im Sparkassengeschäft erfüllt sind.

---

[1] Vgl. S. 86 f. der vorliegenden Arbeit.
[2] Vgl. S. 107 der vorliegenden Arbeit.
[3] Vgl. *Mayer*, Helmut: Die „Multiple" Geldschöpfung der Banken. a.a.O., S. 815.

B. Der Orientierungsmaßstab „Liquidität" als konstituierender Faktor einer Kreditschöpfung im Sparkassengeschäft

I. Allgemeines

Die Festsetzung der Höhe des Kreditangebots einer Bank wird von mehreren Faktoren beeinflußt.

Die Kreditmenge, die eine Bank während einer bestimmten Periode anbieten kann, hängt grundsätzlich ab von[4]:

1. der Überschußreserve im weitesten Sinne[5],
2. der Höhe und der Struktur der Kreditnachfrage,
3. der Höhe des Preises, den eine Bank für den zuletzt zu gewährenden Kredit erzielt,
4. der Höhe der Kosten, die die Bank für die Beschaffung der für diesen letzten Kredit erforderlichen Primärliquidität aufwenden muß,
5. den erwarteten Dispositionen der Kreditnehmer in bezug auf den einzuräumenden Kredit, insbesondere ob und inwieweit sie über den Kredit sofort und in voller Höhe verfügen, und ob und inwieweit sie Zahlungen leisten an Kunden oder an Nichtkunden der kreditgewährenden Bank; hier spielt insbesondere der „Gleichschritt" der Debitoren des gesamten Banksystems eine Rolle,
6. von den Dispositionen der sonstigen Kunden der kreditgewährenden Bank.

Bei der Festsetzung der Höhe des Kreditangebots muß eine Bank vor allen Rentabilitäts- und Sicherheitserwägungen beachten, daß sie bei jedem Kredit, den sie gewährt, Gefahr läuft, Zentralbankgeld zu verlieren.

„Die Tatsache, daß die Bank im Zuge der Aktiv- und Passivgeschäfte Zahlungen in Zentralbankgeld leisten muß, also in einem Gelde, das sie selbst nicht schaffen kann, läßt die Liquidität der Bank im Sinne der Zahlungsfähigkeit und im Sinne der Fähigkeit, neue Kredite zu gewähren, zu einem Problem werden[6]."

Die Bank muß also bei der Kreditgewährung darauf sehen, daß sie einen solchen Vorrat an Zentralbankgeld (entweder in Form der „Pri-

---

[4] Vgl. die Zusammenstellung dieser Faktoren durch Mülhaupt, die wir mit geringfügigen Ergänzungen hier übernehmen. (*Mülhaupt*, Ludwig: Umsatz-, Kosten- und Gewinnplanung einer Kreditbank. a.a.O., S. 15.)

[5] Mülhaupt gliedert die „Überschußreserve im weitesten Sinne" wie folgt auf:
a) in die Überschußkasse in der Periode,
b) in die Überschußreserve im engeren Sinne,
c) in die Kreditreserve in der Periode.
(Vgl. ebenda, S. 15.)

[6] Vgl. *Schneider*, Erich: Wirtschaftstheorie III, S. 35.

märliquidität"[7] oder in Form der „Sekundärliquidität"[8]) besitzt, daß sie die aus der Kreditinanspruchnahme resultierenden Anforderungen an Zentralbankgeld jederzeit erfüllen kann.

Daraus folgt zwangsläufig, daß der letztlich entscheidende Orientierungsmaßstab einer Bank für die Festsetzung der Höhe ihres Kreditangebotes der Liquiditätsstatus ist[9].

Die Fähigkeit und Bereitschaft der Banken zur Kreditgewährung „hängt von ihrem Liquiditätsstatus ab, sie steigt und fällt mit der Liquidität"[10]. Wie Stucken feststellt, sind es „immer wieder Liquiditätserwägungen, die die Leiter von Kreditbanken veranlassen, so und nicht anders zu handeln, auch wenn aus Gründen der Rentabilität des Unternehmens oder mit Rücksicht auf den Wirtschaftsablauf ein anderes Verhalten erwünscht ist"[11].

Die Auffassung, daß die Liquidität das entscheidende Kriterium für die Festsetzung der Höhe des Kreditangebots durch eine Bank ist, wird nun aber in der Literatur vielfach bezweifelt. So behauptet G. Neuhauser: „Die alte Vorstellung: Entstehung eines Barmittelüberschusses bei einer Bank — neue Kreditgewährungen — Clearingungleichgewicht — Barmittelabfluß bzw. -zufluß bei anderen Banken — darauf folgende Neukreditgewährungen — Rückfluß eines Teiles der verlorenen Barmittel an die erste Bank — Neukreditgewährungen dieser usw. ist längst ad acta gelegt. ... Denn für die moderne Kreditschöpfungslehre sind nicht mehr Liquiditätsverbesserungen, seien sie erkannt oder unerkannt, durch Barmittelzuflüsse oder Kreditrückzahlungen entstanden, ausschlaggebend dafür, ob die Banken ihr Kredit-

---

[7] Mülhaupt versteht unter Primärliquidität bereits „fertige" Liquidität, die aus Forderungen gegen die Notenbank besteht, und deren „Umwandlung in Zentralbankgeld nicht mehr nötig ist". (Vgl. *Mülhaupt*, Ludwig: Umsatz-, Kosten- und Gewinnplanung einer Kreditbank. a.a.O., S. 13.)

[8] Forderungen, die monetisierbar sind, m. a. W., die „je nach Bedarf in Primärliquidität für Auszahlungen und (oder) für die Gewährung neuer Kredite umgewandelt werden" können, bezeichnet Mülhaupt als „Sekundärliquidität". (Vgl. ebenda, S. 14.)

[9] So bemerkt Gestrich: Eine Bank „sieht nicht etwa darauf, ob sie Teilbeträge ihrer Depositen nicht ‚angelegt' hat, wie die ältere Kredittheorie unterstellt... Für die Frage der Ausdehnung ihrer Kredite betrachtet die Kreditbank ihren Status. Kann sie eine Verminderung ihrer Liquidität vertragen, so dehnt sie, sofern sie geeignete Objekte hat, ihre Kredite aus. Gestattet der Status dies nicht, so muß die Bank selbst gute Kredite, die sie geben könnte, ablehnen". (Vgl. *Gestrich*, Hans: Kredit und Sparen. a.a.O., S. 113/115.) Dieselbe Auffassung vertritt auch van Zwoll, wenn er sagt, die Banken versuchten die Kreditwünsche ihrer Kunden zu erfüllen, „soweit der Status der Banken es zuläßt und soweit die Verhältnisse der Kreditnachfrager den Anforderungen an Liquidität, Rentabilität und Sicherheit entsprechen". (Vgl. *van Zwoll*, Johann Hermann: Mindestreserven als Mittel der Geld- und Kreditpolitik. a.a.O., S. 30.)

[10] Vgl. *Gestrich*, Hans: Kredit und Sparen. a.a.O., S. 113/115.

[11] Vgl. *Stucken*, Rudolf: Geld und Kredit. a.a.O., S. 105.

volumen verändern; sie sieht in Nachfrageverhältnissen, allgemeiner Lage, Gewinnaussichten und -erwartungen, psychologischen Faktoren usw. die entscheidenden Faktoren[12].

Andererseits wird insbesondere im Hinblick auf das typische Sparkassengeschäft behauptet: „Für die Sparkassen gelten ... etwas andere Spielregeln, andere Liquiditätsgrundsätze[13]." „Die Art, wie eine reine Sparbank ihr Geschäft betreibt, führt in der Tat dazu, daß der Zufluß von Einlagen bei ihr den Grad ihrer Anlagetätigkeit bestimmt[14]."

Es erhebt sich also die Frage, ob sich auch die Sparkassen bei der Bestimmung der Höhe ihres Kreditangebots nach der Liquidität orientieren, oder ob für sie andere Gesichtspunkte maßgebend sind. Da das Sparkassengeschäft „gemischt" ist, ist es nur möglich, diese Frage zunächst am Modell einer „reinen" Sparbank zu untersuchen und dann Rückschlüsse auf das moderne Sparkassengeschäft zu ziehen.

II. Die Liquidität als Orientierungsmaßstab für die Festsetzung des Kreditangebots durch eine „reine" Sparbank

Aus der gemeinhin in der Literatur vertretenen Auffassung, die Kreditelastizität einer „reinen" Sparbank sei unmittelbar durch das Spareinlagenvolumen bestimmt, könnte gefolgert werden, die Sparbank sehe in Übereinstimmung mit den von der orthodoxen Kredittheorie erarbeiteten Gesichtspunkten bei der Festsetzung der Höhe ihres Kreditangebots darauf, „ob sie Teilbeträge ihrer Depositen nicht ‚angelegt' hat ..."[15]. Hierzu ist kritisch zu bemerken, daß nicht einmal eine „reine" Sparbank die Höhe ihres Kreditangebots nach diesen „klassischen" Gesichtspunkten bestimmen kann. Das liegt in folgendem begründet:

Gewähren die Sparbanken in der beschriebenen Weise Kredite (Kreditvolumen = abhängige Variable des Einlagenvolumens), dann

---

12 Vgl. *Neuhauser*, Gertrud: Kritische Untersuchungen zur Kreditschöpfungslehre. a.a.O., S. 659.
Diese Auffassung wird insbesondere vertreten von Dobretsberger. (Vgl. *Dobretsberger*, Josef: Das Geld im Wandel der Wirtschaft. a.a.O., S. 74 f.)
In extremer Form vertritt diese Auffassung Nöll von der Nahmer. Er sagt: „In der Praxis spielen sich die Dinge nicht so ab, wie manche, niemals im Bankbetrieb tätig gewesenen Banktheoretiker anzunehmen scheinen, daß bei der Bewilligung oder Ablehnung eines Kreditgesuches die einzelnen Vorstandsmitglieder einer Bank jeweils vorher erst die Liquidität ihres Unternehmens untersuchen. In meiner zehnjährigen Bankpraxis habe ich jedenfalls niemals einen solchen Fall erlebt." (Vgl. *Nöll von der Nahmer*, Robert: Die Bedeutung der Zahlungssitten und des gleichmäßigen Vorgehens der Banken für die Technik der Giralgeldschöpfung. a.a.O., S. 144 f.)

13 Vgl. *Lautenbach*, Wilhelm: Zins, Kredit und Produktion. a.a.O., S. 63.

14 Vgl. ebenda, S. 64.

15 Vgl. *Gestrich*, Hans: Kredit und Sparen. a.a.O., S. 93.

gewinnen sie sehr bald die Erkenntnis, daß sie eine (bilanzielle) Kreditausweitung betreiben.

Diese Feststellung werden sämtliche Sparbanktypen[16], also auch die Sparbanken im Bargeldsystem, treffen, denn die Kreditausweitung kommt zustande, auch wenn sich eine Sparbank im Bargeldsystem genau an das für sie typische Prinzip „primär Einlagenzuwachs — sekundär Kreditgewährung" hält.

Die Kreditgewährung läuft bei ihnen stets in der folgenden Weise ab: Das Publikum nimmt Bargeldeinzahlungen vor. Diese äußern sich in einer Erhöhung des Spareinlagenvolumens. Orientieren sich die Sparbanken bei der Festsetzung ihres Kreditangebots nach dem Einlagenzuwachs, dann werden sie daraufhin ihr Kreditangebot entsprechend ausdehnen.

Wenn nun eine Sparbank bei einem Ausgangsstatus, wie ihn Status I wiedergibt, in voller Höhe des ihr zur Verfügung stehenden Bargeldes Kredit gewährt, dann führt die Kreditinanspruchnahme in einem Bargeldsystem zum Status II:

Status I

Kasse	5000 GE	Spareinlagen	5000 GE

Status II

Debitoren	5000 GE	Spareinlagen	5000 GE

Es sei nun angenommen, daß erneut ein Zugang auf Sparkonten in Höhe von 5000 Geldeinheiten erfolge. Es ergibt sich dann der Status III:

Status III

Kasse	5000 GE	Spareinlagen	10 000 GE
Debitoren	5000 GE		

Benützt die Bank das zugeflossene Geld erneut zur Kreditgewährung, dann führt die Kreditinanspruchnahme im Bargeldsystem wieder zu einem Abfluß des zugeflossenen Bargeldes in voller Höhe des Kreditbetrages. Gewährt die Bank wiederum in Höhe des Einlagenzuwachses, also in unserem Beispiel in Höhe von 5000 Geldeinheiten Kredit, dann ergibt sich die durch den Status IV wiedergegebene Situation:

Status IV

Debitoren	10 000 GE	Spareinlagen	10 000 GE

Dieser Vorgang kann sich nun laufend wiederholen.

Je öfters sich der geschilderte Prozeß wiederholt, desto ausgeprägter tritt die Erscheinung zutage, daß sich bei zunehmenden Einlagen das Aktivkreditvolumen ausweitet, der Kassenbestand sich aber entsprechend verringert.

Diese Operationen können bis zu dem Augenblick fortgesetzt werden, in dem die Sparbank befürchtet, daß ihr Kassenbestand für eventuelle Spardepositenabzüge nicht ausreicht. Die Sparguthaben

---

[16] Die verschiedenen Sparbanktypen wurden auf S. 90 f. der vorliegenden Arbeit dargestellt.

werden ja alle nach einer bestimmten Zeit wieder abgezogen, weisen also nur eine bestimmte Laufzeit auf. Daraus folgt, daß die Sparbanken einen Barreservefond bestimmter Höhe unterhalten müssen, aus dem sie die Einlagenabzüge finanzieren können.

Damit wird das Ausmaß des Kreditangebots einer Sparbank bestimmt durch das Problem der Bildung einer ausreichenden Kassenreserve: Den Leitern der Sparbanken kommt zum Bewußtsein, daß jeder zusätzliche Kredit ihre Kreditmarge schmälert und daß es an der Zeit ist, nicht auf jeden Einlagenzuwachs mit einer entsprechenden Kreditgewährung zu reagieren: „Von diesem Augenblick an richten die Banken ihre Aufmerksamkeit ausschließlich auf ihren *Kassenbestand* und auf das Verhältnis des *Kassenbestandes* zum Betrag ihrer *rückzahlbaren Einlagen*[17].“

Bei den Sparbanktypen, die wenigstens einen Teil ihres Zahlungsverkehrs unbar abwickeln (also etwa die aus dem Aktivkreditgeschäft resultierenden Zahlungen, nämlich Kreditauszahlungen sowie -rückzahlungen), noch mehr aber bei den Sparbanktypen, die einen giralen Ein- und Auszahlungsverkehr auf Sparkonten zulassen, tritt außerdem hinzu, daß nicht jeder Einlagenzuwachs zu einem entsprechenden Bargeldzufluß führt. Auch der Depositenzuwachs auf Sparkonten kann in Form von Geschäftsbankgeldzuflüssen vor sich gehen. Bereits aus diesem Grunde kann sich also eine Sparbank nicht nach den Veränderungen des Einlagenvolumens als Maßstab für die Festsetzung der Höhe des Kreditangebots richten. Daraus folgt, daß auch für die Sparbanken bei der Ermittlung der Höhe des Kreditangebots die Liquidität der entscheidende Maßstab ist, nämlich die Liquidität als Verhältnis eines empirisch ermittelten, für die Aufrechterhaltung der Zahlungsbereitschaft unbedingt erforderlichen Barfonds zur Summe der Spardepositen.

III. Die Liquidität als Orientierungsmaßstab für die Festsetzung des Kreditangebots durch eine moderne Sparkasse

Das bei der Untersuchung der Sparbanken ermittelte Ergebnis ist auch für die modernen Sparkassen gültig, weil das für eine moderne Sparkasse typische Geschäft nahezu identisch ist mit dem Geschäft einer mit anderen Banken verflochtenen Sparbank im Mischgeldsystem, die neben Bareinzahlungen auch einen giralen Einzahlungsverkehr auf Sparkonten zuläßt. Die Frage „Liquidität alleingültiger Maßstab für die Ermittlung der Höhe des Kreditangebots“ erweist sich jedoch für die modernen Sparkassen als mehrschichtiges Problem: Es

---

[17] Vgl. *Rist*, Charles: Geschichte der Geld- und Kredittheorien. a.a.O., S. 183/184.

dreht sich bei den modernen Sparkassen nicht nur um die Sicherstellung einer ausreichenden Barliquidität, sondern um die Beschaffung ausreichender, jederzeit auf dem Geldmarkt verwertbarer Titel. Damit mündet das Maßstabproblem, wie es im engeren Sinne bei den reinen Sparbanken auftritt, bei den modernen Sparkassen in das weitere Problem der Sicherstellung der Liquidität 1. und 2. Grades durch eine richtige Anlagepolitik ein.

Eine bedeutende Rolle spielt bei der Festsetzung der Höhe des Kreditangebots durch die Sparkassen nicht nur die sogenannte „aktuelle" Liquidität[18]. In praxi orientieren sich die Sparkassen auch nach den Liquiditäts*erwartungen*. Bleibt während einer Periode der tatsächliche Liquiditätszufluß hinter den Liquiditätserwartungen zurück, ließen sich die Sparkassen ferner bei der Ausweitung ihres Aktivkreditgeschäftes in mehr oder weniger starkem Maße von Liquiditäts*erwartungen* leiten, so kann daraus ein Überschuß des Kreditangebots über den Liquiditätszufluß während dieser Periode resultieren.

Dieser Fall trat im Sparkassengeschäft in beachtlichem Ausmaße beispielsweise im Jahre 1950 ein. Die Sparkassen erwarteten nach dem Spareinlagenzuwachs des Jahres 1949 für das Jahr 1950 einen wesentlich höheren Anstieg des Sparkapitals. Die Sparkassen beabsichtigten daher, insbesondere das Hypothekenkreditgeschäft stärker zu pflegen. Um zur Forcierung des Wohnungsbaus höhere Hyothekenzusagen der Sparkassen zu ermöglichen, erklärte sich die Bank deutscher Länder zur Vorfinanzierung des erwarteten Spareinlagenzuwachses bei den Sparkassen in Höhe von 150 Millionen in der Form bereit, daß die Landeszentralbanken Ausgleichsforderungen lombardierten. Die Sparkassen machten daraufhin hohe Hypothekenzusagen. Nun wurde jedoch plötzlich um die Jahresmitte der Spareinlagenzuwachs geringer. Trotzdem mußten die Sparkassen ihre Kreditzusagen erfüllen. Damit ergab sich ein Überschuß der langfristigen Anlagen über den Spareinlagenzufluß[19].

Zusammenfassend kann festgestellt werden, daß bei modernen Sparkassen die Liquidität (und zwar die „aktuelle" Liquidität sowie

---

[18] Dieser Begriff stammt von Lautenbach. Lautenbach versteht unter einer aktuellen Liquidität „das Verhältnis der laufenden Einzahlungen zu den laufenden Auszahlungen". (Vgl. *Lautenbach*, Wilhelm: Kreditvolumen und Bankenliquidität. In: Bankarchiv. Zeitschrift für Bank- und Börsenwesen. Jahrgang 1939, Heft 5 vom 1. März 1939, S. 115.)

Diesen Begriff verwendet in sachlich gleicher Bedeutung auch Veit. (Vgl. *Veit*, Otto: Volkswirtschaftliche Theorie der Liquidität. Frankfurt/M. 1948, S. 26.)

[19] Vgl. hierzu auch den Jahresbericht der ADSGG für das Jahr 1949, S. 51, sowie den Jahresbericht der ADSGG für das Jahr 1950, S. 61. Ferner: *Sperk*, Ludwig, und *Wilsdorf*, Manfred: Die Liquiditätsverhältnisse der deutschen Sparkassen. a.a.O., S. 141.

die „Liquiditätserwartungen") der entscheidende Bestimmungsgrund für die Festsetzung des Kreditangebots ist.

C. Unbare Zahlungssitten des Publikums der Sparkassen als konstituierender Faktor einer Kreditschöpfung im Sparkassengeschäft

Als weitere Bedingung für das Zustandekommen einer Kreditschöpfung im Sparkassengeschäft ermittelten wir die Existenz unbarer Zahlungssitten beim Publikum der Sparkassen.

Hierzu läßt sich in genereller Weise lediglich feststellen, daß der girale Zahlungsverkehr heute immer weiter vordringt. Auch das Publikum der Sparkassen bedient sich in weitgehendem Ausmaße des bargeldlosen Zahlungsverkehrs. Insbesondere werden auch Kredite unbar beansprucht.

Daraus ergibt sich die entscheidend wichtige Folgerung, daß die Kreditinanspruchnahmen bei den Sparkassen *nicht* in voller Höhe des Kreditbetrages zu einem Abfluß des kreditär nutzbaren Zentralbankgeldes führen. Freilich wird es einzelne Kredite geben, die vom Kreditnehmer in voller Höhe in Zentralbankgeld abgefordert werden. Andererseits gibt es jedoch Kredite, bei denen die Sparkassen die aus der Kreditinanspruchnahme resultierenden Zahlungen ausschließlich oder zum größten Teil mit Geschäftsbankgeld ausführen können. Zusammenfassend kann also festgestellt werden, daß auch die zweite der beiden genannten Bedingungen für das Zustandekommen einer Kreditschöpfung im Sparkassengeschäft, nämlich die Existenz bargeldloser Zahlungssitten beim Sparkassenpublikum, erfüllt ist.

D. Das Ergebnis

Sämtliche Bedingungen, an die das Zustandekommen einer Kreditschöpfung geknüpft ist, sind im Sparkassengeschäft erfüllt:

Gewährt eine Sparkasse Kredite, so muß sie nicht sämtliche, aus der Kreditinanspruchnahme resultierenden Zahlungen mit Zentralbankgeld ausführen. Sie kann vielmehr einen Teil der an sie aus der Kreditinanspruchnahme herantretenden Zahlungsforderungen mit Geschäftsbankgeld erfüllen.

Zahlungen mit Geschäftsbankgeld bewirken keine Liquiditätsverschlechterung des Ausmaßes wie Zahlungen mit Zentralbankgeld.

Da sich die Sparkasse bei der Festsetzung ihres Kreditangebots nach der Liquidität orientiert, wird sie, wenn die Kreditinanspruchnahme teilweise zu Zahlungen mit Geschäftsbankgeld führt, nach Abschluß der Kreditoperationen feststellen, daß die Liquidität nicht auf den angestrebten Satz gesunken ist. Sie kann folglich ihr Kreditangebot erneut ausdehnen. Die Summe dieser sukzessiv vorgenommenen Kreditgewährungen übersteigt notwendig das Ausmaß des der Sparkasse zugeflossenen, kreditär nutzbaren Zentralbankgeldes.

Sieht die Sparkasse voraus, daß die Kreditinanspruchnahme nicht in voller Höhe zu einem Abfluß von Zentralbankgeld führt, dann wird sie *sofort* ihr Kreditangebot über das Ausmaß des ihr zugeflossenen, kreditär nutzbaren Zentralbankgeldes hinaus ausdehnen.

Zusammenfassend läßt sich somit feststellen, daß die beiden Faktoren, nämlich die Liquidität als Orientierungsmaßstab der Sparkassen bei der Festsetzung des Kreditangebots, ferner die im Mischgeldsystem herrschenden Relationen zwischen Zahlungen mit Zentralbankgeld und Zahlungen mit Geschäftsbankgeld grundsätzlich das Zustandekommen einer Kreditschöpfung auch im typischen Sparkassengeschäft (d. h. in dem durch Liquiditätsverbesserung aufgrund eines Spareinlagenzuwachses induzierten Kreditgeschäft) bewirken.

Nun fragt es sich, welches Ausmaß eine Kreditschöpfung im Sparkassengeschäft annehmen kann.

Fünfter Teil

Über das Ausmaß der Kreditschöpfung im typischen Sparkassengeschäft

A. Die Bestimmungsgründe des Ausmaßes der Kreditschöpfung im Sparkassengeschäft

Zahlungen mit Geschäftsbankgeld spielen beim Zustandekommen der Kreditschöpfung die entscheidende Rolle. Das Ausmaß der Kreditschöpfung wird somit unmittelbar dadurch bestimmt, inwieweit die Faktoren, die Zahlungen mit Geschäftsbankgeld verursachen, im Sparkassengeschäft zum Tragen kommen.

Diese Faktoren, die wir im Rahmen unserer generell-rechnerischen Ableitung des potentiellen Ausmaßes der Kreditschöpfung auf Seite 111 f. der vorliegenden Arbeit im Koeffizienten „c“ berücksichtigt hatten, bezeichnen wir als „direkte“ Bestimmungsgründe des Ausmaßes der Kreditschöpfung.

Bei einer Kreditgewährung muß nun aber eine Sparkasse gewärtig sein, daß der Kreditnehmer seinen Kredit derart beansprucht, daß es zu einem Abfluß von Zentralbankgeld kommt. Die Sparkasse kann bei den einzelnen Krediten im voraus nicht wissen, in welcher Form die von ihr eingeräumten Kredite beansprucht werden. Sie wird daher ihre Kreditgewährung in der Regel davon abhängig machen, ob sie über einen entsprechenden Bestand kreditär nutzbaren Zentralbankgeldes oder über einen entsprechenden Liquiditätsrückhalt verfügt (Ausnahme: Liquiditätserwartungen). Nun hängt aber eine Kreditschöpfung grundsätzlich davon ab, ob überhaupt ein Kredit eingeräumt wird. Folglich beeinflussen die Faktoren, die das Ausmaß einer Kreditgewährung generell bestimmen, auch das Ausmaß der Kreditschöpfung, m. a. W., die Faktoren, die eine Kreditgewährung *direkt* bestimmen, wirken auf eine Kreditschöpfung *indirekt*.

Wir bezeichnen diese Faktoren, die wir im Rahmen unserer generell-rechnerischen Ableitung des potentiellen Ausmaßes der Kreditschöpfung auf Seite 111 f. der vorliegenden Arbeit in dem Koeffizienten „r“ sowie der absoluten Höhe der Überschußreserve „a“ berücksichtigt hatten, als „indirekte“ Bestimmungsgründe des Ausmaßes der Kreditschöpfung. Die Bezeichnung „indirekte" Bestimmungsgründe des Ausmaßes der Kreditschöpfung erscheint uns um so mehr gerechtfertigt, da die genannten Größen auch das Ausmaß der Kreditvermittlung (im Sinne der orthodoxen Theorie) beeinflussen.

Auch die Labilität der einer Kreditgewährung zugrunde liegenden Depositen (m. a. W., die Frage, ob es sich bei den Depositen, die zu einer Liquiditätsverbesserung bei einem Kreditinstitut führten und somit eine Kreditgewährung induzierten, um „aktive" oder „inaktive" Depositen handelt) rechnen wir zu den indirekten Bestimmungsgründen des Ausmaßes der Kreditschöpfung, weil dieser Sachverhalt ja auch wesentlich das Ausmaß der Kreditvermittlung (im Sinne der „orthodoxen" Theorie) beeinflußt.

Aus demselben Grunde erfassen wir noch näher zu erörternde, im Aktivkreditgeschäft der Kreditinstitute auftretende Eigentümlichkeiten, die bei der generell-rechnerischen Ableitung des Ausmaßes der Kreditschöpfung nicht berücksichtigt werden konnten, die jedoch einen maßgebenden Einfluß auf das Ausmaß der Kreditschöpfung ausüben, unter den „indirekten" Bestimmungsgründen des Ausmaßes der Kreditschöpfung.

B. Direkte Bestimmungsgründe des Ausmaßes der Kreditschöpfung im Sparkassengeschäft

I. Generelles über die direkten Bestimmungsgründe des Ausmaßes der Kreditschöpfung im Sparkassengeschäft

Das Ausmaß der Kreditschöpfung im Sparkassengeschäft wird dadurch bestimmt, inwieweit die Sparkassen zu Zahlungen mit Geschäftsbankgeld, die zu einer Verbreiterung des Geldstroms führen, fähig sind. Wir hatten diesen Sachverhalt bei unserer rechnerischen Ableitung des möglichen Ausmaßes der Kreditschöpfung auf Seite 111 f. der vorliegenden Arbeit in genereller Weise in der Größe „c" erfaßt. Jetzt soll die Größe „c" unter den spezifischen, die Sparkassengeschäfte kennzeichnenden Aspekten näher determiniert, d. h., in ihre einzelnen Bestandteile zerlegt werden.

Die Fähigkeit der Sparkassen, Zahlungen mit Geschäftsbankgeld auszuführen, hängt primär von den Dispositionen des Publikums der Sparkassen ab, und zwar kommt es darauf an, inwieweit es Zahlungsanforderungen an die Sparkassen bar oder giral geltend macht.

Girale Zahlungen stellen jedoch noch keine Zahlungen mit Geschäftsbankgeld dar. Ob girale Zahlungen von den Sparkassen mit Geschäftsbankgeld ausgeführt werden können, hängt davon ab, ob das Wirtschaftssubjekt, das die Zahlungen empfängt, entweder zum

Kundenkreis der betreffenden Sparkasse gehört, oder ob es zum Kundenkreis der Korrespondenzbanken der Sparkasse gehört, und ob sich die Sparkasse in diesem Fall mit den Korrespondenzbanken im Gleichschritt bewegt.

Das Ausmaß der mit Geschäftsbankgeld ausführbaren Zahlungen hängt also wesentlich von der Kundenstruktur der einzelnen Sparkasse ab: Je vielseitiger die Kundenstruktur ist, desto größer ist die Gewähr, daß ein Teil der Zahlungen innerhalb ihres eigenen Bereichs verbleibt und nicht an andere Banken abfließt.

Ob girale Zahlungen, die über den Kundenbereich der einzelnen Sparkassen hinausgehen, mit Geschäftsbankgeld geleistet werden können, hängt davon ab, ob sich die Zahlungsausgänge aufgrund des Gleichschritts mit Zahlungseingängen verrechnen lassen. Von besonderer Bedeutung sind in diesem Zusammenhang die Einflüsse, die vom Zusammenschluß der Sparkassen zum Spargironetz auf die Verrechnungsmöglichkeiten ausgehen.

Um das Ausmaß der Kreditschöpfung im Sparkassengeschäft zu ermitteln, sind also im einzelnen zunächst die folgenden Fragen zu erörtern:

Welche Zahlungssitten herrschen im Sparkassenpublikum vor?

Welche Kundenstruktur weisen die Sparkassen in der Regel auf?

Welche charakteristische Betriebsgröße besitzt der Banktypus „Sparkasse“?

Inwieweit herrscht Gleichschritt zwischen Sparkassen und deren Korrespondenzbanken (Sparkassen und andere Banken)?

Inwieweit beeinflußt die Verflechtung zwischen den Sparkassen das Ausmaß der ohne Zentralbankgeld ausführbaren Zahlungen?

Der Erörterung dieser Fragen muß vorausgeschickt werden, daß es über die meisten in den angeführten Fragen aufgeworfenen Probleme keine Statistiken gibt.

Wir können also in all diesen Fällen nur Antworten mit Hilfe des Analogieschlusses anstreben.

II. Die Zahlungssitten des Publikums der Sparkassen als Bestimmungsgrund des Ausmaßes der Kreditschöpfung im Sparkassengeschäft

Die Summe der von einer Sparkasse insgesamt während einer Periode geleisteten Zahlungen setzt sich zusammen aus den mit Zentralbankgeld sowie den mit Geschäftsbankgeld ausgeführten Zahlungen.

Voraussetzung für eine Zahlung mit Geschäftsbankgeld ist, daß das Publikum der Sparkassen keine Barabhebungen vornimmt, sondern daß es die Sparkassen zu Überweisungen beauftragt bzw. mit Schecks bezahlt. Obwohl der Scheck- und Giroverkehr auch bei den Sparkassen immer mehr zunimmt, wird doch noch ein erheblicher Teil der Zahlungen mit Bargeld abgewickelt. Die Barzahlungen schwanken während einer Periode aus verschiedenen Gründen und sind von mehreren Momenten abhängig.

Charakteristisch für die Zahlungssitten der Nichtbanken auch in der modernen Wirtschaft ist, daß sich der Umsatz der Konsumgüter überwiegend mit Bargeld vollzieht[20].

So werden die Einkommenszahlungen für Löhne fast ausschließlich bar getätigt[21]. Bei Gehaltszahlungen tritt zwar in wachsendem Umfange die Gehaltsgutschrift an die Stelle der baren Einkommenszahlung. Wie jedoch bereits V. F. Wagner feststellt, ist nicht die Einkommensauszahlung, sondern die Einkommens*verwendung* entscheidend[22]. Hinsichtlich der Einkommensverwendung gilt jedoch für die Gehälter der Angestellten und Beamten dasselbe wie für die Löhne: Zum Zwecke des Erwerbs von Konsumgütern disponieren die Gehaltsempfänger über ihre Guthaben in bar. Es verlagert sich damit die Barauszahlung lediglich von den Unternehmern auf die kontoführenden Banken[23].

Die konsumtive Verwendung der Einkommen aus Miete, Pacht sowie Geldvermögen erfolgt ebenfalls in der Regel größtenteils bar[24].

Ferner werden im Sektor des Kleinhandels und des Kleingewerbes gegenseitige Umsätze vielfach bar ausgeführt.

„Auch innerhalb der Landwirtschaft gehen die Zahlungen meist in Stückgeld vor sich ...[24]."

Zusammenfassend kann also mit V. F. Wagner festgestellt werden, „daß vom gesamten Geldeinkommen, das in den meisten Volkswirtschaften zur Hälfte bis zu zwei Dritteln auf Lohn- und landwirtschaftliche Einkommen, die kleineren Gehälter, Renten und Pensionen entfällt, auch in den zahlungstechnisch fortgeschrittensten Ländern nur ein geringer Bruchteil völlig bargeldlos zirkuliert, d. h. den Kreislauf aus der Einkommens- in die Produktionssphäre und dann wieder zurück in die Einkommenssphäre durchläuft, ohne an irgendeiner Stelle in Stückgeld verwandelt zu werden"[25].

---

[20] Vgl. auch *Linhardt*, Hanns: Bankbetriebslehre. a.a.O., insbesondere S. 19.

[21] Vgl. *Seitz*, Otto: Die Barliquidität der Kreditbanken. Dissertation Erlangen 1936, S. 7.

Über den Erfolg der insbesondere im Jahre 1958 propagierten und von einigen Firmen eingeführten bargeldlosen Lohnzahlung (vgl. hierzu auch das umfangreiche Schrifttum) läßt sich heute noch nichts aussagen.

[22] Vgl. *Wagner*, Valentin Fritz: Geschichte der Kredittheorien. a.a.O., S. 211.

[23] Vgl. *Gleske*, Leonhard: Die Liquidität in der Kreditwirtschaft. a.a.O., S. 70.

[24] Vgl. *Seitz*, Otto: Die Barliquidität der Kreditbanken. Diss. Erlangen 1936, S. 7.

[25] Vgl. *Wagner*, Valentin Fritz: Geschichte der Kredittheorien. a.a.O., S. 211.

Bei den Sparkassen ist in dieser Hinsicht folgende Sachlage gegeben[26]:

Gerade diejenigen Wirtschaftssubjekte, die einen Großteil ihrer Zahlungen mit Bargeld ausführen, sind unter dem Kundenkreis der Sparkassen stark vertreten. Dies tritt insbesondere bei dem aus der Abwicklung des Aktivkreditgeschäftes resultierenden Zahlungsverkehr, der bei dem hier aufgegriffenen Problem besonders interessiert, klar zutage:

Großkredite an die Industrie, deren Inanspruchnahme zu einer Geldzirkulation in den Produktionsstufen führt und die es den Kreditbanken, deren Domäne derartige Kredite sind, ermöglichen, in weitgehendem Ausmaße Zahlungen ohne Zentralbankgeld (also auch ohne girale Transaktionen von Zentralbankguthaben) vorzunehmen, gewähren die Sparkassen nicht. Die Sparkassen geben vorzugsweise Kredite an kleine und mittlere Gewerbetreibende, Handwerker, Kaufleute und Landwirte[27]. Diese Kreditnehmer besitzen hauptsächlich arbeitsintensive Betriebe. Sie beanspruchen die Kredite daher überwiegend für Einkommenszahlungen. Das bedeutet nichts anderes, als daß sie die ihnen eingeräumten Kredite überwiegend bar abverlangen. Auch bei den anderen Sparkassenkrediten herrscht die Tendenz überwiegend barer Inanspruchnahme vor[28].

Zusammenfassend kann festgestellt werden, daß bei dem Sparkassenpublikum die baren Zahlungsmethoden stärker ausgeprägt sind als bei dem Publikum etwa der Kreditbanken, das sich vorwiegend aus mittleren und großen Betrieben zusammensetzt.

III. Der „universale" Charakter der Sparkassen als Bestimmungsgrund des Ausmaßes der Kreditschöpfung im Sparkassengeschäft

Die vorangegangenen Erörterungen ließen erkennen, daß zum Kundenkreis der Sparkassen weitgehend die Schichten der Nichtbanken gehören, die sich in relativ großem Ausmaße der Barzahlungsmethoden bedienen.

---

26 Exakte Aussagen über die Zahlungssitten des Sparkassenpublikums sind nicht möglich, weil es hierüber keine zahlenmäßigen Erfassungen gibt.

27 Hoffmann sagt treffend: „Naturgemäß können auch die Sparkassen nicht ausschließlich Kleingeschäfte auf der Passiv- und Aktivseite mit dem darin liegenden großen Kostenaufwand ohne einen Ausgleich in ertragreichen Geschäften tätigen, aber der Klein- und Mittelkredit ... bleibt das typische und spezifische Sparkassengeschäft auch in Zukunft." (Vgl. *Hoffmann*, Josef: Sparkassen — sozialverpflichtete Kreditinstitute. a.a.O., S. 8.)

28 Falter und Spiethoff stellen die bei den heutigen Sparkassen typischen Kredite dar. Wir können uns daher mit einem Hinweis auf ihre ausführlichen Erörterungen begnügen. (Vgl. *Falter*, Manuel: Die Praxis des Kreditgeschäfts. 3. Auflage. Stuttgart 1955. Ferner: *Spiethoff*, Bodo K.: Der Sparkassenkredit heute. Heft 11 der „Volkswirtschaftliche Zeitfragen". Herausgeber: Prof. Dr. Adolf Weber. München 1951, S. 25 f.)

Nun bedeutet aber, wie wir bereits verschiedentlich feststellten, auch eine girale Zahlung noch nicht, daß die Zahlung mit Geschäftsbankgeld ausgeführt wird. Ob eine girale Zahlung mit Geschäftsbankgeld vollzogen wird, hängt zunächst einmal davon ab, ob die Zahlung zugunsten eines Wirtschaftssubjektes vorgenommen wird, das zum Kundenkreis der die Zahlung ausführenden Sparkasse gehört: „... je mehr Wirtschaftseinheiten dem Girokreis angeschlossen sind, um so mehr vollzieht sich der Zahlungsverkehr durch bloße Umschreibung in den Büchern des eigenen Instituts, während Zahlungen, die den Girokreis verlassen, die Wirkung von Bargeldabzügen haben[29]."

In der Literatur wird nun in der Regel einfach behauptet, das Ausmaß der Zahlungen, die sich im Kundenbereich einer Bank niederschlagen, die sich also mit Geschäftsbankgeld ausführen lassen und damit die Kreditschöpfungsfähigkeit der betreffenden Bank erweitern, hänge von der „Größe" der betreffenden Bank ab[30]. Unter „Größe" der Bank wird dabei eine relativ große Kundenzahl verstanden[31].

Den Grund, daß mit wachsender Größe der Bank ihre Fähigkeit, Kredite zu gewähren, steige, erblickt man in dem Sachverhalt, daß mit wachsender Größe der Bank das „Gesetz der großen Zahl" besser zur Geltung komme[32].

Eine Argumentation, die als Begründung „Größe der Bank" allein angibt, kann nicht befriedigen.

Beispielsweise kann ein Institut, das eine spezielle Kundenschicht bedient und das auf Grund einer vergleichsweise hohen Bilanzsumme als Großbank gilt, weitaus weniger zur Kreditschöpfung fähig sein als ein kleines Bankinstitut. Denn das Ausmaß der Kreditschöpfung einer Bank ist noch an andere Bedingungen geknüpft als an die „Größe einer Bank" im Sinne einer relativ „großen" Kundenzahl.

---

29 Vgl. *Goertz*, Walter: Die Liquiditätsprobleme der Kreditbanken. Bonner Dissertation 1938, S. 15.

30 So behauptet Müller: „Eine Bank kann um so mehr Kredit gewähren, je größer der Anteil ist, der sich bei Neukreditgewährungen durchschnittlich auf den Girokonten der Bank selbst niederschlägt. Dieser Anteil hängt sehr entscheidend von der Größe der Bank ab, und insofern hat der logisch falsche Satz, daß wohl die große Bank, nicht aber eine kleine Bank Kreditschöpfung betreiben könne, immerhin eine gewisse Berechtigung." (Vgl. *Müller*, Bernhard: Funktion und Wirkungsweise der Mindestreserven. Göttinger Dissertation 1950, S. 34.)

Dieselbe Auffassung vertritt Floss. (Vgl. *Floss*, Eberhard: Anlage- und Liquiditätsrichtlinien im Sparkassenwesen. Tübinger Dissertation 1956, S. 18.)

31 So sagt beispielsweise Seitz: „Der Teil der gewährten Kredite, der an andere Banken Zahlungsleistungen bewirkt, wird um so größer sein, je weniger ausgebreitet die Bank ist. Je mehr Filialen eine Bank hat, und je größer die Kundenzahl ist, desto weniger Geld wird aus dem Bereich der eigenen Bank zu anderen Banken abwandern, und um so größer werden auch die Überweisungen von anderen Banken auf das eigene Bankfilialnetz sein." Vgl. *Seitz*, Otto: Die Barliquidität der Kreditbanken. a.a.O., S. 16.)

32 Vgl. *Gleske*, Leonhard: Die Liquidität in der Kreditwirtschaft. a.a.O., S. 35.

Man muß sich vergegenwärtigen, daß der Wirtschaftsprozeß „ein kontinuierlich in der Zeit verlaufender simultan-sukzessiver Prozeß" ist[33]. In entgegengesetzter Richtung des Leistungsstromes fließt der Strom der Zahlungen von einer Stufe zur vorhergehenden Stufe. Zahlungen zwischen Wirtschaftssubjekten derselben Stufe treten kaum auf. Die Regel stellen vielmehr Zahlungen zwischen Wirtschaftssubjekten aufeinanderfolgender Stufen dar.

Setzt sich nun die Kundschaft einer Bank nur aus Angehörigen derselben Wirtschaftsstufe zusammen, so erfolgen die Zahlungen im Auftrag dieser Kunden nicht zugunsten von Wirtschaftssubjekten, die dem Kundenbereich der die Zahlung ausführenden Bank angehören, weil ja Zahlungen grundsätzlich zwischen Wirtschaftssubjekten aufeinanderfolgender Stufen vorgenommen werden. Besitzt also eine Bank nur Kunden derselben Wirtschaftsstufe, dann erfolgen Zahlungen im Auftrag dieser Kunden in der Regel zugunsten von Kunden anderer Banken.

Derartige Zahlungen führen, obwohl sie giral ausgeführt werden — zwangsläufig zu einem entsprechenden Zentralbankgeldabfluß in Form einer Transaktion von Zentralbankguthaben.

Je mehr sich aber das Publikum einer Bank aus Angehörigen möglichst vieler Wirtschaftsstufen zusammensetzt und diese miteinander in Geschäftsverbindung stehen, um so mehr ist Gewähr gegeben, daß zwischen den Bankkunden „geschlossene" Giralgeldkreisläufe auftreten; um so mehr ist dann die betreffende Bank in der Lage, Zahlungen mit Geschäftsbankgeld zu leisten.

Daraus folgt, daß nicht die „Größe" einer Bank im Sinne einer großen Kunden*zahl* allein für das Ausmaß der Kreditschöpfung ausschlaggebend ist. Entscheidend ist vielmehr, daß der Kundenkreis der Bank die Angehörigen möglichst vieler Wirtschaftsstufen umfaßt. Dies ist aber nur dann der Fall, wenn sich eine Bank nicht etwa auf bestimmte Wirtschaftssektoren spezialisiert, sondern wenn sie möglichst vielseitig, im Idealfall „universal", ihr Geschäft betreibt.

Von einer weitgehenden Streuung des Publikums der Sparkassen über verschiedene Wirtschaftsstufen kann nun aber keine Rede sein. Zwar hat sich, wie Golz bemerkt, „die Zusammensetzung der Sparkassenkundschaft seit der Währungsreform ziemlich verändert ... So umfaßt der heutige Kundenkreis der Sparkasse nicht mehr nur die Kreise des Handwerks und des Mittelstandes, sondern viel stärker den Handel und kleine und mittlere Industrieunternehmen, die sich seit der Währungsreform überraschend gut entwickelt haben"[34].

---

[33] Vgl. *Schneider,* Erich: Wirtschaftstheorie I, S. 9.

[34] Vgl. *Golz,* Dietrich: Das Liquiditätsproblem bei den Girozentralen. a.a.O., S. 35.

Trotzdem ist die Kundenstruktur der Sparkassen im Hinblick auf die Zugehörigkeit der Kunden zu den einzelnen Wirtschaftsstufen (verschiedene Produktions- und Verteilungsstufen) geradezu als einseitig zu bezeichnen. Das Publikum der Sparkassen gehört überwiegend der Konsumstufe bzw. einigen wenigen konsumnahen Stufen an. Es rekrutiert sich hauptsächlich aus den Kommunen, Handwerkern, kleinen und mittleren Gewerbetreibenden, Kaufleuten und Landwirten.

Wirtschaftssubjekte, die konsumfernen Wirtschaftsstufen oder sogar der Urproduktionsstufe angehören, sind unter dem Publikum der Sparkassen überhaupt nicht vertreten.

Daraus folgt, daß „geschlossene" Giralgeldkreisläufe bei Sparkassen nicht auftreten können.

Girale Zahlungen werden daher mit Sicherheit alsbald den Bereich der einzelnen Sparkasse verlassen. Diese Erscheinung wird noch dadurch verstärkt, daß es sich bei den Sparkassen überwiegend um kleine oder mittelgroße Bankinstitute handelt.

IV. Der Zusammenschluß der Sparkassen zum Sparkassen-Girosystem als Bestimmungsgrund des Ausmaßes der Kreditschöpfung im Sparkassengeschäft

1. Das Problem

Wie Floss feststellt, ist die Kredit- und Giralgeldschöpfungskapazität einer einzelnen Bank um so geringer zu veranschlagen, je aufgesplitterter ein Banksystem ist, d. h. je mehr selbständige Bankeinheiten nebeneinander stehen, ohne sich gegenseitig Kredite zu gewähren bzw. ohne über ein Verrechnungsinstitut Debetsalden zu „finanzieren"[35].

Es fragt sich somit, welche Auswirkungen der Zusammenschluß der Sparkassen zum „Spargiro"-System auf ihre Kreditschöpfungskapazität hat.

2. Die Konzentrationsbewegung im Sparkassensektor

Ursprünglich standen die Sparkassen isoliert nebeneinander. Die besondere Art des anfänglich ausschließlich allein betriebenen Einlagen- und Kommunalkreditgeschäftes erforderte keinen Zusammenschluß der Sparkassen; sie waren allen Anforderungen vollauf gewachsen.

---

[35] Vgl. *Floss*, Eberhard: Anlage- und Liquiditätsrichtlinien im Sparkassenwesen. Tübinger Dissertation 1956, S. 34.

Als die Sparkassen ihren Geschäftsbetrieb auf die Abwicklung des Kontokorrentverkehrs ausdehnten, erwuchs zwangsläufig das Bedürfnis nach einem organisatorischen Zusammenschluß:

Erstens hätte der Überweisungsverkehr der Sparkassen untereinander — sofern beabsichtigt gewesen wäre, eine Inanspruchnahme anderer Kontensysteme zu vermeiden — eine gegenseitige Kontenunterhaltung der am Überweisungsverkehr beteiligten Sparkassen erfordert. Das wäre aber schon technisch unmöglich gewesen, weil nicht jede Sparkasse bei jeder anderen ein Konto unterhalten kann[36].

Zweitens hielten es die Sparkassen für vorteilhaft, einen möglichst großen Teil der umlaufenden Girogelder dauernd im eigenen Netz zu halten[36].

Drittens waren die Sparkassen bestrebt, die kostspieligen Umleitungsarbeiten, die durch die Inanspruchnahme des Zentralbank- und des Postscheckgironetzes bei der Ausführung giraler Zahlungen entstanden, zu vermeiden[36]. Diese kostspieligen Umleitungsarbeiten konnten nur durch einen organisatorischen Zusammenschluß der Sparkassen zu einem großen Teil vermieden werden, weil sich ja dann die Überweisungen an andere Sparkassen innerhalb des eigenen Gironetzes ausführen ließen.

Alle diese Gründe ließen es zweckmäßig erscheinen, Sparkassenzentralbanken zu gründen.

Der organisatorische Zusammenschluß der Sparkassen führte über die Schaffung von regionalen Girozentralen sowie der Schaffung eines Spitzeninstituts in der Deutschen Girozentrale — Deutsche Kommunalbank — zur Entstehung eines dreistufigen Bankgebildes, dessen einzelne Glieder, nämlich die Sparkassen, die den Unterbau bilden, die Girozentralen, die den Mittelbau bilden, und die Deutsche Girozentrale, die den Oberbau darstellt, „durch Reservehaltung in Form von Nostroguthaben miteinander verbunden sind“[37/38].

---

[36] Vgl. auch *Will*, Helmuth: Die deutschen Sparkassen. Stuttgart und Berlin 1942, S. 100 f.

[37] Vgl. *Floss*, Eberhard: Anlage- und Liquiditätsrichtlinien im Sparkassenwesen. Tübinger Dissertation 1956, S. 35.

[38] Die Entwicklung des Sparkassengirosystems, sein Zweck und seine Bedeutung, wurden vielfach und zum Teil ausführlich dargestellt. Wir begnügen uns daher mit einem Hinweis auf einige dieser Arbeiten:

Vgl. beispielsweise: *Bracht*, Friedrich: Die bankmäßige Ausgestaltung der öffentlichen Sparkassen unter besonderer Berücksichtigung ihrer Einwirkung auf die Zahlungsbereitschaft und die Rentabilität der Sparkassen. Gießener Dissertation 1928. *Enders*, Rudolf: Zentralisation und Dezentralisation als Organisationsprinzipien in der deutschen Sparkassenorganisation. Freiburger Dissertation 1955. *Hoffmann*, Josef: Die Stellung der Girozentralen im deutschen Bankwesen. In: Sparkasse. Jahrgang 1925, Heft 1, S. 3. *Hoffmann*, Josef: Deutsche Sparkasseneinheit. Berlin 1931. *Henze*, Werner: Grundzüge der Geschichte des Sparkassenwesens. Stuttgart o. J. *Jursch*, H.: 10 Jahre deutsche kommunale Giroorganisation. Denkschrift. Berlin 1926. *Lewe-*

3. Die kredittheoretische Bedeutung des Sparkassengirosystems im Hinblick auf die Kreditschöpfungskapazität der Sparkassen

In der Regel wird in der Literatur als Begründung für eine Erweiterung der Kreditschöpfungskapazität der Banken durch Zusammenschluß zu einem Gironetz angegeben, das Gesetz der großen Zahl käme durch einen Zusammenschluß eher zum Tragen[39]. Eine derartige Argumentation ist ungenügend.

Es ist erforderlich, zunächst einmal die Wirkungen, die sich aus dem Zusammenschluß der Banken auf deren Kreditschöpfungskapazität ergeben, theoretisch abzuleiten.

a) Die kredittheoretische Bedeutung eines Zusammenschlusses isolierter Banken zu einem Gironetz in genereller Sicht

aa) Die Situation isoliert nebeneinanderstehender Banken

Der in zahlungstechnischer Hinsicht bedeutsamste Sachverhalt besteht für isoliert nebeneinanderstehende Banken darin, daß sie grundsätzlich *jede* Zahlung an andere Banken mit Zentralbankgeld ausführen müssen.

Isoliert nebeneinanderstehende Banken übersehen außerdem nur einen geringen Teil des Kreditmarktes, besitzen also nur eine unzureichende Markttransparenz. Da sie ihr Geschäft autonom gestalten, die Hilfe anderer Banken aus Rentabilitätsgründen nicht beanspruchen wollen und in Zeiten einer allgemein angespannten Lage auch gar nicht erhalten, sind sie in ihrer Anlagepolitik äußerst vorsichtig. Sie sind zu einer hohen Reservehaltung gezwungen, und zwar insbesondere deswegen, weil sie infolge der aufgrund ihrer Isoliertheit unvermeidlichen Spezialisierung arhythmischen Geldbewegungen ausgesetzt sind, die durch natürliche, technische oder konventionelle Faktoren des Wirtschaftslebens verursacht sein können.

Die sich hieraus für unser Problem ergebenden relevanten Zusammenhänge zeigt folgende Modellbetrachtung[40]:

---

johann, Gerhard: Die Konzentration im deutschen Sparkassenwesen und ihre Bedeutung. Dissertation Münster (Westfalen) 1927. *Schmiedeken,* Paul: Die bankmäßige Betätigung der Sparkassen und Giroverbände. Frankfurt/M. 1928. *Wegner,* Carl: Entwicklung und Organisation der deutschen Sparkassen und des kommunalen Giroverkehrs. Berlin 1925. Sondernummer der Zeitschrift „Sparkasse“: „50 Jahre Spargiro“. Sparkasse, Heft 1 vom 1. Januar 1959.

[39] Vgl. beispielsweise *Gleske,* Leonhard: Die Liquidität in der Kreditwirtschaft. a.a.O., S. 35.

[40] Dieses Modell wurde in Anlehnung an das von V. F. Wagner bei der Darstellung der „Positiven Theorie der Giraldepositen“ benützte Modell entwickelt. (Vgl. *Wagner,* Valentin Fritz: Geschichte der Kredittheorien. a.a.O., S. 205.)

Ein Modell einer stationären Wirtschaft weise eine zweistufige Gliederung der im Gütersektor befindlichen Wirtschaftseinheiten auf: Die erste Stufe sei mit der Erzeugung von Realgütern beschäftigt, die zweite dagegen mit dem Absatz der produzierten Güter[41].

Der Ablauf des Wirtschaftsprozesses vollziehe sich in diesem Modell in der Weise, daß bei der 1. Stufe, der Produktionsstufe, im Verlauf einer Periode der Bestand an Realgütern wächst und am Ende der Periode sein Maximum erreicht. Bei der zweiten Stufe liegen die Verhältnisse gerade umgekehrt: Der Bestand an Realgütern sei zu Beginn der Periode auf Grund des Einkaufs der Güter bei den Betrieben der Produktionsstufe maximal und nehme dann bis zum Ende der Periode auf Grund des Absatzes dieser Güter fortwährend ab.

Die Bewegung des Geldes verläuft gerade entgegengesetzt zur Bewegung der Realgüter: Bei den Betrieben der Produktionsstufe sei der Geldbestand zu Beginn der Periode am höchsten und sinke dann während der Periode auf Grund der laufenden Investitionen. Bei den Betrieben der Absatzstufe sei dagegen der Geldbestand zu Beginn der Periode am niedrigsten, steige dann während der Periode, bis er am Ende der Periode seinen Höchststand aufweist.

Aus den Bewegungen des Geldes geht hervor, daß der Höchstbedarf der Wirtschaftseinheiten der einen Stufe mit dem Mindestbedarf der andern zusammenfällt.

In die geschilderten Geldbewegungen, die durch die Bewegungen in der Realgütersphäre hervorgerufen werden, sind nun auch die Banken eingeschaltet.

In je stärkerem Ausmaße das System der Kreditbanken aufgegliedert und differenziert ist, je mehr sich die einzelnen Banken auf die Bedienung ganz bestimmter Wirtschaftseinheiten spezialisieren, um so ausgeprägter sind die Unterschiede der bei den einzelnen Banken auftretenden Geldbewegungen in zeitlicher Hinsicht, weil ja die Geldbewegungen im Modell Reflexe der Güterbewegungen sind.

In unserem Modell ist somit auch das Geschäftsbankensystem in zwei Gruppen aufgegliedert, nämlich in eine Gruppe, deren Publikum die Produktionsbetriebe sind, und in eine Gruppe, deren Publikum aus den Absatzbetrieben besteht.

Die Situation der einzelnen Banken ist beispielsweise bei der *zweiten* Bankgruppe[42] dadurch gekennzeichnet, daß diese Institute zu Beginn der Periode auf Grund vorhergehender, simultaner Abhebungen der Deponenten für den Einkauf von Realgütern bei den Produktionsbetrieben kein Geld mehr besitzen. Nun fließt aber den Absatzbetrieben durch den Verkauf der

---

[41] Obwohl die arbeitsteilige Volkswirtschaft — wie von Stackelberg sagt — kein Nebeneinander von Einzelwirtschaften mehr ist, „sondern ein Gefüge, dessen einzelne Bausteine vielfältig miteinander verflochten sind und sich gegenseitig ergänzen", ist es bei einer Modellbetrachtung gestattet, die Vielzahl der Beziehungen und Verflechtungen auf die beiden grundsätzlichen, für den Wirtschaftsprozeß besonders wichtigen, zurückzuführen. (*von Stackelberg*, Heinrich: Grundlagen der theoretischen Volkswirtschaftslehre. Bern 1948, S. 15.)

Unser Modell zeigt deutlich den für unser Problem wichtigen Rhythmus der Geldbewegungen. Um den zeitlichen Rhythmus der Geldbewegungen, wie er bei den einzelnen Banken auftritt, klar herauszustellen, wird nämlich im Modell von Veränderungen der Geld*menge* abgesehen.

[42] Bei den Banken der ersten Bankgruppe herrschen dieselben Verhältnisse lediglich in einer zeitlich umgekehrten Reihenfolge.

Güter im Verlaufe der Periode wieder Geld zu. Deponieren sie dieses Geld bei ihren Banken, so erfolgt bei den Banken der zweiten Periode während der Periode ein kontinuierlich verlaufender Geldzufluß, der seine maximale Höhe am Ende der Periode erreicht. Durch neue Abzüge zu Beginn der nächsten Periode sinkt der Geldbestand dann wieder auf das Minimum. Dann setzt erneut ein Zufluß ein. Diese Vorgänge wiederholen sich im stationären Modell einer Wirtschaft ständig.

Auf das Kreditpotential dieser isoliert nebeneinanderstehenden Banken wirken sich die geschilderten Geldbewegungen wie folgt aus:

Zu Beginn jeder Periode können die einzelnen Banken keine Kredite gewähren, da sie auf Grund simultaner Abhebungen der Deponenten keine Überschußreserven mehr besitzen. Die Fähigkeit, Kredite zu gewähren, wächst nun im Laufe der Periode proportional zum Geldzufluß bei den einzelnen Banken. Entscheidend ist aber, daß die Dauer der von den Banken gewährten Kredite begrenzt wird durch die Länge der Periode, denn am Ende der Periode erfolgt eine maximale Geldbeanspruchung durch den Zentralbankgeldbedarf der Deponenten. Für diesen Zeitpunkt müssen die Banken entsprechende Reserven bereitstellen, d. h. also, bis dahin müssen die Kredite von den Kreditnehmern zurückgezahlt werden.

Daraus folgt, daß die Banken langfristige Kredite infolge der „Wellenbewegungen" des Geldstroms nicht gewähren können: Die Kreditdauer erstreckt sich maximal über eine Periodenlänge. Innerhalb der Periodenlänge gilt:

Je länger die Kreditdauer der an die Banken herangetragenen Kreditwünsche ist, um so weniger Kredite kann die Bank gewähren, weil erst im Laufe der Periode ihr Geldzufluß anwächst. Im Laufe der Periode nimmt also das Kreditpotential zu, entsprechend nimmt jedoch die Dauer der Kredite, die die Bank auf Grund des Geldzuflusses gewähren kann, ab. Gegen Ende der Periode sind die Banken dieser Bankgruppe fähig, ein Maximum an kurzfristigen Krediten zu gewähren. Durch die Geldbewegungen werden die Banken außerdem gezwungen, für die maximale Beanspruchung Reserven entsprechenden Ausmaßes bereit zu halten, da sie ja isoliert nebeneinander stehen und somit keine Refinanzierungsmöglichkeiten besitzen. Durch die hohe Reservenhaltung müssen die Banken also ihre Kreditgewährung stets derart einschränken, daß sie rechtzeitig für die maximalen Beanspruchungen Reserven entsprechenden Ausmaßes bilden können:

Die hohe Rerservenhaltung verhindert, daß die einzelnen Banken das ihnen zur Verfügung stehende, kreditär nutzbare Geld in optimalem Intensitätsgrade nutzen.

bb) Kreditäre Wirkungen eines Zusammenschlusses isoliert nebeneinanderstehender Banken

Die kreditären Wirkungen eines Zusammenschlusses isoliert nebeneinanderstehender Banken resultieren aus dem folgenden Sachverhalt:

Der Zeitpunkt des maximalen Geldabflusses bei den Banken der ersten Bankgruppe fällt mit dem Zeitpunkt zusammen, zu dem die Banken der zweiten Bankgruppe einen maximalen Geldzufluß aufweisen.

Umgekehrt tritt bei den Banken der zweiten Bankgruppe ein maximaler Geldabfluß zu dem Zeitpunkt auf, zu dem die Banken der ersten Bankgruppe einen maximalen Geldzufluß verzeichnen.

Maximalen Beanspruchungen der einen Bankgruppe entsprechen also zum selben Zeitpunkt minimale Beanspruchungen der anderen Bankgruppe.

Werden nun aber die beiden Bankgruppen zu einem Girosystem miteinander verbunden, so bedeutet dies für das System als Ganzes, daß sich die beiden divergierenden Geldströme kompensieren.

Dies kann folgende kreditäre Wirkungen zur Folge haben:

aaa) Wirkungen des Zusammenschlusses auf die Laufzeit der Kredite

Während zu einem bestimmten Zeitpunkt die eine Hälfte der im Girosystem zusammengeschlossenen Banken Geldzuflüsse verzeichnet, erfolgen bei der anderen Hälfte gleichzeitig Geldabflüsse. Stellen sich nun die miteinander verbundenen Banken ihre aus überdurchschnittlichen Geldzuflüssen resultierenden Geldüberschüsse gegenseitig zur Verfügung, dann kann durch diese Kredithilfe der miteinander verbundenen Banken Kredit mit einer Laufzeit gewährt werden, die über eine Periodenlänge hinausreicht.

Man könnte einwenden, daß es für das Zustandekommen gegenseitiger Kredithilfen unter den Banken keines organisatorischen Zusammenschlusses bedarf, daß vielmehr gegenseitige Kreditgewährungen auch ohne eine bestimmte Art der Verflechtung möglich sind. Dies ist bis zu einem gewissen Grade auch richtig.

Es muß jedoch berücksichtigt werden, daß es einer einzelnen Bank in einem System ausschließlich isoliert nebeneinanderstehender Banken kaum möglich ist, festzustellen, welche Banken Zentralbankgeldüberschüsse und welche Banken einen Zentralbankgeldbedarf haben, um mit ihnen entsprechende Kompensationsgeschäfte abzuwickeln: Eine einzelne Bank besitzt in einem System isoliert nebeneinanderstehender Banken nicht die erforderliche Markttransparenz.

Das ist in einem System miteinander verflochtener Banken anders: Hier steht die einzelne Bank mit der Zentrale in Verbindung. Die Zentrale kann aber zu jedem Zeitpunkt während einer Periode feststellen, welche Mitgliedsbanken passive oder aktive Zahlungsverkehrssalden aufweisen. Da die Zentrale auf diese Weise innerhalb des Girosystems eine „vollkommene" Markttransparenz besitzt, kann sie den Liquiditätsausgleich im eigenen Netz in der Weise vollziehen, „daß die aus dem Zahlungsverkehr aktiv hervorgehenden Banken ihre Überschüsse an das eigene Spitzeninstitut abführen, während die passiv im Zahlungsverkehr stehenden Banken sich Kredite bei ihrer systemeigenen Zentrale verschaffen"[43]. Der Liquiditätsausgleich kann auch in der technischen Form der „Stundung" erfolgen, daß nämlich

---

[43] Vgl. *Gleske*, Leonhard: Die Liquidität in der Kreditwirtschaft. a.a.O., S. 35.

die Mitgliedsbanken mit passiven Zahlungsverkehrssalden ihre im Überweisungsverkehr entstandenen Verpflichtungen nicht bereits im Augenblick ihres Entstehens ausgleichen müssen.

Zusammenfassend kann festgestellt werden, daß Föhl durchaus Recht hat, wenn er meint, daß durch das *Stunden von Forderungen zwischen den Banken* die Banken den Wirtschaftssubjekten des Nichtbankensektors insgesamt nicht mehr Kredite gewähren können, als es der Fall ist, wenn keine Forderungen gestundet werden und wenn nur diejenigen Banken Kredit gewähren, die gerade selber über eine Überschußreserve verfügen[44]. Dagegen können die Banken, wie die Modellbetrachtung zeigt, durch gegenseitiges Stunden von Forderungen oder durch Zurverfügungstellen von Liquidität die Laufzeit der Kredite verlängern.

bbb) Wirkungen des Zusammenschlusses auf das Kreditpotential der „Mitgliedsbanken"

Zahlungen ohne Zentralbankgeld können bereits bei der einfachen Form eines Zusammenschlusses zweier Banken Platz greifen, da ein derartiger Zusammenschluß eine bilaterale Verrechnung ermöglicht. Voraussetzung für das Zustandekommen von Verrechnungsmöglichkeiten ist jedoch, daß sich beide Banken im Gleichschritt bewegen.

Die Bedeutung des Zusammenschlusses mehrerer Banken liegt aber insbesondere darin, daß sich multilaterale Verrechnungsmöglichkeiten eröffnen, wodurch die Verrechnungsmöglichkeiten gesteigert werden. Verrechnungsmöglichkeiten bedeuten Zentralbankgeldersparnis. Es ist also keineswegs — wie Gleske meint — „die Konzentration der Kassenreserven bei dem Spitzeninstitut, die zu einer Zentralbankgeldersparnis für die Gesamtheit der einem Girosystem angeschlossenen Banken führt"[45]. Die Zentralbankgeldersparnis hat nicht das geringste mit der Reservehaltung der Mitgliedsbanken bei der Zentrale zu tun. Unterhalten Banken bei ihrer Zentrale Reserven, dann stellt das lediglich eine Verlagerung eines Zentralbankgeldbestandes von den betreffenden Banken hin zur Zentrale dar.

---

[44] Vgl. *Föhl*, Carl: Geldschöpfung und Wirtschaftskreislauf. a.a.O., S. 85.

[45] Vgl. *Gleske*, Leonhard: Die Liquidität in der Kreditwirtschaft. a.a.O., S. 37.

[46] Schmidt unterscheidet einen Verrechnungsverkehr

I. Ohne Zentrale

II. Mit Zentrale

a) mit verrechnender Zentrale,

b) mit bestandhaltender Zentrale,

c) Clearing.

(Vgl. *Schmidt*, Fritz: Der nationale Zahlungsverkehr. 2. erw. Auflage. Leipzig 1920. Vgl. auch *Stucken*, Rudolf: Geld und Kredit. 1. Auflage. Tübingen 1949, S. 23.)

Für die Frage der Zentralbankgeldersparnis ist es auch völlig gleichgültig, in welcher der verschiedenen möglichen, technischen Formen[46] der Zusammenschluß erfolgt[47].

Die Ursache der aus dem Zusammenschluß resultierenden Zentralbankgeldersparnis sind einzig und allein die multilateralen Verrechrechnungsmöglichkeiten. Während nämlich isoliert nebeneinanderstehende Banken gegenseitige Zahlungen grundsätzlich mit Zentralbankgeld, also einem Gelde, das sie selbst nicht schaffen können, ausführen müssen, führen die technisch möglichen Formen eines Zusammenschlusses zu Verrechnungsmöglichkeiten, bei denen nur noch der Spitzenausgleich mit Zentralbankgeld vorgenommen werden muß.

Die Zentralbankgeldersparnis bei multilateralen Verrechnungsmöglichkeiten beruht insbesondere darauf, daß eine Mitgliedsbank nicht nur mit *einer* Bank — wie dies bei einer bilateralen Verrechnung der Fall ist — sondern mit *sämtlichen*, dem System angeschlossenen Banken, über die Zentrale Verrechnungsmöglichkeiten besitzt. Außerdem wird durch den Zusammenschluß das „Einzugsgebiet" (d. h. der Scheckkunden- und Girokundenkreis) größer. Damit ist auch eine bessere Strukturierung des Publikums des Systems als Ganzes wahrscheinlich. Tritt eine universellere Strukturierung des Publikums ein, so wachsen die internen Verrechnungsmöglichkeiten: Ein größerer Teil der Zahlungsausgänge läßt sich mit Zahlungseingängen verrechnen, steigert also die Fähigkeit, Zahlungen mit Geschäftsbankgeld auszuführen, weil die Zahlungen im Einzugsgebiet verbleiben. Erhält die Kundenstruktur durch den Zusammenschluß keinen universelleren Charakter, dann wird auch nicht die Fähigkeit der Banken, Zahlungen ohne Zentralbankgeld auszuführen, gesteigert; es tritt folglich auch keine Zentralbankgeldersparnis ein.

Tritt nach dem Zusammenschluß im Girosystem eine Zentralbankgeldersparnis ein, dann können entweder die Verrechnungsguthaben oder die Liquiditätsreserven herabgesetzt werden. Das frei werdende Zentralbankgeld steht zur kreditären Nutzung zur Verfügung. Also erfährt das Kreditpotential des Girosystems eine Erweiterung.

Da aber durch den Zusammenschluß die Fähigkeit der Mitgliedsbanken, Zahlungen ohne Zentralbankgeld zu leisten, gesteigert wird, erfährt nicht nur das Kreditpotential, sondern auch die Kredit*schöpfungs*kapazität eine Erweiterung.

Wesentlich ist, daß die Zentralbankgeldersparnis zunächst nur dem Gironetz als Ganzes zugute kommt.

---

[47] Die technische Form des Zusammenschlusses ist lediglich hinsichtlich der Frage von Bedeutung, wem die Zentralbankgeldersparnis zugute kommt, nämlich der Zentrale oder den Mitgliedsbanken.

Es hängt vom Organisationsprinzip ab, ob die Zentrale oder die Mitgliedsbanken die Zentralbankgeldersparnis nutzen. Man kann zwei typische Fälle unterscheiden:

Unterhalten die Mitgliedsbanken bei der Zentrale Verrechnungsguthaben (Fall eines Zusammenschlusses mit bestandhaltender Zentrale), senken sie trotz der Zentralbankgeldersparnis ihre Verrechnungsguthaben nicht, dann kommt die Zentralbankgeldersparnis der Zentrale zugute, weil sie einen geringeren Prozentsatz der Verrechnungsguthaben der Mitgliedsbanken in Zentralbankgeld gedeckt halten muß, den frei werdenden Teil aber kreditär nutzen kann[48].

Unterhalten die Mitgliedsbanken dagegen keine Verrechnungsguthaben bei der Zentrale, liegt also ein Clearingsystem vor, dann kommt die Zentralbankgeldersparnis den Mitgliedsbanken zugute, die ihre Liquiditätsreserven herabsetzen und damit den frei werdenden Teil selbst kreditär nutzen können.

b) Die Wirkungen des Zusammenschlusses der Sparkassen zum Sparkassengirosystem auf das Ausmaß der Kreditschöpfung im Sparkassengeschäft

Die vorhergehenden Ausführungen zeigten, daß durch den Zusammenschluß isolierter Banken zu einem Gironetz erstens eine Transformation kurzfristiger in langfristige Kredite vorgenommen werden kann. Die Transformation wird durch einen Geldausgleich zwischen den Mitgliedsbanken ermöglicht, den die Zentrale lenkt. Durch diese Vorgänge wird zwar nicht das Kreditpotential, wohl aber die Laufzeit der Kredite erweitert. Diese Wirkung interessiert jedoch bei der Erörterung des in dieser Arbeit aufgegriffenen Problems nicht, weshalb wir sie vernachlässigen.

Zum andern wird durch den Zusammenschluß auch eine Erweiterung des Kreditpotentials sowie der Kreditschöpfungskapazität erzielt, wenn sich auf Grund einer Steigerung der Verrechnungsmöglichkeiten die Fähigkeit der zusammengeschlossenen Banken, Zahlungen mit Geschäftsbankgeld auszuführen, erweitert.

---

[48] Es kann außerdem der Fall gegeben sein, den Gleske darstellt (vgl. *Gleske*, Leonhard: Die Liquidität in der Kreditwirtschaft. a.a.O., S. 35 f.), daß nämlich die Mitgliedsbanken ihre Liquiditätsreserven anstatt beim Zentralbanksystem bei der systemeigenen Zentrale unterhalten. Dieser Fall beinhaltet analog zur obigen Darstellung folgende Alternative der kreditären Nutzungsmöglichkeit der Zentralbankgeldersparnis:

Senken die Mitgliedsbanken ihre Liquiditätsreserven, dann nutzen sie selber die Zentralbankgeldersparnis; unterhalten sie unveränderte Liquiditätsreserven bei der Zentrale, dann kann die Zentrale die Zentralbankgeldersparnis kreditär nutzen, weil sie nur einen geringeren Prozentsatz der Reserven der Mitgliedsbanken in Zentralbankgeld gedeckt halten muß.

Es erhebt sich nun die Frage, inwieweit durch den Zusammenschluß der Sparkassen die Möglichkeiten einer Kreditschöpfung im Sparkassengeschäft erweitert werden. Bereits das Einzugsgebiet einer Girozentrale, das sich über die ihr angeschlossenen Sparkassen erstreckt, ist im Vergleich zu den Gironetzen anderer Bankgruppen außerordentlich enggliedrig und weitreichend. Erfolgt der Abrechnungsverkehr der regionalen Girozentralen über die Deutsche Girozentrale, so erfährt das Einzugsgebiet erneut eine Ausdehnung: zum Einzugsgebiet der Deutschen Girozentrale gehören die angeschlossenen Girozentralen und damit die den Girozentralen angeschlossenen Sparkassen. Durch den Zusammenschluß der Girozentralen sowie der ihnen angeschlossenen Sparkassen wurde somit ein imposantes Einzugsgebiet geschaffen.

Dies verdeutlichen folgende Zahlen:

Das Sparkassennetz im Bundesgebiet in den Jahren 1936, 1949 und 1957

Ende des Zeitraums	Sparkassen	Hauptzweigstellen	Nebenzweigstellen	Annahmestellen	Sparkassenstellen insgesamt
1936	1054	1652	3971	1856	8533
1949	881	1865	4466	858	8070
1957	855	2508	5517	401	9281

Entnommen aus: Die Sparkassen in Zahlen. 2. Auflage. Stuttgart o. J.

Die Sparkassenorganisation stellt heute den größten Bankapparat im Bundesgebiet dar, der sich gleichmäßig über das gesamte Bundesgebiet erstreckt.

Dieses Einzugsgebiet besitzt jedoch trotz seiner Größe im Hinblick auf die dadurch geschaffenen Verrechnungsmöglichkeiten bei weitem nicht die Bedeutung wie etwa das Girosystem der Kreditbanken. Seine Hauptbedeutung liegt vielmehr auf dem Einzugsgebiet der regionalen Girozentralen.

Es liegt dies in folgendem begründet:

1. Die Sparkassen besitzen satzungsgemäß einen lokalen Charakter.
2. Das Publikum der Sparkassen setzt sich vorwiegend aus dem Mittelstand, den Handwerkern, den kleinen und mittleren Gewerbetreibenden, den Kaufleuten und Landwirten zusammen.

   Die Geschäftssphäre dieses Publikums ist in der Regel ebenfalls auf den lokalen Bereich beschränkt. Der sich zwischen süddeutschen, norddeutschen oder westdeutschen Sparkassen abspielende Zahlungsverkehr weist einen relativ geringen Umfang auf.

   Während sich bei den Kreditbanken, zu deren Publikum vorwiegend die Großindustrie sowie der Großhandel gehören, der

Aktionsradius des Zahlungsverkehrs über das ganze Land erstreckt, kann davon also bei den Sparkassen keine Rede sein.

Da bei den Sparkassen der translokale und der transregionale Zahlungsverkehr vergleichsweise gering sind, lassen sich die durch die Schaffung des Sparkassengironetzes gegebenen technischen Voraussetzungen für die Verrechnungsmöglichkeiten innerhalb des Sparkassensektors nur in einem minimalen Grade ausnützen.

Weil nun außerdem sämtliche Sparkassen dieselbe einseitige Kundenstruktur aufweisen, erfolgt durch den Zusammenschluß der Sparkassen keine Ausdehnung der Kundenstruktur des Sparkassengironetzes auf — idealtypisch gesprochen — mehrere Wirtschaftsstufen. Lediglich die Zahl der Wirtschaftseinheiten derselben Stufe erfährt eine Ausdehnung. Deshalb steigern sich die Verrechnungsmöglichkeiten durch den Zusammenschluß der Sparkassen zum Sparkassengironetz bei weitem nicht in dem Ausmaße, wie man gemeinhin aus der Dichte sowie der Größe des durch den Zusammenschluß der Sparkassen erzielten Gironetzes folgern zu können glaubt.

Nun bildet aber der Zusammenschluß isoliert nebeneinanderstehender Banken erst die technische Voraussetzung für die Verrechnungsmöglichkeiten. Konstituierender Faktor einer Verrechnung ist letztlich der Gleichschritt, und zwar der Gleichschritt der Sparkassen bei der Kreditausdehnung sowie der Gleichschritt der Debitoren bei der Inanspruchnahme des Kredits (also zeitpunkt- und mengenmäßiger Gleichschritt). Die Dispositionen der Kreditnehmer entziehen sich der Einflußsphäre der Sparkassen. Also fragt es sich, inwieweit sich die Sparkassen untereinander sowie mit den Kreditbanken hinsichtlich ihrer Kreditausdehnung im Gleichschritt bewegen[49]. Bereits Somary weist darauf hin, daß die früher vertretene Auffassung, ein gleichartiges Vorgehen der Banken käme automatisch zustande, nicht zutrifft[50].

Nun zeigt sich aber in praxi, daß die Leiter der Kreditbanken gewöhnlich doch gleichartig handeln. Stucken findet im Rentabilitätsprinzip als Richtschnur des Handelns der Bankleiter eine einleuchtende Erklärung. Er sagt: „Durchgängig wird von allen in gleicher Weise angestrebt, keine unnötigen Barreserven zu unterhalten, denn die Barreserven, gleichgültig ob in der Form von Münzen und Noten in

---

[49] Der Begriff „Gleichschritt" besitzt hier den Inhalt, daß jede einzelne Sparkasse eine in ihrem Besitze befindliche Überschußreserve zu einer neuerlichen Kreditgewährung benützt anstatt früher bei der Zentralbank oder der Girozentrale genommene Kredite zurückzuzahlen oder solche Zentralbankguthaben aus irgendeinem Grunde anzureichern. (Denselben Inhalt legt H. Klepsch-Bodack dem Begriff „Gleichschritt" bei. Vgl. *Klepsch-Bodack*, Hildegard: Der Geldschöpfungskoeffizient der Kreditbanken. a.a.O., S. 65.)

[50] Vgl. *Somary*, Felix: Bankpolitik. a.a.O., S. 62 f.

der Kasse oder in der Form des Guthabens bei einer Notenbank, bringen bekanntlich keine Zinsen. Man strebt einen bestimmten Barliquiditätssatz an, im übrigen scheint geradezu ein Horror vor weiteren Barreserven zu bestehen. Man läßt größere Barreserven auch nicht vorübergehend zu, sondern sucht geeignete sonstige Anlagen zu erwerben, wenn man die Gelder nicht zu Krediten an die Kundschaft verwerten kann und nicht etwa eine dritte Verwendungsart in Frage kommt ...[51]"

Im Sparkassensektor ist in dieser Hinsicht aber ein völlig anderer Sachverhalt gegeben: Die Sparkassen streben, im Gegensatz etwa zu den Kreditbanken, keine Gewinnmaximierung an. Die Zielsetzung der Sparkassen liegt auf anderem Gebiete. Die „Mündelsicherheit" erfordert eine besonders vorsichtige Geschäftsführung der Sparkassen. Die Sparkassen streben daher nicht maximalen Gewinn, sondern maximale Sicherheit an. Da das Rentabilitätsprinzip nur in beschränktem Maße Richtschnur des Handelns der Sparkassenleiter ist, entfällt im Sparkassensektor der den Gleichschritt konstituierende Faktor weitgehend.

Zusammenfassend kann also festgestellt werden, daß das Ausmaß der Verrechnungsmöglichkeiten und damit der Zentralbankgeldersparnis im Sparkassengironetz bei weitem nicht in dem Ausmaß gegeben ist, wie etwa aus der Größe des Sparkassengironetzes gefolgert werden könnte[52].

Hinsichtlich der Frage, *wem* die Zentralbankgeldersparnis, die durch die Verrechnungsmöglichkeiten im dreistufigen Sparkassengirosystem erzielt wird, zugute kommt, ergibt sich folgendes:

Die Sparkassen unterhalten bei ihren Girozentralen *neben* dem Liquiditätsguthaben, dem sogenannten „Li-Konto", ein Konto in laufender Rechnung, das der Abwicklung des Zahlungsverkehrs auf Clearingbasis dient und dessen Höhe laufend wechselt.

Der Sachverhalt, daß die Sparkassen diese Guthaben bei den Girozentralen unterhalten, charakterisiert die Girozentralen als „bestandhaltende" Zentralen.

---

[51] Vgl. *Stucken,* Rudolf: Geld und Kredit. a.a.O., S. 64. Auch Klepsch-Bodack vertritt in diesem Punkte dieselbe Auffassung. (Vgl. *Klepsch-Bodack,* Hildegard: Der Geldschöpfungskoeffizient der Kreditbanken. a.a.O., S. 66.)

[52] Van Zwoll schätzt die Liquiditätsvorteile von großen Verrechnungssystemen auf 5—10 % der Kreditoren. (Vgl. *van Zwoll,* Johann Hermann: Mindestreserven als Mittel der Geld- und Kreditpolitik. a.a.O., S. 73.)

Floss ermittelt — mit Hilfe einer allerdings sehr problematischen Berechnung — die Zentralbankgeldersparnis für das Sparkassengirosystem am 31. Dezember 1953 auf etwa 6,77 % der zirkulierenden Depositenverbindlichkeiten (ohne Zwischenbankeinlagen der eigenen Organisation). (Vgl. *Floss,* Eberhard: Anlage- und Liquiditätsrichtlinien im Sparkassenwesen, Tübinger Dissertation 1956, S. 51.)

Damit kommt die Zentralbankgeldersparnis, wie wir theoretisch am Modell ableiteten, der Zentrale — im Sparkassengirosystem also ausschließlich dem Mittelbau (bzw. dem Oberbau) — zugute.

C. Indirekte Bestimmungsgründe des Ausmaßes der Kreditschöpfung im Sparkassengeschäft

I. Generelles über die indirekten Bestimmungsgründe des Ausmaßes der Kreditschöpfung im Sparkassengeschäft

Unter den indirekten Bestimmungsgründen des Ausmaßes der Kreditschöpfung nannten wir auf Seite 127 f. der vorliegenden Arbeit erstens die „Labilität" der einer Kreditgewährung zugrunde liegenden Depositen (m. a. W., den Sachverhalt, ob es sich bei den Depositen, die zu einer Liquiditätsverbesserung bei einem Kreditinstitut führen und somit eine Kreditgewährung induzieren, um „aktive" oder „inaktive" Depositen handelt) und zweitens die Größen „r" und „a" unserer rechnerischen Ableitung des potentiellen Ausmaßes der Kreditschöpfung auf Seite 111 f. der vorliegenden Arbeit. Schließlich erwähnten wir noch den Sachverhalt, daß im Aktivkreditgeschäft der Banken Eigentümlichkeiten gegeben sind, die ebenfals indirekt auf das Ausmaß der Kreditschöpfung einwirken.

Die Aufgabe der folgenden Erörterungen wird darin bestehen, die genannten Faktoren näher zu determinieren.

Da die angegebenen Größen auch das Ausmaß der Kreditvermittlung eines Kreditinstituts (im Sinne der „orthodoxen" Theorie) beeinflussen (was mit dafür entscheidend war, daß wir diese Faktoren als „indirekte" Bestimmungsgründe des Ausmaßes der Kreditschöpfung bezeichneten), scheint es uns erforderlich, kurz darauf hinzuweisen, in welcher Weise diese Größen das Ausmaß der Kreditschöpfung indirekt beeinflussen:

Eine Kreditschöpfung ist nur aufgrund von Zahlungen mit Geschäftsbankgeld möglich. Je mehr Zentralbankgeld jedoch eine Bank besitzt, um so mehr Kredite kann sie gewähren. Verfügt eine Bank über keinen überschüssigen, kreditär nutzbaren Zentralbankgeldbestand (= „a" im Sinne unserer generell-rechnerischen Ableitung auf Seite 111 f. dieser Arbeit), so wird sie es auch nicht wagen, einen Kredit zu gewähren, weil sie ja damit rechnen muß, daß ihr bei der Kreditinanspruchnahme Zentralbankgeld abverlangt wird.

Ferner ist zu berücksichtigen, daß der Bestand kreditär nutzbaren Zentralbankgeldes geschmälert wird durch die von den Kreditinstituten zu unterhaltende Reserve (= „r" im Sinne unserer generell-rechnerischen Ableitung auf Seite 111 f. dieser Arbeit).

Die Kreditelastizität einer Bank wird also bestimmt durch die Menge des ihr zur Verfügung stehenden, kreditär nutzbaren Zentralbankgeldes.

Das Ausmaß des einer Bank zur Verfügung stehenden, kreditär nutzbaren Zentralbankgeldes tangiert somit zwar nicht *direkt* ihre Kreditschöpfungsmöglichkeiten (denn die Kreditschöpfung kommt durch Zahlungen mit Geschäftsbankgeld zustande), wohl aber das Ausmaß der Kreditgewährung überhaupt[53]. Die Kreditgewährung selbst kann entweder in der Form einer Kreditvermittlung oder in der Form einer Kreditschöpfung erfolgen. Besteht eine empirisch ermittelte Relation zwischen Kreditgewährung und Kreditschöpfung derart, daß beispielsweise *durchschnittlich* jede zweite oder dritte Kreditgewährung in Form einer Kreditschöpfung erfolgt, ist also das Ausmaß der Kreditschöpfung dem Ausmaß der Kreditgewährung proportional, so kann eine Bank um so mehr kreditschöpfend tätig sein, je mehr Kredite sie gewährt. Das Ausmaß der Kreditschöpfung ist also eine abhängige Variable des Ausmaßes der Kreditgewährung einer Bank.

Folglich stellen diejenigen Faktoren, die das Ausmaß des einer Bank zur Verfügung stehenden, kreditär nutzbaren Zentralbankgeldbestandes beeinflussen, indirekte Bestimmungsgründe des Ausmaßes der Kreditschöpfung einer Bank dar. Darunter fallen alle die Faktoren, die das Ausmaß des Zu- oder Abflusses von Zentralbankgeld bei einer Bank beeinflussen oder den Bestand kreditär nutzbaren Zentralbankgeldes, über den eine Bank verfügt, aus irgendwelchen Gründen schmälern.

Der Zustrom von Zentralbankgeld bei einer Bank wird durch ihr Passivgeschäft (Depositengeschäft), ferner durch Geldaufnahme (Refinanzierung) bewirkt. Das Ausmaß der Geldaufnahme hängt grundsätzlich von der „Kreditaktivität" einer Bank, d. h. von ihrer „kreditpolitischen Verhaltensweise", ab[54]. Auch durch Kreditrückzahlungen kann einer Bank Zentralbankgeld zufließen.

Der Abfluß von Zentralbankgeld wird einerseits durch die Abwicklung des Passivkreditgeschäftes, andererseits durch das Aktivkreditgeschäft (Kreditinanspruchnahme sowie Art und Zweck der gewährten Kredite) verursacht. Der Bestand des kreditär nutzbaren Zentralbankgeldes wird ferner durch die Reservehaltung der Bank geschmälert.

---

[53] Vgl. zur Frage des Zusammenhangs zwischen dem Zentralbankgeld und dem Kreditpotential der Geschäftsbanken: *Veit*, Otto: Volkswirtschaftliche Theorie der Liquidität. Frankfurt/M. 1948, S. 70.

[54] Den Begriff „kreditpolitische Verhaltensweise einer Bank" erläutern wir auf S. 185 f. der vorliegenden Arbeit.

In diesem Zusammenhang ist noch auf eine besondere, nur im Sparkassensektor auftretende Eigentümlichkeit hinzuweisen. Die Geschäftstätigkeit der Sparkassen unterliegt strengen Anlagevorschriften. Diese Anlagevorschriften beeinflussen einerseits die Barliquidität, andererseits teilweise sogar direkt das Ausmaß der Kreditgewährung der Sparkassen.

In jedem Falle beeinflussen sie den Liquiditätsstatus der Sparkassen und damit die kreditären Dispositionen der Sparkassenleiter. Beim Versuch, die indirekten Bestimmungsgründe des Ausmaßes der Kreditschöpfung der Sparkassen zu determinieren, sind also auch die Anlagevorschriften hinsichtlich ihres Einflusses auf das Ausmaß der Kreditschöpfung der Sparkassen zu untersuchen.

Mit dieser Aufzählung sind die direkten Bestimmungsgründe des Kreditpotentials (und damit die indirekten Bestimmungsgründe des Ausmaßes der Kreditschöpfung) der Sparkassen und Banken generell genannt.

II. Die Konstanz der Spareinlagen als indirekter Bestimmungsgrund des Ausmaßes der Kreditschöpfung im Sparkassengeschäft

1. Das Problem

a) Allgemeines

Wie wir bereits bei der rechnerischen Ableitung des potentiellen Ausmaßes der Kreditschöpfung auf S. 111 f. der vorliegenden Arbeit erkannten, übt die Konstanz der der Kreditgewährung zugrunde liegenden Depositen einen entscheidenden Einfluß auf das Ausmaß der Kreditschöpfung eines Kreditinstituts aus. Da das Untersuchungsobjekt der vorliegenden Arbeit das typische Sparkassengeschäft (d. h. das durch Liquiditätsverbesserung aufgrund eines Spareinlagenzuwachses induzierte Kreditgeschäft) darstellt, ist die Frage nach dem Ausmaß der Kreditschöpfung im Sparkassengeschäft folglich auch die Frage nach der Konstanz der Spareinlagen.

Über die Konstanz der Spareinlagen herrschen in der Literatur unterschiedliche Auffassungen vor: Der Tenor der gemeinhin vertretenen Auffassungen besagt zwar, daß die Spareinlagen eine relativ höhere Konstanz aufweisen als andere Depositen. So kommt beispielsweise Voigt zum Ergebnis, daß die Spareinlagen — obwohl der größte Teil von ihnen täglich bzw. kurzfristig fällig ist, obwohl die Spareinlagen verhältnismäßig liquide Vermögensanlagen sind[55], und obwohl generell, wie bereits Keynes feststellt, von den Wirtschaftssubjekten der Zeitpunkt, an dem Geld eingenommen oder ausgegeben

---

[55] Vgl. *Keynes*, John Maynard: Vom Gelde. Deutsche Übersetzung von Dr. Carl Krämer unter Mitwirkung von Louise Krämer. Berlin 1931, S. 27.

wird, nicht exakt vorherbestimmt werden kann[55] — doch eine vergleichsweise hohe Stabilität aufweisen[56].

Voigt sagt:

„Im Laufe der Entwicklung gab es in den Jahren 1847, 1857, 1873, 1900, 1907 charakteristische volkswirtschaftliche Krisenerscheinungen. Sowohl Geldmarkt wie Kapitalmarkt wurden durch diese Krisen in Verwirrung gestürzt. Vorher festliegende Kaufkraftströme gerieten plötzlich in Bewegung, Zusammenbrüche wurden hierdurch verursacht. Verschiedene Wege des Sparens wurden in diesen Krisen überaus empfindlich berührt. Die Aktienausgabe, die Wertpapierkurse, die Hypothekenbewegung, wie auch die Zwangssparprozesse über die Preisbildung mußten in diesen Krisenjahren beachtliche Einschnitte über sich gehen lassen. Auch das Horten von Geld wies in diesen Krisenjahren jeweils typische Veränderungen auf ... Die Spareinlagen bei den Sparkassen blieben aber über diese Krisen hinweg fast unberührt ... Selbst in der kritischen Periode der Koreakrise bis zum ersten Vierteljahr 1951, in der Auszahlungsüberschüsse in geringfügigem Maß auftraten, hat sich der *gesamte* (Hervorhebung vom Verf.) Spareinlagenbestand als unbedingt zuverlässig erwiesen ... Das Sparkapital, das sich bei den Sparkassen bildet, ist also keineswegs ein Sparkapital minderer Qualität, wie es oft in oberflächlichen theoretischen Abhandlungen dargestellt wird[57]."

Unter den Äußerungen, die andererseits die Konstanz der Spareinlagen auch in jüngster Zeit in Zweifel ziehen, sind insbesondere die der BdL bzw. der BBk zu nennen.

So hält es die BdL in ihrem Monatsbericht März 1949 für „... angezeigt, die Bankeinlagen ohne Rücksicht auf ihre Fristigkeit sämtlich als „Geld" anzusehen, also sowohl die Spareinlagen wie auch die Termineinlagen dem Geldvolumen zuzurechnen"[58].

Auch die folgende Äußerung der BdL läßt klar erkennen, daß die Notenbank den Spareinlagen keine hohe Konstanz beimißt: „Am günstigsten entwickeln sich jedoch zur Zeit die Spareinlagen ... Die Konsolidierung der Märkte trägt also nun auch in diesem *wohl empfindlichsten* (Hervorhebung vom Verf.) Teil der Kapitalbildung Früchte[59]."

Im Monatsbericht für Dezember 1954 stellt die BdL fest, „daß seit geraumer Zeit mehr und mehr Mittel auf Sparkonten geflossen sind, die in keiner Weise mehr den Charakter von kleinen Sparkapitalien haben, sondern nur zeitweilig nicht benötigte finanzielle Reserven darstellen, wie sie früher im wesentlichen eben auf Terminkonten gehalten wurden"[60].

Im Monatsbericht für Mai 1955 bemerkt die BdL, „... daß sich der Zugang an liquiden Mitteln (bei den Kreditinstituten; der Verf.) vornehmlich auf den Spar- bzw. Terminkonten niederschlägt"[61].

In ihrem Monatsbericht für Januar 1959 erinnert die BBk zunächst daran, sie habe schon immer feststellen müssen, daß heute noch „ein relativ großer Teil der volkswirtschaftlichen Ersparnisbildung in Formen seinen

---

[56] Vgl. *Voigt,* Fritz: Die aktuelle Problematik der Kapitalbildung. In: Sparkasse. 7. Jahrgang, Heft 23, vom 1. Dezember 1953, S. 359.
[57] Vgl. ebenda, S. 359.
[58] Vgl. Monatsbericht der BdL vom März 1949.
[59] Vgl. Monatsbericht der BdL vom August 1951.
[60] Vgl. Monatsbericht der BdL vom Dezember 1954, S. 10.
[61] Vgl. Monatsbericht der BdL vom Mai 1955.

Niederschlag findet, mit denen keine längerfristige Bindung verbunden ist und in denen sie daher für eine längerfristige Anlage nur teilweise zur Verfügung steht". Diese Behauptung unterstreicht die Bundesbank durch die Feststellung, daß im Jahre 1958 der Betrag des unmittelbaren Wertpapierabsatzes mit 2,7 Mrd. DM (Gesamtabsatz an Wertpapieren abzüglich Wertpapierkäufe der Geldinstitute) im Vergleich zur Zunahme der Spar- und Termineinlagen (7,6 Mrd. DM, davon 6,7 Mrd. DM Spareinlagen), nach wie vor relativ gering sei. Die Bundesbank erkennt an, daß „ein Teil der zusätzlichen Gelddisponibilitäten im vergangenen Jahr nicht verbraucht wurde, sondern in die ruhenden Bestandteile des Geldvermögens gegangen" wäre. Doch keineswegs wären die neu gebildeten Geldvermögen (eben weil sie zum größten Teil nur auf Sparkonten angelegt wurden), „in vollem Umfange mit einer längerfristigen Ersparnisbildung gleichzusetzen". Die Bundesbank meint zwar, daß sich hinter dieser Geldvermögensbildung teilweise Sparvorgänge verbergen, doch könnten diese nicht als solche in Erscheinung treten, „weil die betreffenden Mittel weiter in relativ liquider Form unterhalten werden"[62].

Die in der Literatur zutage tretende unterschiedliche Beurteilung der Konstanz der Spareinlagen dürfte a prima vista darauf zurückzuführen sein, daß sich der makroökonomische Spareinlagenbestand in der Vergangenheit im großen ganzen durchaus als stabil erwies, daß jedoch die Spareinlagenbestände bei den *einzelnen* Sparkassen vielfach doch erheblichen Schwankungen unterlagen; diese, von den ermittelten Durchschnittswerten abweichenden Bewegungen wurden dann oft vorschnell verallgemeinert.

Zweifellos können derartige „Sonderbewegungen" bei einzelnen Sparkassen stets auftreten und sie erfahren in Zeiten häufiger Änderungen der Bewertung der verschiedenen möglichen wirtschaftlichen Verhaltensweisen, beispielsweise etwa der Förderung der Konsumneigung durch entsprechende Werbung, ferner der Erweiterung des persönlichen Erlebnishorizontes der Wirtschaftssubjekte auf kontinuierliche oder plötzlich auftretende Entwertungen der Ersparnisse durch Inflation oder Währungsreformen, eine Verschärfung[63].

In Perioden, in denen die Währung gefährdet ist, verhalten sich die Besitzer von Sparguthaben anders als in Zeiten einer gesunden Währung: In Perioden gesunder Währungen wächst das Volumen der

---

[62] Vgl. Monatsbericht der BBk für Januar 1959, S. 5 f.

[63] So konstatiert Büche bei einer Untersuchung der Situation in Österreich folgendes: „Sicherlich können die laufenden Diskussionen über das Lohn- und Preisthema, die ständigen Forderungen der Gewerkschaften, die vielfach mit Streikdrohungen verbunden sind, nicht beruhigend auf das Sparklima einwirken und das Ergebnis dieser Beunruhigungen wirkt sich bei der dem Österreicher an und für sich anhaftenden Neigung zu einer Steigerung des Verbrauchs in einer Verstärkung der Umlaufsgeschwindigkeit des Geldes aus." (Vgl. *Büche*, Richard: Zur Problematik des Sparens. In: Österreichische Sparkassenzeitung. 43. Jahrgang. Folge 21/22 vom 30. Nov. 1956, S. 219.) Büches Bemerkungen treffen zum Teil auch auf die Situation in der Bundesrepublik, wie überhaupt auf sämtliche Volkswirtschaften mit einer freiheitlichen Marktordnung, zu.

Sparguthaben sowohl beim gesamten Banksystem, wie auch — bei langfristiger Betrachtung, also abgesehen von den geschilderten, kurzfristig auftretenden Sonderbewegungen — bei den *einzelnen* Sparkassen.

Während nun aber der Konjunkturverlauf auf die Spareinlagenbildung nur einen geringen Einfluß ausübt — beispielsweise erfolgte eine Steigerung des Spareinlagenbestandes sogar während des wirtschaftlichen Tiefstandes in den Jahren 1929 und 1930 — führen „reine Geldkrisen" (im Sinne Hahns[64]) vielfach zu einer Auflösung von Ersparnissen. Es liegt eine starke „psychologische und tatsächliche Abhängigkeit und Reagibilität des Sparens von den externen Faktoren der Politik und der Preisbewegung" vor[65].

Bereits die wenigen Bemerkungen dürften genügen, um die Problematik der Frage nach der Konstanz der Spareinlagen zu zeigen. Es erscheint uns daher erforderlich, diese Frage aufzugreifen und sie insbesondere unter den in der vorliegenden Arbeit interessierenden Aspekten zu untersuchen.

Die Konstanz der Spareinlagen wird von verschiedenen Faktoren beeinflußt:

Hauptsächlich der *Zweck*, dem die Spareinlagen dienen, beeinflußt ihre Konstanz. Die Konstanz der Spareinlagen liegt darin begründet, daß die Spareinlagen nicht dem Zahlungsverkehr, sondern der *Anlage* dienen.

Nun enthalten die Spareinlagen jedoch nicht nur Bestandteile, die ausschließlich der Anlage dienen. Sie enthalten vielmehr auch Bestandteile, die anderen Zwecken dienen, weshalb sie verschiedentlich sehr bald nach ihrer Bildung wieder aufgelöst werden. Eine Untersuchung der Konstanz der Spareinlagen wird also davon ausgehen müssen, daß die Spareinlagen heterogene Bestandteile enthalten[66].

Die Konstanz der Spareinlagen wird ferner durch juristische und satzungsmäßige Bestimmungen, denen die Spareinlagen unterliegen, beeinflußt.

Schließlich geht auch noch von psychologischen Werbeaktionen ein gewisser Einfluß auf die Konstanz der Spareinlagen aus.

Bevor wir jedoch das Problem der Konstanz der Spareinlagen erörtern, halten wir es für nötig, noch kurz auf eine andere, in diesem Zusammenhang auftretende Frage einzugehen.

---

[64] Hahn versteht unter „reinen Geldkrisen" solche Krisen, die „ausschließlich das Resultat von Angst und Mißtrauen, also von psychischen Vorgängen bei den Massen" sind. (Vgl. *Hahn*, L. Albert: Volkswirtschaftliche Theorie des Bankkredits. a.a.O., S. 67.)

[65] Vgl. Jahresbericht der ADSGG für das Jahr 1950, S. 9.

[66] Gerade dieser Sachverhalt führt zu unterschiedlichen Auffassungen über die Konstanz der Spareinlagen. Es ist daher erforderlich, die verschiedenen Bestandteile der Spareinlagen im Hinblick auf ihre Konstanz zu untersuchen.

Es könnte der Gedanke auftauchen, die Konstanz bzw. Labilität der einer Kreditgewährung zugrunde liegenden Depositen tangiere das Problem der Kreditschöpfung nicht, weil die Labilität der Depositen, die Kredite induzieren, bei *sämtlichen Depositenarten dieselben Reaktionen* der Bankleiter, nämlich Refinanzierungsmaßnahmen, hervorrufe. Damit münde das kredittheoretische Problem in die Frage nach den aus den Refinanzierungsoperationen resultierenden Veränderungen des Kreditvolumens ein.

Tatsächlich braucht in praxi die Labilität der Depositen, auch eine eventuelle Labilität der Spareinlagen, wenigstens in liquiditätsmäßiger Hinsicht kein Problem darzustellen: Denn erstens bieten der Sachverhalt, daß die modernen Sparkassen ihr Aktivkreditgeschäft nicht nur auf den Spareinlagen, sondern auch auf den anderen Depositenarten fundieren sowie zweitens die Existenz eines funktionsfähigen Geldmarktes den Sparkassen ohne weiteres die Möglichkeit, kurzfristig auftretende Zentralbankgeldlücken bei der Kreditgewährung durch einen internen Liquiditätsausgleich oder durch Kreditinanspruchnahme am Geldmarkt oder durch Refinanzierung bei den Girozentralen zu „finanzieren".

Die Frage, ob die Refinanzierung im Falle des Abzugs von Depositen, die als Grundlage von Kreditgewährungen dienten, irrelevant ist in bezug auf das Ausmaß der Kreditschöpfung, ist damit jedoch noch nicht geklärt; sie soll anschließend erörtert werden.

b) Exkurs: Die kredittheoretische Bedeutung der „Refinanzierung" im Falle des Abzugs von Depositen, die als Basis von Kreditgewährungen dienten

Beschaffen sich die Sparkassen oder Banken bei einem Abzug von Depositen, die als Basis von Kreditgewährungen dienten, auf irgendeinem Wege von dritter Seite das hierfür erforderliche Zentralbankgeld, so kann unseres Erachtens in diesem Falle von einer Autonomie der Sparkassen oder Banken beim Zahlungsakt, die ja ein konstituierendes Wesensmerkmal jeder Kreditschöpfung darstellt, keine Rede sein[67].

In diesem Falle beruhen also die Kredite, deren originäre „Finanzierungsgrundlage" durch den Abzug der die Kreditbasis darstellenden Depositen entfällt, auf keiner Kreditschöpfung[68].

Dies liegt in folgendem begründet:

Die Beschaffung des für die Abwicklung der aus dem Aktiv- und Passivgeschäft resultierenden Zahlungen erforderlichen Zentralbank-

[67] Vgl. auch Seite 33 f. der vorliegenden Arbeit.

[68] Dagegen verhalten sich die Sparkassen und Banken „kreditaktiv", wenn sie sich von dritter Seite zur Deckung einer Zentralbankgeldlücke, die aus einer Kreditausdehnung resultiert, Zentralbankgeld beschaffen. (Vgl. hierzu auch S. 185 f. der vorliegenden Arbeit.) Die Erscheinungen „Kreditschöpfung" und „Kreditaktivität" sind also scharf auseinanderzuhalten.

geldes kann grundsätzlich auf zwei Wegen erfolgen. Die erste Möglichkeit besteht darin, daß sich die Sparkassen oder Banken im Banksystem (d. h. bei den betreffenden regionalen Girozentralen oder im Zentralbanksystem) refinanzieren bzw. von den anderen Banken oder von den Nichtbanken Geld aufnehmen.

Die zweite Möglichkeit besteht darin, daß die Sparkassen oder Banken in Krediten angelegtes Zentralbankgeld durch Kündigung der Kredite wieder zurückerhalten[69]. Diese Möglichkeit ist jedoch im typischen Sparkassengeschäft, dessen Objekt hauptsächlich langfristige Kredite sind, nicht gegeben. Wir beschränken uns daher auf die Untersuchung der wichtigsten Geldbeschaffungsmöglichkeit, nämlich auf die Untersuchung der Refinanzierung oder Geldaufnahme.

Während andere Banktypen bei Liquiditätsanspannungen ohne weiteres auf die Möglichkeit der Refinanzierung bzw. Geldaufnahme im Banken- oder Nichtbankensektor zurückgreifen können, ist dies den

[69] Natürlich werden die Sparkassen und Banken vor Beschreiten der beiden geschilderten Möglichkeiten interne Kompensationen vornehmen; sie werden beispielsweise mit dem im Sichteinlagengeschäft zugeflossenen Zentralbankgeld die Spareinlagenabzüge finanzieren. Auch bei den modernen Sparkassen spielt diese Ausgleichsmöglichkeit, die sich aus der „Zweigleisigkeit" — d. i. das Betreiben des Spar- u n d Girogeschäftes durch Sparkassen — ergibt, eine Rolle. Die Zweigleisigkeit des Geschäftsbetriebes verleiht den Sparkassen Elastizität, d. h. befähigt sie, bis zu einem gewissen Grade kurzfristige Schwankungen auszugleichen. Dieser Sachverhalt ist — wie Floss ausführt — „im wesentlichen darauf zurückzuführen, daß Auszahlungsüberschüsse von Spareinlagen einen verstärkten Zugang von Giroeinlagen bewirken bzw. Auszahlungsüberschüsse von Giroeinlagen einen verstärkten Zugang von Spareinlagen zur Folge haben und sich somit liquiditätsmäßig neutralisieren können." (Vgl. *Floss*, Eberhard: Anlage- und Liquiditätsrichtlinien im Sparkassenwesen. a.a.O., S. 100.) So war es den Sparkassen beispielsweise möglich, den Auszahlungsüberschuß in Höhe von 561 Millionen der Spareinlagen in der 2. Hälfte des Jahres 1948 aus dem Zufluß von Giroeinlagen zu „finanzieren". (Vgl. hierzu auch die Ausführungen von *Butschkau*, Fritz: Hat sich der Charakter der Sparkassen geändert? Stuttgart o. J., S. 6.) Im Geschäftsbericht der ADSGG für das Jahr 1949 wird ebenfalls zum Ausdruck gebracht, die Giroeinlagen hätten ihre geldwirtschaftliche Elastizität nicht nur als entscheidende Liquiditätshilfe, sondern auch im Rahmen des gesamten Geldvolumens bewiesen: „Einerseits wurde eine Inanspruchnahme der Notenbank vermieden, andererseits kam ihre Hilfestellung für den Sparverkehr der allgemeinen Geld- und Kreditpolitik der Notenbank zugute, da die Erhöhung des Geldvolumens, die durch Sparguthaben-Auszahlungen eintrat, durch eine entsprechende Verringerung des Kreditvolumens der Sparkassen ausgeglichen wurde." (Vgl. Geschäftsbericht der ADSGG für das Jahr 1949, S. 16.)

Die Sparkassen werden — um die aus der Auflösung von Ersparnissen an sie herantretenden Zahlungsaufträge ausführen zu können — ferner versuchen, auf ihre eigenen Zentralbankgeldreserven zurückzugreifen, auch wenn dadurch ihre Reserven unter den gemeinhin eingehaltenen Satz sinken. Erst wenn diese internen Quellen erschöpft sind, sind die Sparkassen gezwungen, sich außerhalb des eigenen Bereiches von dritter Seite Zentralbankgeld zu beschaffen.

Sparkassen nach § 12 der Mustersatzung von 1953 nur in Ausnahmefällen gestattet[70].

Obwohl die Sparkassen schon sehr bald nach ihrer Gründung verpflichtet wurden, einen Teil des ihnen für Anlagezwecke zur Verfügung stehenden Geldes in Titeln anzulegen, die als Refinanzierungsgrundlage dienen können, stehen den Sparkassen seit jeher in einem vergleichsweise nur geringen Umfange derartige Titel zur Verfügung. Die Refinanzierungsmöglichkeiten der Sparkassen erfahren dadurch also noch eine weitere Einschränkung. Es spielt nun aber in kredittheoretischer Hinsicht keine Rolle, ob sich die Sparkassen das für die Auszahlung benötigte Geld im eigenen Organisationssystem, d. h. also bei anderen Sparkassen, oder aber bei anderen Geschäftsbanken beschaffen:

Diese Vorgänge bedeuten eine bloße Verlagerung bereits vorhandenen Zentralbankgeldes von einem Kreditinstitut zum andern. Durch die Verlagerung wird der einen Bank Zentralbankgeld entzogen; ihr Kreditpotential verringert sich also entsprechend. Andererseits wird der sich refinanzierenden Bank Zentralbankgeld zugeführt, wodurch sich deren Kreditpotential entsprechend erweitert. Makroökonomisch bleibt jedoch der im privaten Bankensektor befindliche Zentralbankgeldbestand gleich.

Anders ist es dagegen bei einer Refinanzierung im Zentralbanksystem.

Beschaffen sich die Sparkassen entweder direkt oder über ihre Girozentrale das Geld vom Zentralbanksystem, dann handelt es sich — wie sich Pfleiderer ausdrückt — um eine „Verlagerung eines Teils des ‚aktiven' Kreditvolumens der betreffenden Bank zur Reichsbank hin"[71].

Das Zentralbanksystem emittiert dabei neues Zentralbankgeld, das zusätzlich zu dem bereits im „privaten" Bankensektor befindlichen Zentralbankgeld hinzutritt. Es emittiert das Zentralbankgeld jedoch erst auf Grund der ihm bei der Refinanzierung der „privaten" Banken zum Kauf angebotenen Titel, deren Ankauf es sich nicht verschließen kann, wenn die Titel die vorgeschriebenen Eigenschaften besitzen. Die Zentralbanken emittieren das neue Geld also nicht aus eigenem Antrieb, sondern auf Grund der Refinanzierung der „privaten" Banken.

Es erhebt sich somit die Frage, *wem* die Schaffung des Zentralbankgeldes, also die Schaffung zusätzlicher Kaufkraft, zuzuschreiben ist, m. a. W., ob die Schaffung des Zentralbankgeldes seitens des Zentral-

---

[70] Vgl. § 12 der Mustersatzung von 1953. Abgedruckt in Materialien zur Erneuerung des Sparkassenrechts. a.a.O., S. 29/31.

[71] Vgl. *Pfleiderer,* Otto: Die Mechanik des Kreditvolumens. In: Bankwirtschaft. a.a.O., S. 267.

banksystems lediglich eine abhängige Variable der Kreditausweitung der „privaten" Kreditinstitute, in unserem Falle der Sparkassen, ist.

Verhielte sich das Zentralbanksystem rein passiv, so könnten die privaten Banken Zentralbankgeld vom Zentralbanksystem erzwingen. Von einer Autonomie des Zentralbanksystems gegenüber dem Geschäftsbankensystem könnte dann keine Rede sein. Zweifellos wäre das neu entstandene Zentralbankgeld in diesem Fall zwar nicht formell, jedoch materiell, dem Kreditvolumen der Geschäftsbanken zuzurechnen, weil es ja vom Ausmaß der von ihnen dem Zentralbanksystem angebotenen, geldmarktfähigen Titel abhängen würde, wieviel Zentralbankgeld in einer Volkswirtschaft vorhanden wäre. Die Geschäftsbanken könnten dann ihr Verhalten darauf abstellen und nach Belieben eine Kreditexpansion betreiben, da sie ja ohne weiteres bei einer durch Kreditausweitung hervorgerufenen Anspannung der Liquidität dem Zentralbanksystem geldmarktfähige Titel anbieten und damit auf das Zentralbanksystem zurückgreifen könnten, während dem Zentralbanksystem gar nichts anderes übrig bliebe, als die angebotenen Titel anzukaufen und damit den Banken in entsprechendem Ausmaße Zentralbankgeld zur Verfügung zu stellen[72].

---

[72] Diese Frage stellt ein in der Literatur häufig behandeltes Problem dar. So bemerkt Hohlfeld treffend: „Als ein Damoklesschwert des Zweifels liegt allerdings über dem gesamten Fragenkomplex das Problem, ob die Notenbank in Wirklichkeit überhaupt Politik treiben, d. h. nach einem bestimmten von ihr oder der allgemeinen Wirtschafts- und Konjunkturpolitik klar abgesteckten Ziel die mit ihr verbundene Kreditwirtschaft, deren wichtigster Teil oder gar deren Fundament sie ist, nach einem ihr vorschwebenden Bild gestalten kann oder ob ihre Maßnahmen lediglich darauf abzielen, sich jeweils an Situationen anzupassen, die durch exogene Faktoren entstanden sind und in der Kreditwirtschaft wirksam werden. Im letzteren Falle hätte sie lediglich zu konstatieren..." (Vgl. *Hohlfeld*, Hans H.: Mindestreservenhaltung als Mittel der Kreditpolitik. a.a.O., S. 444.)

In der Regel besagt nun der Tenor der Ausführungen, der Notenbank sei Autonomie gegenüber dem Geschäftsbankensystem abzusprechen, denn es sei unbedingt erforderlich, daß das Zentralbankgeldsystem j e d e an es herantretende Zentralbankgeldforderung zwecks Aufrechterhaltung der Zahlungsmittelversorgung erfülle.

So spricht beispielsweise Bendixen von einer „nationalen Pflicht" der Notenbank, „einwandfreie Warenwechsel zu diskontieren und so dem Verkehr die Zahlungsmittel zur Verfügung zu stellen, die er zu seinem Leben braucht wie der Mensch die Luft". (Vgl. *Bendixen*, Friedrich: Währungspolitik und Geldtheorie im Lichte des Weltkriegs. München und Leipzig 1919, S. 53.) Plenge empfiehlt dagegen der Reichsbank, den Banken schon in normalen Zeiten keinen übermäßigen Kredit zu gewähren, um ihnen in Zeiten der Krisis ohne Gefahr für die Währungsstabilität die erforderliche Hilfe leisten zu können. (Vgl. *Plenge*, Johann Friedrich: Von der Diskontpolitik zur Herrschaft über den Geldmarkt. Berlin 1913, S. 69.) Auch Seitz vertritt die Auffassung, es werde das Bestreben der Notenbank sein, „solange wie möglich den an sie herantretenden Geldbedarf der Banken zu decken". (Vgl. *Seitz*, Otto: Die Barliquidität der Kreditbanken. Erlanger Dissertation 1936, S. 11.) In schärferer Form fordert Neisser: „Es ist die Funktion der Zentralbank mit genügend elastischem Notenausgaberecht, in solchen Fällen den Banken zu Hilfe zu kommen und ihnen das not-

Nun ist jedoch zu berücksichtigen, daß sich die Geschäftsbanken beim Zentralbanksystem nur mit Hilfe von Titeln refinanzieren können, die die Eigenschaft der „Geldmarktfähigkeit“ besitzen. Die Eigenschaft der Geldmarktfähigkeit wird einem Titel jedoch von der Zentralnotenbank verliehen[73]. Die Verleihung der Geldmarktfähigkeit an bestimmte, näher bezeichnete Titel bildet den Ansatzpunkt der Einflußnahme der Zentralnotenbank auf die Geldschöpfung:

Die Bestimmung der qualitativen Eigenschaften der Titel sowie des Preises (Diskontsatzes), zu dem die Zentralnotenbank die Titel anzukaufen bereit ist, stellt eine Begrenzung der Zentralbankgeldbeschaffungsmöglichkeiten der Geschäftsbanken beim Zentralbanksystem dar. Werden höhere Anforderungen an die qualitativen Eigenschaften gestellt bzw. wird der Diskontsatz oder Lombardsatz erhöht, so wird das Ausmaß der Zentralbankgeldbeschaffung aufgrund einer Refinanzierung herabgesetzt und umgekehrt wird es bei einer Herabsetzung der qualitativen Anforderungen bzw. des Diskont- oder Lombardsatzes erhöht.

---

wendige Bargeld leihweise zur Verfügung zu stellen.“ (Vgl. *Neisser*, Hans: Der Tauschwert des Geldes. Jena 1928, S. 71.)

Auch Lautenbach vertritt die Auffassung, die Aufgabe, generellen Liquiditätsschwankungen zu begegnen, falle letzlich auf die Reichsbank. (Vgl. *Lautenbach*, Wilhelm: Liquiditätspolitik. In: Bank-Archiv. Jahrgang 1939, S. 173.)

Hahn leitet aus dem Fall der Geldkrise nachstehende Folgerung ab: „Gerade aus dieser im Falle der Geldkrise stets vorhandenen Insolvenz der Banken ergibt sich für die Notenschöpfungsstelle des Landes die unbedingte Notwendigkeit, jegliches Bedürfnis der Banken an Geld — soll nicht unsagbare Verwirrung im Lande entstehen — zu befriedigen.“ (Vgl. *Hahn*, L. Albert: Volkswirtschaftliche Theorie des Bankkredits. a.a.O., S. 69.)

[73] Wie insbesondere Gestrich, Donner, Benning und Forstmann zutreffend bemerken, ist die Geldmarktfähigkeit (= Liquidität) eine Eigenschaft, die einem Kreditpapier von Natur aus nicht innewohnt; diese Eigenschaft wird einem Papier erst dadurch verliehen, daß die Reichsbank sich bereit erklärt, das betreffende Papier zu diskontieren oder zu lombardieren. (Vgl. *Gestrich*, Hans: Kredit und Sparen. a.a.O., S. 87, ferner: *Donner*, O. und *Benning*, H.: Kriegskosten und Staatsverschuldung. Jena 1942, S. 8, ferner: *Forstmann*, Albrecht: Über Statik, Dynamik und Liquidität. In: Jahrbücher für Nationalökonomie und Statistik. Band 163, Jahrgang 1951, S. 155.)

Gestrich bemerkt richtig weiter: „Das gilt auch von den viel berufenen guten Handelswechseln mit dreimonatiger Laufzeit; sie sind nicht von Natur aus liquide. Ein Handelswechsel, der erst nach zwei Monaten fällig wäre, würde einer Kreditbank im Anspannungstermin dennoch nichts nützen, wenn die Reichsbank nicht bereit wäre, ihn zu diskontieren. Mag der Handelswechsel dann so gut sein wie er will, ein liquides Papier wäre er nicht. Schatzanweisungen und Finanzwechsel galten früher nicht als liquide, weil die Reichsbank sie gar nicht oder nur höchst ungern und nur im beschränkten Umfange hereinnahm. Von dem Augenblick an, in dem die Reichsbank bestimmte Finanzwechsel (Arbeitsbeschaffungswechsel, Sonderwechsel) zu diskontieren sich bereit erklärte, waren sie liquide. Es hat keinen Sinn, dies eine künstliche Liquidität zu nennen, da es eine natürliche Liquidität nicht gibt. (Vgl. *Gestrich*, Hans: Kredit und Sparen. a.a.O., S. 87/88.)

Darüber hinaus besteht heute für jede einzelne Geschäftsbank ein vom Zentralbanksystem festgesetzes Refinanzierungskontingent, dessen Ausmaß die einzelne Geschäftsbank aber gar nicht kennt. Wenn dieses Kontingent völlig ausgenützt ist, lehnen die Zentralbanken jede weitere Refinanzierung ab[74].

Das Ausmaß von Offen-Markt-Operationen, die eine weitere Quelle einer Zentralbankgeldbeschaffung darstellen, wird sowieso ausschließlich vom Zentralbanksystem bestimmt. Daraus folgt, daß die Zentralnotenbank gegenwärtig (und auch in der Vergangenheit) allein bestimmt, in welchem Ausmaße Zentralbankgeld geschaffen wird: Durch Vorschriften qualitativer und quantitativer Natur bestimmt sie den Rahmen der Zentralbankgeldbeschaffungsmöglichkeiten der Geschäftsbanken. Geschaffen wird das Zentralbankgeld jedoch einzig und allein vom Zentralbanksystem. Es liegt bei den Geschäftsbanken, in welchem Ausmaße sie den vom Zentralbanksystem festgesetzten Rahmen der Zentralbankgeldbeschaffungsmöglichkeiten ausfüllen. Entscheidend ist jedoch, daß der vom Zentralbanksystem festgesetzte Rahmen von den Geschäftsbanken nicht überschritten werden kann.

Wir sind daher mit Pfleiderer der Auffassung, daß unterschieden werden muß zwischen dem Sachverhalt eines *wachsenden* und dem Sachverhalt eines *gegebenen* Kreditvolumens: „Bei einem bestimmten Kreditvolumen kann die Reichsbank, will sie schwere Spannungen vermeiden, in der Tat nichts anderes tun, als dem Verkehr die von ihm geforderten Beträge von Notenbankguthaben zur Verfügung zu stellen. Nur daß das gesamte Kreditvolumen wächst, das ist praktisch nicht ohne eine entsprechende Ausweitung des Reichsbankkredits möglich. Über die Ausweitung des gesamten Kreditvolumens (ohne die im Nichtbankensektor herrschenden Kreditbeziehungen; der Verf.) aber entscheiden stets die zentralen währungs- und kreditpolitischen In-

---

[74] Ursprünglich ging das westdeutsche Zentralbanksystem so vor, daß es den Geschäftsbanken einfach die Refinanzierungsmöglichkeiten vorenthielt. (Vgl. BdL-Berichte vom Januar und Februar 1951, S. 7, S. 16—18.)

Ab April 1952 setzte das Zentralbanksystem Rediskontkontingente fest. Als Berechnungsgrundlage dienten die „haftenden Mittel und die kurzfristigen Kredite in jeweils festgelegter näherer Abgrenzung". (Vgl. BdL-Jahresbericht 1952, S. 87.)

Im Dezember 1954 erfolgte eine Herabsetzung der Rediskontkontingente in Anpassung an die fortschreitende Verflüssigung des Bankensystems und die damit einhergehende sinkende Nettoverschuldung der Geschäftsbanken beim Zentralbanksystem.

Seit Anfang 1955 werden zur Berechnung der Rediskontkontingente nur noch die haftenden Mittel herangezogen. (Vgl. BdL-Jahresbericht 1955, S. 19/20.) Vgl. hierzu auch die Ausführungen von Schneider. (*Schneider*, Erich: Wirtschaftstheorie III, S. 101.)

stanzen[75/76]." Aus diesem Grunde halten wir es für richtig, die seitens einer Geschäftsbank aufgrund eines Verkaufs primärer oder sekundärer Aktiva beim Zentralbanksystem beschafften Zentralbankgeldmittel, die die Geschäftsbank dann dem Nichtbankensektor zur Verfügung stellt, *dem Kreditvolumen des Zentralbanksystems zuzurechnen.*

Damit ergibt sich als Antwort auf die eingangs gestellte Frage, daß die Verbreiterung des Geldstroms, die ein Auftreten zusätzlicher Kaufkraft bedeutet, auf die Geldschöpfung des Zentralbanksystems zurückzuführen ist und nicht auf die Kreditausweitung der sich refinanzierenden Geschäftsbanken, in unserem Falle der Sparkassen.

Die „Finanzierung" des Abzugs von Sparguthaben, die als Basis einer Kreditgewährung dienten, durch Refinanzierung, besitzt damit den folgenden kredittheoretischen Gehalt: Refinanziert sich die Sparkasse, dann verzeichnet sie einen Geldzufluß. Damit ist bei der Sparkasse das durch die Zahlung des Kreditors (dessen Guthaben als Grundlage einer Kreditgewährung diente) gestörte Zahlungsgleichgewicht wieder hergestellt: Es stehen zwei Zahlungseingängen zwei Zahlungsausgänge gegenüber.

Die Sparkasse hat also keine der beiden Zahlungen mit autonom geschaffenem Geschäftsbankgeld ausgeführt: Die erste Zahlung an den Kreditnehmer wurde aus der Einlage des Sparers finanziert, die zweite Zahlung an den Sparer selbst wurde aus der Geldbeschaffung im Banken- bzw. Nichtbankensektor finanziert. Der die Sparkasse durchfließende Geldstrom blieb damit unverändert: Es kam folglich auch keine Kreditschöpfung zustande.

Die obigen Ausführungen zeigten, daß den aufgrund der Labilität der Depositen (die als Kreditbasis dienten) von den Sparkassen oder Banken vorgenommenen Refinanzierungsoperationen in kredittheoretischer Hinsicht große Bedeutung zukommt. Es wurde ferner deutlich, daß Kredite, deren originäre „Finanzierungsgrundlage" dadurch entfällt, daß die der Kreditgewährung zugrunde liegenden Depositen abgezogen werden, auf keiner Kreditschöpfung beruhen, wenn sich die Sparkassen oder Banken das erforderliche Zentralbankgeld durch Refinanzierung beschaffen.

---

[75] Vgl. *Pfleiderer,* Otto: Die Mechanik des Kreditvolumens. In: Bankwirtschaft. a.a.O., S. 269.

[76] Auch Hahn sagt: „Solange die Zahlungssitten der Bevölkerung, d. h. das Verhältnis von Barzahlungen zu bargeldlosen Zahlungen, sich nicht verändern — und sie verändern sich normalerweise nur sehr langsam — ist die Kreditpolitik der privaten Banken starr an die Kreditpolitik der Zentralbanken gebunden. Nur in Übergangszeiten, wenn z. B. das Verhältnis von Barzahlungen zu bargeldlosen Zahlungen sinkt, sind die Banken — und die Inhaber von Scheckkonten — in ihrer Kredit- und Ausgabepolitik von der Kreditpolitik der Zentralbanken unabhängig." (Vgl. *Hahn,* L. Albert: Wirtschaftswissenschaft des gesunden Menschenverstandes. Frankfurt/M. 1954, S. 115/116.)

2. Die charakteristischen Eigentümlichkeiten der diversen Spareinlagenelemente als Bestimmungsgrund der Konstanz der Spareinlagen

Die Sparguthaben dienen nicht nur Anlagezwecken: „Der Besitzer mag durch den Zinssatz, den sein Bankier ihm bewilligt, angezogen worden sein; oder er mag voraussehen, daß der Nominalwert anderer Anlagen wahrscheinlich sinkt; oder er mag auf die Stabilität des Nominalwertes seiner Ersparnisse Wert legen und auf die Möglichkeit, sie auf kurzen Abruf in Bargeld zu verwandeln; oder er mag es für den zweckmäßigsten Weg halten, kleine Ersparnisteile einstweilen als Bankguthaben stehen zu lassen, um sie in eine bestimmte Anlage zu überführen, wenn sie einen genügend hohen Betrag erreicht haben; oder er wartet auf eine Gelegenheit, die Gelder in seinem eigenen Geschäft zu verwenden; oder es mögen schließlich noch andere Gründe dazu veranlassen[77/78]."

Aus dem Sachverhalt, daß momentan nicht benötigte Gelder aus verschiedenen Gründen und verschiedenen Zwecken auf Sparkonten Eingang finden, folgt, daß die Spareinlagen heterogene Bestandteile enthalten. Eine exakte Abgrenzung der den Sparkassen und Banken zugeflossenen Depositenarten gegeneinander ist schwierig. Die einzelnen Depositenarten weisen viele gemeinsame Berührungspunkte auf. „Rein äußerliche Merkmale, wie z. B. die Ausstellung des Sparbuches bei einer Spareinlage, bieten ja noch keine Gewähr dafür, daß die Einlage auch wirklich eine Spareinlage darstellt ...[79]." Man kann nun folgende Bestandteile der Spareinlagen unterscheiden:

1. Zweckersparnisse,
2. „Reine" Spargelder,
3. Reserven der Wirtschaftsunternehmen und der öffentlichen Hand.

Es erhebt sich nun die Frage, inwieweit die spezifischen Eigentümlichkeiten der diversen Spareinlagenelemente die Konstanz der Spareinlagen beeinflussen.

---

[77] Vgl. *Keynes*, John Maynard: Vom Gelde. a.a.O., S. 28.

[78] Vgl. zur Frage der Sparmotive die grundsätzlichen Ausführungen von v. Stackelberg. (*von Stackelberg*, Heinrich: Beitrag zur Theorie des individuellen Sparens. In: Zeitschrift für Nationalökonomie. Band 9, Jahrgang 1939, S. 167 f.)

Vgl. zur Frage der Veränderung der Sparmotive: *Voigt*, Fritz: Probleme der Kapitalbildung. In: Sparkasse. Jahrgang 1953, Heft 2, S. 23, sowie Jahresbericht des Deutschen Sparkassen- und Giroverbandes E. V. für das Jahr 1956, S. 16/17; ferner: *Becker*, Wolf-Dieter: Die Einstellung zum Sparen — Ausgangspunkte zur Erforschung der Sparmotive. In: Sparkasse. 75. Jgg., Heft 21, vom 30. Oktober 1958, S. 341 f. sowie *Blume*, Otto: Sparmotive und Spartätigkeit sozialer Gruppen. In: Sparkasse. 76. Jgg., Heft 7 vom 1. April 1959, S. 139 f.

[79] Vgl. *Sperk*, Ludwig und *Wilsdorf*, Manfred: Die Liquiditätsverhältnisse der deutschen Sparkassen. a.a.O., S. 17/18.

Tabelle I

Entwicklung der Einzahlungen auf Sparkonten bei den Sparkassen im Bundesgebiet in Mio DM

	Januar	Februar	März	April	Mai	Juni	Juli	August	Sept.	Oktober	Nov.	Dez.
1949	103,4	112,0	135,6	133,3	155,1	146,2	171,5	155,4	155,2	155,1	162,0	207,3
1950	218,0	188,3	205,4	202,2	195,9	215,7	184,4	174,2	176,3	201,9	186,2	202,0
1951	188,4	158,6	169,0	189,7	181,3	194,0	208,1	206,8	200,9	237,2	222,8	316,3
1952	340,4	282,4	292,8	320,6	301,9	287,7	329,2	303,4	318,7	378,3	317,7	502,0
1953	480,8	369,4	424,4	466,9	433,3	462,0	487,3	457,2	477,7	562,2	559,2	996,7
1954	875,9[a]	876,4	726,3	633,5	606,8	625,8	726,2	694,1	670,8	723,9	681,5	1039,8
1955	816,6	675,5	750,9	707,4	698,9	691,7	769,4	726,4	704,1	781,5	702,6	949,5
1956	992,7	764,6	795,3	833,0	785,1	840,7	833,4	804,5	748,8	879,4	701,1	1136,6
1957	1201,5	904,1	957,8	982,0	943,2	815,2	1028,2	973,7	914,8	1068,8	958,2	1341,8
1958	1335,0	1063,5	1165,6	1136,3	1079,9	1086,5	1203,0	1108,2	1169,0	1292,2	1169,7	1740,1

Entwicklung der Auszahlungen zu Lasten von Sparkonten bei den Sparkassen im Bundesgebiet in Mio DM

	Januar	Februar	März	April	Mai	Juni	Juli	August	Sept.	Oktober	Nov.	Dez.
1949	98,4	104,5	115,0	105,8	114,4	104,5	108,8	102,6	124,6	119,1	115,6	134,1
1950	110,0	106,6	127,1	125,8	134,6	137,4	168,5	165,9	167,1	153,9	162,9	212,9
1951	208,2	164,1	182,6	174,1	154,1	161,9	155,4	151,4	154,7	172,0	166,1	224,1
1952	216,7	163,1	187,3	204,2	206,4	201,2	233,4	202,4	210,5	228,5	206,0	343,0
1953	292,7	203,4	282,2	294,2	292,4	310,7	335,9	290,7	324,9	321,0	332,2	601,0
1954	384,2	349,6	440,9	442,2	408,4	416,5	513,1	481,0	505,2	495,1	522,1	827,1
1955	508,6	409,5	530,8	538,0	514,4	532,3	635,3	550,1	543,8	578,2	591,8	912,7
1956	698,0	499,6	662,3	705,9	673,3	729,4	804,3	703,4	640,9	714,2	798,9	1123,8
1957	904,0	639,0	778,9	804,9	759,2	682,9	881,1	739,8	700,4	783,9	776,3	1248,5
1958	924,7	687,1	849,1	863,1	836,5	832,0	933,0	812,4	856,4	892,0	975,6	1685,6

[a] Darunter 106,5 Mio DM durch Umbuchung von Anlagekontoguthaben. Quelle: „Die Sparkassen in Zahlen“, 2. Auflage, Stuttgart, S. 18 f.

a) Zur Konstanz der Zweckersparnisse

Einen der wesentlichen Bestandteile der Spareinlagen bei Sparkassen stellen die Zweckersparnisse dar.

Neuerdings erlangen sie hinsichtlich ihres Umfanges unter den Spareinlagen eine erhebliche Bedeutung und die Sparkassen ließen nach der Währungsreform dieser Sparart „durch Schaffung besonderer Sparaktionen" Hilfe angedeihen[80].

Zwei Gesichtspunkte charakterisieren das moderne Zwecksparen, nämlich einmal das Zwecksparen für die Beschaffung von langlebigen Konsumgütern (Gebrauchsgütern), zum andern das Zwecksparen für Wohnungsbeschaffung. Wie im Jahresbericht der Arbeitsgemeinschaft Deutscher Sparkassen- und Giroverbände und Girozentralen für das Jahr 1949 festgestellt wird, wäre es nicht richtig, im Zwecksparen „nur eine Zeiterscheinung oder ein Durchgangsstadium zu sehen, das über die Spargewöhnung an das Ziel echter Rücklagenbildung heranführen soll. In seiner vielfach üblichen Kombination mit Darlehensgewährung ist das Zwecksparen eine spezielle Art des Sparens, die auch auf lange Sicht ihre Existenzberechtigung hat"[81].

Die Sparkassen kennen nun den jeweiligen Zweck, dem die bei ihnen ruhenden Zweckersparnisse dienen, nicht; deshalb läßt sich die Laufzeit der Zweckersparnisse, also ihre Konstanz, nicht näher determinieren.

Die Sparkassen wissen allerdings aus Erfahrung, daß zu bestimmten Zeitpunkten, also etwa zu Beginn der allgemeinen Reisezeit, ferner zu Ostern, zu Weihnachten, relativ höhere Auszahlungen zu Lasten von Sparkonten zu leisten sind als an den übrigen Zeitpunkten des Jahres[82].

Dies läßt sich durch die Ermittlung der Durchschnittswerte der Ein- und Auszahlungen zugunsten bzw. zu Lasten der Sparkonten bei den Sparkassen im Bundesgebiet beweisen:

Aus den obigen statistischen Übersichten lassen sich folgende Durchschnittswerte der monatlichen Spargeldein- und -auszahlungen ermitteln:

---

[80] Vgl. Jahresbericht der ADSGG für das Jahr 1949, S. 11.

[81] Vgl. Jahresbericht der ADSGG für das Jahr 1949, S. 11 f.

[82] Vgl. zum jahreszeitlichen Rhythmus der Spareinlagenbewegungen auch den Jahresbericht der ADSGG für das Jahr 1952, S. 15 f. sowie die Arbeit von Andreas (*Andreas*, Kurt: Spartätigkeit im Saisonverlauf und unter dem Einfluß des Zeitgeschehens. In: Blätter für Genossenschaftswesen. Heft 20 vom 25. Oktober 1958, S. 373 f.).

Beispielsweise wurden für den Zeitraum zwischen 1924 und 1930 aus den Bewegungen der Ein- und Auszahlungen folgende Saison-Indexziffern als „bewegliche Durchschnitte" errechnet:

Tabelle II

Durchschnittswerte der monatlichen Spargeldein- und -auszahlungen bei den Sparkassen im Bundesgebiet von 1949 bis 1958 in Mio DM

Zeit (Ende)	Einzahlungen	Auszahlungen	Überschuß der Einzahlungen über die Auszahlungen	Überschuß der Einzahlungen über die Auszahlungen in % der Auszahlungen	Differenz zwischen den Werten der Ø-Jahresauszahlung und der Ø-Monatsauszahlung (Ø-Jahresauszahlung: 5390,3 : 12 = 449,2)
Januar	655,3	434,5	220,8	50,8	⁒ 14,7
Februar	539,5	332,6	206,9	62,2	⁒ 116,6
März	562,3	415,6	146,7	35,2	⁒ 33,6
April	560,5	425,8	134,7	31,6	⁒ 23,4
Mai	538,1	409,4	128,7	31,4	⁒ 39,8
Juni	536,5	410,9	125,6	30,6	⁒ 38,3
Juli	594,1	476,9	117,2	24,6	+ 27,7
August	560,4	420,0	140,4	33,4	⁒ 29,2
September	553,6	422,8	130,8	30,9	⁒ 26,4
Oktober	628,0	445,8	182,2	40,9	⁒ 3,4
November	566,1	464,7	101,4	21,8	+ 15,5
Dezember	843,2	731,3	111,9	15,3	+ 282,1

Hinsichtlich des Aussagewertes der in der obigen Statistik angegebenen Zahlen ist zu bemerken, daß die ermittelten Werte die Resultanten der Bewegungen sämtlicher heterogenen Bestandteile der Spareinlagen sind; die ermittelten Werte gehen also nur zu einem Teil auf die Bewegungen der Zweckersparnisse zurück.

Die geschilderten Bewegungen zu den angeführten Zeitpunkten dürften dennoch *primär* auf die Veränderungen der Zweckersparnisse zurückzuführen sein. Aus diesem Sachverhalt kann jedoch keineswegs auf eine relativ hohe Labilität der Zweckersparnisse geschlossen werden.

Einzelerhebungen zeigen, daß die Zweckersparnisse — obwohl die

---

Saisonindexziffern für Spareinzahlungen und Sparauszahlungen

Zeit (Ende)	Einzahlungen	Auszahlungen
Januar	138,5	115,5
Februar	100,6	89,6
März	99,1	101,9
April	101,1	105,1
Mai	94,3	99,4
Juni	92,3	102,1
Juli	100,3	103,3
August	93,7	91,5
September	91,0	89,4
Oktober	100,2	101,1
November	92,1	92,6
Dezember	96,8	108,5

Diese Statistik wurde der Deutschen Sparkassenzeitung (Nr. 128 vom 1. 11. 1930) entnommen. Die in dieser Statistik ausgewiesenen Zahlen zeigen, daß im Zeitraum zwischen 1924 und 1930 zu den genannten Zeitpunkten sogar höhere Auszahlungen zu Lasten von Sparkonten zu leisten waren, als gleichzeitig Eingänge auf Sparkonten erfolgten.

Zwecksparer nur vorübergehend zu sparen beabsichtigen, um nach Erreichung des Sparziels ihre Ersparnisse alsbald dem Konsum zuzuführen — eine relativ hohe Konstanz aufweisen.

So wird im Jahresbericht der Arbeitsgemeinschaft Deutscher Sparkassen- und Giroverbände und Girozentralen für das Jahr 1949 festgestellt: „Ebenso wäre es aber unzutreffend, aus der Zweckgebundenheit der Spareinlagen auf eine Verringerung der Stabilität der Sparguthaben zu schließen. Den Sparkassen verbleibt regelmäßig ein für Anlagen verfügbarer Fonds, der sich erfahrungsgemäß dadurch erweitert, daß mancher Sparer mit zunehmendem Sparguthaben den Wert seiner Einlage als Reserve anerkennt und von der Abhebung absieht[83].

Diese Erfahrung wird erhärtet durch eine Untersuchung der Rückzahlungshäufigkeit der Spareinlagen[84]. Aus den Rückzahlungshäufigkeitsziffern läßt sich eine relativ hohe Konstanz der Spareinlagen (und damit auch der Zweckersparnisse) ablesen.

b) Zur Konstanz der „reinen“ Spargelder

Einen weiteren, wesentlichen Bestandteil der Spareinlagen stellen die sogenannten „reinen“ Spargelder dar. Sie entstammen dem Einkommenskreislauf und verdanken ihre Entstehung dem traditionellen Sparmotiv der allgemeinen Rücklagenbildung sowie der Altersfürsorge[85].

Rückschlüsse auf die Konstanz der „reinen“ Spargelder ermöglicht folgende Überlegung:

Selbst in Krisenzeiten weisen die *gesamten* Spareinlagen eine relativ hohe Konstanz auf[86]. Zweckersparnisse und die sich auf Sparkonten

---

[83] Vgl. Jahresbericht der ADSGG für das Jahr 1949, S. 11. Auch im Beitrag der Sparkassenorganisation zur Gestaltung des Bundesnotenbankgesetzes wird die gleiche Feststellung getroffen. Zur Frage der Stabilität der Zweckersparnisse heißt es dort: „Wesentlich ist jedoch, daß, wer spart, in der Regel gehemmt ist, diese Reserve abzuheben, wenn der Zweckzeitpunkt da ist; d. h. diese Sparer haben immer die Tendenz, von dem terminierten zum unterminierten Zweck überzuwechseln, wenn — *Vertrauen zum Geld* besteht.“ (Vgl.: Die Problematik der Mindestreserven. Beitrag der Sparkassenorganisation zur Gestaltung des künftigen Bundesnotenbankgesetzes. a.a.O., S. 52.)

[84] Vgl. S. 176 f. der vorliegenden Arbeit. Zwar beziehen sich die Rückzahlungshäufigkeitsziffern nicht nur auf die Zweckersparnisse, sondern auf die Spareinlagen insgesamt. Trotzdem sind gewisse Rückschlüsse von diesen Ziffern auf die Konstanz der Zweckersparnisse möglich, weil die Zweckersparnisse einen erheblichen Anteil unter den gesamten Spareinlagen ausmachen und damit die Bewegung der gesamten Spareinlagen sowie die Größenordnung der Rückzahlungshäufigkeitsziffern erheblich beeinflussen.

[85] Dieses Sparmotiv, das seit jeher eine überragende Rolle spielt, tritt — wie im Jahresbericht des DSGV für das Jahr 1954 festgestellt wird — nach der Stagnation im Jahre 1948 erneut in den Vordergrund: „Diese Wandlung kommt für viele Außenstehende überraschend, weil sie überzeugt waren, dem Versorgungssparen sei durch zwei Währungsreformen der Todesstoß versetzt worden und das Schwergewicht der Altersfürsorge habe

niederschlagenden Geschäftsdepositen sind dagegen relativ krisenempfindlich.

Daraus folgt:

Die Konstanz der Spareinlagen sogar während Krisenzeiten dürfte nicht auf die Konstanz der Zweckersparnisse, sondern auf die Konstanz der „reinen" Spargelder zurückzuführen sein. Es müssen folglich gerade die „reinen" Spargelder unter den Spareinlagen eine hohe Konstanz aufweisen.

c) Zur Konstanz der sich auf Sparkonten niederschlagenden Reserven der Wirtschaftsunternehmen und der öffentlichen Hand

Auch überschüssige, dem Geschäftskreislauf entstammende Betriebs- oder Kassengelder der Wirtschaftsunternehmen sowie Gelder der öffentlichen Hand, die über einen mehr oder weniger großen Zeitraum nicht benötigt werden, finden vielfach ihren Niederschlag auf Sparkonten. Dies war insbesondere vor der Einführung des Scheck- und Überweisungsverkehrs bei den Sparkassen im Jahre 1909 der Fall, denn die Sparkassen führten ja bis zu diesem Zeitpunkt ausschließlich Sparkonten.

Der Anteil der dem Geschäftskreislauf entstammenden, auf Sparkonten eingelegten Gelder ließ sich natürlich auch in der Zeit vor 1909 keineswegs ermitteln[87].

---

sich endgültig in andere Sphären verlagert. In Sparkassenkreisen hat man diese These niemals anerkannt, allerdings auch nicht geglaubt, daß die Rückkehr der normalen Spargewohnheiten sich so schnell vollziehen würde. Die veränderte Einstellung der Sparer erstreckt sich nicht etwa nur auf die in jüngster Zeit gemachten Ersparnisse, sondern auch auf ältere Sparguthaben, die ursprünglich für kurzfristige Zwecke angelegt wurden." (Vgl. Jahresbericht des DSGV für das Jahr 1954, S. 8/9.)

[86] Statistische Untersuchungen beweisen die hohe Konstanz der Spareinlagen selbst über wirtschaftliche Krisenzeiten. Dieses Ergebnis stellt auch Voigt heraus. (Vgl. *Voigt*, Fritz: Die aktuelle Problematik der Kapitalbildung. a.a.O., S. 359.) Lediglich während der Krise im Jahre 1931, „deren besonderes Merkmal die Verbindung einer Wirtschaftskrise schwerer Art mit einer ebenso schweren Vertrauenskrise war" (vgl. *Sperk*, Ludwig und *Wilsdorf*, Manfred: Die Liquiditätsverhältnisse der deutschen Sparkassen. a.a.O., S. 161), gerieten Spareinlagen in größerem Ausmaße in Bewegung. Der Abzug von Spardepositen erfolgte aber nur über einen kurzen Zeitraum und die Lage konsolidierte sich rasch wieder. Dagegen erwiesen sich die Spareinlagen selbst während der Koreakrise 1950/1951 sowie während der Suezkrise 1956, trotz vereinzelter Überschüsse der Auszahlungen über die Einzahlungen, *insgesamt* als stabil. (Vgl. hierzu auch die Ausführungen im Jahresbericht der ADSGG für das Jahr 1951, S. 15, sowie den Jahresbericht des Deutschen Sparkassen- und Giroverbandes für das Jahr 1953, S. 8/9.)

[87] Wagner schätzte den Anteil der überschüssigen Betriebs- oder Kassengelder an den Spareinlagen auf 10—20 % (vgl. Bankenquête 1908. Stenographischer Bericht über die Verhandlungen der Gesamtkommission zu Punkt IV des Fragebogens (Depositenwesen). Berlin 1910, S. 125), Rießer

Als die Sparkassen allmählich dazu übergingen, den Sparverkehr vom Scheck- und Überweisungsverkehr durch die Schaffung besonderer Kontokorrentabteilungen zu trennen — was etwa bis zum Jahre 1924 dauerte — war es nach wie vor möglich, dem Geschäftskreislauf entstammende, überschüssige Betriebs- oder Kassengelder auf Sparkonten zu führen, weil zu Lasten von Sparkonten Überweisungen ausgeführt und Schecks eingelöst werden konnten.

Durch den Erlaß des Reichsgesetzes über das Kreditwesen vom 5. Dezember 1934[88] traten Bestimmungen in Kraft, die die Spareinlagen von den durch Einzahlung von Scheck- und Überweisungsgeldern entstandenen Einlagen klar trennen sollten. § 22 Abs. 1 KWG besagt: „Spareinlagen sind Geldeinlagen auf Konten, die nicht den Zwecken des Zahlungsverkehrs, sondern der Anlage dienen und als solche, insbesondere durch Ausfertigung von Sparbüchern, gekennzeichnet sind."

„Infolgedessen dürften im Vergleich zu früheren Jahren seit 1935 in der Summe der Spareinlagen mehr „reine" Spareinlagen und nur noch sehr wenige Gelder kurzfristigen Charakters enthalten sein als vorher[89]."

Trotz der Bestimmung des § 22 Abs. 1 KWG werden stets überschüssige, dem Geschäftskreislauf entstammende Betriebs- oder Kassengelder auf Sparkonten ihren Niederschlag finden. Denn das im KWG genannte Kriterium der Spareinlagen, nämlich das Erfordernis, daß die auf Sparkonten verbuchten Gelder nicht den Zwecken des Zahlungsverkehrs, sondern der Anlage dienen, enthält keine *zeitliche* Determinierung. Guthaben, die dem Zahlungsverkehr gewidmet sind, weisen eine „normale" Umlaufsgeschwindigkeit auf. Guthaben, die der Anlage dienen, müssen dagegen „stilliegen", dürfen also keine Umlaufsgeschwindigkeit besitzen. Das Kriterium einer Abgrenzung der dem Zahlungsverkehr gewidmeten Guthaben gegenüber den der Anlage gewidmeten Guthaben ist also primär die Umlaufsgeschwindigkeit bzw. der Faktor „Zeit"[90].

---

dagegen auf 30 %. (Vgl. *Rießer:* Die deutschen Großbanken und ihre Konzentration im Zusammenhang mit der Entwicklung der Gesamtwirtschaft in Deutschland. Jena 1910, S. 188.) Reusch schätzt diesen Anteil für die Zeit vor dem ersten Weltkrieg sowie für das Jahr 1929 auf höchstens 3 %. (Vgl. *Reusch,* H.: Die bankmäßigen Depositen unter den Spareinlagen. In: Sparkasse. Jahrgang 1932, S. 331.) Vgl. hierzu auch die Ausführungen von *Sperk,* Ludwig und *Wilsdorf,* Manfred: Die Liquiditätsverhältnisse der deutschen Sparkassen. a.a.O., S. 18.

88 Vgl. RGBl. I, S. 1203.

89 Vgl. *Sperk,* Ludwig und *Wilsdorf,* Manfred: Die Liquiditätsverhältnisse der deutschen Sparkassen. a.a.O., S. 19.

90 Vgl. hierzu auch die Ausführungen von Keynes. (*Keynes,* John Maynard: Allgemeine Theorie der Beschäftigung, des Zinses und des Geldes. a.a.O., S. 140, Anmerkung 1; ferner: *Voigt,* Fritz: Der volkswirtschaftliche Sparprozeß. a.a.O., S. 239, sowie *König,* Walter: Die Rolle der

Da das KWG *keine* zeitliche Bestimmung beinhaltet[91], die als Kriterium einer Unterscheidung zwischen Spareinlagen und Sichteinlagen dienen könnte, ist es durchaus möglich, daß bestimmte Bestandteile unter den Spareinlagen die gleiche kurze Laufzeit aufweisen wie Sichteinlagen, die zeitweilig nicht für Zahlungen benötigt werden. Es ist auch stets möglich, daß überschüssige Betriebs- oder Kassengelder auf Sparkonten gehalten werden, die tatsächlich nicht auf Sparkonten gehören.

Die Diskussion über die Frage, „unechte" Spareinlagen von den Sparkonten fernzuhalten, lebte im Jahre 1958 im Zusammenhang mit der Neufassung des KWG erneut auf. Dabei wurde in extremer Weise vielfach der Gedanke laut, Wirtschaftsunternehmen und die öffentliche Hand könnten überhaupt nicht sparen; bei den von ihnen unterhaltenen Spareinlagen handle es sich ausschließlich um „unechte" Spareinlagen, sie gehörten also gar nicht auf Sparkonten[92].

Hierzu sei lediglich bemerkt, daß Wirtschaftsunternehmen und die öffentliche Hand durchaus fähig sind, zu sparen. Das läßt sich erstens kreislauftheoretisch beweisen; andererseits — und das ist unseres Erachtens der Hauptgrund dafür, den Wirtschaftsunternehmen und der öffentlichen Hand „Sparfähigkeit" beizumessen — ist nicht einzusehen, warum die von den Wirtschaftsunternehmen und der öffentlichen Hand auf Sparkonten unterhaltenen Reserven oder sonstigen Rücklagen nicht dieselbe Laufzeit aufweisen können wie die der Privaten, deren Spareinlagen wesensmäßig tatsächlich „echt" sind.

Sparkassen am Kapitalmarkt seit der Geldumstellung. Münchener Dissertation, S. 41.)

[91] Auch die diesbezügliche Bestimmung des Entwurfes zum neuen KWG berücksichtigt den Faktor „Zeit" nicht. § 20 des Entwurfs eines neuen KWG besagt nämlich lediglich:

„Spareinlagen sind Einlagen, die durch Ausfertigung einer Urkunde, insbesondere eines Sparbuches, als solche gekennzeichnet sind.

Als Spareinlagen dürfen nur Beträge angenommen werden, die der Ansammlung oder Anlage von Vermögen dienen; Geldbeträge, die zur Verwendung im Geschäftsbetrieb oder für den Zahlungsverkehr bestimmt sind, erfüllen diese Voraussetzung nicht. Insbesondere dürfen Gehalts-, Pensions- und Rentenzahlungen nicht auf Sparkonten gutgeschrieben werden. Eine von vornherein befristete Annahme von Geldbeträgen als Spareinlage ist unzulässig.

Geldbeträge von juristischen Personen und Personenhandelsgesellschaften dürfen nur dann als Spareinlagen angenommen werden, wenn die Voraussetzungen des Absatzes 2 Satz 1 nachgewiesen sind. Für Geldbeträge von Einrichtungen, die gemeinnützigen, mildtätigen oder kirchlichen Zwecken dienen, bedarf es dieses Nachweises nicht.

Urkunden über Sparkonten dürfen ohne Einlage nicht ausgegeben werden. Die Urkunde ist dem Einleger auszuhändigen; sie darf nur in Ausnahmefällen bei dem Kreditinstitut hinterlegt werden. Verfügungen über Spareinlagen dürfen nicht durch Scheck oder Überweisung und nur gegen Vorlegung der Urkunde zugelassen werden. Bei voller Rückzahlung der Einlage ist die Urkunde zurückzufordern." (Vgl. Entwurf eines Gesetzes über das Kreditwesen. Bundestagsdrucksache 50/59.)

[92] Dieser Gedanke bestimmte maßgeblich die Formulierung des § 20 des Entwurfs eines Gesetzes über das Kreditwesen. (Vgl. § 20, Abs. 2 und 3 des Entwurfs eines Gesetzes über das Kreditwesen. Bundestagsdrucksache 50/59.)

Es würde aber zu weit führen, in der vorliegenden Arbeit die angeschnittene, allerdings außerordentlich interessante Problematik näher zu erörtern. Wir begnügen uns daher mit einem kurzen Hinweis auf die bisher zu diesem Thema erschienenen Arbeiten[93].

Trotz des Zinsvorteils ist in praxi allerdings der Anteil der von den Wirtschaftsunternehmen und der öffentlichen Hand unterhaltenen Spareinlagen an den gesamten Spareinlagen bei Sparkassen gering.

Das geht aus einer Übersicht über die wichtigsten Einlegergruppen bei den Kreditbanken hervor.

Beispielsweise wurden bei der Sondererhebung der BdL für die Jahre 1953 und 1954 folgende Größenordnungen ermittelt:

Tabelle III

Anteil der Einlegergruppen an den Spareinlagen der wichtigsten Bankgruppen in den Jahren 1953 und 1954 in %

Bankgruppen	Privatpersonen		Wirtschaftsunternehmen		Öffentl.-rechtl. Körperschaften	
	1953	1954	1953	1954	1953	1954
Kreditbanken	96,5	86,2	2,3	8,4	1,2	5,4
darunter:						
Nachfolgeinstitute	97,3	86,1	2,0	9,4	0,7	4,5
Sparkassen	87,9	87,1	2,1	2,3	10,0	10,6
Kreditgenossenschaften	95,0	94,5	2,5	3,0	2,5	2,5
Alle übrigen Kreditinstitute	79,1	72,5	7,6	11,3	13,3	16,2
Alle Kreditinstitute	90,3	87,9	2,2	3,5	7,5	8,6

Entnommen: Monatsbericht der Bank deutscher Länder vom August 1955, S. 51.

---

[93] Aufsatz ohne Verfasserangabe: Bank- und Kapitalmarktzins unter der Lupe. In: Süddeutsche Zeitung vom 28. 8. 1958. — Aufsatz ohne Verfasserangabe: Gespaltene Zinsen? In: Sparkasse, Heft 17/1958, S. 279/280. — Aufsatz ohne Verfasserangabe: Habenzins-Problem. In: Börsen-Zeitung, Nr. 204, vom 24. 10. 1958. — *Linpinsel*, K.: Die Spareinlagen der Gemeinden. In: Sparkasse, Heft 23 vom 1. 12. 1958, S. 387 f. — *Richebächer*, Kurt: Im Ausland ist der Sparzins höher. In: Süddeutsche Zeitung vom 5. 10. 1958. — Aufsatz ohne Verfasserangabe: Lohnt sich die Spaltung der Spareinlagenzinsen? In: Sparkasse, Heft 18 vom 15. 9. 1958, S. 297 f. — *Schork*, Ludwig: Das korrekturbedürftige Zinsgefüge. In: Zeitschrift für das gesamte Kreditwesen, Heft 16 vom 15. 8. 1958, S. 692 f. — *Schwedt*, Friedrich: Spareinlagen: Geld oder Kapital? In: Der langfristige Kredit. 15. Folge, 9. Jahrgang, S. 260 f. — *Trautmann*, Walter: Unechte Spareinlagen. In: Der Volkswirt, Nr. 33 vom 16. 9. 1958, S. 1663 f. — Aufsatz ohne Verfasserangabe: Umstrittene kommunale Sparkonten. In: Deutsche Zeitung vom 6. 11. 1958. — Aufsatz ohne Verfasserangabe: Um den Sparzins. In: Zeitschrift für das gesamte Kreditwesen, Heft 17 vom 1. 9. 1958, S. 731 f. — Aufsatz ohne Verfasserangabe: Unechte Spareinlagen — ein echtes Problem. In: Der Volkswirt, Nr. 30 vom 26. 7. 1958, S. 1449 f. — *Voigt*, Fritz: Spareinlagen juristischer Personen in wirtschaftswissenschaftlicher Sicht. In: Sparkasse, 76. Jgg. (1959), S. 219—222. — Aufsatz ohne Verfasserangabe: Vorschläge für eine Neugestaltung der Spareinlagenzinsen. In: Sparkasse, Heft 20 vom 15. 10. 1958, S. 320 f.

Bei der von der BBk zum 31. Oktober 1958 durchgeführten Sondererhebung wurden folgende Werte ermittelt:

Tabelle IV

Spareinlagen nach Einlegergruppen bei Sparkassen

Einlegergruppen	Oktober 1958		Ende 1954	
	Mio DM	%	Mio DM	%
Private	19 722,6	89,9	9 207,0	87,1
Wirtschaftsunternehmen	469,0	2,1	246,2	2,3
öffentliche Stellen	1 758,0	8,0	1 126,7	10,6
insgesamt	21 949,6	100,0	10 579,9	100,0

Quelle: „Sparkasse", Heft 2 vom 15. Januar 1959, S. 68.

Spareinlagen nach Einlegergruppen bei sämtlichen Kreditinstituten

Einlegergruppen	31. Oktober 1958		31. Dezember 1954	
	Mio DM	%	Mio DM	%
Privatpersonen	29 571,4	91,1	14 123,4	88,1
Wirtschaftsunternehmen	876,8	2,7	554,3	3,5
öffentliche Stellen	2 010,1	6,2	1 346,3	8,4
Gemeinden und Gemeindeverbände	(1 228,0)	(3,8)	(731,8)	(4,6)
Sozialversicherungsträger und Arbeitslosenversicherung	(372,8)	(1,1)	(375,0)	(2,3)
übrige öffentliche Stellen	(409,3)	(1,3)	(239,5)	(1,5)
insgesamt	32 458,3	100,0	16 024,0	100,0

Quelle: Monatsbericht der BBk vom Januar 1959, S. 58.

Nach Auffassung Hillmers hängt die Höhe der *überschüssigen, dem Geschäftskreislauf entstammenden Betriebs- oder Kassengelder* unter den Spareinlagen von der wirtschaftlichen Lage der Unternehmen sowie von den Zinsverhältnissen am Kapitalmarkt ab[94]. Dieser Auffassung ist zuzustimmen, da anzunehmen ist, daß sich die Unternehmer von Rentabilitätsgesichtspunkten (Zinsgefüge), die ihrerseits von der wirtschaftlichen Lage abhängig sind, bei ihren Dispositionen leiten lassen.

Folglich verursachen Veränderungen der wirtschaftlichen Lage sowie Veränderungen des Zinsgefüges entsprechende Bewegungen der Depositen unter den Spareinlagen[95]. Da derartige Veränderungen öfters

---

94 Vgl. *Hillmer*, Erwin: a.a.O., S. 23.

95 Hillmer sagt treffend: „In Zeiten wirtschaftlicher Depressionen gelangen oft vorübergehend unbenötigte Betriebsmittel zwecks Ausnutzung hoher Sparkassenzinsen bei den Kassen zur Einzahlung. Bei Eintritt einer wirtschaftlichen Aufschwungsperiode können diese Gelder plötzlich in voller Höhe wieder abgezogen werden." (Vgl. ebenda, S. 23.)

auftreten, dürften die Geschäftsdepositen, die auf Sparkonten ihren Niederschlag finden, auch öfters bewegt werden.

Allerdings machen die von Wirtschaftsunternehmen unterhaltenen Spareinlagen an den gesamten Spareinlagen bei Sparkassen nur einen relativ geringen Anteil aus; deshalb ist das Labilitätsmoment, das sie in den gesamten Spareinlagenbestand hineintragen, unerheblich.

Die Stabilität dieser Art von Sparguthaben wurde insbesondere in den letzten Jahren dadurch gewährleistet, daß ein großer Teil der dem Geschäftskreislauf entstammenden Betriebs- oder Kassengelder aus steuerlichen Gründen auf Sparkonten unterhalten wurde. Diese Einlagen lagen dann über einen vereinbarten längeren Zeitraum bei den Sparkassen fest.

Ohne weiteres dürfte es gerechtfertigt sein, die sich auf Sparkonten bei Sparkassen niederschlagenden Gelder der *öffentlichen Hand* den „echten" Ersparnissen zuzurechnen, ihnen also eine relativ hohe Konstanz beizumessen. Anhaltspunkte für die Richtigkeit dieser Auffassung ergeben sich aus einer Übersicht der Struktur sowie der Zwecke der von der öffentlichen Hand bei Sparkassen unterhaltenen Spargelder[96]:

Struktur der von der öffentlichen Hand bei Sparkassen unterhaltenen Sparkonten

1. Einlegergruppen:
   a) *Gemeinden und Gemeindeverbände*
      Gemeinden
      Ämter
      Stadtkreise
      Landkreise
      Bezirksverbände (Bayern)
      Landschaftsverbände (Nordrhein-Westfalen)
      Bezirksfürsorgeverbände
      Landeswohlfahrtsverband (Hessen)
      Landesfürsorgeverband (Baden-Württemberg, Pfalz)
      Schulverbände (Zweckverbände)
   b) *Wirtschaftsunternehmen der öffentlichen Hand ohne eigene Rechtspersönlichkeit*
      (Es handelt sich hierbei um die verselbständigten Regiebetriebe der Gebietskörperschaften, also um solche Unternehmungen, die keine eigene [öffentliche oder private] Rechtspersönlichkeit besitzen.)
      Städtische Eigenbetriebe (Stadtwerke)
      Staatliche Badeverwaltungen
      Staatsgüter
      Staatliche Versuchsanstalten usw.
   c) *Sozialversicherungsträger und Arbeitslosenversicherung*
      Orts-, Land-, Betriebs- und Innungskrankenkassen

[96] Bei den übrigen Kreditinstitutsgruppen können in dieser Hinsicht natürlich andere Verhältnisse herrschen.

Knappschaftliche Krankenkassen
Ersatzkassen für Arbeiter und Angestellte, jedoch nicht private Krankenkassen
Bundesversicherungsanstalt für Angestellte
Landesversicherungsanstalten und Bundesbahnversicherungsanstalt
Knappschaften
Gewerbliche und landwirtschaftliche Berufsgenossenschaften
Gemeindeunfallversicherungsverbände
Bundesbahn-Unfallversicherungsbehörde
Amt für Unfallversicherung der Bundespost
Bundesanstalt für Arbeitsvermittlung und Arbeitslosenversicherung
Landesarbeitsämter und Arbeitsämter

d) *Kirchen, karitative Verbände, Stiftungen*
Kirchen und ihre Einrichtungen (z. B. Heil- und Pflegeanstalten)
Klöster
Caritas
Arbeiterwohlfahrt
Hilfswerk der Evangelischen Kirchen
Rotes Kreuz
Diakonissenhäuser
Stiftungen (Museen, Altersheime usw.)
Öffentliche Fürsorgeverwaltung

e) *Sonstige öffentlich-rechtliche Körperschaften*
Bund
Länder
Bundesbahn und Bundespost
Lastenausgleichsfonds
Alliierte Dienststellen

Statistisch werden von den Sparkassen *nicht* unter den Spareinlagen der öffentlichen Hand erfaßt: Spareinlagen der:

Einfuhr- und Vorratsstellen
Öffentliche Lebens-, Unfall-, Haftpflicht-, Feuer- und Hagelversicherungsanstalten
Zusatzversorgungsanstalten und Versorgungskassen der öffentlichen Hand
Versorgungsunternehmen mit eigener Rechtspersönlichkeit
Lotterieunternehmen der Länder
Rundfunkunternehmen
Öffentliche Siedlungsgesellschaften mit eigener Rechtspersönlichkeit
Kommunale Zweckverbände mit wirtschaftlichem Charakter

Wie aus diversen Einzelerhebungen hervorgeht, spielen hinsichtlich des Umfangs die Spareinlagen der Wirtschaftsunternehmen der öffentlichen Hand ohne eigene Rechtspersönlichkeit sowie die der sonstigen öffentlich-rechtlichen Körperschaften keine Rolle.

Im folgenden interessieren daher nur noch die hinsichtlich des Umfangs in der Regel bedeutendsten Konten der Gemeinden und Gemeindeverbände sowie die der Kirchen, karitativen Verbände und Stiftungen.

2. Zwecke der von den Gemeinden und Gemeindeverbänden bei Sparkassen unterhaltenen Spareinlagen:

Rücklagen für: Straßen-, Wegebau
Schul-, Krankenhausbau und -ausrüstung
sonstige Bauvorhaben
Reparaturen
Inventarerneuerung
Grunderwerb
Parkplatzbeschaffung
Fahrzeuge
Grabpflege, insbesondere Kriegsgräberpflege (es handelt sich hier um Beträge, die vielfach mehrere Jahre im voraus als Pflegekosten an das Garten- und Forstamt gezahlt werden)
Siedlungszwecke
Siedlerdarlehen
Flüchtlingslager
Stadtentwässerung
Kommunale Einrichtungen
Feuerwehr

3. Zwecke der von den Kirchen, karitativen Verbänden und Stiftungen bei Sparkassen unterhaltenen Spareinlagen:

Rücklagen für: Bauvorhaben
Reparaturen
Pfarrfonds
Stiftungsfonds
Vikarienfonds
Küstereifonds
Orgelfonds
Glockenfonds
Begräbnishilfefonds
Grabpflegefonds
Kirchenchor
Kindergarten
Witwen- und Waisenkasse
Armenhaus
Waisenhaus
Messe-, Jubiläumsstiftungen

Die Übersicht insbesondere der Zwecke der von der öffentlichen Hand auf Sparkonten bei Sparkassen unterhaltenen Reserven läßt unseres Erachtens durchaus den Schluß zu, daß diese Spareinlagenart eine relativ hohe Laufzeit aufweist, daß sie sich also hinsichtlich ihrer Konstanz nicht von den seitens der Privatpersonen unterhaltenen Spareinlagen unterscheidet.

Zusammenfassend ist somit festzustellen, daß die sich auf Sparkonten bei Sparkassen niederschlagenden Gelder der Wirtschaftsunternehmen zwar weniger konstant, die der öffentlichen Hand dagegen relativ konstant sein dürften. Da der Anteil der von Wirtschaftsunternehmen und der öffentlichen Hand unterhaltenen Spareinlagen am gesamten Spareinlagenbestand der Sparkassen relativ gering ist, können die Bewegungen dieser Spareinlagenarten die Konstanz des Gesamtspareinlagenbestandes bei Sparkassen kaum beeinflussen.

3. Juristische und satzungsmäßige Bestimmungen als Determinanten der Konstanz der Spareinlagen

Um die Konstanz der Spareinlagen zu sichern, trafen die Sparkassen von sich aus schon in den ersten Jahren ihres Bestehens entsprechende Vorkehrungen.

Zuerst glaubte man, die Konstanz der Spareinlagen dadurch gewährleisten zu können, daß man den Sparkassen die Beschränkung auf bestimmte Kundenkreise auferlegte[97]. Im Verlauf der weiteren Entwicklung der Sparkassen kam man jedoch von diesem Prinzip ab und der Kundenkreis der Sparkassen erweiterte sich. Derselben Zielsetzung diente die Maßnahme, solche Einleger von den Sparkassen fernzuhalten, die nicht den eigentlichen Sparerschichten entstammen. Nicht sparende Kreditoren unterhalten ihre Einlagen zu Zahlungs- oder Spekulationszwecken, weshalb diese Guthaben eine relativ hohe Umschlagshäufigkeit aufweisen. Die soziale Zielsetzung der Sparkassen bestand nun (und besteht auch heute noch — lediglich in modifizierter Form —) darin, den wirtschaftlich schwächeren Bevölkerungsschichten eine sichere Geldanlage zu ermöglichen. Damit rekrutierten sich die Kunden der Sparkassen aus den ärmeren Klassen der Bevölkerung sowie aus der Mittelschicht.

Die ärmeren Bevölkerungskreise können nun aber nur kleine und kleinste Sparbeträge erübrigen. Man zog daraus die Folgerung, das Kriterium der „echten" Spareinlagen bestehe darin, daß es sich um kleine und kleinste Beträge handle. Durch die Festsetzung einer Höchstgrenze für Spareinlagen glaubte man daher sicherstellen zu können, daß nur „echte" Sparbeträge den Sparkassen zufließen würden und daß damit auch die Konstanz der Spareinlagen gesichert würde. Es wurde somit für die Spareinlagen eine Höchstgrenze festgesetzt, und zwar bestimmte das Reglement von 1838, in den einzelnen Statuten der Sparkassen sollte eine Bestimmung enthalten sein, die die Höhe der einzelnen Spareinlagen auf ein „angemessenes" Maximum beschränkt[98].

---

[97] Vgl. Handwörterbuch der Staatswissenschaften. Art. Sparkassen. a.a.O., S. 673.

[98] Hillmer führt zahlenmäßige Beispiele für die Beschränkung der Spareinlagen auf einen genau bestimmten Höchststand an. (Vgl. *Hillmer*, Erwin: a.a.O., S. 27.) Der Gedanke der Begrenzung der Spareinlagen auf einen Höchstbetrag tauchte erneut im Zusammenhang mit der Neufassung des KWG im Jahre 1958 auf. (Vgl. hierzu *Schork*, Ludwig: Das korrekturbe-

Hatten die Sparkassen mit dieser Bestimmung primär auch nur eine soziale Zielsetzung im Auge, nämlich „Kleine-Leute-Banken“[99] zu sein, so kam dieser Bestimmung doch auch Bedeutung insofern zu, als sie mit dazu beitrug, die Konstanz der Spareinlagen zu sichern.

Im Laufe der Zeit, insbesondere jedoch nach dem ersten Weltkrieg, sah man von einer Beschränkung der Höchstgrenze der Spareinlagen ab, weil diese Bestimmung durch die Anlegung mehrerer Sparbücher umgangen werden konnte und weil die unseres Erachtens richtige Auffassung vertreten wurde, hohe Einlagen würden eine bessere Rentabilität ergeben, die sich in einer Erhöhung der Zinsen auch für kleinere Sparkassen auswirkte[100].

Schließlich versuchte man die Konstanz der Spareinlagen dadurch zu gewährleisten, daß man Vorschriften über die Rückzahlung der Spareinlagen festsetzte. Es wurde eine feste Einlagensumme bestimmt, bis zu der ohne weiteres ausgezahlt werden konnte, während für höhere Beträge Kündigungsfristen vorgesehen waren. Diese Bestimmung wurde im Laufe der Zeit verschiedentlich modifiziert.

In den alten Sparkassenstatuten sind die Höhe der Beträge, die erst nach Kündigung rückzahlbar sind sowie die Höhe der Rückzahlungsfristen für die Spareinlagen sehr unterschiedlich geregelt worden.

Auch in den Mustersatzungen fanden sich entsprechende Regelungen.

Das Reichsgesetz für das gesamte Kreditwesen führte dann eine gesetzliche Kündigungsfrist ein.

Nach dem Reichsgesetz über das Kreditwesen sind Spareinlagen mit gesetzlicher Kündigungsfrist und Spareinlagen mit vereinbarter Kündigungsfrist zu unterscheiden.

1. Spareinlagen mit gesetzlicher Kündigungsfrist.
   Werden bei der Hereinnahme der Spareinlagen keine besonderen Vereinbarungen getroffen, so unterliegen die Spareinlagen der gesetzlichen Kündigungsfrist. Die gesetzliche Kündigungsfrist ist in § 23 KWG geregelt. Nach ihr dürfen Rückzahlungen ohne Kündigung nur bis zum Betrag von 1000 M für jedes Sparbuch im Monat abgehoben werden. Zur Rückzahlung höherer Beträge bedarf es einer Kündigung, die drei Monate vor dem Abhebungszeitraum erfolgen muß.
2. Spareinlagen mit vereinbarter Kündigungsfrist.
   Durch Satzung oder Vereinbarung können längere Kündigungsfristen festgesetzt werden. Die kündigungsfrei auszahlbare Grenze

dürftige Zinsgefüge. In: Zeitschrift für das gesamte Kreditwesen. 16. Heft, 1958, S. 692 f.)

[99] „Das war der ursprüngliche Sinn der Sparkassen, sie sollten und wollten nichts sein als „Kleine-Leute-Banken“. (Vgl. *Weber*, Adolf: Geld-Banken-Börsen. 5. verb. u. erg. Aufl., München 1955, S. 146.)

[100] Vgl. *Hillmer*, Erwin: a.a.O., S. 27.

von 1000 M gilt nicht für Spareinlagen mit vereinbarter Kündigungsfrist.

Für Sparkassen besteht die Besonderheit, daß neben den Bestimmungen des KWG auch noch die Vorschriften der Satzungen gelten. Die Sparkassensatzungen legen in der Regel die kündigungsfreie Grenze auf 300 DM fest[101].

Spareinlagen mit vereinbarter Kündigungsfrist können nicht sofort, sondern erst nach Ablauf der vereinbarten Kündigungsfrist abgezogen werden. Damit steht jedoch die Laufzeit der Spareinlagen keineswegs fest; den Sparkassen erwächst daraus lediglich der Vorteil, daß sie sich während des Zeitraums, der sich vom Zeitpunkt der Kündigung bis zum Zeitpunkt des Eintritts der Fälligkeit erstreckt, in liquiditätsmäßiger Hinsicht vorbereiten können. Bei den Spareinlagen mit gesetzlicher Kündigungsfrist ergibt sich dagegen ein anderer Sachverhalt:

Spareinlagen mit gesetzlicher Kündigungsfrist können bis zum Betrage von 300,— DM (Mustersatzung von 1953, § 5) bzw. bis zum Betrag von 1000 DM (§ 23 KWG) jederzeit abgerufen werden. Die Sparkassen berufen sich jedoch bei Rückzahlungen, die die genannten Grenzen übersteigen, *normalerweise* nicht auf das Einhalten einer Kündigungsfrist. „Die sofortige Auszahlung der Spareinlagen ohne Berufung auf die vereinbarten bzw. statutenmäßig festgesetzten Kündigungsfristen hat sich nämlich als das beste Mittel erwiesen, die auf psychologischen Erwägungen der Sparer beruhenden Einlagenabzüge nach kurzer Zeit aufhören zu lassen und die Sparkassenkunden zur Wiedereinzahlung der abgehobenen Beträge zu veranlassen[102].“

Die Sparkasse ist auch bei Spareinlagen mit gesetzlicher Kündigungsfrist völlig im Unklaren darüber, *wann* die Rückzahlung erfolgt. Sie kennt folglich auch nicht die Laufzeit der Spareinlagen mit gesetzlicher Kündigungsfrist.

Zusammenfassend kann also festgestellt werden:

---

[101] § 5 der neuen Mustersatzung (Muster A und B) besagt folgendes:
„1. Die Sparkasse zahlt Beträge bis zu DM 300,— ohne vorherige Kündigung sofort aus. Zur Rückzahlung höherer Beträge innerhalb eines Zeitraumes von einem Monat ist die Sparkasse jedoch nur verpflichtet, wenn rechtzeitig gekündigt worden ist (Abs. 2).
2. Die Kündigungsfrist beträgt, sofern nichts anderes ausdrücklich vereinbart ist, für Beträge von mehr als DM 300,— bis DM 1000,— einen Monat, für Beträge über DM 1000,— drei Monate. Mit Einmonatsfrist dürfen innerhalb eines Monats insgesamt nicht mehr als DM 1000,— gekündigt werden.
3. Die Sparkasse kann andere als die in Abs. 1 und 2 vorgesehenen Rückzahlungsbedingungen mit dem Sparer vereinbaren (Spareinlagen mit vereinbarter Kündigungsfrist). Solche Vereinbarungen sind im Sparkassenbuch und auf dem Kontoblatt zu vermerken.
(Abgedruckt in: Materialien zur Erneuerung des Sparkassenrechts. a.a.O., S. 23.)

[102] Vgl. *Hillmer*, Erwin: a.a.O., S. 30.

In „normalen" Zeiten braucht die Einrichtung der Kündigungsfristen keinen Schutz gegen die jederzeitigen Abhebungen zu Lasten von Sparkonten zu bieten.

In Panikzeiten erweist sich dagegen die Institution der Kündigungsfristen doch als vorteilhaft, weil sich die Sparkassen bei einer Gefährdung ihrer Liquidität auf die Kündigungsfrist berufen, damit eine sofortige Auflösung der Spareinlagen verhindern und schließlich in liquiditätsmäßiger Hinsicht eine entsprechende Vorsorge treffen können.

Ein Blick auf die Zusammensetzung der Spareinlagen nach Kündigungsfristen bei den Sparkassen in den Jahren 1951 bis 1957 zeigt eine zunehmende Verlängerung der Kündigungsfristen.

Tabelle V

Zusammensetzung der Spareinlagen nach Kündigungsfristen bei den Sparkassen im Bundesgebiet von 1951 bis 1957 in Millionen Mark sowie in vom Hundert der gesamten Spareinlagen

Stand Ende	mit gesetzl. Kündigungsfrist		mit vereinbarter Kündigungsfrist bis weniger als 12 Monate		von 12 Monaten und mehr		insgesamt	
	in Mio DM	in v H	in Mio DM	in v H	in Mio DM	in v H	in Mio DM	
1951	2407,8	72,9	180,8	5,5	712,5	21,6	3301,1	100
1952	3476,8	72,1	244,0	5,1	1103,0	22,9	4823,8 a)	100
1953	4958,2	70,8	324,6	4,6	1719,3	34,6	7002,1 b)	100
1954	7253,3	68,6	480,8	4,5	2838,8	26,9	10572,9 c)	100
1955	9089,0	68,6	556,8	4,2	3602,1	27,2	13248,0	100
1956	10060,3	66,6	616,8	4,1	4435,8	29,4	15112,9	100
1957	11716,1	64,5	819,3	4,5	5618,7	31,0	18154,0	100

(Abweichungen durch Runden der Zahlen)

a) ohne 26,5 Millionen DM Ausgleichsguthaben;
b) ohne 327,1 Millionen DM Ausgleichs- und Entschädigungsguthaben;
c) ohne 165,7 Millionen DM Ausgleichs- und Entschädigungsguthaben.
Quelle: Die Sparkassen in Zahlen. A.a.O., 2. Aufl., S. 22.

4. Psychologisch wirkende Mittel als Bestimmungsgründe der Konstanz der Spareinlagen

Zur Verhütung plötzlich auftretender Spardepositenabzüge, die etwa aus psychologischen Faktoren, wie Vertrauensschwund, Inflationspsychose usw., resultieren, suchen die Sparkassen aufklärend auf die Sparer einzuwirken.

So waren die Sparkassen insbesondere während der Inflationsjahre nach dem 1. Weltkrieg bemüht, den immer wieder auftretenden Gerüchten von neuen Währungsschwierigkeiten und sonstigen Beunruhigungsmomenten schon bei ihrer Entstehung entgegenzutreten.

Wie Hillmer ausführt, machten die Sparkassen jedoch die Erfahrung, daß diesen Bemühungen, soweit die Sparkassen selbst aufklärend wirkten, nur in den seltensten Fällen Erfolg beschieden war, daß vielmehr nur dann, wenn sich die Sparkassen neutraler Stellen (insbesondere der Presse, städtischer, provinzieller und staatlicher Behörden) bedienten, „der Ansturm der Sparer aufhörte und bereits abgehobene Sparbeträge den Sparkassen wieder zuflossen“[103].

5. Die Konstanz der Spareinlagen in Zahlen

Verschiedentlich wird versucht, die Konstanz der Spareinlagen rechnerisch zu ermitteln, und zwar werden sogenannte „Umschlags- bzw. Rückzahlungshäufigkeitswerte“ errechnet.

Die Rückzahlungshäufigkeit ist das Verhältnis der Gesamtauszahlungen eines Jahres (R_n) zu Lasten einer Depositenart zum Bruttobestand dieser Depositenart des gleichen Jahres.

Als Bruttobestand gilt der Einlagenbestand zu Beginn eines Jahres (St_{n-1}) plus den Gesamteinlagen (= Gutschriften + Zinsen + sonstige Veränderungen) dieses Jahres (E_n).

Die Rückzahlungshäufigkeit errechnet sich also nach der Formel:

$$x = \frac{R_n}{St_{n-1} + E_n} \qquad \text{(Formel I)}$$

Die Rückzahlungshäufigkeit stellt somit nach den Worten Mairs dar „eine Gegenüberstellung des Betrages der effektiven Rückzahlungen eines Jahres zu dem maximalen Rückzahlungsbetrag; also nach der Wahrscheinlichkeitsrechnung günstige durch mögliche Fälle. Es ist daher die Bezeichnung Häufigkeit im Sinne der klassischen Wahrscheinlichkeitsrechnung gerechtfertigt“[104].

Mair vereinfachte Formel I durch einige Umformungen zu folgender Form[105]:

$$x = \frac{R_n}{St_n + R_n} \qquad \text{(Formel II)}$$

---

[103] Vgl. *Hillmer,* Erwin: a.a.O., S. 31.

[104] Vgl. *Mair,* Walter: Die zahlenmäßige Feststellung der Qualität der Spareinlagen. In: Österreichische Sparkassenzeitung. 41. Jahrgang, Folge 3, S. 34/35.

[105] Wie Mair feststellt, gilt ganz allgemein, „daß der Stand nach (St_n) aus dem Stand vor (St_{n-1}) hervorgeht, indem man zum letzteren die Einzahlungen (E_n) hinzufügt und die Rückzahlungen (R_n) abzieht; d. h.

$$St_n = St_{n-1} + (E_n - R_n) \text{ oder } St_{n-1} = St_n - E_n + R_n$$

Wird nun in dem Quotienten $\frac{R_n}{St_{n-1} + E_n}$ der Stand vor durch den gleichwertigen Ausdruck $St_n - E_n + R_n$ ersetzt“, dann ergibt sich die Formel II. (Vgl. *Mair,* Walter: Die zahlenmäßige Feststellung der Qualität der Spareinlagen. a.a.O., S. 35, ferner: *Mair,* Walter: Geld und

Dabei stellt St_n den Spareinlagenbestand am Ende des Jahres dar. Nach dieser Formel lassen sich nun die folgenden Rückzahlungshäufigkeitsziffern für Spareinlagen errechnen[106]:

Tabelle VI

Die Rückzahlungshäufigkeitsziffern der Spareinlagen

Jahr	i. vH	Jahr	i. vH	Jahr	i. vH	Jahr	i. vH
1913	21,4	1930	36,0	1937	23,8	1954	35,0
1924	56,2	1931	42,7	1938	23,3	1955	34,1
1925	50,1	1932	33,2	1949	38,9	1956	36,7
1926	43,0	1933	28,8	1950	39,0	1957	34,8
1927	41,1	1934	29,8	1951	38,5		
1928	36,8	1935	27,1	1952	34,9		
1929	36,2	1936	25,4	1953	34,6		

Im Durchschnitt der Jahre *1924 bis 1932* betrug die Rückzahlungshäufigkeit rund .... 41,7 vH

Im Durchschnitt der Jahre 1934 bis 1938 betrug die Rückzahlungshäufigkeit rund .... 29,5 vH

Im Durchschnitt der Jahre 1949 bis 1952 betrug die Rückzahlungshäufigkeit rund .... 38,0 vH

Im Durchschnitt der Jahre 1953 bis 1957 betrug die Rückzahlungshäufigkeit rund .... 35,0 vH

Quellen: Verschiedene Vierteljahreshefte zur Statistik des Deutschen Reiches. Für die Zeit ab 1949: Die Sparkassen in Zahlen. a.a.O., S. 18 f.

Der reziproke Wert der Rückzahlungshäufigkeit

$$x = \frac{St_n + R_n}{R_n}$$

oder

$$x = \frac{St_n}{R_n} + 1 \qquad \text{(Formel III)}$$

Kapital. In: Österreichische Sparkassenzeitung. a.a.O., S. 80, ferner: ebenda, S. 253 f.)

[106] Vgl. ferner die Berechnungen von: *Sperk*, Ludwig und *Wilsdorf*, Manfred: Die Liquiditätsverhältnisse der deutschen Sparkassen. a.a.O., S. 23, ferner: Aufsatz (ohne Verfasserangabe): Innere Qualität der Spareinlagen. In: Sparkasse. Heft 1, Jahrgang 1954 sowie Jahresbericht des Deutschen Sparkassen- und Giroverbandes e. V. für das Jahr 1954, S. 8. *Mair*, Walter: Die zahlenmäßige Feststellung der Qualität der Spareinlagen. a.a.O., S. 36. *Hoffmann*, Josef: Das Sparen im Vordergrund der Wirtschaftspolitik. In: Sparkasse. 8. Jahrgang, Heft 21 vom 1. Nov. 1954, S. 344. *Köster*, Karlheinz: Wieviel wird tatsächlich gespart? In: Sparkasse. 8. Jahrgang, Heft 21 vom 1. November 1954, S. 354. *Seidel*, Heinz: Das Schlagwort vom liquiden Sparen. In: Beilage zu Nr. 9 des „Volkswirt" vom 28. Februar 1953, S. 20. *Floss*, Eberhard: Anlage- und Liquiditätsrichtlinien im Sparkassenwesen. a.a.O., S. 107. *Gerlich*, Robert: Das Liquiditätsproblem im preußischen Sparkassenwesen und die Entwicklung der Liquiditätsverhältnisse seit der Währungsstabilisierung. Berliner Dissertation 1931, S. 33 f.

[107] Vgl. *Mair*, Walter: Die zahlenmäßige Feststellung der Qualität der Spareinlagen. a.a.O., S. 35.

gibt die „Dauer des Konsumverzichts in Jahren“[107] an, m. a. W., der reziproke Wert gibt über die sogenannte „Dauerhaftigkeit der Spareinlagen“ Auskunft, d. h. „... wie lange es dauern würde, bis das letzte Sparguthaben, sofern keine weiteren Veränderungen durch Einzahlungen oder Zinsen erfolgen, abgehoben sein würde“[108].

Für Österreich und Deutschland ergeben sich dabei für den Zeitraum von 1948 bis 1955 folgende Werte:

Tabelle VII

Dauerhaftigkeit der Spareinlagen in Österreich und Deutschland

Jahr	Österreichische Werte	Deutsche Werte
1948	2,04	—
1949	2,38	2,50
1950	2,56	2,50
1951	2,04	2,53
1952	2,35	2,79
1953	2,72	2,82
1954	—	3,17
1955	—	2,93

Die Werte für Österreich wurden dem Aufsatz von Mair, Walter: Die zahlenmäßige Feststellung der Qualität der Spareinlagen. a.a.O., S. 35, entnommen.

Die für die Berechnung der deutschen Werte erforderlichen Zahlen wurden der Tabelle VI auf S. 177 der vorliegenden Arbeit entnommen.

Genauere Werte der Rückzahlungshäufigkeit bzw. der Dauerhaftigkeit der Spareinlagen lassen sich errechnen, wenn man für die Berechnung kleinere Zeiträume, also etwa monatliche Perioden, wählt und nicht einen Zeitraum von jährlichen Perioden wie bei den obigen Berechnungen.

Die einer monatlichen Berechnung der Rückzahlungshäufigkeit zugrunde liegende Formel müßte wie folgt lauten:

$$x = \frac{R_{Monat}}{\frac{St_n}{12} + R_{Monat}}$$

Die einer monatlichen Berechnung der Dauerhaftigkeit der Spareinlagen zugrunde liegende Formel würde dann wie folgt lauten:

$$x = \frac{\frac{St_n}{12} + R_{Monat}}{R_{Monat}}$$

Wir sehen jedoch von der monatlichen Ermittlung der Rückzahlungshäufigkeit ab, weil bereits die obigen Berechnungen ein ungefähres Bild vom Grad der Konstanz der Spareinlagen vermitteln, und weil es noch andere,

[108] Vgl. *Köster*, Karlheinz: Wieviel wird tatsächlich gespart? In: Sparkasse. a.a.O., S. 354.

im Hinblick auf unser Problem aussagekräftigere Darlegungen der Konstanz der Spareinlagen gibt.

Bei einem Vergleich der Konstanz der Spareinlagen mit der Konstanz der Sichteinlagen zeigt es sich, daß sich die Spareinlagen durch eine ungleich höhere Konstanz auszeichnen als die Giroeinlagen.

Mair ermittelt für Österreich folgende Werte:

Tabelle VIII[109]

Rückzahlungshäufigkeit der Spar- und Giroeinlagen in Österreich

Jahr	Jahresendstand in Mio. ö. S. (St_n)	Summe der Rückzahlungen eines Jahres in Mio. ö. S.	Rückzahlungshäufigkeit in % des St_n
	Spareinlagen		
1953	2 218	1 257	36,2
1954	3 348	1 856	35,7
1955	4 451	2 780	38,5
1956	5 590	3 237	36,7
	Giroeinlagen		
1953	2 005	12 500 (geschätzt)	86,2
1954	2 458	14 700 „	85,7
1955	2 587	16 500 „	86,5
1956	2 996	18 000 „	85,7

Leider lassen sich für Deutschland keine Vergleiche zwischen der Rückzahlungshäufigkeit der Spar- und der Giroeinlagen anstellen, weil in Deutschland bei den Giroeinlagen die für die Berechnung erforderlichen Zahlen statistisch nicht erfaßt werden.

Die angegebenen Zahlen (Tabellen VI, VII, VIII) vermitteln ein anschauliches Bild der hohen Konstanz der Spareinlagen. Nun ist jedoch ferner folgendes zu beachten:

Die kreditäre Nutzung des den Sparkassen bzw. Banken auf Grund des Depositengeschäftes zugeflossenen Geldes ist darauf abgestellt, daß ihnen ständig neue Einlagen zufließen. Bei der Berechnung der Rückzahlungshäufigkeit wurde jedoch davon ausgegangen, es würden keine weiteren Einlagen mehr vorgenommen. Eine derartige Annahme ist irreal und trägt den in praxi gegebenen Verhältnissen in keiner Weise Rechnung.

In Wirklichkeit ist es vielmehr — wenigstens bei den Spareinlagen — in der Regel so, daß an die Stelle der sich auflösenden bzw. abfließenden Einlagen neue Einlagen treten. Hieraus ergibt sich nun folgender, grundlegend wichtiger Sachverhalt:

Solange die Einzahlungen die Auszahlungen übersteigen, besitzt die betreffende Sparkasse oder Bank einen ständig wachsenden Bestand an Depositen.

---

[109] Die in Tabelle VIII ausgewiesenen Zahlen ermittelte: *Mair*, Walter: Geld und Kapital. In: Österreichische Sparkassenzeitung. a.a.O., S. 78.

Dieser Bestand ist Ausdruck dafür, daß der betreffenden Bank — sofern es sich bei dem Depositenbestand um originäre Einlagen handelt, was jedoch, wie wir bereits mehrmals ausführten, bei Spareinlagen größtenteils der Fall ist — in Höhe dieses Bestandes kreditär nutzbare Zahlungsmittel zuflossen.

Weist nun die Zuwachsrate der betreffenden Depositen — und zwar nur der originären Bestandteile dieser Depositenart — per Saldo stets einen positiven Wert auf, dann sinkt der Depositenbestand nicht: *Über den ganzen Zeitraum, über den der originäre Depositenbestand existiert, stehen den betreffenden Banken kreditär nutzbare Zahlungsmittel zur Verfügung*, weil Einlagenabflüsse durch Einlagenzuflüsse substituiert werden. Das geht auch aus der folgenden Überlegung hervor:

Bei der Ermittlung der „Dauerhaftigkeit" der Spareinlagen wurde als durchschnittliche Laufzeit der Spareinlagen für die Zeit nach der Währungsreform ein Wert von rund 2,6 Jahren ermittelt.

Würden keine Substitutionen erfolgen, dann wäre es den Sparkassen also nur möglich, Kredite mit einer maximalen Laufzeit von 2,6 Jahren einzuräumen.

Davon kann jedoch, wie die Erfahrung zeigt, keine Rede sein: Das den Sparkassen auf Grund des Spareinlagengeschäftes zugeflossene Geld läßt sich infolge der Substitution auch für Kredite mit einer Laufzeit von beispielsweise fünf oder zehn Jahren nutzen[110].

Die Substitution aufgelöster Spareinlagen durch neue Spareinlagen bewirkt, daß den Sparkassen, sofern die Zuwachsrate der Sparein-

---

[110] Die Erscheinung der Substitution rechtfertigt es, wenn Schmalenbach von den Transformationsmöglichkeiten der Sparkassen spricht und behauptet, für die Ausbildung der Transformation seien „die deutschen Sparkassen vorbildlich geworden", oder wenn Stucken den Banken die Fähigkeit der Fristigkeitsverlängerung zuschreibt (vgl. insbesondere die erste Auflage des Buches von *Stucken:* Geld und Kredit. Tübingen 1949, S. 67 f.) und aus den wirtschaftlichen Konsequenzen der in Deutschland gegebenen „Spaltung des Kreditmarktes" die Forderung ableitet, die Fristigkeitsverlängerungsfunktion sei unentbehrlich und daher von den Banken auszuüben. (Vgl. *Schmalenbach,* Eugen: Kapital, Kredit und Zins in betriebswirtschaftlicher Beleuchtung. 3. verb. Aufl. Köln und Opladen 1951, S. 142, sowie *Stucken,* Rudolf: Geld und Kredit. 2. Auflage, Tübingen 1957, S. 111/112, sowie *Stucken,* Rudolf: Besonderheiten der Geld- und Kreditpolitik in Westdeutschland und ihre konjunkturpolitische Bedeutung. Sonderschrift des IFO-Instituts für Wirtschaftsforschung, Nr. 16, Berlin-München 1955, ferner *Stucken,* Rudolf: Hände weg vom industriellen Anlagekredit? In: Bank-Archiv, Jahrgang 1937/1938, S. 378.)

Vgl. zur Frage der Transformation und Fristigkeitsverlängerung auch: *Seidel,* Heinz: Die Transformationsfunktion der Banken. In: Österreichisches Bank-Archiv. Jahrgang 1955, Heft 2, S. 34 f., ferner: *Spelsberg:* Bankkredit und Investitionsfinanzierung. In: Sparkasse. 73. Jahrgang, Heft 13 vom 1. Juli 1955, S. 195 f., und Heft 14 vom 15. Juli 1955, S. 211 f., ferner: Bankkredit und langfristige Investitionen. Bericht über eine Aussprache führender Sachkundiger. (Herausgegeben von Adolf Weber.) Berlin 1954.

lagen per Saldo einen positiven Wert aufweist, kreditär nutzbares Geld solange zur Verfügung steht, solange der Bestand der Spareinlagen existiert.

Da die Spareinlagen außerdem — wie unsere Berechnungen zeigten — eine vergleichsweise hohe Laufzeit aufweisen, kann davon ausgegangen werden, *daß die Existenz eines Spareinlagenbestandes*

Tabelle IX

Die Entwicklung der Spareinlagen bei den Sparkassen im Bundesgebiet in den Jahren 1948—1958

Ende des Zeitraums		Einlagenstand in Mio DM[a])	Saldo der Ein- und Auszahlungen in Mio DM[b])
1949	März	1 597,0	20,6
	Juni	1 731,5	41,7
	Sept.	1 916,7	30,6
	Dez.	2 117,3	73,2
1950	März	2 412,7	78,3
	Juni	2 640,8	78,3
	Sept.	2 677,1	9,3
	Dez.	2 777,5	— 10,8
1951	März	2 762,6	— 13,7
	Juni	2 850,4	32,1
	Sept.	3 010,2	46,3
	Dez.	3 301,1	92,2
1952	März	3 675,4	105,5
	Juni	3 978,2	86,5
	Sept.	4 286,5	108,7
	Dez.	4 850,3	178,0
1953	März	5 375,0	142,2
	Juni	5 842,5	151,2
	Sept.	6 313,4	152,8
	Dez.	7 329,2	395,7
1954	März	8 682,4	285,4
	Juni	9 294,0	209,2
	Sept.	9 892,9	165,6
	Dez.	10 738,6	212,7
1955	März	11 571,6	220,1
	Juni	12 089,2	159,4
	Sept.	12 560,7	150,3
	Dez.	13 248,0	36,8
1956	März	13 974,6	133,0
	Juni	14 327,4	111,4
	Sept.	14 566,2	107,9
	Dez.	15 112,9	12,7
1957	März	15 893,6	178,8
	Juni	16 390,5	132,3
	Sept.	16 986,3	214,4
	Dez.	18 154,0	93,3
1958	März	19 289,2	316,5
	Juni	20 063,9	254,5

Quelle: Die Sparkassen in Zahlen. 2. Aufl., a.a.O., S. 18 f.

[a]) Einlagenstand *insgesamt.*

[b]) Ohne Zinsgutschriften und sonstige Veränderungen, dagegen incl. Ausgleichs- und Entschädigungsgutschriften.

bestimmter Höhe zu irgendeinem Zeitpunkt nichts anderes besagt, als daß in Höhe dieses Spareinlagenbestandes zum betreffenden Zeitpunkt Geld inaktiviert ist.

(Diese Aussage läßt sich bei Sichteinlagen *nicht* treffen, denn der Großteil der Sichtdepositen dient Zahlungszwecken, schlägt sich also in rascher Reihenfolge um, weshalb Sichteinlagen nur eine kurze Laufzeit aufweisen.)

Solange also die Spareinlagenzuwachsrate einen positiven Wert aufweist und das Aktivkreditvolumen einer Sparkasse sich im Rahmen des (originären) Spareinlagenvolumens bewegt, ist eine Geldstromverbreiterung aufgrund von Krediten, also eine Kreditschöpfung, unmöglich, weil der Geldaktivierung durch Kreditgewährung eine Geldinaktivierung durch Spareinlagenbildung gleichen Ausmaßes gegenübersteht. Für die Sparkassen der Bundesrepublik Deutschland weist die Spareinlagenzuwachsrate die in den Tabellen IX (S. 181) und X angegebenen Werte auf.

Tabelle X

Der Überschuß der Einzahlungen auf Sparkonten über die Auszahlungen in Prozenten der Auszahlungen bei den Sparkassen Gesamtdeutschlands und im Bundesgebiet

Ende des Zeitraums	Prozentualer Einzahlungsüberschuß	Ende des Zeitraums	Prozentualer Einzahlungsüberschuß
1924	71,0	1949	32,9
1925	58,4	1950	32,6
1926	56,5	1951	19,5
1927	42,5	1952	53,7
1928	46,2	1953	59,2
1929	27,0	1954	53,5
1930	14,7	1955	31,1
		1956	15,5

Die Prozentsätze der Jahre 1924—1930 wurden dem Aufsatz von Seidel, Heinz: Das Schlagwort vom liquiden Sparen, a.a.O., S. 20, entnommen. Die Prozentsätze für die Jahre 1949—1955 wurden vom Verfasser anhand der in „Die Sparkasse in Zahlen“ angegebenen monatlichen Durchschnittswerte der Ein- und Auszahlungen auf Sparkonten (ohne Berücksichtigung der Zinsen und der sonstigen Veränderungen) sowie der in derselben Statistik auf Seite 18 f. angegebenen Auszahlungsziffern errechnet.

Von einigen wenigen Ausnahmen abgesehen, weisen also Spareinlagen stets positive Zuwachsraten auf.

Spareinlagen zeichnen sich somit — im Gegensatz zu Sichteinlagen, die oft sehr stark fluktuierende Bestände aufweisen, und im Konjunkturverlauf meistens nur in Perioden des Aufschwungs und der Hochkonjunktur eine positive Zuwachsrate aufweisen, in der Krise und während des Abschwungs dagegen abnehmen — durch eine relativ hohe Konstanz aus.

6. Ergebnis

Die vorhergehende Untersuchung ergab, daß die bei Sparkassen unterhaltenen Spareinlagen eine relativ hohe Konstanz aufweisen. Es konnte also die Folgerung gezogen werden, daß die Existenz eines Spareinlagenbestandes bestimmter Höhe zu irgendeinem Zeitpunkt nichts anderes besagt, als daß in Höhe dieses Spareinlagenbestandes zum betreffenden Zeitpunkt Geld inaktiviert ist. Aus diesem Sachverhalt ergibt sich hinsichtlich des potentiellen Ausmaßes der Kreditschöpfung im typischen Sparkassengeschäft folgendes:

Das potentielle Ausmaß „y" der Kreditschöpfung im typischen Sparkassengeschäft errechnet sich generell-theoretisch nach der auf S. 113 f. der vorliegenden Arbeit abgeleiteten Formel:

$$y = x \cdot a - a$$

III. Die Höhe des kreditär nutzbaren Zentralbankgeldes als indirekter Bestimmungsgrund des Ausmaßes der Kreditschöpfung im Sparkassengeschäft

1. Das Problem

Das Objekt der folgenden Erörterungen bildet die Frage, ob die Sparkassen aufgrund ihres charakteristischen Passivgeschäftes einen im Vergleich zu anderen Bankgruppen höheren Zentralbankgeldzufluß aufweisen und damit die Basis für die Kreditgewährung, die wir bei unserer rechnerischen Ableitung des potentiellen Ausmaßes der Kreditschöpfung auf S. 111 f. dieser Arbeit unter dem Symbol „a" erfaßten, sowie — indirekt — das Ausmaß ihrer Kreditschöpfung relativ mehr auszudehnen vermögen als andere Bankgruppen.

Je größer die Menge des Zentralbankgeldes ist, die eine Bank bei einem bestimmten, in der Volkswirtschaft gegebenen Zentralbankgeldvolumen an sich ziehen kann, um so stärker kann sie sich am Kreditexpansionsprozeß des Banksystems beteiligen und um so mehr müssen die anderen Banken mit ihrer Kreditgewährung zurückhalten, da das für die Kreditgewährung erforderliche Zentralbankgeld infolge der Beanspruchung durch die expandierende Bank nicht mehr zur Verfügung steht. Hierin liegt auch die Ursache für die Konkurrenz der Banken um Kreditoren.

Eine der wichtigsten Quellen des Geldzuflusses bei einer einzelnen Bank ist das Depositengeschäft, bei den Sparkassen also das Spargeschäft.

2. Das Spareinlagengeschäft der Sparkassen als Quelle des Zuflusses von Zentralbankgeld

Typisch für das Depositengeschäft der Sparkassen ist der hohe Anteil der Spareinlagen.

Das Verhältnis von Spareinlagen zu Sichteinlagen beläuft sich bei Sparkassen gegenwärtig etwa auf 2 : 1 (Vorkriegsrelation 4 : 1)[111/112].

Die Spareinlagenbildung führt in der Regel zu einem kontinuierlichen Zentralbankgeldzufluß bei den Sparkassen. (Bei den Sichteinlagen ist das keineswegs der Fall: Der moderne Giroverkehr ermöglicht es ohne weiteres, daß die Sichteinlagenbildung ohne entsprechenden Zufluß von Zentralbankgeld vor sich geht.)

Überwiegend entstehen Spareinlagen heute durch Bargeldeinzahlungen. Zwar wird der Spareinlagenzuwachs in steigendem Maße auch durch girale Eingänge auf Sparkonten verursacht. Das ist beispielsweise häufig bei Gehaltskonten der Fall, von denen (vielfach mittels eines Dauerauftrages) Beträge auf Sparkonten überwiesen werden. (Ein derartiger Zugang auf Sparkonten ist natürlich auch dann durch Zentralbankgeld gedeckt, wenn bereits die Gehaltsüberweisung zu einem entsprechenden Zufluß an Zentralbankguthaben bei der betreffenden Sparkasse führte.)

Der unbare Zuwachs an Spareinlagen ist ferner zu einem großen Teil auf Umbuchungen zwischen Sparkonten zurückzuführen, nämlich beispielsweise von normalen Sparkonten auf steuerbegünstigte Sparkonten.

Die Umbuchung kann aber auch von einem Girokonto auf ein steuerbegünstigtes Sparkonto erfolgen. In der Regel wird jedoch auch einem derartigen Spareinlagenzuwachs ein entsprechender Zentralbankgeldzufluß bei der Sparkasse zugrunde liegen, denn es ist schon aus Rentabilitätsgründen nicht anzunehmen, daß sich ein Wirtschaftssubjekt einen Kredit einräumen läßt, um den zur Verfügung gestellten Geldbetrag auf Sparkonto übertragen zu lassen.

Trotzdem ist aber auch ein Spareinlagenzuwachs, der zu *keinem* Zufluß an Zentralbankgeld führt, möglich.

Das geht aus dem folgenden Beispiel hervor:

Eine Sparkasse gewähre einem Unternehmer einen Kredit. Der Unternehmer nehme diesen Kredit für Gehalts- und Lohnzahlungen in Anspruch. Die Gehaltszahlungen erfolgen in giraler Form durch Überweisung. Besitzen nun die Gehaltsempfänger, an die der Unternehmer Zahlung leistet,

[111] Vgl. auch Tabelle XI der vorliegenden Arbeit.

[112] Giroeinlagen interessieren — obwohl sich bei den modernen Sparkassen immer ausgeprägter eine „Zweigleisigkeit“ des Geschäftes herausbildet, nämlich einerseits die Abwicklung des Spargeschäftes, andererseits die Abwicklung des Girogeschäftes — im Rahmen des mit der vorliegenden Arbeit aufgegriffenen Problems nicht, weil hier nur das spezifische Sparkassengeschäft den Gegenstand der Untersuchung bildet.

ihre Gehaltskonten bei der betreffenden Sparkasse, dann kann der Unternehmer die Gehälter auf diese Konten überweisen. Dieser Vorgang äußert sich buchungstechnisch wie folgt: Per Debitor (Unternehmer) an Kreditor (Gehaltskontenbesitzer). Laufen nun im Auftrag der Gehaltskontenbesitzer (Dauer-)Aufträge, denen zufolge die Sparkasse von jedem Gehaltseingang einen bestimmten Betrag auf Sparkonto umzubuchen hat, so werden in unserem Beispiel diese Beträge, die durch Kreditschöpfung entstanden sind, auf Sparkonten übertragen. Dieser Vorgang äußert sich buchungstechnisch wie folgt: Per Gehaltskonto an Sparkonto. In diesem Falle erfolgt ein Spareinlagenzuwachs ohne einen entsprechenden Zufluß an Zentralbankgeld, m. a. W., es entstehen Spareinlagen aus Kreditschöpfung der kreditgewährenden Sparkasse. Derartige Fälle sind jedoch realiter sehr selten, weil es unwahrscheinlich ist, daß die Bedingungen, an die das Zustandekommen dieses giralen Spareinlagenzuwachses geknüpft ist, von einer Sparkasse erfüllt werden.

Auch ein Spareinlagenzuwachs auf Grund von Zinsgutschriften führt zu *keinem* Zentralbankgeldzufluß bei den Sparkassen.

Die Entstehung von Spareinlagen ohne Zentralbankgeldzufluß erfolgte in großem Ausmaße bei der Währungsreform. Im Zuge der Währungsreform wurden die Spareinlagen bei Sparkassen auf einen Betrag von rund 2,2 Milliarden DM umgestellt. Dieser Spareinlagenbestand erhielt keine Deckung in neuen DM; er war vielmehr zum größten Teil durch Ausgleichsforderungen „gedeckt"[113]. Es handelt sich hierbei nur um eine einmalige Sonderaktion, weshalb wir sie vernachlässigen.

Zusammenfassend läßt sich feststellen, daß das Spareinlagengeschäft als charakteristisches Depositengeschäft der Sparkassen — in einem gewissen Gegensatz zum Girogeschäft — in der Regel zu einem kontinuierlichen Zentralbankgeldzuwachs bei den Sparkassen führt. Die Sparkassen sehen sich, weil sie gegenüber den anderen Banktypen das vergleichsweise umfangreichste Spareinlagengeschäft aufweisen, hinsichtlich des Zuflusses an kreditär nutzbarem Zentralbankgeld im Depositengeschäft gegenüber den anderen Banktypen also im Vorteil.

3. Geldaufnahmegeschäfte der Sparkassen als Quelle des Zuflusses von Zentralbankgeld

a) Das Problem

Es ist erforderlich, zunächst auf eine weitere, in diesem Zusammenhang auftauchende kredittheoretische Bedeutung der Geldaufnahme bzw. Refinanzierung der Banken einzugehen[114/115].

---

[113] Unmittelbar nach der Währungsreform waren die gesamten Spareinlagen zu fast 80 % durch Ausgleichsforderungen „gedeckt".

[114] Die kredittheoretische Bedeutung der Geldaufnahme bzw. Refinanzierung als „Finanzierungsmöglichkeit" bei einem Abzug von Depositen wurde bereits auf S. 152 f. der vorliegenden Arbeit erörtert. Gegenüber

Der Geldzufluß im Depositengeschäft erfolgt ohne besonderes Zutun einer Bank. Bei der im Depositengeschäft zugeflossenen Liquidität handelt es sich also um Gelder, „die aus freiem Entschluß und eigenem Antrieb den Banken von seiten ihrer Geschäfts- und Privatkunden und anderen Kreditinstituten zufließen“[116].

Eine Geldaufnahme bedingt dagegen ein aktives Handeln einer Bank, und zwar muß sie sich in diesem Falle selbst um den Zufluß von Zahlungsmitteln bemühen.

Die beiden Methoden einer Beschaffung kreditär nutzbaren Zentralbankgeldes bestimmen nun den Grad der „Kreditaktivität“ einer Bank:

Banken, die keine besondere Aktivität hinsichtlich ihrer Kreditgewährung entfalten, sondern das Ausmaß ihrer Kreditgewährung ausschließlich auf die Nutzung des ihnen im Depositengeschäft zugeflossenen, kreditär nutzbaren Zentralbankgeldes beschränken, bezeichnen wir als „kreditneutrale Banken“.

Das spezifische Charakteristikum der kreditneutralen Banken besteht also darin, daß sie nicht alle Möglichkeiten erschöpfen, um einen möglichst großen Anteil des dem Geschäftsbankensystem insgesamt zur Verfügung stehenden, kreditär nutzbaren Zentralbankgeldes zu erhalten. Die andere Art der kreditpolitischen Verhaltensweise der Banken besteht darin, daß sie ihr Kreditgeschäft über die Grenzen der „Kreditneutralität“ hinaus ausdehnen: Sie sind hierzu deswegen fähig, weil ihnen die moderne Organisationsform des Kreditwesens die Möglichkeit bietet, sich nicht nur auf die ihnen im Einlagengeschäft zufließende Liquidität zu beschränken, sondern einmal durch Geldaufnahme, zum andern aber durch Refinanzierung ihren Liquiditätszugang zu vergrößern. Bemüht sich eine Bank auf diese Weise aktiv um einen erhöhten Liquiditätszufluß, so ist dies Ausdruck dafür, daß die Bank ihr Kreditgeschäft über das Ausmaß der ihr im Depositengeschäft zugeflossenen, kreditär nutzbaren Zentralbankgeldbeträge hinaus ausdehnt. Banken, die eine derartige Kreditexpansion betreiben, verhalten sich „kreditaktiv“. Wir bezeichnen sie daher als „kreditaktive Banken“[117].

---

dieser ex-post vorgenommenen Refinanzierung interessiert jetzt die Geldaufnahme als „ex-ante-Vorgang“.

[115] Bei den aufgenommenen Geldern handelt es sich, wie Kalveram sagt, „um irreguläre Gelder, die meist gegen Sicherung durch ein Effekten-Depot zur Verfügung gestellt werden“. (Vgl. *Kalveram,* Wilhelm: Bankbetriebslehre. Sonderdruck aus dem Lieferungswerk „Die Handels-Hochschule“. Wiesbaden o. J., S. 21.)

[116] Vgl. ebenda, S. 18.

[117] Die Unterscheidung der Banken zwischen „kreditaktiven“ und „kreditneutralen“ Instituten besitzt ihren Ausgangspunkt in der von Hahn vorgenommenen Einteilung der Banken in Primär- und Sekundärbanken.

Die kreditaktiven Banken dehnen also im Gegensatz zu den kreditneutralen Banken ihr Aktivkreditvolumen in einem Ausmaße aus, daß die Summe der ihnen bei der Kreditinanspruchnahme abverlangten Zentralbankgeldbeträge die Summe der ihnen im Depositengeschäft zugeflossenen Zentralbankgeldbeträge übersteigt.

b) Geldaufnahmegeschäfte der Sparkassen

Die folgende Übersicht, die die beiden Quellen enthält, die zu einem Zufluß von kreditär nutzbarem Zentralbankgeld bei Sparkassen führen, nämlich Depositengeschäft und Geldaufnahme — letztere allerdings nur teilweise, weil eine Quelle der Geldaufnahme, nämlich die Refinanzierung beim Zentralbanksystem bzw. bei den regional zuständigen Girozentralen nicht in der Bilanz, sondern „unter dem Strich" als Eventualverbindlichkeiten ausgewiesen wird — zeigt, daß die Sparkassen ausgesprochen „einlagenaktiv" sind, während sich das Ausmaß der „aufgenommenen Gelder" in minimalen, völlig bedeutungslosen Größenordnungen bewegt[118].

(Vgl. *Hahn*, L. Albert: Volkswirtschaftliche Theorie des Bankkredits, a.a.O., S. 46 f.)

Die Einteilung Hahns läßt sich jedoch nicht in allen Punkten mit der Kreditschöpfungslehre in der von ihm entwickelten und vertretenen Form in Einklang bringen. Wir erkennen in dieser Hinsicht die von Reisch gegen Hahns Einteilung vorgetragene Kritik grundsätzlich an. (Vgl. *Reisch*, Richard: Hahns Volkswirtschaftliche Theorie des Bankkredits. In: Weltwirtschaftliches Archiv. Band 33, Jahrgang 1931, S. 5.)

Das Kriterium unserer Unterscheidung zwischen kreditaktiven und kreditneutralen Banken kommt dagegen dem von Pfleiderer entwickelten Maßstab der „Kreditaktivität" einer Bank nahe. Die „Kreditaktivität" einer Bank wird nach Pfleiderers Auffassung gemessen am „Anteil des einzelnen Kreditinstituts am nationalen Kreditvolumen". Pfleiderer verwendet hierbei allerdings den Begriff „nationales Kreditvolumen" in einem engen Sinne: Grundsätzlich versteht man unter einem nationalen Kreditvolumen das Netz *sämtlicher*, in einer Volkswirtschaft existierenden Kreditbeziehungen. Pfleiderer versteht dagegen unter einem nationalen Kreditvolumen nur die sich auf Banken richtenden (Passivkreditvolumen der Bank) bzw. von Banken ausgehenden (Aktivkreditvolumen der Bank) Kreditbeziehungen.

Pfleiderer stellt nun fest: „Der passive Anteil eines Kreditinstituts am nationalen Kreditvolumen bemißt sich nach seinen Verbindlichkeiten gegenüber dem „Publikum", d. h. gegenüber den Nicht-Banken, der aktive Anteil analog den Forderungen gegen Nicht-Banken, d. h. gegenüber dem Staat und privaten Schuldnern. Je nach dem Grad der Kreditaktivität eines Kreditinstituts wird sein aktiver Anteil am Kreditvolumen (wie stets bei der Notenbank) den passiven übersteigen oder hinter ihm zurückbleiben.

Für das Kreditsystem im ganzen müssen sich die Unterschiede zwischen aktiven und passiven Anteilen ersichtlich ausgleichen." (Vgl. *Pfleiderer*, Otto: Die Mechanik des Kreditvolumens. In: Bankwirtschaft. Neue Folge von Bank-Archiv und Die Bank. Jahrgang 1943, Heft 13 vom 1. Oktober 1943, S. 266.)

118 Die angegebene Statistik (Tabelle XI) besitzt hinsichtlich unseres Problems nur einen beschränkten Aussagewert, da die Sichteinlagen nicht das buchhalterische Äquivalent eines Zentralbankgeldzuflusses bei den Sparkassen darstellen, sondern zu einem erheblichen Teil auch ohne Zentralbankgeldzufluß entstanden sind. Bei Spareinlagen kann dagegen angenom-

Tabelle XI

Einlagen und aufgenommene Gelder der deutschen Sparkassen in Millionen Mark

Ende des Jahres bzw. Monats	Spareinlagen	Sicht- und befristete Einlagen	Sonstige fremde Gelder[a])
1913[b])	19 689	66	—[h])
1924	608	655	84[i])
1925	1 694	809	147
1926	3 182	1 094	155
1927	4 839	1 235	264
1928	7 205	1 423	269
1929	9 224	1 401	248
1930	10 670	1 497	247
1931	10 064	1 292	898
1932	10 164	1 112	912
1933	11 149	1 263	496
1934	12 799	1 775	407
1935	13 803	2 024	242
1936	14 615	2 375	163
1937	16 062	2 664	126
1938	18 009	2 987	79
1939 (Juni)	18 860	3 359[j])	11
1939[c])	21 127	4 291	85
1940[d])	27 465	6 005	58
1941[e])	37 240	7 925	51
1942[f])	51 232	9 309	54
1943	66 941	12 035	35
1944 (Sept.)	80 411	14 480	42
1947[g])	43 317,0	11 670,5	523,5[k])
1948	1 119,5	1 916,1	944,5[l])
1949	2 088,0	2 507,8	635,5[m])
1950	2 731,4	3 343,8	828,3
1951	3 301,1	4 146,2	868,3
1952	4 850,3	4 980,3	967,4
1953	7 326,3	5 702,6	1 124,6
1954	10 738,6	6 212,0	1 201,2
1955	13 248,0	6 658,1	1 419,3
1956	15 112,9	7 117,3	1 598,4
1957	18 154,0	8 745,6	1 725,5

Quellen: Für das Jahr 1913: Vierteljahreshefte zur Statistik des Deutschen Reiches, Heft III, 1927. Für die Jahre 1924—1933: Statistisches Jahrbuch für das Deutsche Reich. Jahrgang 1927—1935. Für die Jahre 1933—1937: Statistik des Deutschen Reiches. Band 516. Für das Jahr 1938: Wirtschaft und Statistik 1940, 2. Juniheft. Für die Jahre 1939—1944: Zwischenausweise der deutschen Sparkassen, Girokassen und Kommunalbanken. Herausgegeben vom Deutschen Sparkassen- und Giroverband 1939—1944. Für die Jahre 1947—1957: Die Sparkassen in Zahlen sowie Monatsberichte der BdL 1949—1957.

a) Nostroverpflichtungen, eigene Akzepte im Umlauf und langfristige Anleihen.

b) Geschätzt für das alte Reichsgebiet nach Angaben von Preußen, Bayern, Sachsen, Württemberg, Baden und Hessen.

c) Von nun ab einschließlich Memelland, Ostmark, Sudetenland und Westpreußen.

men werden, daß ihre Entstehung größtenteils zu einem Zentralbankgeldzufluß bei den Sparkassen führt. (Vgl. hierzu auch S. 184 f. der vorliegenden Arbeit.)

d) Von nun ab einschließlich Danzig und sonstige eingegliederte Ostgebiete.
e) Von nun ab einschließlich Elsaß-Lothringen.
f) Von nun ab einschließlich Luxemburg.
g) Von nun ab Bundesgebiet.
h) Enthalten in Sicht- und befristete Einlagen.
i) Aus Untersuchung des Bankwesens 1933. II. Teil: Statistik. Berlin 1934, S. 152/153. (In den statistischen Jahrbüchern nicht ausgegeliedert.)
j) Von nun ab Memelland, Ostmark, Sudetenland und Westpreußen.
k) Einschließlich sonstige Passiva.
l) Einschließlich noch umzustellende Einlagen in DM (geschätzt) und Einlagen auf Anlage- und Festkonten.
m) Einschließlich Einlagen auf Anlage- und Festkonten.

Aber auch die Refinanzierung der Sparkassen bei den Girozentralen weist einen minimalen Umfang auf. Dasselbe gilt auch für das Ausmaß der Refinanzierung der Sparkassen beim Zentralbanksystem. Dies ist einmal darauf zurückzuführen, daß für die Praxis des Sparkassengeschäftes ein grundsätzliches Verbot der Kreditnahme bei anderen Kreditinstituten besteht[119].

Lediglich in Ausnahmefällen ist es den Sparkassen gestattet, „... zur Deckung eines vorübergehenden Geldbedarfs entsprechend kurzfristige Kredite bei den ... bezeichneten Geldinstituten (Girozentralen, sonstige öffentlich-rechtliche Kreditinstitute, Landeszentralbanken; der Verf.) mit Zustimmung des Verwaltungsrats ...“ aufzunehmen[120].

Zum andern liegt dies in der Kundenstruktur der Sparkassen begründet. Das Publikum der Sparkassen rekrutiert sich aus Kreisen, die nicht in der Lage sind, den Sparkassen in nennenswertem Ausmaße refinanzierungsfähiges Wechselmaterial anzubieten.

Außerdem war es im Verlaufe der Entwicklung der Sparkassen vielfach so, daß auch der Effektenbestand der Sparkassen nur mangelhafte Geldmarktqualitäten aufwies und damit für die Verwertung am Geldmarkt unbrauchbar war. Dies war auf die jeweiligen gesetzlichen Vorschriften (als Beispiel sei hier das „Zwangsanlagegesetz“[121] erwähnt) zurückzuführen.

Zusammenfassend kann also festgestellt werden, daß für die Sparkassen das Depositengeschäft nahezu die einzige Quelle eines Zentral-

---

[119] § 12 Abs. 1 der Neuen und § 23 Abs. 1 der Alten Mustersatzung bestimmen u. a. folgendes: „Darlehen, insbesondere zur Verstärkung der Betriebsmittel, dürfen nicht aufgenommen werden, abgesehen von besonderen Fällen, in denen die Aufsichtsbehörde die Genehmigung erteilt, die von der Sparkasse über den Sparkassen- und Giroverband einzuholen ist.“ (Abgedruckt in: Materialien zur Erneuerung des Sparkassenrechts. Stuttgart-Bonn 1953, S. 29—31.)

[120] Vgl. § 12 Abs. 1 der Neuen Mustersatzung. Abgedruckt in Materialien zur Erneuerung des Sparkassenrechts. a.a.O., S. 31.

[121] Vgl. das preußische „Gesetz betreffend die Anlegung von Sparkassenbeständen in Inhaberschuldverschreibungen vom 23. Dezember 1912 (GS 1913, S. 3).

bankgeldzuflusses ist. Es ist also völlig richtig, wenn von Seiten der Sparkassen festgestellt wird, der Sparkassensektor sei aus Tradition „einlagenaktiv“[122]. Hieraus ergibt sich nun hinsichtlich der Kreditaktivität der Sparkassen folgendes:

Nehmen die Sparkassen kein Zentralbankgeld auf, so heißt das nichts anderes, als daß sie das Ausmaß ihres Aktivkreditgeschäftes derart einschränken, daß die Summe der an sie aus Kreditinanspruchnahmen herantretenden Zentralbankgeldbeanspruchungen gleich oder geringer ist als die Summe der ihnen im Depositengeschäft zugeflossenen Zentralbankgeldbeträge. Die Sparkassen sind also „kreditneutral“.

Man könnte nun einwenden, daß der bei den Sparkassen erfolgende Zentralbankgeldzufluß ein solches Ausmaß aufweist, daß er den Zentralbankgeldbedarf der in Frage kommenden Kreditnehmer übersteigt, m. a. W., daß die Sparkassen gar nicht so viele Kreditnehmer bzw. kreditäre Anlagemöglichkeiten finden, um den Bestand des ihnen im Depositengeschäft zugeflossenen Zentralbankgeldes total kreditär nutzen zu können[123].

Dieser Einwand läßt sich nicht aufrechterhalten. Die Höhe des Kreditangebots wird nämlich wesentlich durch die jeweils herrschende Wirtschaftslage beeinflußt. In der Regel sind die Banken — und zwar sämtliche — im Abschwung „einlagenexpansiv“, weil dann die Nachfrage nach Kredit praktisch erloschen ist.

Dagegen übersteigt während des Aufschwungs oder während der Hochkonjunktur in der Regel die Kreditnachfrage das Kreditangebot der Banken: Jede einzelne Bank stößt in einer derartigen Situation auf eine erhöhte Kreditnachfrage, sofern sie ihre Geschäfte weitgehend universal betreibt und sich nicht einseitig spezialisiert. Damit ist Anlaß zu einer Kreditexpansion gegeben. Es ist undenkbar, daß eine vorhandene Überschußreserve nicht kreditär verwertet werden könnte. Vielmehr wird Zentralbankgeld „knappes“ Geld. Es ist in einer derartigen Situation naheliegend, daß die Banken sämtliche Möglichkeiten ausnützen, einen möglichst großen Zufluß an Zentralbankgeld zu erzielen, damit sie die Kreditnachfrage ihrer Kunden wenigstens zu einem gewissen Grad befriedigen können.

---

[122] Vgl. Aufsatz: Klarstellung zum Monatsbericht der Bank deutscher Länder vom August 1955. In: Sparkasse. a.a.O., S. 312.

[123] So meint beispielsweise Gleske, im 1. Halbjahr 1955 habe eine derartige Liquiditätsverschiebung zugunsten der Sparkassen stattgefunden, daß es ihnen dadurch möglich geworden sei, „ihre kurzfristigen Kredite stärker auszudehnen, als es dem Durchschnitt des gesamten Banksystems entsprach, ohne deshalb ihren Liquiditätszuwachs voll für die Kreditgewährung an Nichtbanken zu verbrauchen.“ (Vgl. *Gleske*, Leonhard: „Kreditaktivität“. a.a.O., S. 815.)

Gibt es nun in einer Situation, in der stets die Kreditnachfrage das Kreditangebot der Banken übersteigt, trotzdem Banken, die nicht zu einer Geldaufnahme oder zu einer Refinanzierung schreiten, die sich also typisch „kreditneutral" verhalten, dann kann dies nicht daran liegen, daß der aus dem Depositengeschäft zufließende Liquiditätszufluß zur Deckung der Kreditnachfrage ausreicht. Vielmehr liegt die „Kreditneutralität" dieser Banken — wie dies auch bei den Sparkassen der Fall ist — in einer besonderen, diesen Banken eigentümlichen Geschäftspolitik, die sich durch Vorsicht und Zurückhaltung im Kreditgeschäft auszeichnet, begründet.

Wir halten es an dieser Stelle für erforderlich, auf eine von der Bank deutscher Länder vertretene Auffassung einzugehen.

Die BdL begründete in ihren Monatsberichten vom August 1955 die vom Zentralbankrat der BdL am 3. August 1955 beschlossene Erhöhung der Mindestreserven für Spareinlagen damit, die Institute „mit einem vergleichsweise hohen Bestand an Spareinlagen", m. a. W., die Sparkassen, seien im Berichtszeitraum nicht weniger „kreditaktiv" gewesen als andere Bankgruppen: „Sie gehörten im Gegenteil zu der kreditaktivsten Gruppe, und zwar auch im Bereiche des kurzfristigen Kredits[124]."

Diese Auffassung der BdL wurde in einer Entgegnung in der „Sparkasse", der Zeitschrift des deutschen Sparkassen- und Giroverbandes, zurückgewiesen[125].

Gleske versuchte in einem Aufsatz die Auffassung der BdL zu verteidigen[126].

Hierzu ist nun folgendes zu bemerken:

Aus den in der Zeitschrift „Sparkasse" dargestellten und von Gleske ausgewerteten und mit theoretischen Argumenten untermauerten Statistiken geht eindeutig hervor, daß die Sparkassen während des Berichtszeitraums „einlagenexpansiv" waren und ihre Kreditgewährung im Rahmen des ihnen im Depositengeschäft zugeflossenen Zentralbankgeldes hielten, während die Kreditbanken — wie Gleske selbst zugibt — „sogar ihr Kreditgeschäft auch noch dann ausdehnten, als Einlagen abgezogen wurden"[127].

Die Kreditbanken mußten sich — wie Gleske feststellt — im Differenzbetrag „am Geldmarkt oder bei der Notenbank refinanzieren ..."[128].

Wenden wir nun das für die Unterscheidung zwischen kreditaktiven und kreditneutralen Banken relevante Kriterium auf diesen Sachverhalt an, dann zeigt es sich, daß sich die Kreditbanken kreditpolitisch aktiv verhielten, weil sie ihre Kreditgewährung derart ausdehnten, daß sie ihr Aktivkreditvolumen durch Refinanzierungsoperationen stützen mußten. Gleske sagt selber, daß an der Expansion der kurzfristigen Kredite „die Kreditbanken den größten Anteil hatten"[128]. Aus dem geschilderten Sachverhalt ergibt sich, daß die Kreditbanken den Prozeß der Kreditausdehnung auslösten.

---

[124] Vgl. Monatsberichte der Bank deutscher Länder vom August 1955, S. 6.

[125] Vgl. Aufsatz: Klarstellung zum Monatsbericht der Bank deutscher Länder vom August 1955. a.a.O., S. 311 f.

[126] Vgl. *Gleske*, Leonhard: „Kreditaktivität". a.a.O., S. 814 f.

[127] Vgl. ebenda, S. 815.

[128] Vgl. ebenda, S. 815.

Erst in der zweiten Phase des Prozesses, nachdem den Sparkassen durch die Inanspruchnahme der von den Kreditbanken eingeräumten Kredite Liquidität zugeflossen war, dehnten sie ihrerseits im Rahmen des Depositenzuwachses ihre Kreditgewährung aus.

Die Sparkassen waren dazu nur deshalb fähig, weil sie — wie Gleske richtig bemerkt — im Prozeß der Kreditexpansion des gesamten Banksystems eine wesentliche Rolle spielen „als Sammelbecken für die sich bildenden Einlagen, d. h. für die Liquidität, die andere Banken im Zuge ihrer Kreditgewährung abgegeben haben“[128].

Uns erscheint wesentlich, daß die Sparkassen erst dann Kredite gewährten, als ihnen entsprechend Liquidität zugeflossen war: Wäre dieser Liquiditätszufluß nicht erfolgt, dann hätten die Sparkassen auch keine Kredite gewährt. Da die Sparkassen ihr Kreditvolumen ferner in einem Ausmaße ausdehnten, daß die Summe der ihnen im Depositengeschäft zugeflossenen Liquidität die Summe der ihnen aus der Kreditinanspruchnahme abverlangten Liquidität deckte, wie sich aus ihrer „Refinanzierungsneutralität“ während dieses Zeitraumes ergibt, scheint uns ihre Kreditneutralität hinreichend bewiesen. Der Sachverhalt, daß die Kreditzuwachsrate der Sparkassen während des 1. Halbjahres 1955 die im Vergleich zu der der anderen Bankgruppen — mit Ausnahme der ländlichen Kreditgenossenschaften — höchste war, kann also kein Kriterium dafür sein, die Sparkassen als kreditaktive Banken zu charakterisieren. Entscheidend ist vielmehr ihr kreditpolitisches Verhalten. Dieses war aber während des betreffenden Zeitraums eindeutig „kreditneutral“.

Wir halten daher die Auffassung der Bank deutscher Länder für verfehlt, die Sparkassen verdienten in diesem Zusammenhang besonderes Interesse[129].

IV. Die Liquidität der Sparkassen als indirekter Bestimmungsgrund des Ausmaßes der Kreditschöpfung im Sparkassengeschäft

1. Das Problem

Besitzt eine Bank eine bestimmte Menge kreditär nutzbaren Zentralbankgeldes, dann hängt das Ausmaß ihrer Kreditgewährung wesentlich davon ab, welchen Teil dieses Zentralbankgeldbestandes sie der kreditären Nutzung zuführt.

Risikofreudige Banken nutzen ihren Zentralbankgeldbestand bis zur äußersten Grenze kreditär, um möglichst hohe Gewinne zu erzielen, während andere Banken das Prinzip der Sicherheit in den Vordergrund ihrer Kreditpolitik stellen und daher nicht das gesamte, kreditär nutzbare Zentralbankgeld der Kreditgewährung zuführen, sondern einen mehr oder weniger großen Teil ihres Zentralbankgeldes als Reserve abzweigen und damit der Kreditgewährung entziehen. Das Ausmaß der Kreditgewährung und damit indirekt das Ausmaß

[129] Vgl. Monatsberichte der Bank deutscher Länder vom August 1955, S. 7.

der Kreditschöpfung einer Bank wird also wesentlich durch die Höhe der Barreserve beeinflußt[130].

Nun ist jedoch die Frage der Höhe der Barreserve, m. a. W., die Liquiditätsfrage ein vielschichtiges Problem.

Die Banken sehen das Liquiditätsproblem vornehmlich unter dem Gesichtspunkt, „ihre fälligen Zahlungsverpflichtungen jederzeit erfüllen zu können"[131].

Sie sind daher einerseits bestrebt, stets einen so großen Bestand an Zentralbankgeld zu unterhalten, daß sie den an sie herantretenden Verpflichtungen vollauf genügen können. Andererseits wollen die Banken aus Rentabilitätsgründen nie eine größere Barreserve unterhalten, als dies zur Erfüllung der jeweils auf sie zukommenden Anforderungen nötig ist. Trotz des in der Regel weitgehenden Ausgleichs zwischen Ein- und Auszahlungen tritt bei den einzelnen Instituten kaum der Fall ein, daß sich beide Seiten des Zahlungsverkehrs *völlig* ausgleichen: „Die Bank wird in der Regel ein Plus haben, d. h. sie wird nach Durchführung aller Zahlungen mehr Reichsbankgeld übrig haben als dies für die Aufrechterhaltung des anfänglich erwähnten Vorrats erforderlich ist, oder aber sie wird ein Minus haben, d. h. die Einzahlungen haben nicht ausgereicht, um alle Auszahlungen zu decken und den Vorrat wieder aufzufüllen[132]." Das Entstehen von Plus oder Minus an Zentralbankgeld bei der einzelnen Bank liegt in dem spezifischen Charakteristikum des bankbetrieblichen Liquiditätsproblems begründet, daß eine Bank ex ante nie wissen kann, wie sich ihre Kunden verhalten werden[133]. Deshalb kann sie ihre Barreserve auch nie so manipulieren, daß deren Höhe exakt auf die Dispositionen der Kunden abgestimmt ist. Ein Kreditinstitut begegnet nun jedoch diesem Problem in der folgenden Weise: „Wenn die Bank ein Minus hat, so wird sie den fehlenden Betrag entweder im Geldmarkt, d. h. bei anderen Banken durch den Verkauf geldmarktfähiger Titel beschaffen. Wenn die Bank ein Plus hat, wird sie es geldmarktmäßig ausgleichen oder sie wird geldmarktfähige Titel erwerben[134]."

Deshalb kommt es nicht nur auf die Relation an, in der die Barreserve zu den Gesamtverbindlichkeiten einer Bank steht, sondern vielmehr auch auf die Relation der Summe der bei Bedarf oder als-

---

[130] Vgl. hierzu auch *Robertson,* D. H.: Das Geld, Zweite, verb. Auflage. Wien 1935, S. 52 (deutsche Übersetzung nach der 8. englischen Auflage).

[131] Vgl. *Schneider,* Erich: Wirtschaftstheorie III, S. 18.

[132] Vgl. *Gestrich,* Hans: Kredit und Sparen. a.a.O., S. 85.

[133] *Gleske* bemerkt treffend: „Dem typisch bankwirtschaftlichen Liquiditätsproblem liegt als Kriterium die Unkenntnis der Termine für das Zahlungsbegehren der Gläubiger zugrunde." (Vgl. *Gleske,* Leonhard: Die Liquidität in der Kreditwirtschaft. a.a.O., S. 5.)

[134] Vgl. *Gestrich,* Hans: Kredit und Sparen. a.a.O., S. 85.

bald in Bargeld verwandelbaren geldmarktfähigen Titel[135] und sonstigen Anlagearten zu den Gesamtverbindlichkeiten eines Kreditinstituts. Daraus folgt, daß das Problem der Liquidität, das zunächst als Frage der Festsetzung der Relation der einer Bank zur Verfügung stehenden Barreserve zu den Gesamtverbindlichkeiten auftritt, in das umfassendere Anlageproblem einmündet: Je nach den verschiedenen Arten der Anlagemöglichkeiten (und deren Qualität) wird die Relation zwischen der Barreserve und den Gesamtverbindlichkeiten einer Bank verschiedenartig beeinflußt[136/137].

Weitere Gesichtspunkte des Liquiditätsproblems sind also einmal die Relationen, in denen die verschiedenen Anlagearten zu den Gesamtverbindlichkeiten stehen, zum andern die Qualität der einzelnen Anlagearten.

Da die Anlagen „in ihren verschiedenen Formen durch Theorie und Praxis eine unterschiedliche Bewertung erfahren in der Beurteilung der Frage, in welchem Grade sie geeignet wären, den Kreditinstituten die Innehaltung der an sie herantretenden Zahlungsverpflichtungen zu gewährleisten"[138], nimmt die Frage der „inneren Qualität" der einzelnen Anlagearten einen breiten Raum im Rahmen des Liquiditätsproblems ein.

---

[135] Geldmarktfähige Titel sind nach Gestrich solche Titel, gegen die eine Bank nötigenfalls auch beim Zentralbanksystem Zentralbankgeld beschaffen kann. (Vgl. ebenda, S. 86.)

[136] Zwischen „Liquidität" und „Anlage" besteht eine umgekehrte Kausalität in beiden Richtungen. Die eine Richtung beinhaltet, daß die Liquidität nichts anderes ist als eine abhängige Variable der Anlagetätigkeit einer Bank. Die andere Richtung bringt zum Ausdruck, daß eine gegenwärtige Liquidität die Anlagetätigkeit einer Bank bestimmt.

[137] Mellerowicz bemerkt zutreffend: „Für die Liquidität der Banken sind nicht Stück- und Giralgeld, sondern die Flüssigkeit der übrigen Aktiva entscheidend." (Vgl. *Mellerowicz*, Konrad: Liquidität. a.a.O., S. 622.) Ebenso *Hillmer*, Erwin: Das Problem der Zahlungsbereitschaft bei den deutschen Sparkassen und die Auszahlungshemmnisse im Jahre 1931. Hamburger Dissertation 1934, S. 5.

Die Banken interessiert daher weniger die Barliquidität, sondern vielmehr die „Liquidität 1. Grades", die sich errechnet als Verhältnis von Kasse + Guthaben bei der Zentralbank und den Postscheckämtern + zentralbankdiskontfähige Wechsel + zentralbanklombardfähige Wertpapiere *zu* den Gesamtverbindlichkeiten (./. Spareinlagen).

Bis zu einem gewissen Grade legen die Banken auch noch Wert auf die „Liquidität 2. Grades" (die jedoch das KWG nicht kennt), die sich errechnet als Verhältnis von Kasse, fremden Geldsorten, Zins- und Dividendenscheinen, Guthaben bei Noten- und Abrechnungsbanken sowie bei den Postscheckämtern + Wechsel und Nostroguthaben + Reports und Lombards gegen börsengängige Wertpapiere, Vorschüsse auf verfrachtete und eingelagerte Waren + eigene Effekten (bedingt) *zu* den Gesamtverbindlichkeiten. (Vgl. zu den Berechnungmethoden der Liquidität: *Mellerowicz*, Konrad: Artikel „Liquidität". a.a.O., S. 620.)

[138] Vgl. *Hillmer*, Erwin: Das Problem der Zahlungsbereitschaft bei den deutschen Sparkassen und die Auszahlungshemmnisse im Jahre 1931. Hamburger Dissertation 1934, S. 1.

Im Sparkassensektor versuchte man schon sehr früh, durch Gesetze und Satzungen den Liquiditätserfordernissen gerecht zu werden.

Dies ist zum Teil sachlich, zum Teil historisch bedingt: „Liquiditätsfragen haben die Sparkassen in den vergangenen Jahrzehnten aus ganz verschiedenen Ursachen mehrmals beschäftigt und die Öffentlichkeit hat an diesen Diskussionen lebhafter als sonst teilgenommen, da die Sparkassen unmittelbarer Verbindung mit dem Publikum und insbesondere mit den sozial schwächeren Kreisen haben als die Banken[139]."

Die Gesetze und Satzungen schrieben (und schreiben zum Teil noch heute) den Sparkassen nicht nur vor, welche Barreserve sie zu unterhalten haben, sondern sie bestimmten auch den Anlagemodus für ihre Überschußreserven, ferner die Höhe, welche die einzelnen Anlagearten aufweisen bzw. in welchem Verhältnis sie zueinander stehen dürfen usw.

Bei der Erörterung des in der vorliegenden Arbeit aufgegriffenen Problems interessieren diese Gesetze und Satzungen jedoch nicht unter den eigentlich liquiditätstheoretischen Gesichtspunkten der Sicherung der Zahlungsfähigkeit der Sparkassen, denen sie letztlich dienen; sie interessieren hier vielmehr in ihrer Wirkung als Bestimmungsgrund des Ausmaßes der aktiven Kreditschöpfung im Sparkassengeschäft: Denn einmal wird durch die Reservehaltung Zentralbankgeld der kreditären Nutzung entzogen[140]. Zum andern wird durch die Begrenzung der verschiedenen, den Sparkassen offen stehenden Anlagemöglichkeiten das Ausmaß der Kreditgewährung direkt und damit das Ausmaß der Kreditschöpfung indirekt beeinflußt.

In diesem Sinne sind also die folgenden Erörterungen über den Einfluß der im Sparkassensektor herrschenden Liquiditäts- und Anlagevorschriften auf das Ausmaß der aktiven Kreditschöpfung im Sparkassengeschäft aufzufassen.

---

[139] Vgl. *Mellerowicz*, Konrad: Artikel „Liquidität". In: Die Bank. a.a.O., S. 633. Vgl. hierzu ferner die Ausführungen in den Monatsberichten der Bank deutscher Länder vom Mai 1949, S. 33.

[140] Der Gedanke der Beeinflussung des Kreditpotentials der Banken durch hohe Barreservesätze wurde in der bisher extremsten Form von den Befürwortern des „Chicagoplan", und zwar insbesondere von Irving Fisher, Laughlin Currie und Henry Simons verfochten.

Der „Chicagoplan" fordert eine 100prozentige Deckung der Depositen der „Mitgliedsbanken" durch Noten oder Guthaben bei den Federal Reserve Banken. (Vgl. hierzu *Fisher*, Irving: 100 % Money. New York 1936. Ferner: *Currie*, Laughlin: The Supply and Demand of Money in the United States. Cambridge, Mass. 2. ed. 1935. Ferner: *Simons*, Henry: A Positive Program for Laissez Faire. Chicago. University of Chicago Press 1934.)

Vgl. auch die kritische Stellungnahme zum Chicagoplan von *Hart*, Albert G.: The „Chicago Plan" of Banking Reform. In: The Review of Economic Studies (1935), S. 104—116. Reprinted in: Readings in Monetary Theory. London 1952, S. 37 f.

2. Die Barliquidität der Sparkassen als Bestimmungsgrund des Ausmaßes des Aktivkreditvolumens der Sparkassen

a) Von der Barreservehaltung der Sparkassen im allgemeinen

Bereits das preußische Reglement vom 12. Dezember 1838, die Einrichtung des Sparkassenwesens betreffend[141], nimmt auf die Reservehaltung der Sparkassen bezug. Es bestimmt, die Sparkassen hätten Gelder zur sofortigen Auszahlung bereitzuhalten (Ziffer 9 und 10 des Reglements). Dabei wird allerdings nicht gesagt, in welcher Höhe dies geschehen solle.

Die Fülle der danach folgenden Verordnungen und Erlasse beinhalten keine Regelungen, die die Höhe der Barreserve direkt vorschreiben: Die Mehrzahl der Vorschriften weist die Sparkassen nur zu einer Anlage in „flüssigen" Werten an. Lediglich einige Vorschriften verpflichten die Sparkassen zur Unterhaltung von Liquiditätsreserven bei den zuständigen regionalen Girozentralen[142].

Dagegen verpflichtet § 16 des Reichsgesetzes über das Kreditwesen vom 5. Dezember 1934[143] die Kreditinstitute zur Unterhaltung einer Barreserve: Die Sparkassen müssen wie die andern Kreditinstitute eine Barreserve unterhalten. Die Barreserve wird gebildet aus dem Kassenbestand sowie den Guthaben bei der Reichsbank und den deutschen Postscheckämtern. Die Höhe der Barreserve bestimmt das Aufsichtsamt für das Kreditwesen — nach der Neufassung des Gesetzes vom 25. September 1939[144] der Reichswirtschaftsminister. Der Barreservesatz kann für die einzelnen Arten oder Gruppen von Kreditinstituten verschieden bemessen werden, darf jedoch in keinem Fall mehr als 10 % der Verpflichtungen aus Depositengeldern, Kontokorrentguthaben der Kundschaft, seitens der Kundschaft bei Dritten benutzten Krediten, Nostroverpflichtungen und Verpflichtungen aus der Annahme gezogener Wechsel und der Ausstellung eigener und gezogener Wechsel (soweit diese Wechsel sich im Verkehr befinden), übersteigen.

Der Vomhundertsatz der Barreserve wurde bisher nicht festgesetzt; ebensowenig wurde für den Sparkassensektor die vorgeschriebene Sonderregelung erlassen.

---

[141] Reglement, die Einrichtung des Sparkassenwesens betreffend, vom 12. Dezember 1838. GS 1839, S. 5.

[142] Derartige Vorschriften beinhalten: Die Mustersatzung von 1927 (§ 35 Abs. 1 c). Die Dritte Verordnung des Reichspräsidenten zur Sicherung von Wirtschaft und Finanzen und zur Bekämpfung politischer Ausschreitungen vom 6. Oktober 1931. Fünfter Teil. Kapitel I (RGBl. I, S. 554), Spar- und Girokassen, kommunale Kreditinstitute, Giroverbände und Girozentralen. Ferner die Mustersatzung vom 26. August 1932 sowie die Mustersatzung von 1953.

[143] RGBl. I, S. 1203.

[144] RGBl. I, S. 1955.

Die Vorschriften des KWG blieben auch nach dem zweiten Weltkrieg bestehen.

Zusätzlich wurden nach dem zweiten Weltkrieg vom Währungsgesetzgeber durch das Emissionsgesetz vom 21. Juni 1948 (§ 6) Mindestreservevorschriften erlassen, nach denen die Sparkassen Mindestreserven in bestimmter Höhe der Spareinlagen (gestaffelt nach der Höhe der reservepflichtigen Verbindlichkeiten) sowie in bestimmter Höhe der Sicht- und Termineinlagen (wobei sich die Höhe danach richtet, ob die Sparkassen ihren Sitz an einem Bank- oder Nichtbankplatz haben) bei den zuständigen regionalen Landeszentralbanken unterhalten müssen.

Die Barreservehaltung der Sparkassen ist also durch zwei charakteristische Züge gekennzeichnet:

Einmal unterhalten die Sparkassen bei ihren zuständigen regionalen Girozentralen eine Liquiditätsreserve. Diese Liquiditätshaltung bei den Girozentralen stellt den Unterbau des sogenannten „Liquiditätszuges“ dar.

Zum andern sind die Sparkassen seit der Währungsreform zur Mindestreservehaltung beim Zentralbanksystem verpflichtet.

b) Die Reservehaltung der Sparkassen bei den Girozentralen

Bereits mit der Mustersatzung von 1927 wurden die Sparkassen verpflichtet, insgesamt mindestens 10 % der Gesamteinlagen bei der zuständigen Girozentrale anzulegen[145/146].

Diese Guthaben sollten den Sparkassen als hauptsächliche Liquiditätsreserve innerhalb der eigenen Organisation dienen und bildeten,

---

145 § 35 Abs. 1 c der Mustersatzung von 1927.

146 Die einzelnen Sparkassen betrachten ihre Liquiditätsguthaben bei der regionalen Girozentrale nicht als Einschränkung ihres Kreditvolumens — realiter beträgt diese Einschränkung, wie bereits Floss feststellt, „ein Mehrfaches des Liquiditätsguthabens“ (vgl. *Floss*, Eberhard: Anlage- und Liquiditätsrichtlinien im Sparkassenwesen. Tübinger Dissertation 1956, S. 43) — sondern die einzelnen Sparkassen, und zwar insbesondere die kleinen und mittleren Institute waren in dem Bestreben, ihre fälligen Zahlungsverpflichtungen jederzeit erfüllen zu können, „daran interessiert, bei den regionalen Girozentralen Liquiditätsguthaben zu unterhalten, und zwar als „Ersatz“ dafür, daß ihnen infolge begrenzten Kundenkreises, fehlender Sicherheiten der Kreditnehmer und einseitiger Zusammensetzung der Kundschaft leicht liquidierbare Anlagen nicht in dem Maße zur Verfügung standen, wie es bei den Girozentralen der Fall war. Die einzelne Sparkasse betrachtete ... die Liquiditätseinlagen als niedrigverzinsliche, aber hochliquide Anlage im Rahmen ihres — realiter verringerten — Kreditvolumens“. (Vgl. *Floss*, Eberhard: Anlage- und Liquiditätsrichtlinien im Sparkassenwesen. a.a.O., S. 42/43.)

wie Sperk und Wilsdorf feststellen, „den Grundstock der Liquiditätssicherung innerhalb der eigenen Organisation“[147].

Durch die Bestimmung des Art. 1 § 5 Abs. 2 der „Dritten Notverordnung des Reichspräsidenten vom 6. Oktober 1931“ wurde die Höhe der bei der zuständigen Girozentrale zu unterhaltenden Liquidität erhöht[148].

Die „Dritte Notverordnung des Reichspräsidenten vom 6. Oktober 1931“ regelte ferner das System der Liquiditätssicherung für die gesamte Sparkassenorganisation bis ins einzelne und begründete den sogenannten „Liquiditätszug“ im Sparkassensektor[149].

Durch die Verpflichtung der Sparkassen zur Mindestreservehaltung beim Zentralbanksystem seit der Währungsreform 1948 ist die Verpflichtung der Sparkassen, Liquiditätsreserven bei den Girozentralen zu unterhalten, de facto so gut wie hinfällig geworden.

De jure besteht diese Verpflichtung auch heute noch und die Sparkassenorganisation strebt an, „daß die Mindestreserven der Sparkassen bei den Girozentralen gehalten und von diesen bei den Landeszentralbanken belegt werden. Die Mindestreserven wären auf die Liquiditätsreserven der Sparkassen bei den Girozentralen anzurechnen[150/151].

---

[147] Vgl. *Sperk*, Ludwig und *Wilsdorf*, Manfred: Die Liquiditätsverhältnisse der deutschen Sparkassen. a.a.O., S. 40.

[148] Artikel 1 § 5 Abs. 2 dieser Notverordnung verlangte eine Heraufsetzung der bei der zuständigen Girozentrale zu unterhaltenden Liquiditätsreserve auf 10 % der Spareinlagen und 20 % der sonstigen Einlagen. Art. 1 § 5 Abs. 4 der Verordnung besagt, daß 50 % der jeweils verfügbaren Mittel der Liquiditätsreserve solange zuzuführen sind, bis das Mindestguthaben erreicht ist.

[149] Die Girozentralen müssen von den bei ihnen seitens der Sparkassen unterhaltenen Liquiditätsreserven mindestens 50 % an die Deutsche Girozentrale — Deutsche Kommunalbank — weitergeben. Den verbleibenden Teil müssen die Girozentralen auf völlig flüssige Art, insbesondere in Privatdiskonten, anlegen. (Art. 1 § 9 Abs. 2 NotVO und § 5 Abs. 1 der Satzung der Deutschen Girozentrale — Deutsche Kommunalbank). Es ist der Girozentrale nicht gestattet, die Liquiditätsreserve zur Gewährung von Darlehen zu verwenden (Art. 1 § 9 Abs. 2 NotVO).

Die Deutsche Girozentrale — Deutsche Kommunalbank — muß ihrerseits die bei ihr unterhaltenen Liquiditätsreserven derart verwenden, daß sie mindestens die Hälfte bei der Reichsbank als Guthaben unterhält und den Rest in völlig flüssigen Werten, insbesondere Privatdiskonten, anlegt.

Diese Verordnung trifft nicht zu für den im Art. 1 § 5 Abs. 2 geregelten Fall, daß eine andere als die regional zuständige Girozentrale mit der ganzen oder teilweisen Verwaltung der Liquiditätsreserven betraut werden kann. (Von dieser Möglichkeit wurde aber nur in Preußen Gebrauch gemacht, wo die Sparkassen ihre Liquiditätsreserven wahlweise bis zu 35 % bei der Preußischen Staatsbank anlegen konnten.)

[150] Jahresbericht für 1947 und 1948 der Arbeitsgemeinschaft Deutscher Sparkassen- und Giroverbände und Girozentralen e. V. (ADSGG), S. 14, S. 38 und insbesondere S. 40f. Vgl. hierzu auch die ausführlichen Darlegungen von *Floss*, Eberhard: Auswirkungen der Mindestreservepflicht unter besonderer Berücksichtigung der Sparkassen. Band 4 der Untersuchungen über das Spar-, Giro- und Kreditwesen. Herausgeg. von Prof. Dr. Dr. Fritz Voigt. Berlin 1956, S. 37/38 sowie insbesondere S. 57.

Die Neue Mustersatzung sieht wieder die Unterhaltung gesetzlich fixierter Liquiditätsguthaben der Sparkassen bei den regional zuständigen Girozentralen in derselben Höhe vor wie die Notverordnung aus dem Jahre 1931 und die Mustersatzung aus dem Jahre 1932[152/153].

Durch die Unterhaltung von Liquiditätsreserven bei den Girozentralen wird den Sparkassen Zentralbankgeld entzogen[154]. Nun tritt aber durch den Zusammenschluß der Sparkassen zum Sparkassengirosystem eine Zentralbankgelderspamis ein, weil ein Teil der Zahlungen, die eine regionale Girozentrale im Auftrag ihrer „Mitgliedssparkassen" ausführen muß, im Netz der Girozentrale verbleibt. Es besteht also die Möglichkeit, die Liquiditätsreserven herabzusetzen[155].

Werden — wie in praxi tatsächlich verfahren wird — die Liquiditätsreserven der Sparkassen nicht herabgesetzt, dann kommen die aus dem Zusammenschluß erwachsenden Liquiditätsvorteile nicht den Sparkassen, sondern den Girozentralen bzw. — auf Grund des Liquidi-

---

[151] Die Realisierung dieses Ziels stößt deshalb auf Schwierigkeiten, weil der Liquiditätscharakter der Nostroguthaben des Liquiditätszuges in der Theorie umstritten ist. Neben Auffassungen, die den Nostroguthaben eine Primärliquidität zuschreiben (wie etwa die von *Sperk*, Ludwig und *Wilsdorf*, Manfred, in: Die Liquiditätsverhältnisse der deutschen Sparkassen. a.a.O., S. 157), gibt es Meinungen, die die den Nostroguthaben innewohnende Liquidität als Scheinliquidität auffassen. Der Grad der den Nostroguthaben innewohnenden Liquidität hängt zweifellos vom Liquiditätsgrad der Anlage ab, in der die Zentralen, bei denen Nostroguthaben unterhalten werden, die ihnen durch die Nostroguthaben zugeflossenen Mittel anlegen.

[152] Die Neue Mustersatzung (A und B) trifft in § 24 folgende Regelungen: „Die Sparkasse hat 30 % der Spareinlagen und 50 % der sonstigen Einlagen in flüssigen Werten anzulegen. Dabei sind mindestens 10 % der Spareinlagen und mindestens 20 % der sonstigen Einlagen als Liquiditätsreserve bei der zuständigen Girozentrale zu unterhalten. (Abgedruckt in: Materialien zur Erneuerung des Sparkassenrechts. a.a.O., S. 43.)

In Hessen sind diese Vorschriften beispielsweise wie folgt realisiert worden:

§ 15 des Hessischen Sparkassengesetzes vom 10. November 1954 (GVBl., S. 197) bestimmt: „Die Sparkassen haben mindestens 10 % der Spareinlagen und mindestens 20 % der sonstigen Einlagen als Liquiditätsreserve bei der zuständigen Girozentrale anzulegen."

[153] Eine gesetzliche Liquiditätshaltung der regionalen Girozentralen bei der Deutschen Girozentrale bzw. der Deutschen Girozentrale bei der Bundesnotenbank ist jedoch nicht mehr vorgesehen.

[154] Denn die Anschaffung der Nostroguthaben des Liquiditätszuges, die neben den Zahlungsverkehrsguthaben von den Sparkassen bei den Girozentralen zu unterhalten sind, „kann grundsätzlich nur in der Weise erfolgen, daß entweder von der Sparkasse Überweisungen über Reichsbank und Postscheck (im Original gesperrt) zu Gunsten der Girozentrale vorgenommen werden, oder daß zu Gunsten der Sparkasse bei der Girozentrale eingegangene, den Zahlungsausgang übersteigende Beträge auf Liquiditätskonto verbucht werden und dort verbleiben". (Vgl. Aufsatz ohne Verfasserangabe: Probleme des bargeldlosen Zahlungsverkehrs. In: Sparkasse. 55. Jahrgang, Heft 15 vom 1. August 1935, S. 299).

[155] Vgl. hierzu die ausführliche Begründung auf S. 136 f. der vorliegenden Arbeit.

tätszuges — der Deutschen Girozentrale — Deutsche Kommunalbank — zugute[156]. Der Liquiditätszug bewirkt also, wie Floss sich ausdrückt, „keine Neutralisierung der Geldfunktion der Liquiditätsreserven", er führt vielmehr „zur verstärkten Unterhaltung von Notenbankgeld bei Girozentralen in Form von Liquiditätsreserven der Sparkasse, wobei das den Girozentralen aus dem Liquiditätszug zufließende Notenbankgeld wiederum als ‚Unterlage' für die Kredit- und Giralgeldschöpfung dient"[157].

Im Rahmen des in der vorliegenden Arbeit aufgegriffenen Problems interessieren jedoch nicht die Rückwirkungen des Liquiditätszuges auf das Kreditpotential der *gesamten* Sparkassenorganisation, sondern nur die Rückwirkungen auf das Kreditpotential der *einzelnen* Sparkassen, also der Entzug von Zentralbankgeld und dadurch bis zu einem gewissen Grade Schmälerung des Kreditpotentials der einzelnen Sparkassen.

Zwar müßten die einzelnen Sparkassen, wenn sie isoliert nebeneinander stehen würden, ebenfalls Liquiditätsreserven von einer gewissen Höhe unterhalten. Diese Liquiditätsreserven könnten jedoch durch ein geschicktes, den jeweiligen institutionellen Gegebenheiten angepaßtes Disponieren in manchen Fällen auf ein geringeres Maß herabgesetzt werden, als es die globale, den Liquiditätszug konstituierende Vorschrift erfordert.

Zusammenfassend kann also festgestellt werden, daß den einzelnen Sparkassen durch die Unterhaltung der zur Sicherung der Liquidität bei den Girozentralen unterhaltenen Nostroguthaben Zentralbankgeld entzogen wird, daß dieses Zentralbankgeld dem *gesamten* Sparkassengirosystem jedoch teilweise zur kreditären Nutzung erhalten bleibt.

c) Die Mindestreservehaltung der Sparkassen

Durch das zweite Gesetz zur Neuordnung des Geldwesens[158] wurden die Kreditinstitute und damit die Sparkassen zu einer unverzinslichen Mindestreservehaltung beim Zentralbanksystem verpflichtet.

Der Charakter der Mindestreserven ist umstritten.

Gemeinhin werden den Mindestreserven zwei Funktionen zugesprochen[159]:

---

[156] Selbst eine kreditäre Weitergabe des Liquiditätsvorteiles seitens der Girozentralen an die Sparkassen, also einen systemsinternen Liquiditätsausgleich, lassen die Mustersatzungen nur in Ausnahmefällen zu. (Vgl. § 12 Abs. 1 der Neuen und § 23 Abs. 1 der Alten Mustersatzung. Abgedruckt in: Materialien zur Erneuerung des Sparkassenrechts. a.a.O., S. 29—31.)

[157] Vgl. *Floss*, Eberhard: Anlage- und Liquiditätsrichtlinien im Sparkassenwesen. a.a.O., S. 41.

[158] § 6 des Emissionsgesetzes vom 20. 6. 1948 sowie § 14 Abs. 2 des Landeszentralbankgesetzes vom 20. 6. 1948.

[159] Vgl. zu den folgenden Ausführungen auch *Hohlfeld*, Hans H.: Mindestreservehaltung als Mittel der Kreditpolitik. In: Schmollers Jahrbuch für

In den Mindestreserven wird erstens ein kreditpolitisches Lenkungsinstrument der Zentralbank gesehen. Die Bank deutscher Länder spricht daher von der Mindestreserve als „unerläßlicher Handhabe der Kreditsteuerung": Das Ziel sei, mit der Mindestreserve einen Entzug von Liquidität zwecks Kreditbeschränkung bei den Geschäftsbanken zu erzwingen[160]. In den Mindestreserven wird zweitens ein Mittel zur Sicherung der Zahlungsbereitschaft der Kreditbanken gesehen.

Diese Doppelfunktion der Mindestreserven wird in der Literatur vielfach bezweifelt[161]. In besonders starkem Maße ist jedoch die Liquiditätsfunktion der Mindestreserven Angriffen ausgesetzt[162].

Aus der bisherigen notenbankpolitischen Handhabung geht eindeutig hervor, daß kredit- und währungpolitische Lenkungsmaßnahmen den hauptsächlichen Beweggrund für die Einführung der Mindestreservepflicht bildeten.

So vertritt beispielsweise Stucken die Auffassung, bei der Normierung der von der Notenbank festgesetzten Mindestliquiditätsziffern spiele zwar der Gedanke der Sicherung der Zahlungsfähigkeit der Banken mit, er stehe aber nicht im Vordergrund. Der Hauptgedanke sei vielmehr geldmengen- und allgemein währungspolitischer Natur[163].

Gesetzgebung, Verwaltung und Volkswirtschaft. 74. Jahrgang 1954, I. Halbband, S. 443. Ferner: *Floss*, Eberhard: Auswirkungen der Mindestreservepflicht unter besonderer Berücksichtigung der Sparkassen. a.a.O., S. 23 f.; *Schmedes*, Hella: Zur Frage des Doppelcharakters der Mindestreserven. In: Sparkasse. 6. Jahrgang, Heft 5 vom 1. März 1952, S. 71 f. sowie Heft 6 vom 15. März 1952, S. 85 f.; *Baumann*, Horst: Mindestreserveregelung revisionsbedürftig. In: Blätter für Genossenschaftswesen. 7. Jahrgang 104/Heft 23 vom 10. Dezember 1958, S. 421 f.; *Witte*, Horst: Zur historischen Entwicklung der Mindestreserven und Mindestreserven-Politik. In: Blätter für Genossenschaftswesen. 7. Jahrgang 104/Heft 23 vom 10. Dezember 1958, S. 424 f.

160 In den Monatsberichten der BdL vom Mai 1949 wird auf S. 39 ausdrücklich gesagt: „Die Mindestreservevorschriften haben ... die Wirkung, daß sie die Expansionsfähigkeit der Banken einschränken." (Vgl. hierzu auch die Ausführungen im Jahresbericht für das Jahr 1952 der ADSGG, S. 117.)

161 Wie im Beitrag der Sparkassenorganisation zur Gestaltung des künftigen Bundesnotenbankgesetzes gesagt wird, schließen die beiden, den Mindestreserven zugesprochenen Funktionen, kreditpolitisches Lenkungsmittel *und* Liquiditätsreserve zu sein, sich gegenseitig aus. (Vgl. Die Problematik der Mindestreserven. Beitrag der Sparkassenorganisation zur Gestaltung des künftigen Bundesnotenbankgesetzes. a.a.O., S. 34.) Die gleiche Auffassung vertreten: *Sperk*, Ludwig und *Wilsdorf*, Manfred: Die Liquiditätsverhältnisse der deutschen Sparkassen. a.a.O., S. 120.

162 Auch die Funktion der Mindestreserven als Lenkungsinstrument der Zentralnotenbank wird nur unter gewissen Voraussetzungen anerkannt. (Vgl. beispielsweise die diesbezüglichen Ausführungen in: Die Problematik der Mindestreserven. Beitrag der Sparkassenorganisation zur Gestaltung des künftigen Bundesnotenbankgesetzes. a.a.O., S. 33.) Diese Frage interessiert jedoch hier nicht. Die folgenden Ausführungen dienen lediglich der Erörterung der Frage, ob und inwieweit den Sparkassen durch die Mindestreservehaltung kreditär nutzbares Zentralbankgeld entzogen wird.

163 Vgl. *Stucken*, Rudolf: Liquidität der Banken. Berlin 1940, S. 147. Die

Dieser Auffassung ist, wie aus der folgenden Überlegung hervorgeht, zuzustimmen:

Die Mindestreserve ist laut Gesetz bindend festgelegt. Die im Rahmen der Mindestreservehaltung entstehenden Zentralbankguthaben stehen den Banken gar nicht zur Verfügung, wenn sie diese zur Erhaltung ihrer Zahlungsfähigkeit benötigen. Daß es auch gar nicht die Absicht des Gesetzgebers ist, eine jederzeitige Verfügung über diese aufgrund der Mindestreservehaltung entstandenen Guthaben zu ermöglichen, geht daraus hervor, daß die Banken zur Entrichtung eines Sonderzinses bei Unterschreitung des Reservesolls verpflichtet sind. Wie im Beitrag der Sparkassenorganisation zur Gestaltung des Bundesnotenbankgesetzes festgestellt wird, ist dieser Zins so hoch, „daß ein Kreditinstitut normalerweise erst alle übrigen Liquidierungsversuche (Aufnahme von Nostroverpflichtungen, Verkauf von Wertpapieren, Kündigung von Krediten usw.) unternehmen wird, ehe es diese *teuerste* — faktisch einer Kreditaufnahme bei der Notenbank gleichkommende — Finanzierungsmethode wählt. Und das soll eine Liquiditätsreserve sein?[164]"

Die Vertreter der Auffassung, die Mindestreserven übten eine Liquiditätsfunktion aus, begründen ihre Auffassung mit der in der Bundesrepublik gültigen Berechnungsmethode des Mindestreserve-Solls im Monatsdurchschnitt[165]: Innerhalb der Berechnungsperiode (die sich gegenwärtig auf einen Monat beläuft) ist es möglich, die Anrechnung eines Mindestreserveüberschusses an bestimmten Tagen auf das Mindestreservesoll anderer Tage vorzunehmen[166].

---

gleiche Auffassung vertreten: *Hartlieb, Pfleiderer, Otto:* Gutachten über Mindestreserven der Kreditinstitute vom 27. 2. 1948, Ziffer 3. *v. Spindler-Becker-Starcke:* Die Deutsche Bundesbank. Stuttgart 1957, S. 160 f. *Baumann,* Horst: Mindestreserveregelung revisionsbedürftig. In: Blätter für Genossenschaftswesen. a.a.O., S. 421 f. *Witte,* Horst: Zur historischen Entwicklung der Mindestreserven. In: Blätter für Genossenschaftswesen. a.a.O., S. 424 f.

164 Vgl.: Problematik der Mindestreserven. Beitrag der Sparkassenorganisation zur Gestaltung des künftigen Bundesnotenbankgesetzes. a.a.O., S. 34.

165 Technisch wird das Mindestreservesoll derart berechnet, daß der Mindestreservesatz bezogen wird auf den Monatsdurchschnitt aus den Endbeständen der reservepflichtigen Verbindlichkeiten von 4 Stichtagen. Die Banken sind nun im Unterschied zur neueren Notenbankgesetzgebung anderer Länder verpflichtet, nur einmal im Monat den Nachweis über die Erfüllung des so berechneten Mindestreservesolls zu erbringen.

166 Gleske mißt diesem Sachverhalt eine übertriebene Bedeutung bei, wenn er — bis zu einem gewissen Grade zwar zutreffend — behauptet, mit der Länge der Berechnungsperiode wachse die Wahrscheinlichkeit, daß die im Zahlungsverkehr auftretenden positiven oder negativen Salden sich ausgleichen und dementsprechend über das Mindestreservesoll hinaus keine weiteren Guthaben zur Abwicklung des Zahlungsverkehrs gehalten zu werden brauchten. Die Länge der Berechnungsperiode entscheide also darüber, in welchem Ausmaß die Mindestreserve gleichzeitig als Liquiditäts-

Hierzu ist nun folgendes zu bemerken:

Erstens ist die Kompensation von Mindestreserveüberschüssen mit Mindestreservefehlbeträgen durch die Banken an verschiedene Voraussetzungen geknüpft[167], die realiter gerade von den Sparkassen schwerlich erfüllt werden können:

Die Banken müssen während der Berechnungsperiode überhaupt kompensationsfähige Mindestreserveüberschüsse besitzen. Ferner müssen die Banken eine ungefähre Vorstellung darüber haben, wie hoch ihr Monatsdurchschnittsmindestreservesoll sein wird, denn das Mindestreservesoll steht immer erst mit dem Ablauf des für die Sollberechnung nötigen vierten Stichtages, also am 23. Monatstag fest. Es existiert somit ein erhebliches Unsicherheitsmoment, denn es ist ja möglich, daß ein erwarteter Mindestreserve-„Überschuß" sich gar nicht einstellt.

Zweitens müssen aufgrund der Berechnungsmethode des Mindestreservesolls die Kompensationsmöglichkeiten der Mindestreserveüberschüsse mit den Mindestreservefehlbeträgen relativ kurzfristig auftreten. Das langfristige Kreditgeschäft, das die Sparkassen vorwiegend betreiben, unterliegt naturgemäß anderen Gesetzmäßigkeiten: Es bietet so gut wie keine Möglichkeit eines kurzfristigen Ausgleichs. Die monatliche Berechnungsmethode erweist sich insbesondere hinsichtlich des langfristigen Geschäftes der Sparkassen als zu kurz[168].

Drittens wird mit dem (wenn auch nur bedingt gegebenen) kurzfristigen Liquiditätscharakter der durch die Mindestreserven gebun-

reserve anzusprechen sei. Müßte das Mindestreservesoll an jedem Tag erfüllt werden, so benötigte jede Bank noch Überschußreserven zur Abwicklung ihres Zahlungsverkehrs. Ein Blick auf die Mindestreservestatistik des Zentralbanksystems zeige nun, daß die Überschußreserven der Banken sich in der Regel nur auf einen geringen, im wesentlichen wohl auf unvermeidbaren Dispositionsfehlern beruhenden Bruchteil ihres Mindestreservesolls belaufen, woraus geschlossen werden könne, daß die monatliche Berechnungsperiode den Banken einen hinreichenden Spielraum für die Abwicklung ihres Zahlungsverkehrs durch Inanspruchnahme ihrer Mindestreserven biete. Auch die Entwicklung der täglich gehaltenen Mindestreserven bestätige diesen Eindruck. (Vgl. *Gleske*, Leonhard: Mißverstandene Mindestreserven. In: Zeitschrift für das gesamte Kreditwesen. 7. Jahrgang 1954, 4. Heft, S. 118.)

167 Vgl. hierzu insbesondere *Brehmer*, Ekhard: Struktur und Funktionsweise des Geldmarktes der Deutschen Bundesrepublik seit 1948. Beiträge zur reinen und angewandten Wirtschaftstheorie aus dem Wirtschaftswissenschaftlichen Seminar der Universität Kiel. Herausgegeben von Prof. Erich Schneider. Heft 1, Tübingen 1956, S. 35 f.

168 Beispielsweise weist Riedel darauf hin, die zeitweisen Unterschreitungen des Mindestreservesolls durch die Sparkasssen innerhalb eines Monats seien nur geringfügig; in der Sparkassenpraxis hätten sie kaum jemals mehr als 5 % betragen. (Vgl. *Riedel*, H.: Fehlschlüsse über Mindestreserven. In: Der Volkswirt. Deutsche Wirtschaft im Querschnitt. 19. Folge: Sparkassen. Beilage zu Nr. 9/1953, S. 21 f.) Untersuchungen der Sparkassenorganisation führten zum gleichen Ergebnis. (Vgl. Jahresbericht der ADSGG für das Jahr 1950, S. 59.)

denen Mittel „nicht der Tatsache widersprochen, daß die Mindestreserven im Augenblick ihrer Überführung in das Zentralbanksystem für die Kreditinstitute eine Geldstillegung darstellen, und die Institute hierfür sogar eine besondere Liquiditätsvorsorge treffen müssen“[169].

Es läßt sich somit die Schlußfolgerung ziehen, daß die Mindestreserven unter den geltenden Bestimmungen „ihrem Charakter gemäß kein echter, Zahlungsmittel repräsentierender Barbestand, mit dem die Bank uneingeschränkt ihren Zahlungsverpflichtungen nachkommen kann“[170], sind. „Sie können deshalb nicht als Liquiditätsguthaben im Sinne der sonstigen von den Sparkassen zu unterhaltenden Liquiditätsreserven bezeichnet werden[170].“ Linhardt sagt treffend: „Die Mindestreserven sind auf Eis gelegte Barmittel, sie werden im Wege der Verwaltungsanordnung für die Bankpolitik des einzelnen Instituts, seine Kreditgewährung und Liquiditätsvorsorge ausgeschaltet, d. h. der individuellen Kreditgewährung und ihrer Liquiditätsvorsorge entzogen[171].“

Wir können daher Hohlfeld nicht folgen, wenn er sagt: „An sich wäre die Folgerung nicht unberechtigt, kleinere Institute mit höheren Sätzen zu belegen, da sie im Falle von Liquiditätsschwierigkeiten sich vermutlich in einer weniger günstigen Position als die größeren befinden müßten, denen breitere Refinanzierungsmöglichkeiten, teilweise auch in sich selbst, zur Verfügung stehen ...[172].“

Hohlfelds Folgerung wäre dann richtig, wenn die Mindestreserven tatsächlich Liquiditätsreserven darstellen würden. Das ist jedoch, wie sich aus den obigen Ausführungen ergab, keineswegs der Fall.

Es ist daher auch völlig verfehlt, wenn die BdL aus dem Sachverhalt, daß die Mindestreserven Zentralbankguthaben darstellen, folgert, die Mindestreserven würden eine Liquidität 1. Grades besitzen und könnten folglich voll auf die von den Sparkassen bei den Girozentralen zu haltenden Liquiditätsreserven angerechnet werden[173].

Da die Mindestreserven so gut wie nicht greifbar sind, müssen die Bankinstitute zwangsläufig neben den Mindestreserven normale Liqui-

---

[169] Vgl. *Hohlfeld*, Hans H.: Mindestreservehaltung als Mittel der Kreditpolitik. a.a.O., S. 447.

[170] Vgl. *Sperk*, Ludwig und *Wilsdorf*, Manfred: Die Liquiditätsverhältnisse der deutschen Sparkassen. a.a.O., S. 122.

[171] Vgl. *Linhardt*, Hanns: Bankbetriebslehre. a.a.O., S. 175 sowie *Linhardt*, Hanns: Die gesetzlichen Mindestreserven der Geschäftsbanken. In: Sparkasse. 73. Jgg., Heft 8, S. 117—118. Vgl. ferner: *Floss*, Eberhard: Vorgang, Möglichkeiten und Grenzen der Giralgeldschöpfung der Banken. In: Österreichisches Bank-Archiv. 3. Jgg., Heft VII, S. 216 f.

[172] Vgl. *Hohlfeld*, Hans H.: Mindestreservehaltung als Mittel der Kreditpolitik. a.a.O., S. 447.

[173] Vgl. Schreiben der BdL an den Deutschen Bundestag, Ausschuß „Geld und Kredit“, vom 13. März 1952. Abgedruckt in: Jahresbericht der ADSGG für das Jahr 1951, S. 96.

ditätsguthaben unterhalten. Davon sind insbesondere die kleinen Institute und somit ganz besonders die Sparkassen betroffen. Denn aufgrund der Berechnungsmethode der Mindestreserven, also dadurch, daß man die Kassenbestände, welche die kleinen Institute an Nichtbankplätzen aus Gründen der Liquiditätssicherung neben den Mindestreserven zu halten gezwungen sind, bei der Mindestreserveberechnung nicht berücksichtigt, werden — wie bereits Stucken feststellt — entschieden die kleineren Banken benachteiligt, „die im Verhältnis zu den Einlagen viel Kassenbestände brauchen, und vor allem die Banken an solchen Plätzen, an denen sich keine Niederlassung des Zentralbanksystems befindet, also an Nichtbankplätzen"[174].

Zusammenfassend kann somit festgestellt werden, daß die Sparkassen von der Mindestreservehaltung — eben weil die Mindestreserven bei der gegenwärtigen Regelung keine Liquiditätsguthaben darstellen und die Sparkassen als relativ kleine Institute in großem Umfange noch echte Liquiditätsguthaben unterhalten müssen — härter betroffen werden als andere Bankinstitute; das Ausmaß ihrer Kreditgewährung und damit indirekt das Ausmaß ihrer Kreditschöpfung wird durch die Mindestreservehaltung also stärker beeinträchtigt als das anderer Bankinstitute.

d) Die Größenordnung der Reserven der Sparkassen

Tabellen XII und XIII (S. 206 und 207) vermitteln ein Bild über die Größenordnung der Kassenbestände sowie der Guthaben der Sparkassen bei anderen Banken. Die Guthaben bei anderen Banken setzen sich zusammen aus den Guthaben beim Zentralbanksystem, ferner bei den regionalen Girozentralen und schließlich beim Postscheckamt.

Die Summe der Kassenbestände und der Guthaben der Sparkassen bei anderen Banken besagt, daß die Sparkassen von dem ihnen zugeflossenen Zentralbankgeld insgesamt in Höhe dieser Summe eine Reserve bildeten. Diese Reserve ist der Nutzung für Kredite der Sparkassen an Nichtbanken entzogen. Die angegebenen Zahlen müssen so verstanden werden, daß es eine Alternative: Reservebildung *oder* kreditäre Nutzung der in der Reserve gebundenen Mittel, *nicht* gibt. Eine Bank muß vielmehr stets eine Reserve bestimmter Höhe besitzen. Allerdings gibt es hinsichtlich der Höhe des Reservesolls bei den einzelnen Instituten Unterschiede. Stellt man einen Vergleich zwischen den Reserveziffern der Sparkassen und den Reserveziffern der Kreditbanken für die Zeit nach der Währungsreform vom 21. Juni 1948 an (Tabelle XIV und XV auf S. 207 und 209), so zeigt es sich, daß die

[174] Vgl. *Stucken,* Rudolf: Geld und Kredit. a.a.O., S. 103.

Tabelle XII

Kasse und Guthaben der deutschen Sparkassen bei anderen Banken in den Jahren 1924—1939

Ende des Zeitraums	Kasse[a)] I		Guthaben bei anderen Banken[b)] II		Summe I + II III		Fremde Gelder insgesamt[e)]
	in Mio Mark	in % der fremden Gelder	in Mio Mark	in % der fremden Gelder	in Mio Mark	in % der fremden Gelder	in Mio Mark
1924	49	3,63	328	24,35	377	27,99	1 347
1925	63	2,38	517	19,51	580	21,89	2 650
1926	114	2,57	775	17,49	889	20,06	4 431
1927	145	2,29	756	11,93	901	14,22	6 338
1928	170	1,91	1 271	14,29	1 441	16,20	8 897
1929	171	1,57	1 161	10,68	1 332	12,25	10 873
1930	144	1,24	1 391	11,21	1 545	12,45	12 414
1931	141	1,15	856	6,99	997	8,14	12 254
1932	120	0,98	1 039	8,53	1 159	9,51	12 188
1933[c)]	133	1,03	1 562	12,10	1 695	13,13	12 908
1934	151	1,01	2 018	13,47	2 169	14,48	14 961
1935	168	1,04	2 167	13,49	2 335	14,53	16 069
1936	177	1,03	2 468	14,39	1 646	15,42	17 153
1937	199	1,05	3 101	16,45	3 300	17,50	18 852
1938	230	1,09	3 487	16,55	3 717	17,64	21 075
1939[d)]	342	1,34	4 682	18,36	5 024	19,70	25 503

Quellen: Für die Jahre 1924—1933: Statistisches Jahrbuch für das Deutsche Reich. Jahrgang 1927—1935. Für die Jahre 1933—1937: Statistisches Jahrbuch für das Deutsche Reich: Band 516. Für das Jahr 1938: Wirtschaft und Statistik, 1940, 2. Juniheft. Für das Jahr 1939: Zwischenausweis der Deutschen Sparkassen, Girokassen und Kommunalbanken. Herausgegeben v. Deutschen Sparkassen- und Giroverband.

a) Incl. fremde Geldsorten, fällige Zins- und Dividendenscheine und Guthaben bei Noten- und Abrechnungsbanken.

b) Incl. Schuldscheindarlehen an die eigene Girozentrale.

c) Von nun ab einschl. der sächsischen Girokassen (einschl. der Stadt- und Girobank Leipzig und der Chemnitzer Girobank, der Kommunalbanken sowie der saarländischen Sparkassen.

d) Incl. Memelland, Ostmark, Sudentenland und Westpreußen.

e) Es handelt sich hier um die Summe von Spareinlagen + Giro- usw. Einlagen + sonstige fremde Gelder (darunter Anleihen, für die Leihzins bezahlt wird).

Kreditbanken von ihren Verbindlichkeiten (den fremden Geldern) höhere Reserven unterhielten als die Sparkassen.

Hierbei muß nun jedoch berücksichtigt werden, daß die Spareinlagen, deren Anteil an den Gesamteinlagen der Sparkassen am größten ist und die bereits im Jahre 1954 wieder über die Hälfte aller fremden Gelder der Sparkassen ausmachten, wegen ihrer Konstanz einer weit geringeren Liquiditätsvorsorge bedürfen als die labilen Sichteinlagen, die unter den Einlagen der Kreditbanken dominieren.

Tabelle XIII

Kasse und Guthaben der deutschen Sparkassen bei anderen Banken in den Jahren 1947—1956

Ende des Zeitraums	Kasse[a]) I in Mio Mark	Kasse[a]) I in % der fremden Gelder	Guthaben bei anderen Banken II in Mio Mark	Guthaben bei anderen Banken II in % der fremden Gelder	Summe I + II III in Mio Mark	Summe I + II III in % der fremden Gelder	Fremde Gelder insgesamt[b]) in Mio Mark
1947	2 281,0	4,1	19 196,8	34,6	21 477,8	38,7	55 511,0
1948	114,1	2,8	258,6	6,5	372,7	9,3	3 980,1
1949	100,9	2,0	393,6	7,5	494,5	9,5	5 231,3
1950	11,4	0,2	445,8	6,4	457,2	6,6	6 903,5
1951	164,7	2,0	735,1	8,8	899,8	10,8	8 315,6
1952	208,8	1,9	1 277,0	11,9	1 485,8	13,8	10 798,0
1953	210,1	1,5	1 615,7	11,3	1 825,8	12,8	14 153,5
1954	201,1	1,1	1 993,1	11,0	2 194,2	12,1	18 151,8
1955	232,3	1,08	3 007,3	14,10	3 239,6	15,19	21 325,4
1956	274,4	1,15	3 551,4	14,90	3 825,8	16,05	23 828,6

Quellen: Für die Jahre 1947 und 1948: Die Sparkassen in Zahlen. a.a.O. Für die Jahre 1948—1956: Monatsberichte der BdL, Banken und Mindestreservestatistiken, Januar 1949 bis Februar 1957.

[a]) Incl. Überschußreserven bei den Landeszentralbanken (also ohne Mindestreserven), Postscheckguthaben und Währungs- und DM-Guthaben für gestellte Akkreditive bei der BdL.

[b]) Es handelt sich hier um die Summe aus Spareinlagen + Sichteinlagen + befristeten Einlagen + sonstigen fremden Geldern (Nostroverpflichtungen, eigenen Akzepten im Umlauf und langfristigen Anleihen).

Tabelle XIV

Barreserve und kurzfristige Guthaben bei anderen Banken von Sparkassen und Kreditbanken

Sparkassen

Ende des Zeitraums	Barreserve insgesamt[a]) in Mio Mark	Barreserve insgesamt[a]) in % der fremden Gelder	Kurzfristige Guthaben bei anderen Banken[b]) in Mio Mark	Kurzfristige Guthaben bei anderen Banken[b]) in % der fremden Gelder	Summe der fremden Gelder[c]) in Mio Mark
Dez. 1951	765,1	9,837	499,3	6,434	7 777,2
Dez. 1952	815,2	8,072	615,1	6,091	10 098,2
Dez. 1953	947,6	7,147	646,1	4,873	13 256,9
Dez. 1954	1 082,7	6,319	767,8	4,481	17 133,3
Dez. 1955	1 377,7	6,844	794,9	3,949	20 128,9

Kreditbanken[d)]

Ende des Zeitraums	Barreserve insgesamt[a)] in Mio Mark	in % der fremden Gelder	Kurzfristige Guthaben bei anderen Banken[b)] in Mio Mark	in % der fremden Gelder	Summe der fremden Gelder[c)] in Mio Mark
Dez. 1951	1 552,7	12,651	892,4	7,271	12 272,8
Dez. 1952	1 758,5	11,782	1 118,2	7,492	14 924,3
Dez. 1953	1 872,5	10,193	1 317,3	7,170	18 370,1
Dez. 1954	2 176,9	9,956	1 571,3	7,186	21 864,1
Dez. 1955	2 365,4	9,641	1 856,3	7,566	24 533,1

Quelle: Monatsberichte der BdL, Banken- und Mindestreservestatistiken. Januar 1951 bis Februar 1956.

a) Stellt die Summe dar von Kasse + Landeszentralbankguthaben + Postscheckguthaben.

b) Die langfristigen Guthaben blieben unberücksichtigt.

c) Stellt die Summe dar von: Summe der gesamten Einlagen (Sicht-, Termin- und Spareinlagen) von Nichtbanken und anderen Banken + Summe der aufgenommenen Gelder (kurz- und mittelfristige Geldaufnahme) + eigene Akzepte im Umlauf + Schuldverschreibungen im Umlauf. (Unberücksichtigt blieben die aufgenommenen langfristigen Darlehen von 4 Jahren und mehr.)

d) Nachfolgeinstitute der früheren Großbanken, Staats-, Regional- und Lokalbanken, Privatbanken und Spezial-, Haus- und Branchebanken.

3. Die Anlagearten und deren Begrenzung als Bestimmungsgrund des Aktivkreditvolumens der Sparkassen

a) Von den Anlagevorschriften im allgemeinen

Den Sparkassen ist im Gegensatz zu anderen Banken bis ins einzelne vorgeschrieben, in *welchen* Anlagearten sie das ihnen im Spareinlagengeschäft zugeflossene, kreditär nutzbare Zentralbankgeld anlegen können[175]. Ferner unterliegen die einzelnen Anlagearten gewissen umfangmäßigen Beschränkungen.

Es ist also zu fragen, inwieweit das Ausmaß der Kreditgewährung der Sparkassen und damit indirekt das Ausmaß der Kreditschöpfung im Sparkassengeschäft durch diese Vorschriften begrenzt wird.

Im Rahmen der Erörterung des in der vorliegenden Arbeit aufgegegriffenen Problems interessieren dabei jedoch nicht die Grenzen, denen die Einzelkredite der Sparkassen unterliegen. Es kommt vielmehr auf die Beschränkungen an, die den einzelnen Anlage*arten insgesamt* auferlegt sind.

---

175 Vgl. hierzu auch die Ausführungen von *Hoffmann*, Josef: Mindestreserven und Anlagevorschriften für Spareinlagen. In: Sparkasse. 70. Jahrgang, Heft 4 vom 15. Febr. 1953, S. 51.

Tabelle XV

Die Liquiditätslage der Sparkassenorganisation und aller KI Ende 1956/57/58
(in Mio DM)

	Alle Banken			Sparkassen			Girozentralen			Sparkassenorganisation		
	1956	1957	1958	1956	1957	1958	1956	1957	1958	1956	1957	1958
Kassenbestand	715,0	811,8	917,9	278,0	320,4	357,1	19,5	20,8	24,0	297,5	341,2	381,1
Bundesbankguthaben	5 689,8	7 739,3	8 888,1	1 259,5	1 870,9	2 220,5	536,1	736,7	824,6	1 795,6	2 607,6	3 045,1
Postscheckguthaben	223,6	236,8	285,1	31,1	36,2	41,6	35,1	29,9	37,6	66,2	66,1	79,2
Nostroguthaben	9 709,0	14 355,6	17 176,2	2 403,1	4 337,9	5 139,7	1 605,1	2 833,7	3 450,2	4 008,2	7 171,6	8 589,9
Schecks und Inkasso	827,6	898,3	946,5	88,2	99,7	111,2	55,3	61,2	72,1	143,5	160,9	183,3
Wechsel	11 535,3	12 985,0	13 327,4	1 212,8	1 350,4	1 437,4	976,3	1 082,2	1 045,6	2 189,1	2 432,6	2 483,0
Schatzwechsel	1 789,0	5 710,3	6 167,1	99,3	156,6	140,3	574,6	1 961,7	1 577,2	673,9	2 118,3	1 717,5
1) Liquide Mittel im engeren Sinne	30 489,3	42 737,1	47 708,3	5 372,0	8 172,1	9 447,8	3 802,0	6 726,2	7 031,3	9 174,0	14 898,3	16 479,1
Wertpapiere	6 836,8	8 227,5	13 146,2	1 457,6	1 969,7	3 991,9	1 088,4	1 156,8	1 679,3	2 546,0	3 126,5	5 671,2
Ausgleichsford. (50 %)	3 209,6	3 171,4	3 130,6	1 334,8	1 311,4	1 286,4	118,4	118,9	119,0	1 453,2	1 430,3	1 405,4
2) Liquide Mittel im weiteren Sinne	40 535,7	54 136,0	63 985,1	8 164,4	11 463,2	14 726,1	5 008,8	8 001,9	8 829,6	13 173,2	19 455,1	23 555,7
Gesamteinlagen	66 846,2	82 800,0	97 300,4	22 729,6	27 514,0	33 149,7	5 379,8	8 186,6	9 588,2	28 109,4	35 700,6	42 737,9
Aufgenomm. Gelder	4 677,2	5 082,9	4 432,4	249,8	201,6	169,9	733,1	806,5	549,4	982,9	1 008,1	719,3
Eigene Akzepte im Umlauf	453,4	340,9	267,0	9,4	2,9	0,7	6,7	1,8	1,9	16,1	4,7	2,6
3) Verbindlichkeiten	71 976,8	88 223,8	101 999,8	22 988,8	27 718,5	33 320,3	6 119,6	8 994,9	10 139,5	29 108,4	36 713,4	43 459,8
Zeile 1) in % Zeile 3)	42,4 %	48,4 %	46,8 %	23,3 %	29,5 %	28,4 %	62,1 %	74,8 %	69,3 %	31,5 %	40,6 %	37,9 %
Zeile 2) in % Zeile 3)	56,3 %	61,4 %	62,7 %	35,5 %	41,5 %	44,2 %	81,8 %	89,0 %	87,1 %	45,3 %	53,0 %	54,2 %

Quelle: Div. BdL- und BBk-Monatsberichte.

b) Die kredittheoretische Bedeutung der einzelnen Anlagevorschriften

Bereits das „Sparkassenreglement“ vom 12. Dezember 1838[176] nimmt auf die Anlagemöglichkeiten der Sparkassen Bezug, und zwar empfiehlt es, Spargelder in erststelligen Hypotheken, inländischen Staatspapieren und Pfandbriefen, ferner in Darlehen an öffentlich-rechtliche Körperschaften und auf sonst „völlig sichere“ Art anzulegen[177].

Diese „Empfehlung“ übt jedoch auf das Ausmaß der Kreditgewährung der Sparkassen keinen Einfluß aus, da es den Sparkassen überlassen bleibt, Art und Höhe der Anlagen selbst zu bestimmen.

Die Bestimmungen des Reglements sind aber auch schon deswegen für die Erörterung des Kreditschöpfungsproblems im Sparkassengeschäft irrelevant, weil zu dieser Zeit bei den Sparkassen die technischen Voraussetzungen für eine Kreditschöpfung noch gar nicht gegeben sind[178].

Durch die Einführung des Scheckverkehrs bei Sparkassen aufgrund des Runderlasses des (preußischen) Ministers des Innern vom 20. April 1909 ergibt sich eine völlig neue Situation: Die Sparkassen sind jetzt fähig, bargeldlose Zahlungen auszuführen, wodurch die technischen Voraussetzungen für eine Kreditschöpfung gegeben sind. Der Runderlaß enthielt eine Regelung der Liquidität, und zwar bestimmte der Gesetzgeber erstmals, welcher Vomhundertsatz der Einlagen liquid angelegt werden mußte[179].

Die den Sparkassen vorgeschriebenen Anlagen in „flüssigen Werten“ umfassen mit Ausnahme der Hypotheken und der Darlehen gegen Verpfändung von Hypotheken sämtliche übrigen Anlagemöglichkeiten. Diese Anlagemöglichkeiten stellen jedoch nichts anderes als Kreditgewährungen dar.

Daraus folgt, daß das Ausmaß der Kreditgewährung der Sparkassen durch die Liquiditätsbestimmungen des Runderlasses des (preußischen) Ministers des Innern vom 20. April 1909 nicht berührt wird.

---

[176] Reglement, die Einrichtung des Sparkassenwesens betreffend, vom 12. Dezember 1838. GS 1839, S. 5.

[177] Vgl. Ziffer 5 des Reglements.

[178] Die Sparkassen nehmen noch nicht am unbaren Zahlungsverkehr teil, besitzen somit also noch gar nicht die Möglichkeit, girale Zahlungen auszuführen.

[179] Es wurde vorgeschrieben, die Sparkassen hätten mindestens 30 % der im Scheckverkehr befindlichen Sparguthaben in jederzeit liquiden Werten anzulegen. Für die Sparkassen, die den Scheckverkehr mit dem Depositen- und Kontokorrentverkehr verbanden und die diesen Zwecken dienenden Konten von den Sparkonten trennten, wurde bestimmt, die Einlagen dieser Art dürften nicht mehr als 10 % der Spareinlagen betragen (Abschnitt II Ziffer 2 des Erlasses) und sie müßten ferner in Höhe von mindestens 75 % in jederzeit liquiden Werten angelegt werden. Als liquide Anlagen galten lediglich nicht Hypotheken bzw. Darlehen gegen Verpfändung von Hypotheken.

Am 23. Dezember 1912 wird in Preußen das „Gesetz, betreffend die Anlegung von Sparkassenbeständen in Inhaberpapieren“ erlassen[180].

Der Zweck dieses sogenannten „Zwangsanlagegesetzes“ bestand in liquiditätsmäßiger Hinsicht darin, durch einen Wertpapierbestand bestimmter Höhe die Zahlungsbereitschaft der Sparkassen sogar bei einem Run zu sichern[181].

Eine Anlage der verfügbaren Mittel in den vorgeschriebenen Anlagearten stellte nichts anderes als eine Kreditgewährung dar. Außerdem floß aufgrund der Bestimmungen des Zwangsanlagegesetzes lediglich ein Teil des kreditär nutzbaren Zentralbankgeldes in bestimmte Anlagearten, während über den anderen Teil von den Sparkassen frei verfügt werden konnte. Das Ausmaß der gesamten Kreditgewährung der einzelnen Sparkassen wird also durch die Bestimmungen des Zwangsanlagegesetzes nicht eingeschränkt.

Eine neuartige Situation ergibt sich nach dem ersten Weltkrieg: Die Sicherung der Zahlungsbereitschaft der Sparkassen erwies sich als äußerst problematisch, weshalb man daran ging, für die Anlage- und Liquiditätspolitik der Sparkassen einheitliche Richtlinien in Form einer Mustersatzung zu schaffen[182].

Hinsichtlich der Liquiditäts- und Anlagepolitik der Sparkassen bestimmte die neu geschaffene Mustersatzung bis ins einzelne die Anlagemöglichkeiten für die verfügbaren Bestände der Sparkassen. Die Mustersatzung schloß gleichzeitig andere als die aufgezählten Möglichkeiten aus[183]. Außerdem wurden in der Mustersatzung von 1922 für

---

[180] GS 1913, S. 3.

[181] Das Gesetz schrieb den Sparkassen vor, bestimmte Mindestbeträge in Reichs- und Staatsschuldverschreibungen sowie in Reichs- und Staatsschuldbuchforderungen anzulegen. Diese Mindestbeträge staffelten sich nach der Höhe der bei Sparkassen unterhaltenen Einlagen. Gleichzeitig wurde die Art der Zusammensetzung dieses Mindestbestandes an Wertpapieren vorgeschrieben, und zwar mußten $^{3}/_{5}$ dieser mündelsicheren Wertpapiere in Schuldverschreibungen des Deutschen Reiches oder Preußens, die restlichen $^{2}/_{5}$ dieser Wertpapiere in anderen, mündelsicheren Papieren, insbesondere jedoch Kommunalanleihen, angelegt werden.

[182] In Nachahmung einer bereits früher in Preußen existierenden Einrichtung, nämlich den als Richtlinien dienenden Mustersatzungen, wurde von der Zentralstelle des Deutschen Sparkassenverbandes (Zentralstelle des Deutschen Sparkassenverbandes: Die Mustersatzung für Sparkassen. Hannover 1922) eine Mustersatzung für Sparkassen ausgearbeitet, die den Unterverbänden und den Sparkassen als Muster für die infolge der Erweiterung des Geschäftsbereiches der Sparkassen notwendig gewordenen neuen Satzungen — Preußen: Mustersatzung — dienen sollte. Die Mustersatzung stellte kein unmittelbares Recht dar. Nach ihr sollte dieses Recht erst geschaffen werden.

[183] Diese und die folgenden Mustersatzungen besaßen einen kodifikatorischen Charakter, d. h. die Mustersatzungen zählen die einzelnen, einer Sparkasse gestatteten Geschäfte erschöpfend und abschließend auf. Geschäfte, die in der Mustersatzung nicht vorgesehen sind, dürfen von den Sparkassen nicht vorgenommen werden.

einige Anlagearten Höchstgrenzen gesetzt[184], und zwar wurde das Ausmaß dieser Anlagearten an das Gesamteinlagenvolumen gebunden[185].

Es erhebt sich die Frage, ob in all den Fällen, in denen das Kreditvolumen eine abhängige Variable des Einlagenvolumens ist, eine Kreditschöpfung unmöglich ist, m. a. W., ob in diesen Fällen die Spielregeln der modernen Kreditschöpfungslehre durch die Spielregeln der „orthodoxen" Kreditvermittlungstheorie außer Kraft gesetzt werden. Hierzu ist folgendes zu bemerken:

Ein Teil der Depositen, und zwar insbesondere der Sichtdepositen, entsteht durch das Aktivkreditgeschäft der Banken (durch „aktive Geldschöpfung" im Sinne Erich Schneiders). Jedes durch ein Aktivkreditgeschäft einer Bank entstandene Deposit äußert sich ebenso in einem Zuwachs der Einlagen (Ausnahme: Zahlung „Debitor an Debitor") wie ein durch ein Passivkreditgeschäft einer Bank (Einzahlung) entstandenes Deposit. Die Gesamteinlagen einer Bank enthalten also in einem mehr oder weniger großen Ausmaße „derivative" Einlagen. Wird das Kreditvolumen an das Einlagenvolumen gebunden, so induziert — bei einer ausreichenden Liquidität — nicht nur ein Zuwachs an originären, sondern auch ein Zuwachs an derivativen Einlagen eine

---

184 Dagegen wurde das Verhältnis, in dem die einzelnen Anlagen zueinander stehen sollten, nicht vorgeschrieben. Es gab allerdings eine Ausnahme: Für die Anlage in Inhaberpapieren galten die Bestimmungen des Anlagegesetzes von 1912.

185 Begrenzungen wurden lediglich für die nachstehenden Anlagemöglichkeiten getroffen:

1. Darlehen gegen einfachen Schuldschein oder gegen Wechsel ohne weitere Sicherheit sind auf höchstens 5 % der im Depositenverkehr bei den Sparkassen vorhandenen Guthaben beschränkt.
2. Darlehen an öffentlich-rechtliche Verbände dürfen sich auf höchstens 50 % des Gesamteinlagenbestandes einer Sparkasse belaufen. Dabei dürfen höchstens 20 % auf langfristige Darlehen solcher Art entfallen. Nach § 30 Abs. III Mustersatzung dürfen Forderungen gegen den eigenen Gewährverband nur bis Ende 1923 ausnahmsweise bis zu 35 % des Gesamteinlagenbestandes der Sparkassen erreichen, nachher aber nur noch 25 % der gesamten Einlagen.
3. Darlehen an Erwerbs- und Wirtschaftsgenossenschaften (mit Ausnahme der Kreditgenossenschaften), dürfen nach § 31 Mustersatzung insgesamt 10 % der gesamten Einlagen der Sparkassen nicht übersteigen.

§ 33 der Mustersatzung von 1922 schrieb den Sparkassen außerdem vor, sie hätten mindestens 30 % der gesamten Einlagen in flüssigen Werten anzulegen. Eine Anlage in den vorgeschriebenen „flüssigen" Werten stellte jedoch nichts anderes als eine Kreditgewährung dar, weshalb das Aktivkreditvolumen der Sparkassen durch diese Vorschrift nicht beeinträchtigt wurde. Als „flüssige Werte" galten nämlich:

1. jederzeit kündbare Faustpfanddarlehen,
2. Inhaberpapiere,
3. mit höchstens 14tägiger Frist jederzeit kündbare Darlehen gegen Schuldschein oder Wechsel,
4. zum Privatdiskont an der Börse gehandelte Wechsel,
5. kurzfristige Forderungen gegen öffentlich-rechtliche Verbände,
6. vorübergehende Anlagen bei Sparkassen und Banken.

Kreditgewährung. Gewährt nun eine Sparkasse auf der Basis von derivativen Einlagen einen Kredit, so kommt es zu einer Verbreiterung des die Sparkasse durchfließenden Geldstroms, denn der Kreditgewährung ging kein Zufluß an Zentralbankgeld voraus.

Außerdem bleiben natürlich trotz der Bindung des Aktivkreditvolumens an das Volumen der Depositen *Liquiditäts*gesichtspunkte das ausschlaggebende Kriterium für die kreditären Dispositionen der Sparkassenleiter.

Es zeigt sich also, daß Bestimmungen, die das Ausmaß der Kreditgewährung an das der Gesamteinlagen ketten, die Spielregeln der Kreditschöpfungslehre nicht außer Kraft setzen können.

Ferner besagt § 33 Abs. 2 der Mustersatzung von 1922, daß die Anlage der im Depositenverkehr vorhandenen fremden Gelder hinsichtlich der Frist genau mit den Kündigungsfristen der entsprechenden Passiva übereinstimmen muß.

Insbesondere in Verbindung mit der oben geschilderten Bestimmung der Mustersatzung von 1922 kann diese Vorschrift lediglich die Frist der von den Sparkassen angebotenen Kredite, dagegen nicht deren Ausmaß beeinflussen, da in praxi ja Substitutionseffekte auftreten.

Bereits im Jahre 1927 wird eine neue Mustersatzung geschaffen[186]. Die den Sparkassen in der neuen Mustersatzung zugestandenen Anlagemöglichkeiten sind die gleichen wie die in der Mustersatzung von 1922.

Teilweise neu geregelt und ergänzt werden die in der Mustersatzung von 1922 gezogenen Höchstgrenzen für die einzelnen Anlagen[187].

Da auch in der Mustersatzung von 1927 die Begrenzung der einzelnen Anlagearten in Form einer Inbeziehungsetzung zum Bestand der *gesamten* Einlagen erfolgt, beeinträchtigen die betreffenden Bestimmungen die Kreditschöpfungsmöglichkeiten der Sparkassen nicht, wie wir oben nachwiesen.

Für eine ganze Reihe von Anlagemöglichkeiten besteht überhaupt keine Begrenzung, weshalb die Sparkassen bei diesen Anlagearten

---

[186] Mustersatzung für Sparkassen vom 26. Juli 1927 (MBliV., S. 760).

[187] Folgende Veränderungen bzw. Ergänzungen wurden vorgenommen:

a) Darlehen gegen einfachen Schuldschein oder gegen Wechsel ohne weitere Sicherheit sind auf höchstens 4 % (früher 5 %) der Gesamteinlagen beschränkt (§ 27 Abs. 2 Mustersatzung).

b) Darlehen an öffentlich-rechtliche Verbände dürfen sich nach wie vor auf höchstens 50 % des Gesamteinlagenbestandes einer Sparkasse belaufen. Doch wird der Anteil der *langfristigen* Kredite an öffentlich-rechtliche Verbände an der Gesamtsumme dieser Kredite von 20 auf 25 % der Gesamteinlagen erhöht.

Die anderen, in der Mustersatzung von 1922 festgesetzten Höchstgrenzen werden auch von der neuen Mustersatzung übernommen.

auch jetzt wieder ihr Kreditangebot unbeeinflußt von gesetzlichen Vorschriften festsetzen können.

Nach § 35 der Mustersatzung von 1927 hat eine Anlage der Überschußreserven der Sparkassen in „flüssigen“ Werten in Höhe von 30 % der Gesamteinlagen zu erfolgen. Die einzelnen flüssigen Werte werden zwar aufgezählt[188]. Es wird auch der Kassenbestand genannt. Da es jedoch unterlassen wird, eine Relation festzusetzen, in der die einzelnen „flüssigen“ Werte zueinander zu stehen haben, beeinträchtigen diese Bestimmungen das Ausmaß des Kreditangebots der Sparkassen nicht. Der einzelnen Sparkasse wird ja nicht das Ausmaß der Barreserve, sondern das Ausmaß der „flüssigen Werte“ vorgeschrieben. Die Anlage in „flüssigen“ Werten stellt jedoch — abgesehen von der Barkasse und den Guthaben bei der Reichsbank und beim Postscheckamt sowie der vorübergehenden Anlage bei Bankanstalten und Sparkassen — nichts anderes als eine Kreditgewährung dar. Es bleibt also bei dieser Regelung der einzelnen Sparkasse anheimgestellt, welche Relation sie zwischen ihrer Barreserve und der Summe der Verbindlichkeiten einhalten will. Die einzelne Sparkasse kann somit die Höhe ihres Kreditangebots unbeeinflußt von gesetzlichen Vorschriften bestimmen.

Da sich außerdem die Bindung des Ausmaßes der „flüssigen“ Mittel auf den Gesamteinlagenbestand bezieht, der Gesamteinlagenbestand jedoch sowohl derivative wie auch originäre Bestandteile enthält, besteht kein Hemmnis für eine Kreditschöpfung.

Straffe und sehr weitgehende Anlage- und Liquiditätsvorschriften werden von der Reichsregierung während der Zahlungskrise 1931/32 erlassen.

In kredittheoretischer Hinsicht ist die „Verordnung des Reichspräsidenten über die Spar- und Girokassen sowie die kommunalen Giroverbände und die kommunalen Kreditinstitute“ vom 5. August 1931[189] bedeutsam.

Das in dieser Vorschrift enthaltene Kommunalkreditverbot[190] beschränkt das Kreditangebot der Sparkassen und damit — bei einem

[188] Als „flüssig“ gelten folgende Werte: Kassenbestand, Sorten, Kupons; Guthaben bei der Reichsbank, bei Privatnotenbanken und auf Postscheckkonten; vorübergehende Anlagen bei Bankanstalten und Sparkassen sowie bei Privatbanken (gem. § 33); zum Privatdiskont an der Börse gehandelte Wechsel (§ 33); Wechsel gem. § 27 Abs. 4, die jederzeit bei der Reichsbank diskontierbar sind, soweit sie sich innerhalb des der Sparkasse von der Reichsbank eingeräumten Wechselkontingents halten; Schuldverschreibungen auf den Inhaber, die bei der Reichsbank oder einer anderen Bank lombardfähig sind; kurzfristige Forderungen gegen öffentlich-rechtliche Verbände und jederzeit kündbare Faustpfanddarlehen, soweit sie nach § 26 Abs. 1 a und b gesichert sind.

[189] RGBl. I, S. 429.

[190] § 3 dieser Verordnung bestimmt, daß es den Spar- und Girokassen, den Giroverbänden und Kreditanstalten bis auf weiteres untersagt ist,

bestimmten Verhältnis zwischen Kreditgewährung und Kreditschöpfung — auch die Kreditschöpfung.

Auch die „Dritte Verordnung des Reichspräsidenten zur Sicherung von Wirtschaft und Finanzen und zur Bekämpfung politischer Ausschreitungen vom 6. Oktober 1931 (Fünfter Teil, Kapitel I: Spar- und Girokassen, kommunale Kreditinstitute und Giroverbände und Girozentralen)“[191] behielt das Kommunalkreditverbot, das eine Beschränkung des Kreditangebots der Sparkassen darstellt, bei[192].

Die in dieser Verordnung enthaltene Bestimmung, die den Mindestsatz der in „flüssigen“ Werten anzulegenden Einlagen erhöht[193], schmälert dagegen das Kreditangebot der einzelnen Sparkassen und damit (in unmittelbarer Form über das Kreditangebot) die Kreditschöpfung nicht, weil es den Sparkassen wiederum selbst überlassen bleibt, zu bestimmen, welchen Teil ihrer Überschußreserve sie in Form einer Barreserve unterhalten und damit der kreditären Nutzung entziehen wollen, bzw. welchen Teil sie in „flüssigen“ Werten, die nichts anderes als eine Kreditgewährung darstellen, anlegen wollen. Ferner bestimmt Artikel 1 § 6 der Notverordnung vom 6. Oktober 1931, daß höchstens 40 % der *Spareinlagen* in Hypotheken angelegt werden dürfen.

Diese Vorschrift sollte vor allem verhindern, daß die Sparkassen einen zu großen Teil ihrer Spareinlagen der langfristigen Bindung in Form einer Anlage in Hypothekenkrediten zuführten[194].

In kreditärer Hinsicht kommt dieser Bestimmung deswegen keine Bedeutung zu, weil das Volumen der langfristigen Kredite — und damit auch das Volumen der Hypothekenkredite — ohnehin durch das Ausmaß der den Sparkassen zugeflossenen, langfristigen (originären)

Anleihen, Darlehen und Kassenkredite an Gemeinden, Gemeindeverbände und andere öffentlich-rechtliche Körperschaften und Anstalten unmittelbar oder mittelbar zu gewähren.

[191] Vgl. RGBl. I, S. 537 und S. 554.

[192] Für den Fall der Aufhebung des Kommunalkreditverbots wird die Gesamthöhe der Kommunalkredite auf höchstens 25 % der *gesamten* Einlagen beschränkt. Dabei darf höchstens die Hälfte langfristig sein. Eine Begrenzung der Kredite an den Gewährverband ist allerdings nicht mehr vorgesehen. Da die Beschränkung der Kommunalkredite (nach der Aufhebung des Verbots) in Form einer Bindung an den Gesamteinlagenbestand erfolgt, der Gesamteinlagenbestand jedoch sowohl derivative wie auch originäre Bestandteile enthält, stellt diese Vorschrift keine Beeinträchtigung der Kreditschöpfungsmöglichkeiten der Sparkassen dar.

[193] Nach Artikel 1 § 5 Abs. 2 NotVO wird der Mindestsatz der in „flüssigen“ Werten anzulegenden Einlagen auf 30 % der Spareinlagen und auf 50 % der sonstigen Einlagen erhöht.

[194] Es war — wie Hoffmann feststellt — „eine Schutzvorschrift gegenüber einem zu starken Überschreiten der bankpolitisch zu ziehenden Grenze am Platze“: „Aus diesem Motiv hat der Reichsgesetzgeber, der bisher in das Länderreservat des Sparkassenrechts nicht eingegriffen hatte, durch die Notverordnung ... eine starre Grenze für das Hypothekengeschäft nach oben gezogen.“ (Vgl. *Hoffmann*, Josef: Mindestreserven und Anlagevorschriften für Spareinlagen. a.a.O., S. 51.)

Depositen bestimmt ist, wie wir noch ausführlich auf S. 219 f. der vorliegenden Arbeit nachweisen.

Auch das Jahr 1932 brachte eine Fülle von Verordnungen und Erlassen; sie alle hatten aber nur eine kurze Lebensdauer, da an ihre Stelle die in der Mitte des gleichen Jahres erlassene Mustersatzung trat[195].

Die in der Mustersatzung von 1927 aufgeführte Skala der liquiden Werte wird in der Mustersatzung von 1932 unverändert übernommen, doch wird zusätzlich bestimmt, die liquiden Mittel müßten in einer „angemessenen" Relation zueinander stehen. Auch diese Bestimmung kann das Aktivkreditvolumen — wie wir bereits oben ausführten — nicht beeinträchtigen.

Auch die anderen, geringfügig ergänzten und erweiterten Bestimmungen der Mustersatzung von 1932 verändern die bereits seither bestehenden Wirkungen auf das Ausmaß der Kreditgewährung nicht[196].

Am 5. Dezember 1934 wird das Reichsgesetz über das Kreditwesen erlassen.

Hinsichtlich der Bestimmung und Begrenzung kreditärer Anlagearten bestimmt § 16 Abs. 2, die Kreditinstitute hätten einen Bestand an innerhalb 90 Tagen fälligen Handelswechseln und Wertpapieren, die nach dem Bankgesetz von der Reichsbank zum Lombardverkehr zugelassen sind oder zugelassen werden können, zu unterhalten. Dieser Bestand darf 30 % der Verpflichtungen aus Depositengeldern, Kontokorrentguthaben der Kundschaft, seitens der Kundschaft bei Dritten benutzten Krediten, Nostroverpflichtungen und Verpflichtungen aus der Annahme gezogener Wechsel sowie der Ausstellung eigener und gezogener Wechsel (soweit diese Wechsel sich im Verkehr befinden), nicht übersteigen.

§ 16 Abs. 2 KWG sieht vor, daß dieser Vomhundertsatz für einzelne Arten und Gruppen von Kreditinstituten verschieden angesetzt werden kann. Diese Bestimmung fand jedoch nie eine Anwendung.

Die genannten Bestimmungen des KWG schränken das Ausmaß der Kreditgewährung der Sparkassen nicht ein:

Erstens stellt die Anlage in den vorgeschriebenen Anlagearten nichts anderes als eine Kreditgewährung dar.

Zweitens umfaßt die Begrenzung nur einen Bruchteil der den Sparkassen offenstehenden Anlagemöglichkeiten.

Schließlich bezieht sich die Begrenzung auf Verbindlichkeiten, die bei den Sparkassen eine untergeordnete Rolle gegenüber den Spareinlagen spielen, welch letztere die Hauptmasse der Verbindlichkeiten bei den Sparkassen darstellen.

---

195 Vgl. Mustersatzung für Sparkassen vom 26. August 1932 (MBliV, S. 853).

Für die Anlage der Spareinlagen stellt § 24 KWG besondere Bestimmungen in Aussicht. Derartige Bestimmungen wurden jedoch später nie erlassen.

Hinsichtlich der Bestimmung und Begrenzung der kreditären Anlagearten beinhaltet Artikel 16 der Ersten Verordnung zur Durchführung und Ergänzung des Reichsgesetzes über das Kreditwesen vom 19. Februar 1935[197] eine Erhöhung des in der Notverordnung vom 6. Oktober 1931 (Artikel I § 6) festgesetzten Hypothekenkontingents von 40 % auf 50 % der Spareinlagen. Eine derartige Bestimmung ist in kreditärer Hinsicht aus den auf S. 212 der vorliegenden Arbeit angegebenen Gründen bedeutungslos. Eine Lockerung der strengen Anlage- und Liquiditätsvorschriften bringt der Artikel 15 der Ersten Verordnung zur Durchführung und Ergänzung des Reichsgesetzes über das Kreditwesen vom 9. Februar 1935. Er bestimmt, die Sparkassen könnten auf die nach § 5 Abs. 2 Satz 2 des Art. 1 im Kapitel I des Fünften Teils der Verordnung des Reichspräsidenten vom 6. Oktober 1931[198] von ihnen bei den zuständigen Girozentralen oder anderen bestimmten Stellen zu unterhaltenden Liquiditätsguthaben (10 % der Spareinlagen und 20 % der sonstigen Einlagen) den Bestand an solchen Wertpapieren anrechnen, die der Reichswirtschaftsminister bestimme.

Eine Anlage kreditär nutzbaren Zentralbankgeldes in Wertpapieren stellt eine Kreditgewährung dar.

Durch diese Bestimmungen wird also ein Teil des kreditär nutzbaren Zentralbankgeldes der Sparkassen aus der Bindung der Liquiditätsreserven gelöst und der kreditären Nutzung zugeführt. Das Ausmaß der Kreditgewährung wird also entsprechend erweitert. Von dieser Möglichkeit machten die Sparkassen reichlich Gebrauch.

Durch das Gesetz über den Kommunalkredit der Spar- und Girokassen und der kommunalen Kreditanstalten vom 7. Juni 1939[199] fällt das seit August 1931 bestehende Kommunalkreditverbot weg, allerdings für die Sparkassen nur hinsichtlich der Kassenkredite, für die Girozentralen und Landesbanken dagegen auch bezüglich der langfristigen Kommunalkredite im Rahmen ministerieller Richtlinien.

Durch die Verordnung des Ministerrats über den Kommunalkredit der Sparkassen vom 24. April 1941 erhalten auch die Sparkassen in beschränktem Maße wieder das Recht zur Gewährung langfristiger

---

[196] Die kredittheoretische Bedeutung der Mustersatzung von 1932 besteht somit hauptsächlich darin, daß sie die technischen Voraussetzungen der Kreditschöpfungsmöglichkeiten der Sparkassen einschränkt, denn es wird die durch den Runderlaß vom 20. April 1909 geschaffene Möglichkeit, durch Scheck oder Überweisung über ein Sparguthaben zu verfügen, aufgehoben.

[197] RGBl. I, S. 205.

[198] RGBl. I, S. 537, 554.

[199] RGBl. I, S. 986.

Kommunalkredite. Diese Beschränkung wird weiter gelockert im Februar 1944[200].

Mit den letzteren Bestimmungen entfallen die Beschränkungen des Ausmaßes der Kreditgewährung der Sparkassen, die auf dem Gebiete des Kommunalkredites bestanden, größtenteils.

Nach dem zweiten Weltkrieg blieben die Anlage- und Liquiditätsvorschriften der Vorkriegszeit fast unverändert bestehen. Der Sonderausschuß Bankenaufsicht verabschiedete Ende 1953 eine Neufassung der Sparkassenmustersatzung. Diese wurde inzwischen in den meisten Ländern eingeführt. Auch die neue Mustersatzung enthält eine Begrenzung der verschiedenen Anlagearten in Form einer prozentualen Inbeziehungsetzung zu den Einlagen.

Wichtig sind die im § 24 Mustersatzung enthaltenen Bestimmungen über die Begrenzung der in den §§ 20, 21, 15 Abs. 2 und 19 genannten Anlagemöglichkeiten, und zwar *müssen* nach § 24 Abs. 1 30 % der Spareinlagen und 50 % der sonstigen Einlagen in flüssigen Werten angelegt werden[201].

Es ist in das freie Ermessen der Sparkassen gestellt, welche Anlagearten sie bevorzugen. § 24 Abs. 3 bestimmt lediglich, daß die Anlagen in den nach Abs. 2 zugelassenen Werten zueinander in einem „angemessenen" Verhältnis stehen sollen. Eine Anlage in den als „flüssig" geltenden Werten stellt nichts anderes als eine Kreditgewährung dar. Diese Bestimmungen beschränken folglich das Ausmaß der Kreditgewährung der Sparkassen nicht.

Das Ausmaß nahezu sämtlicher der in § 13 Mustersatzung genannten, für Sparkassen zulässigen Anlagearten ist an das Einlagenvolumen gebunden[202].

---

[200] RWMBl., S. 24.

[201] Als flüssige Werte gelten nach § 24 Abs. 2 der neuen Mustersatzung:
1. Kassenbestand, Guthaben bei der Landeszentralbank und auf Postscheckkonto.
2. Guthaben bei der zuständigen Girozentrale. (Vgl. auch § 20 der neuen Mustersatzung.)
3. Täglich fällige Guthaben bei anderen öffentlich-rechtlichen Kreditinstituten sowie bei privaten Kreditinstituten (§ 20).
4. Schatzwechsel und Privatdiskonten (§ 21).
5. Wechsel (§ 15 Abs. 2).
6. Schuldverschreibungen auf den Inhaber (§ 19), die von der LZB zum Lombardverkehr zugelassen sind.
7. Ausgleichsforderungen gegen die öffentliche Hand, die von der LZB zum Lombardverkehr zugelassen sind.

(Vgl. Materialien zur Erneuerung des Sparkassenrechts. a.a.O., S. 43.)

[202] Wertet man die einzelnen Anlagearten unter dem Gesichtspunkt ihrer umfangmäßigen Bedeutung, dann läßt sich ohne weiteres die Behauptung aufstellen, *sämtliche* Anlagen seien an das Ausmaß des Einlagengeschäftes, nämlich einerseits an das Gesamteinlagevolumen, andererseits an das Spareinlagenvolumen, gebunden.

Die Bindung verschiedener Anlagearten an das *gesamte* Einlagenvolumen stellt keine Begrenzung der Kreditschöpfungsmöglichkeiten dar, weil die Gesamteinlagen sowohl originäre wie auch derivative Einlagen enthalten, eine durch einen Zuwachs derivativer Einlagen induzierte Kreditgewährung jedoch nichts anderes als eine Kreditschöpfung darstellt[203].

An das Spareinlagenvolumen sind geknüpft:

1. Darlehen gegen Hypotheken-, Grund- oder Rentenschuld (§ 14 Mustersatzung) und
2. die Anlage in Grundstücken (§ 22 Mustersatzung).

Zusammenfassend kann festgestellt werden, daß die Bedeutung der Anlagevorschriften, denen das Sparkassengeschäft unterworfen ist, hauptsächlich auf liquiditätspolitischem Gebiet liegt. Das Kreditvolumen der Sparkassen — und damit indirekt das Ausmaß der Kreditschöpfung der Sparkassen — wird dagegen durch die Anlagevorschriften hauptsächlich nur insofern berührt, als die Anlage in den durch die erwähnten Bestimmungen vorgeschriebenen Anlagearten die Liquiditätsstatus der Sparkassen und damit zwangsläufig die kreditären Dispositionen der Sparkassenleiter beeinflußt. Exakte Aussagen über das Ausmaß dieses Einflusses sind jedoch nicht möglich.

V. Das langfristige Kreditgeschäft der Sparkassen als Bestimmungsgrund des Ausmaßes der Kreditschöpfung im Sparkassengeschäft

1. Das Problem

Werden Kredite in der Weise beansprucht, daß es bei der kreditgewährenden Bank in voller Höhe zu einem Abfluß von Zentralbankgeld kommt, dann kann diese Bank nur soviel Kredite gewähren, wie ihr zuvor Zentralbankgeld zugeflossen ist bzw. wie sie sich Zentralbankgeld durch Refinanzierung oder Geldaufnahme beschaffen kann.

Das Ausmaß der Kreditgewährung der Bank ist also in diesem Falle linear begrenzt durch das Ausmaß des Zentralbankgeldzuflusses.

Ob es bei der Kreditinanspruchnahme zu einem Abfluß von Zentralbankgeld kommt, hängt von einer Reihe von Faktoren ab, die wir auf S. 128 f. der vorliegenden Arbeit ausführlich darstellten. Diese Faktoren sind in der Regel für sämtliche Kredit*arten* gültig. Hinsichtlich der Frage der baren oder giralen Inanspruchnahme ergeben sich daher zwischen den einzelnen Kredit*arten* allein keine Unterschiede[204]. Er-

---

[203] Wir begründeten diese Behauptung auf S. 212 der vorliegenden Arbeit.

[204] Lediglich bei Bank-an-Bank-Krediten, bei denen die Geldmarktkredite die bedeutendste Rolle spielen, handelt es sich ausschließlich um Zentralbankgeldtransaktionen: Die „geldmarktaktiven“ Banken stellen auf dem Geldmarkt den „geldmarktpassiven“ Banken Zentralbankgeld zur Verfügung. Kreditobjekt des Geldmarktes ist stets Zentralbankgeld. Gewährt

örtert man diese Frage aber unter dem Gesichtspunkt der Kreditfrist, dann ergeben sich einige wichtige Zusammenhänge zwischen den sich den Banken bzw. den Sparkassen bietenden Kreditschöpfungsmöglichkeiten und der Laufzeit der Kredite.

2. Die Beziehungen des langfristigen Kreditgeschäftes zu den Kreditschöpfungsmöglichkeiten

Den Ausgangspunkt der folgenden Untersuchung bildet die Frage, inwieweit langfristige Kredite zu einem Abfluß von Zentralbankgeld bei der kreditgewährenden Bank führen. Von der Antwort auf diese Frage hängt es ab, ob im langfristigen Kreditgeschäft überhaupt eine Kreditschöpfung möglich ist.

Die in der Literatur üblichen Darstellungen der Geld- bzw. Kreditschöpfung begnügen sich mit einer Untersuchung der Vorgänge: Krediteinräumung — Kreditinanspruchnahme (— evtl. auch Kreditrückzahlung; in diesem Falle aber stets unter Vernachlässigung des Faktors Zeit). Das ist bei einer kurzfristigen Betrachtungsweise, bei der es lediglich darum geht, den Prozeß der Kreditschöpfung aus den Regeln der Kreditmechanik abzuleiten, durchaus gerechtfertigt. Bei einer langfristigen Betrachtungsweise — und eine solche ist bei der Untersuchung des langfristigen Kreditgeschäftes nur möglich — muß die Untersuchung jedoch notwendig auch auf die sich an den Vorgang der Kreditschöpfung anschließenden Vorgänge ausgedehnt werden.

Es ist also erforderlich, nach den sich an den Kreditschöpfungsprozeß anschließenden Vorgängen zu fragen.

Hierbei ergibt sich folgendes:

Lagen der Kreditschöpfung Zahlungen mit Geschäftsbankgeld in der Form „Debitor an Debitor" zugrunde, ist ferner den Kreditnehmern, zu deren Gunsten die Bank die Zahlung ausführte, ein Kreditlimit eingeräumt, dann können diese Debitoren erneut Zahlungen bis zur Höhe des ihnen eingeräumten Kreditlimits vornehmen. Die Zahlungsverpflichtungen der betreffenden Bank bleiben also trotz der Zahlungsleistung bei der Kreditinanspruchnahme unverändert.

Lagen der Kreditschöpfung dagegen Zahlungen mit Geschäftsbankgeld in der Form „Debitor an Kreditor" zugrunde, dann entstand eine neue Sichteinlage. Diese Sichteinlage verkörpert eine jederzeit fällige Zahlungsverpflichtung der Bank. Die Zahlungsverpflichtung der be-

---

also eine Bank einen Geldmarktkredit, dann muß sie bei der Inanspruchnahme (Ankauf „sekundärer" Titel) Zentralbankgeld zur Verfügung stellen. Nun treten jedoch die Sparkassen selbst nicht auf dem Geldmarkt auf. Geldmarktgeschäfte werden lediglich von den Girozentralen ausgeführt. Da bei der Erörterung des mit der vorliegenden Arbeit aufgegriffenen Problems nur die typischen Sparkassengeschäfte interessieren, kann von der Behandlung der Geldmarktkredite abgesehen werden.

treffenden Bank bleibt also auch in diesem Falle trotz der aus der Kreditinanspruchnahme resultierenden Zahlungsleistung unverändert.

Die Bank muß nun damit rechnen, daß der Zahlungsempfänger, bei dem es sich also um einen Debitor oder um einen Kreditor handeln kann, die aus dem Zahlungseingang resultierenden Zahlungsanforderungen an die Bank alsbald geltend macht[205], daß sie also auf Grund der neu entstandenen Zahlungsverpflichtung eine weitere Zahlung leisten muß.

Die Zahlungen im Auftrag der Zahlungsbegünstigten (Kreditoren bzw. Debitoren) können wieder in den alternativen Formen „Kreditor an Kreditor" oder „Kreditor an Debitor" bzw. „Debitor an Debitor" oder „Debitor an Kreditor" erfolgen. In allen Fällen, in denen Zahlungen mit Geschäftsbankgeld zugunsten von Debitoren oder Kreditoren der betreffenden Bank erfolgen und den Debitoren außerdem Kreditlimits eingeräumt sind, vermindern sich die Zahlungsverpflichtungen der Banken trotz der geleisteten Zahlungen nicht:

Bei Zahlungen zugunsten der Kreditoren resultieren diese Zahlungsverpflichtungen aus der durch die Zahlung unverändert gebliebenen Sichteinlage, denn es ist ja lediglich an die Stelle des zahlenden Kreditors der die Zahlung empfangende Kreditor getreten.

Bei Zahlungen zugunsten der Debitoren resultieren diese Zahlungsverpflichtungen aus der Möglichkeit des Kreditnehmers, seinen durch den Zahlungseingang gesunkenen Debetsaldo erneut bis zur äußersten Grenze des ihm eingeräumten Kreditlimits auszudehnen (es sei denn, der Zahlungseingang zugunsten des Debitors stellt eine Kreditrückzahlung dar). Es ist also in diesem Falle lediglich an die Stelle der Verpflichtung gegenüber dem Debitor, der die Zahlung leistete, die Verpflichtung gegenüber dem Debitor, der die Zahlung empfing, getreten.

Die Zahlungsverpflichtung der Bank bleibt bestehen, solange die Bank die Zahlungen mit Geschäftsbankgeld ausführen kann. Muß die Bank dagegen diese Zahlungen mit Zentralbankgeld ausführen, dann erlischt einerseits die Sichteinlage, andererseits die Forderung der jeweiligen Debitoren an die Bank und damit in beiden Fällen die Zahlungsverpflichtung der Bank: Es findet eine „Umwandlung" des Geschäftsbankgeldes in Zentralbankgeld statt.

Aus dem geschilderten Sachverhalt ergibt sich nun für langfristige Kredite folgendes:

---

205 Es kann allerdings auch der Fall eintreten, daß der Zahlungsempfänger den erhaltenen Betrag sofort spart und auf Sparkonto umbuchen läßt. Hier interessiert nun jedoch dieser Fall, der hinsichtlich seines Ausmaßes durchaus eine Rolle spielen kann, nicht. Es interessiert vielmehr der weitere Ablauf des Zahlungsverkehrs.

Selbst wenn sich die aus der Inanspruchnahme eines langfristigen Kredites resultierenden Zahlungen mit Geschäftsbankgeld ausführen lassen, so darf mit Sicherheit angenommen werden, daß die weiteren Zahlungen, die einerseits aus der aufgrund der Kreditschöpfung entstandenen Sichteinlage bzw. andererseits aus der einem Debitor durch den Zahlungseingang gegebenen Möglichkeit, seinen durch den Zahlungseingang gesunkenen Debetsaldo erneut bis zur äußersten Grenze des Kreditlimits auszudehnen, erwachsen, über kurz oder lang bei der betreffenden Bank zu einem Abfluß von Zentralbankgeld führen. Das liegt in folgendem begründet:

Das Geschäftsbankgeld (das repräsentiert wird durch die Sichteinlage bzw. die Forderung des Debitors an die Bank), zirkuliert. Nun ist aber erstens aufgrund der im Mischgeldsystem herrschenden Zahlungssitten sowie zweitens aufgrund der durch die Spezialisierung herrschenden Aufgliederung und Differenzierung des modernen Bankenapparates die Existenz „geschlossener" Geschäftsbankgeldkreisläufe auf ein Minimum beschränkt. Vielmehr wird unter den herrschenden Verhältnissen zwangsläufig jeder Geschäftsbankgeldbetrag, sofern er nicht aufgrund einer Konsolidierung stillgelegt und damit seinen Geldcharakter verloren hat, nach einer ganz bestimmten Anzahl von Zahlungsakten in Zentralbankgeld umgewandelt werden.

Diese Umwandlung ergibt sich zwangsläufig bereits aus den im Mischgeldsystem herrschenden Zahlungssitten. So bemerkt Schumpeter treffend: „... und überall, wo der Scheck nicht auch Lohnzahlungen erledigt, fungiert das gesetzliche Geld überhaupt als Zahlungsmittel im täglichen Kleinverkehr. Da nun jeder noch so große industrielle oder kommerzielle Kredit sich in letzter Linie in Zahlungen an die Besitzer ursprünglicher Produktionsmittel, also vor allem in Lohnzahlungen auflöst und weiter im Wege der Einkommensverwendung in Zahlungen des Kleinverkehrs, so muß schließlich jedes Kreditinstrument in seiner Zahlungsmittelfunktion irgendwann vom gesetzlichen Geld abgelöst werden. Wenngleich das nicht auf einmal geschieht, so daß das gesetzliche Geld nur wenige Prozente des Geschäftsvolumens jedes Zeitpunktes auszumachen braucht, ist dennoch das Verhältnis zwischen diesen beiden Größen jeweils durch feste Zahlungssitten gegeben[206/207]."

Der für unsere Überlegungen in dieser Hinsicht bedeutsamste Sachverhalt besteht also darin, „daß in der gemischten Zirkulation von

---

[206] Vgl. *Schumpeter,* Joseph: Die goldene Bremse an der Kreditmaschine. In: Die Kreditwirtschaft. Band I, Leipzig 1927. S. 101 f.

[207] Ebenso stellt V. F. Wagner fest: „Fassen wir nur den Güterkreislauf ins Auge und sehen wir also ab von der finanziellen Zirkulation, dann können wir somit sagen, jede Bankgutschrift werde schließlich in Einkommensgeld, d. h. in Stückgeld umgewandelt." (Vgl. *Wagner,* Valentin Fritz: Geschichte der Kredittheorien. a.a.O., S. 215.)

Bargeld und Giralgeld (d. h. von Zentralbankgeld und Geschäftsbankgeld; der Verf.), der Umlauf beider Geldarten *keineswegs* in irgendeiner strengen *Isolierung* beider Geldströme voneinander erfolgt. Im Gegenteil! Die beiden Ströme *überkreuzen sich ständig*, und immer wieder kommt es im Zuge des Zahlungsverkehrs zu *Umwandlungen* von Bargeld in Giralgeld (d. h. von Zentralbankgeld in Geschäftsbankgeld; der Verf.) und von Giralgeld in Bargeld (d. h. von Geschäftsbankgeld in Zentralbankgeld; der Verf.)"[208].

Wie Stucken aufgrund einer überschlägigen Rechnung ermittelt, beträgt die Länge der „durchschnittlichen Kreislaufperiode", d. h. die Zeit, die eine Geldeinheit für den Kreislauf von den Unternehmungen zu den Produktionsfaktoren (im Sinne Stuckens: sämtliche Haushaltungen) und wieder zurück zu den Unternehmungen benötigt, ungefähr ein fünftel Jahr, also rund 2,4 Monate[209]. Zwar wird ein Teil des gesamten Geldes diesen Kreislauf in giraler Form vollziehen können, ohne umgewandelt zu werden. Ein großer Teil wird jedoch in der Einkommenssphäre, also bei den Produktionsfaktoren (im Sinne Stuckens), völlig in Zentralbankgeld umgewandelt werden. Diese Annahme wird unterstützt durch die herrschende Relation zwischen Zahlungen mit Zentralbankgeld und Zahlungen mit Geschäftsbankgeld. Das Verhältnis der Bargeldzahlungen (in barer und giraler Form) zu den giralen Zahlungen beträgt etwa 1 : 3[210]. Bei dieser Relation würde also stets nach drei giralen Zahlungen eine Bargeldzahlung stattfinden, d. h. bei jeder vierten Zahlung würde Giralgeld in Bargeld umgewandelt. Diese Umwandlung könnte natürlich auch so vor sich gehen, daß von vier Zahlungen jede je zu einem bestimmten Prozentsatz mit Bargeld, zu einem bestimmten Prozentsatz dagegen mit Giralgeld ausgeführt wird; entscheidend ist jedoch, daß bei dieser Relation durchschnittlich nach vier Zahlungen eine vollständige Umwandlung des Giralgeldes in Bargeld stattgefunden hat.

Aus den angegebenen Zahlen folgt, daß durchaus die Möglichkeit besteht, daß bereits nach einem Zeitraum von rd. einem fünftel Jahr (2,4 Monate) schon aufgrund der im Mischgeldsystem gegebenen Zahlungssitten eine *völlige* Umwandlung des Giralgeldes in Bargeld stattgefunden hat.

Der Umwandlungsprozeß wird noch dadurch beschleunigt, daß die Banken und insbesondere die Sparkassen keine universale Kundenstruktur besitzen. Die Zahlungen verbleiben also (insbesondere bei

---

[208] Vgl. *Lukas*, Eduard: Geld und Kredit. a.a.O., S. 131. Vgl. insbesondere die von Lukas dargestellten Beispiele dieses „Umwandlungsprozesses".

[209] Vgl. *Stucken*, Rudolf: Geld und Kredit. a.a.O., S. 31.

[210] Dieses Verhältnis entspricht der in der Bundesrepublik ungefähr üblichen Relation zwischen dem statistisch ausgewiesenen „Notenumlauf". (Vgl. Geschäftsberichte der BdL bzw. BBk) und dem Bestand an Sichtguthaben bei den Banken (vgl. Geschäftsberichte der BdL bzw. BBk).

Sparkassen, bei denen es sich überwiegend nur um kleine oder mittelgroße Betriebe handelt) nur selten innerhalb des eigenen Kundenkreises. In den meisten Fällen sind Zahlungen an andere Banken zu leisten. Da sich nun aber die Banken und Sparkassen nicht immer im „Gleichschritt" bewegen, kann angenommen werden, daß es bei den einzelnen Sparkassen schon sehr viel früher zu einem Abfluß von Zentralbankgeld kommt, beispielsweise schon etwa nach einem oder zwei, der Kreditinanspruchnahme folgenden Zahlungsakten. Hierüber existieren jedoch keine Statistiken, weshalb auch keine Größenordnungen angegeben werden können.

Aus all dem folgt, daß lediglich bei kurzfristigen Krediten der Fall eintreten kann, daß die aus der Kreditschöpfung sowie die aus dem sich an den Akt der Kreditschöpfung anschließenden Zahlungen von der kreditgewährenden Bank ausschließlich mit Geschäftsbankgeld ausgeführt werden können.

Ein grundlegend anderer Sachverhalt ergibt sich dagegen bei den langfristigen Krediten:

Als langfristige Kredite gelten solche mit einer Laufzeit von über einem Jahr. Aus den obigen Erörterungen folgt, daß bei einem Kredit, der eine Laufzeit von einem Jahr besitzt, das Geschäftsbankgeld — welches bei der Inanspruchnahme dieses Kredites entstand und das seinen Niederschlag in einer Forderung des Zahlungsempfängers (nämlich des durch die Zahlung begünstigten Debitors oder Kreditors) an die kreditgewährende Bank fand — zwangsläufig noch während der Laufzeit des Kredites *völlig* in Zentralbankgeld umgewandelt werden wird. Langfristige Kredite führen also in voller Höhe zu einem Abfluß von Zentralbankgeld. Auch wenn es bei der Kreditinanspruchnahme zu keinem Abfluß von Zentralbankgeld kommt, so ist das doch bei den folgenden, nämlich den aus dem Geldkreislauf erwachsenden Zahlungen der Fall.

Eine Bank, die langfristige Kredite gewährt, muß also in voller Höhe des Kredits Zentralbankgeld bereit halten. Zwar sind Zahlungen mit Geschäftsbankgeld bei der Inanspruchnahme eines langfristigen Kredites möglich; da diese Zahlungen jedoch in voller Höhe mit Zentralbankgeld „gedeckt" sein müssen, liegt keine Kreditschöpfung vor, weil ja die Zahlung mit Geschäftsbankgeld kompensiert wird durch eine Stillegung von Zentralbankgeld.

3. Das langfristige Kreditgeschäft der Sparkassen

Die Domäne der Sparkassen ist das langfristige Kreditgeschäft. Erst unmittelbar nach der Währungsreform vom 21. Juni 1948 trat bei den Sparkassen das kurz- und mittelfristige Kreditgeschäft zeitweilig stärker in den Vordergrund. Wie die folgenden Tabellen zeigen, er-

Tabelle XVI

Das Kreditgeschäft der Sparkassen im Bundesgebiet seit der Währungsreform vom 21. 6. 1948 in Millionen Deutsche Mark

Ende des Zeitraums		Kurzfristige Kredite insgesamt[a)]	Mittelfristige Kredite insgesamt[b)c)]	Langfristige Kredite insgesamt[d)]
1948	21. Juni	5,0	2,3	277,8
1949	Juni	955,9	70,2	271,1
	Dezember	1 570,6	141,4	404,2
1950	März	1 827,0	189,9	503,3
	Juni	1 939,7	231,2	744,1
	September	2 086,1	258,5	1 008,6
	Dezember	2 198,3	280,1	1 299,8
1951	März	2 229,9	309,8	1 473,9
	Juni	2 086,1	321,0	1 685,8
	September	2 083,4	346,3	1 815,2
	Dezember	2 147,5	389,2	2 000,7
1952	März	2 359,8	414,5	2 059,1
	Juni	2 484,0	471,8	2 303,6
	September	2 588,6	542,6	2 416,6
	Dezember	2 752,3	633,4	2 739,9
1953	März	3 000,3	688,6	2 994,7
	Juni	3 195,1	787,1	3 315,3
	September	3 319,5	892,6	3 683,4
	Dezember	3 447,9	1 005,3	4 149,3
1954	März	3 673,8	1 051,7	4 400,7
	Juni	3 849,3	1 146,9	4 774,9
	September	3 924,7	1 196,3	5 229,4
	Dezember	4 136,0	1 260,3	5 723,6
1955	März	4 390,9	1 284,7	6 089,7
	Juni	4 593,2	1 422,4	6 566,2
	September	4 606,8	1 489,7	7 180,2
	Dezember	4 580,7	1 518,6	7 810,4
1956	März	4 761,6	1 536,5	8 205,5
	Juni	4 865,2	1 567,6	8 655,8
	September	4 769,1	1 552,3	9 122,8
	Dezember	4 680,5	1 545,4	9 573,2
1957	März	4 873,6	1 515,1	9 853,1
	Juni	4 945,8	1 564,2	10 166,3
	September	4 812,4	1 669,5	10 571,7
	Dezember	4 696,8	1 754,5	10 971,3
1958	März	4 892,3	1 771,0	11 455,3
	Juni	5 065,7	1 813,6	11 944,4

a) Die Summe der kurzfristigen Kredite insgesamt wurde ermittelt durch Addition des Wechselobligos und der kurzfristigen Kredite der Sparkassen in laufender Rechnung. Die Zahlen für das Wechselobligo sowie für die kurzfristigen Kredite der Sparkassen wurden entnommen aus: Die Sparkassen in Zahlen. a.a.O., S. 34 f.

b) Bis März 1950 einschl. sonstige langfristige Ausleihungen.

c) Entnommen aus: Die Sparkassen in Zahlen. a.a.O., S. 34 f.

d) Die langfristigen Kredite insgesamt wurden ermittelt durch Addition der Summe der langfristigen Kredite gegen Grundpfandrechte + der Summe der langfristigen Kredite gegen Kommunaldeckung + der Summe der sonstigen langfristigen Kredite. Die Zahlen für die Summe der langfristigen Kredite gegen Grundpfandrechte, ferner für die Summe der langfristigen Kredite gegen Kommunaldeckung und für die Summe der sonstigen langfristigen Kredite wurden entnommen aus: Die Sparkassen in Zahlen. a.a.O., S. 34 f.

langte jedoch das langfristige Kreditgeschäft bei den Sparkassen die dominierende Rolle allmählich wieder zurück.

Die Tabellen XVI und XVII weisen das langfristige Kreditgeschäft der Sparkassen seit der Währungsreform vom 21. Juni 1948 aus und zeigen seine absolute und relative Größenordnung im Vergleich zum sonstigen Kreditgeschäft der Sparkassen.

Tabelle XVII

Langfristige Kredite der Sparkassen im Bundesgebiet seit der Währungsreform vom 21. 6. 1948 in % des Kreditgeschäfts der Sparkassen insgesamt (ohne durchlaufende Kredite)

Ende des Zeitraums		Langfristige Kredite[a])	Ende des Zeitraums		Langfristige Kredite[a])
1948	21. Juli	87,1	1954	März	48,2
1949	Juni	20,8		Juni	48,9
	Dezember	19,1		September	50,5
1950	März	20,0		Dezember	51,5
	Juni	25,5	1955	März	51,8
	September	30,1		Juni	52,2
	Dezember	34,4		September	54,1
1951	März	36,7		Dezember	56,15
	Juni	41,2	1956	März	56,6
	September	42,8		Juni	57,4
	Dezember	44,5		September	59,1
1952	März	42,6		Dezember	60,6
	Juni	42,7	1957	März	60,7
	September	43,6		Juni	61,0
	Dezember	44,7		September	61,8
1953	März	44,8		Dezember	62,9
	Juni	45,4	1958	März	63,3
	September	46,65		Juni	63,5
	Dezember	48,2			

[a]) Die für die Errechnung erforderlichen Zahlen für das langfristige Kreditgeschäft wurden der Tabelle XVI der vorliegenden Arbeit entnommen. Die Zahlen für das Kreditgeschäft insgesamt sowie für die durchlaufenden Kredite (die aus der Berechnung ausgesondert wurden) wurden entnommen aus: Die Sparkassen in Zahlen. a.a.O., S. 37 f.

4. Schlußfolgerungen

Aus dem Sachverhalt, daß die langfristigen Kredite den größten Anteil des gesamten Kreditvolumens der Sparkassen ausmachen, langfristige Kredite aber eine Kreditschöpfung ausschließen, ergibt sich die entscheidend wichtige Folgerung, daß beim größten Teil des gesamten Kreditgeschäftes der Sparkassen, und zwar jeweils in Höhe des Volumens der langfristigen Kredite, eine Kreditschöpfung unmöglich ist.

D. Zusammenfassung

Das *Ausmaß* der Kreditschöpfung im Sparkassengeschäft wird direkt und indirekt beeinflußt.

Als *direkte* Bestimmungsgründe erkannten wir die Faktoren, die es den Sparkassen erlauben, Zahlungen mit Geschäftsbankgeld auszuführen. Diese Faktoren kommen im typischen Sparkassengeschäft nur in einem geringen Ausmaße zum Tragen.

Indirekt wird das Ausmaß der Kreditschöpfung primär durch die „Labilität" der einer Kreditgewährung zugrunde liegenden Depositen bestimmt.

Die Spareinlagen, die im typischen Sparkassengeschäft die Basis der Kreditgewährung darstellen, weisen eine relativ hohe Konstanz auf. Das potentielle Ausmaß „y" der Kreditschöpfung im typischen Sparkassengeschäft wird daher bestimmt durch die auf S. 111 f. der vorliegenden Arbeit abgeleitete Formel:

$$y = x \cdot a - a$$

Indirekt wird das Ausmaß der Kreditschöpfung im Sparkassengeschäft ferner durch das Ausmaß der *gesamten* Kreditgewährung bestimmt. Faktoren, die das Ausmaß des gesamten Kreditpotentials beeinflussen, wirken indirekt auch auf das Ausmaß der Kreditschöpfung:

Positiv wird das Ausmaß der Kreditgewährung der Sparkassen durch die Menge des ihnen im Spareinlagengeschäft zugeflossenen, kreditär nutzbaren Zentralbankgeldes bestimmt. Andererseits versuchen aber die Sparkassen aufgrund ihres — in kreditpolitischer Hinsicht — „neutralen" Verhaltens nicht, diesen Zustrom durch Geldaufnahme, gleich welcher Form, zu steigern.

Negativ wird das Ausmaß der Kreditgewährung der Sparkassen insbesondere durch die Reservehaltung sowie die Anlagevorschriften beeinflußt.

Schließlich wird das Ausmaß der Kreditschöpfung auf indirekte Weise durch die Art des Kreditgeschäftes, und zwar durch den Sachverhalt, ob das Kreditgeschäft kurz- oder langfristiger Natur ist, bestimmt. Es zeigt sich, daß im langfristigen Kreditgeschäft eine Kreditschöpfung *unmöglich* ist. Im Kreditgeschäft der Sparkassen nimmt das langfristige Kreditgeschäft den größten Raum ein. Daraus folgt, daß bei dem größten Teil des Kreditgeschäftes der Sparkassen von vornherein eine Kreditschöpfung ausgeschlossen ist.

Sechster Teil

Das Ergebnis

Mit der vorliegenden Arbeit wurde der Versuch unternommen, die Anwendbarkeit der modernen Kreditschöpfungslehre auf die besondere Art des Sparkassengeschäftes zu untersuchen.

Obwohl die Kreditschöpfungslehre schon Jahrzehnte im Mittelpunkt vieler Diskussionen steht, ist es bis heute noch nicht gelungen, selbst über elementare Fragen der Kreditschöpfung zu restloser Klarheit zu gelangen.

Das Problem der Kreditschöpfung wird in der Theorie unter verschiedenen Gesichtspunkten betrachtet. Das mit der vorliegenden Arbeit aufgegriffene Problem ist banktheoretischer Natur. Es konnten also nur die im Rahmen der banktheoretischen Seite der modernen Kreditschöpfungslehre entwickelten Thesen und Behauptungen auf ihre Beziehungen zum typischen Sparkassengeschäft hin untersucht werden.

Dabei zeigte es sich, daß verschiedene Thesen der banktheoretischen Seite der modernen Kreditschöpfungslehre nicht aufrechterhalten werden können. Es kristallisierten sich einige unangreifbare Thesen heraus. Die wesentlichen Gesichtspunkte dieser Thesen konzentrierten wir im Begriff „Kreditschöpfung".

Wir definierten Kreditschöpfung als die aus der Kreditgewährung der Banken resultierende Geldschöpfung mit dem Effekt einer Verbreiterung des die Banken durchfließenden Geldstroms.

Der gewonnene Kreditschöpfungsbegriff stellte den Maßstab dar, mit dem wir die Kredittätigkeit der Sparkassen auf die ihr immanenten Kreditschöpfungsmöglichkeiten untersuchten.

Das Untersuchungsobjekt der vorliegenden Arbeit bildete das durch Liquiditätsverbesserung aufgrund eines Spareinlagenzuwachses induzierte Kreditgeschäft der Sparkassen und die daraus resultierenden Einflüsse auf die Breite des die Sparkassen durchfließenden Geldstroms.

Der Geldstrom wird verursacht durch den aus dem Passiv- *und* den aus dem Aktivkreditgeschäft resultierenden Zahlungsverkehr.

Den Ausgangspunkt der Untersuchung der dem typischen Sparkassengeschäft immanenten Kreditschöpfungsmöglichkeiten bildete somit eine Fragestellung, die von der in der Literatur gemeinhin üblichen abweicht:

Wir hielten es nämlich nicht für ausreichend, bei der Frage nach den Kreditschöpfungsmöglichkeiten im Sparkassengeschäft nur nach dem Charakter der Spareinlagen zu fragen, wie es gemeinhin geschieht. Die besonderen Eigentümlichkeiten der Mechanik der Kreditschöpfung bedingen vielmehr, daß bei der Erörterung des Kreditschöpfungsproblems auch der Zahlungsverkehr, der aus dem Aktivkreditgeschäft resultiert und keinen Zusammenhang zum Passivkreditgeschäft aufweist, in die Untersuchung mit einbezogen wird. Die Zahlungsmittel nämlich, die eine Verbreiterung des Geldstroms aufgrund einer Kreditschöpfung bewirken, stammen „aus dem Nichts".

Es wurde daher bei der Untersuchung der Kreditschöpfung im Sparkassengeschäft nicht nur der Zahlungsverkehr zugunsten und zu Lasten von Sparkonten, die die Basis der sparkassenbetrieblichen Kreditgewährung bilden, untersucht, sondern auch der Zahlungsverkehr zugunsten und zu Lasten von debitorischen Konten, die auf der Aktivseite der Sparkassenbilanzen ihren Niederschlag finden. Wir genügten damit den aus den Regeln der Kreditmechanik ableitbaren Erfordernissen.

Bei der Untersuchung der Kreditschöpfungsmöglichkeiten im typischen Sparkassengeschäft wurde zunächst festgestellt, daß die technischen Voraussetzungen für eine Kreditschöpfung auch im typischen Sparkassengeschäft gegeben sind.

Es wurden dann die theoretisch möglichen Arten einer Kreditschöpfung im Sparkassengeschäft entwickelt. Es zeigte sich dabei, daß zwischen zwei grundsätzlich voneinander verschiedenen Kreditschöpfungsarten unterschieden werden muß, nämlich zwischen der beabsichtigten und der unbeabsichtigten Kreditschöpfung.

Wir erkannten ferner, daß diese Unterscheidung für die Lösung des mit der vorliegenden Arbeit aufgegriffenen Problems irrelevant ist. Wir vernachlässigten sie daher im weiteren Verlauf der Untersuchung und fragten lediglich, ob die konstituierenden Faktoren einer Kreditschöpfung gemeinhin im typischen Sparkassengeschäft gegeben sind.

Dabei zeigte es sich, daß die konstituierenden Faktoren einer Kreditschöpfung auch *im typischen Sparkassengeschäft grundsätzlich gegeben sind.*

Das *Ausmaß* der Kreditschöpfung wird jedoch durch die besonderen Eigentümlichkeiten des Sparkassengeschäftes stark eingeschränkt. Es ist den Sparkassen grundsätzlich nur in beschränktem Maße möglich, Zahlungen ohne Zentralbankgeld auszuführen.

Das Ausmaß der Kreditschöpfung im typischen Sparkassengeschäft wird noch weiter durch die Konstanz der Spareinlagen geschmälert. Während nämlich das potentielle Ausmaß „y“ der Kreditschöpfung im typischen Geschäft der Kreditbanken, also in dem durch Liquiditätsverbesserung aufgrund eines Sichtgeldeinlagenzuwachses induzierten Kreditgeschäft, durch die auf S. 111 f. der vorliegenden Arbeit abgeleitete Formel:

$$y = x \cdot a$$

bestimmt wird, ist das potentielle Ausmaß der Kreditschöpfung im typischen Sparkassengeschäft, also in dem durch Liquiditätsverbesserung aufgrund eines Spareinlagenzuwachses induzierten Kreditgeschäft durch die Formel:

$$y = x \cdot a - a$$

determiniert.

Das Ausmaß der Kreditschöpfung im typischen Sparkassengeschäft wird ferner durch den hohen Zentralbankgeldzufluß, der sich bei den Sparkassen aufgrund der besonderen Pflege des Spareinlagengeschäftes ergibt, positiv beeinflußt. Dagegen verhalten sich die Sparkassen „kreditneutral“, d. h. sie entfalten keine Aktivität, um durch Refinanzierungsoperationen den Zufluß kreditär nutzbaren Zentralbankgeldes zeitweilig noch zu steigern; sie beschränken vielmehr das Ausmaß ihrer Kreditgewährung auf die Nutzung des ihnen im Depositengeschäft zugeflossenen, kreditär nutzbaren Zentralbankgeldes.

Im negativen Sinne wird das Ausmaß der Kreditschöpfung im Sparkassengeschäft ferner durch die relativ hohe Reservebildung beeinträchtigt. Zwar erwies sich die durchschnittliche Höhe der *gesamten* Liquiditätsreserven der Sparkassen im untersuchten Zeitraum stets etwas niedriger als die der Kreditbanken, doch würde die Konstanz der Spareinlagen zweifellos noch eine weitere Herabsetzung der Reserven erlauben.

Durch die Anlagevorschriften wird zwar das Kreditgeschäft der Sparkassen in qualitativer Hinsicht stark beeinflußt; der in der vorliegenden Arbeit interessierende Einfluß der Anlagevorschriften in quantitativer Hinsicht, also auf das Ausmaß des Kreditvolumens der Sparkassen, ist jedoch minimal. Der hauptsächliche Einfluß, der in kreditärer Hinsicht von den Anlagevorschriften ausgeht, besteht darin, daß sich die Liquiditätsstatus der Sparkassen durch die Anlage der verfügbaren Mittel in den vorgeschriebenen Anlagearten ändern; dadurch werden die kreditären Dispositionen der Sparkassenleiter entsprechend beeinflußt. Über das Ausmaß dieser Veränderungen kann allerdings nichts ausgesagt werden.

Schließlich wird das Ausmaß der Kreditschöpfung im typischen Sparkassengeschäft durch folgenden Sachverhalt negativ beeinflußt:

Die Sparkassen müssen den aus der Abwicklung des langfristigen Kreditgeschäftes resultierenden Zahlungsverkehr in voller Höhe mit Zentralbankgeld ausführen. Es kann also nur im kurzfristigen, durch Liquiditätsverbesserung aufgrund eines Spareinlagenzuwachses induzierten Kreditgeschäft eine Kreditschöpfung zustande kommen.

Das Volumen der auf Spareinlagen basierenden kurzfristigen Kredite der Sparkassen weist jedoch nur einen geringen Anteil am gesamten Kreditgeschäft der Sparkassen auf. Es bewegt sich in der Regel stets mehr oder weniger unter 50 % des gesamten Kreditvolumens. Der Möglichkeit einer Kreditschöpfung im Sparkassengeschäft sind also entsprechend enge Grenzen gezogen.

Unser Untersuchungsergebnis unterscheidet sich also von der gemeinhin in der Literatur vertretenen Auffassung vor allem in zwei Punkten:

1. Wir stellten fest, daß auch im typischen Sparkassengeschäft eine Kreditschöpfung grundsätzlich möglich ist. Die Teilnahme der Sparkassen am bargeldlosen Zahlungsverkehr ermöglicht es ihnen, Zahlungen mit Geschäftsbankgeld zu leisten und damit auch im typischen Kreditgeschäft das Kreditangebot über das Ausmaß der ihnen im Spareinlagengeschäft zugeflossenen Liquidität hinaus auszudehnen.
2. Durch die Konstanz der Spareinlagen wird das potentielle Ausmaß der Kreditschöpfung im typischen Sparkassengeschäft durch die Formel

$$y = x \cdot a - a$$

begrenzt.

Wir glauben ferner, herausgestellt zu haben, daß bei dem auf Spareinlagen basierenden *langfristigen* Kreditgeschäft der Sparkasse *keine* Kreditschöpfung möglich ist[1].

---

[1] Daraus ergibt sich folgende, in währungspolitischer Hinsicht bedeutsame Konsequenz: Solange eine exakte, zahlenmäßige Determinierung der Kreditschöpfung einer Bank unmöglich ist, ist es für die Zentralnotenbank als oberste währungspolitische Instanz ungemein schwierig, wirkungsvolle Maßnahmen zur Beschränkung der Kreditschöpfung der Banken (also etwa Heraufsetzung der Mindestreservesätze) zu ergreifen. Eine exakte rechnerische Ermittlung des Ausmaßes der Kreditschöpfung der Banken ist aber so lange unmöglich, solange nicht ermittelt werden kann, wie groß der Anteil der originären Einlagen unter den gesamten Einlagen ist, und solange keine Angaben über die Umlaufsgeschwindigkeit der als Basis der Kreditgewährung dienenden Bankguthaben gemacht werden können. Es wäre daher sinnlos, aus einer Gegenüberstellung des Kreditvolumens zum Einlagenvolumen eine Kreditschöpfung der Banken herauslesen zu wollen. Nun ist aber folgendes zu berücksichtigen: Da im langfristigen Aktivkreditgeschäft eine Kreditschöpfung unmöglich ist, erhebt sich die Forderung, für den Teil der Einlagen, der zur Finanzierung der langfristigen Kredite dient, keine Maßnahmen zur Beschränkung der Kreditschöpfung zu erlassen. Orientierungsmaßstab der Zentralnotenbank bei der Festsetzung etwa der Mindestreservesätze müßte also das Aktivkreditvolumen — aufgegliedert

Alles in allem ist also das Ausmaß der Kreditschöpfungstätigkeit der Sparkassen im Vergleich zu dem anderer Banken, die sich erstens nur im kurzfristigen Kreditgeschäft betätigen und die zweitens ihre Kreditgewährung auf der Basis von Giroeinlagen vornehmen, ungleich geringer.

Überhaupt darf die Bedeutung der Kreditschöpfung nicht überschätzt werden. Wie mit Hilfe des von uns entwickelten Instrumentariums ersehen werden kann, ist das imposante Depositengebäude, das sich auf dem sehr viel kleineren Zentralbankgeldfundament aufbaut und das insbesondere bei der Erklärung des Geldschöpfungsmultiplikatorprozesses eine überragende Rolle spielt, nur zum Teil das Ergebnis der Kreditschöpfungs- bzw. Geldschöpfungstätigkeit der Banken und Sparkassen. Zum andern Teil beruht es auf der Umlaufsgeschwindigkeit des Geldes. Wichtige Gesichtspunkte bei der Beurteilung der Banktätigkeit sind also neben der Kreditschöpfung auch die „Kreditausdehnung" sowie die „Kreditaktivität" einer Bank im Sinne unserer Begriffsfassungen. Abschließend kann festgestellt werden:

Die gültigen Thesen und Behauptungen der modernen Kreditschöpfungslehre sind also auch auf das typische Sparkassengeschäft anwendbar; der Anwendbarkeit sind jedoch aufgrund der besonderen Eigentümlichkeiten des typischen Sparkassengeschäftes enge Grenzen gesetzt.

---

nach der Laufzeit der gewährten Kredite — sein. Es müßte dann beispielsweise ein dem Volumen der langfristigen Kredite entsprechender Anteil der Einlagen aus der Mindestreservepflicht herausgenommen werden.

Schrifttum

Albrecht, Gerhard und *Arndt,* Helmut (Herausgeber): Kapitalbildung und Kapitalverwendung. Verhandlungen auf der Tagung des Vereins für Sozialpolitik in Salzburg, Oktober 1952. Berlin 1953.

Amonn, Alfred: Grundzüge der theoretischen Nationalökonomie. Bern 1948.

Andreae, Wilhelm: Geld und Geldschöpfung. Stuttgart-Wien 1953.

— Ursprung, Formen und Arten des Geldes. In: Schmollers Jahrbuch für Gesetzgebung, Verwaltung und Volkswirtschaft. 72. Jahrgang 1952, II. Halbbd., S. 411 f.

Andreas, Kurt: Spartätigkeit im Saisonverlauf und unter dem Einfluß des Zeitgeschehens. In: Blätter für Genossenschaftswesen. Jahrgang 104, Heft 20 vom 25. Oktober 1958, S. 373 f.

Angell, James W. and *Ficek,* Karel F.: The Expansion of Bank Credit. In: The Journal of Political Economy. Volume XLI, February 1933, Number 1, S. 1 f. and Volume XLI, April 1933, Number 2, S. 152 f.

Angell, James W.: The Behavior of Money, 1. Auflage, New York 1936.

Bächler, H. und *Stampfli,* A.: Allgemeine Bankbetriebslehre. Zürich 1950.

Bankenquête 1908. Stenographische Berichte über die Verhandlungen der Gesamtkommission zu Punkt IV des Fragebogens (Depositenwesen). Berlin 1910.

Bankkredit und langfristige Investitionen. Bericht über eine Aussprache führender Sachkundiger. (Herausgegeben von Adolf Weber.) Berlin 1954.

Bank- und Kapitalmarktzins unter der Lupe. In: Süddeutsche Zeitung vom 28. August 1958.

Becker, Wolf-Dieter: Die Einstellung zum Sparen. In: Sparkasse. 75. Jahrgang, Heft 21 vom 30. Oktober 1958, S. 341 f.

Behrens, Walter G.: Das Geldschöpfungsproblem. Band 1 der Sozialwissenschaftlichen Bausteine. (Herausgeber Prof. Dr. Fritz Karl Mann, Köln.) Jena 1928.

Bendixen, Friedrich: Geld und Kapital. Gesammelte Aufsätze. Dritte Auflage. Jena 1922 (1912).

— Währungspolitik und Geldtheorie im Lichte des Weltkriegs. München und Leipzig 1919.

Bernácer, Germàn: Keynes' Liquiditätspräferenz. In: Schmollers Jahrbuch für Gesetzgebung, Verwaltung und Volkswirtschaft. Berlin, 73. Jahrgang 1953, II. Halbbd., S. 549 f.

Bernicken, H.: Bankbetriebslehre. Stuttgart 1926.

Binder, Paul: Die Geldkapitalbildung. Tübingen 1952.

Biucchi, Basilio Mario: Der Sparprozeß und die Investitionstätigkeit als Konjunkturfaktoren. Bern/Leipzig 1937.

Blume, Otto: Sparmotive und Spartätigkeit sozialer Gruppen. In: Sparkasse. 76. Jahrgang, Heft 7 vom 1. April 1959, S. 139 f.

Boegemann, Hugo: Entwicklung der Spargirotechnik und Rationalisierung. In: Sparkasse. 76. Jahrgang, Heft 1 vom 1. Januar 1959, S. 19 f.

Böhme, Rosemarie: Die Verhaltensweise der Kreditbanken. Eine Untersuchung über die Bestimmungsgründe der Verhaltensweise der Kreditbanken, ihre Veränderungen durch Markteinflüsse und die sich daraus ergebenden Anpassungsvorgänge. Dissertation Frankfurt/M. 1955.

Bouniatian, Mentor: Die vermeintlichen Kreditkreierungen und die Konjunkturschwankungen. In: Jahrbücher für Nationalökonomie und Statistik. Band 136 (Dritte Folge, Band 81), Jahrgang 1932, S. 337 f.

— Industrielle Schwankungen, Bankkredite und Warenpreise. In: Archiv für Sozialwissenschaft und Sozialpolitik. 58. Band, Jahrgang 1927, Heft 3, S. 449—477.

Bracht, Friedrich: Die bankmäßige Ausgestaltung der öffentlichen Sparkassen unter besonderer Berücksichtigung ihrer Einwirkung auf die Zahlungsbereitschaft und die Rentabilität der Sparkassen. Dissertation Gießen 1928.

Braun, Werner: Das Liquiditätsproblem der Kreditbanken. Stuttgart 1934.

Brehmer, Ekhard: Struktur und Funktionsweise des Geldmarktes der Deutschen Bundesrepublik seit 1948. Heft 1 der Beiträge zur reinen und angewandten Wirtschaftstheorie aus dem Wirtschaftswissenschaftlichen Seminar der Universität Kiel. Herausgegeben von Erich Schneider. Tübingen 1956.

Büche, Richard: Zur Problematik des Sparens. In: Österreichische Sparkassenzeitung. Folge 21/22 vom 30. November 1956. 43. Jahrgang, S. 219—221.

Bülow, Friedrich: Volkswirtschaftslehre. Berlin und Frankfurt/M. 1957.

Budge, Siegfried: Lehre vom Geld. I. Band: Theorie des Geldes. Jena 1933.

Butschkau, Fritz: Aufbauwille und Leistung der deutschen Sparkassen. Sonderdruck. Stuttgart 1950.

— Das Liquiditätsproblem bei den Sparkassen. Deutsche Sparkassen-Zeitung Nr. 106 und Nr. 107.

— Das Giro-„Rezept". In: Sparkasse. 76. Jahrgang, Heft 1 vom 1. Januar 1959, S. 3 f.

— Gewissensfragen im modernen Geldwesen. In: Zeitschrift für das gesamte Kreditwesen. Sonderdruck. Juli 1955, S. 1.

Cannan, Edwin: Modern Currency and the Regulation of its Value. London 1931.

Carell, Erich: Allgemeine Volkswirtschaftslehre. 7., verbesserte und erweiterte Auflage, Heidelberg 1956.

Cassel, Gustav: Theoretische Sozialökonomie, 5., neubearbeitete Auflage, Leipzig 1932.

Chandler, Lester V.: An Introduction to Monetary Theory. New York, London 1940.

Cole, G. D. H.: Money, its Present and Future. London 1947 (1944).

Coulborn, W. A. L.: A Discussion of Money. London, New York, Toronto 1950.

Crick, W. F.: The Genesis of Bank Deposits. In: Economica, 7 (1927), p. 191—202. Reprinted in: Readings in Monetary Theory. London 1952, S. 45 f.

Currie, Laughlin: Treatment of credit in contemporary monetary theory. In: The Journal of Political Economy. 41. Band, Jahrgang 1933, S. 58 f.

— The Supply and Demand of Money in the United States. Cambridge, Mass. 2. ed. 1935.

Dandy, James: An Approach to Money and Banking. London/New York 1954.

Dannemann, Werner: Struktur und Funktionsweise des Kapitalmarktes in der Bundesrepublik Deutschland. Tübingen 1959. Band 4 der Beiträge zur reinen und angewandten Wirtschaftstheorie aus dem Wirtschaftswissenschaftlichen Seminar der Universität Kiel. Herausgegeben von Prof. Erich Schneider.

Dehn, Edgar: Zur Geld- und Konjunkturtheorie von Prof. Keynes. In: Zeitschrift für Nationalökonomie. Band 9, Jahrgang 1939, S. 385 f.

Deml, Sigrid: Die bargeldlose Lohnzahlung. In: Zeitschrift für Betriebswirtschaft. 27. Jahrgang 1957, Heft 9, S. 521 f.

Die Kreditschöpfungsmöglichkeiten bei kleinen und bei größeren Kreditinstituten. In: Blätter für Genossenschaftswesen. Jahrgang 103, Heft 6 vom 25. März 1957, S. 101 f.

De Viti de Marco, A.: La funzione della banca. Torino 1934. Deutsch: Die Funktion der Bank. Einführung in die gegenwärtigen Geld- und Bankprobleme. Wien 1935.

Del Vecchio, G.: Grundlinien der Geldtheorie. Beiträge zur ökonomischen Theorie. Tübingen 1930.

Dick, Adalbert: Die Verflechtung zwischen Sparkassen und Girozentralen. Band 8 der Untersuchungen über das Spar-, Giro- und Kreditwesen. Herausgegeben von Fritz Voigt. Berlin-München 1959.

Diehl, Karl: Über neuere Kredittheorien im Lichte der Lehre von Macleod. Kölner Vorträge. Die Kreditwirtschaft. I. Teil, Leipzig 1927.

Die Problematik der Mindestreserven. Beitrag der Sparkassenorganisation zur Gestaltung des künftigen Bundesnotenbankgesetzes. Stuttgart o. J.

Eumer *Djelal* Bey: Kritik der Hahn'schen Bankkredittheorie. Dissertation Berlin 1926.

Döring, Franz: Kreditwirtschaft und Bankenreform. München o. J.

Dobretsberger, Josef: Das Geld im Wandel der Wirtschaft. (Vierzehn Studien zu den Währungsfragen der Gegenwart.) Bern 1946.

— Über einige ungelöste Fragen der Geldtheorie. In: Beiträge zur Geld- und Finanztheorie. Wilhelm Gerloff zum 70. Geburtstag. Hrsg. von Fritz Neumark und Heinz Sauermann. Tübingen 1951.

McDonald, Stephen L.: The Internal Drain and Bank Credit Expansion. In: The Journal of Finance. Volume VIII. December 1953, Number 4, S. 407—421.

Donner, O. und *Benning*, H.: Kriegskosten und Staatsverschuldung. Jena 1942.

Drahota, Helmut: Sparen, Horten und Zins in der modernen Geldtheorie, insbesondere bei John Maynard Keynes. Jena 1941.

Duesenberry, James S.: Income, Saving and the Theory of Consumer Behavior. Cambridge 1952.

Dunbar, C. F.: Theory and History of Banking. 5th Edition 1929, New York.

Eberle, Johann Christian: Die Bedeutung der Giroorganisation und ihre Stellung gegenüber dem privaten Bankgewerbe. Vortrag auf der 7. Verbandsversammlung des Badischen Sparkassen- und Giroverbandes. Deutsche Sparkassen-Zeitung, Jahrgang 1926, Nr. 119.

— Die deutsche Spargiro-Bewegung. In: Sparkasse. 76. Jahrgang, Heft 1 vom 1. Januar 1959, S. 4 f.

— Moderner Zahlungsverkehr für die kleinwirtschaftlichen Existenzen. In: Sparkasse. 76. Jahrgang, Heft 1 vom 1. Januar 1959, S. 12 f.

Egle, Walter: Das neutrale Geld. Heft 10 der Untersuchungen zur theoretischen Nationalökonomie. Herausgegeben von Prof. Karl Diehl. Jena 1933.

— Zur Frage des neutralen Geldes. In: Zeitschrift für Nationalökonomie. Band 9, Jahrgang 1939, S. 12 f.

Einsiedel, Eugen: Giralgeldschöpfung und volkswirtschaftliche Liquidität der deutschen Kreditbanken. Dissertation Würzburg 1928.

Ehrlicher, Werner: Die Problematik des Zeitmoments in der Theorie des Sparens und Investierens. Dissertation Erlangen 1950.

— Die volkswirtschaftliche Bedeutung der Formen des Sparens. In: Beiträge zur Theorie des Sparens und der wirtschaftlichen Entwicklung. Band 1 der Untersuchungen über das Spar-, Giro- und Kreditwesen. Herausgegeben von Fritz Voigt. Berlin 1958.

— Geldkapitalbildung und Realkapitalbildung. Tübingen 1956.

Eisfeld, Curt: Artikel „Sparkassen". In: Handwörterbuch der Sozialwissenschaften. 13. Lieferung. Stuttgart/Tübingen/Göttingen (1956), S. 670.

Ellis, Howard S.: Die Wiederentdeckung des Geldes. In: Vollbeschäftigung, Inflation und Planwirtschaft. Erlenbach-Zürich 1951.

Enders, Rudolf C.: Zentralisation und Dezentralisation als Organisationsprinzipien in der deutschen Sparkassenorganisation. Dissertation Freiburg 1955.

Enthoven, A. C.: Monetary Disequilibria and the Dynamics of Inflation. In: The Economic Journal Vol. LXVI Number 262, June 1956, S. 256 f.

Eucken, Walter: Was leistet die nationalökonomische Theorie? In: Kapitaltheoretische Untersuchungen. 2. Aufl., Tübingen/Zürich 1954.

— Die Ursachen der potenzierten Wirkung des vermehrten Geldumlaufs auf das Preisniveau. In: Jahrbücher für Nationalökonomie und Statistik. Band 125, Jahrgang 1926, S. 293.

Falter, Manuel: Die Praxis des Kreditgeschäfts. 3. Auflage. Stuttgart 1955.

Feilen, J. F.: Die Umlaufsgeschwindigkeit des Geldes. Untersuchungen zur Gegenstandstheorie und Kategorienlehre der Geldwirtschaft. Berlin und Leipzig 1923.

Fisher, Irving: 100 % Money. New York 1936.

— Die Illusion des Geldes. Deutsch, Berlin o. J. (1929). Orig.: The money illusion. London 1928.

— Die Kaufkraft des Geldes. Deutsch, 2. Auflage, Berlin und Leipzig 1922.

Floss, Eberhard: Anlage- und Liquiditätsrichtlinien im Sparkassenwesen. Dissertation Tübingen 1956.

— Auswirkungen der Mindestreservepflicht unter besonderer Berücksichtigung der Sparkassen. Band 4 der Untersuchungen über das Spar-, Giro- und Kreditwesen. Herausgegeben von Fritz Voigt. Berlin 1956.

— Kreditschöpfung und Kreditvermittlung. In: Sparkasse. 75. Jahrgang, Heft 14 vom 15. Juli 1958, S. 228 f.

— Kreditschöpfung und Sparkassen. In: Österreichisches Bank-Archiv. 6. Jahrgang, Heft XII vom Dezember 1958, S. 433 f.

— Mißverstandene Mindestreserven. In: Zeitschrift für das gesamte Kreditwesen. Heft 9, 1954, S. 293 f.

— Theorie der Sparkassen-Liquidität. In: Beiträge zur Theorie des Sparens und der wirtschaftlichen Entwicklung. Band 1 der Untersuchungen über das Spar-, Giro- und Kreditwesen. Herausgegeben von Fritz Voigt. Berlin 1958.

— Spareinlagenbildung und Kreditschöpfung bei Sparkassen. In: Sparkasse. 74. Jahrgang, Heft 6 vom 15. März 1957, S. 88 f.

— Vorgang, Möglichkeiten und Grenzen der Giralgeldschöpfung der Banken. In: Österreichisches Bank-Archiv. 3. Jahrgang, Heft VII vom Juli 1955, S. 212 f.

Forstmann, Albrecht: Geld und Kredit. (Grundriß der Sozialwissenschaften, Band 3.) Tübingen 1952.

— Volkswirtschaftliche Theorie des Geldes. Erster Hauptteil: Reine Theorie des Geldes. Band 1: Allgemeine Geldtheorie. Berlin 1943.

— Volkswirtschaftliche Theorie des Geldes. 2. Band: Monetäre Ökonomie. Allgemeine Volkswirtschaftslehre der Geldwirtschaft. Berlin 1955.

— Neue Wirtschaftslehren. Berlin 1954.

— Zur Frage einer Erneuerung der Geldtheorie. In: Finanzarchiv, Band 14, N. F. Jahrgang 1953/1954, S. 302 f.

— Über produktive und nichtinflatorische Kreditgewährung. In: Weltwirtschaftliches Archiv. Band 45, Jahrgang 1937 (I), S. 543 f.

— Vom Paradoxon der Ausschließlichkeit der Kreditschöpfung. In: Zeitschrift für die gesamte Staatswissenschaft. Band 111, Jahrgang 1955, S. 438 f.

— Zur Theorie der Deflation. In: Finanzarchiv, Band 13, Heft 2, S. 213 f.

Föhl, Carl: Geldschöpfung und Wirtschaftskreislauf. 2. Auflage, Berlin 1955. (Unveränderter Nachdruck der 1. Auflage, München 1937.)

Gegenwartsprobleme des deutschen Sparkassenwesens. Berlin 1928.

Gegner, Fritz: Die Kaufkraftschöpfung der Banken in dogmenhistorischer Darstellung (von Law bis Hahn). Dissertation Erlangen 1932.

Gehrig, Hans: Die primäre Funktion des Geldes. In: Festgabe für Georg Jahn. Berlin 1955, S. 75 f.

Geisler, Rudolf: Notenbankverfassung und Notenbankentwicklung in USA und Westdeutschland. Berlin 1953.

Gerlich, Robert: Das Liquiditätsproblem im preußischen Sparkassenwesen und die Entwicklung der Liquiditätsverhältnisse seit der Währungsstabilisierung. Dissertation Berlin 1931.

Gerloff, Wilhelm: Geld und Gesellschaft. Versuch einer gesellschaftlichen Theorie des Geldes. Frankfurt/Main 1952.

Gespaltene Zinsen? In: Sparkasse. Heft 17/1958, S. 279/280.

Gestrich, Hans: Kredit und Sparen. 2. Auflage, Bad Godesberg 1947.

— Neue Kreditpolitik. Heft 3 der Schriftenreihe: Ordnung der Wirtschaft. Herausgegeben von Franz Böhm, Walter Eucken, Hans Großmann-Doerth. Stuttgart und Berlin 1936.

Glarakis, Konstantin: Das Buchgeld als ordentliches Mittel einer bargeldlosen Geld- und Kreditzirkulation. In: Österreichisches Bank-Archiv. 3. Jahrgang 1955, Heft IX, S. 263 f.

Gleske, Leonhard: Die Liquidität in der Kreditwirtschaft. Frankfurt/M. o. J. (1953).

— Mißverstandene Mindestreserven. In: Zeitschrift für das gesamte Kreditwesen. 7. Jahrgang 1954, Heft 4, S. 188 f.

— „Kreditaktivität". In: Zeitschrift für das gesamte Kreditwesen. 8. Jahrgang, Heft 22 vom 15. November 1955, S. 814 f.

Goertz, Walter: Die Liquiditätsprobleme der Kreditbanken. Dissertation Bonn 1938.

Goldenweiser, E. A.: American Monetary Policy. New York 1951.

— Monetary Management. New York, Toronto, London 1949.

Golz, Dietrich: Das Liquiditätsproblem bei den Girozentralen. Band 3 der Untersuchungen über das Spar-, Giro- und Kreditwesen. Herausgegeben von Fritz Voigt. Berlin 1956.

Gros, Erwin: Das Geldvolumen im Konjunkturzyklus. In: Zeitschrift für das gesamte Kreditwesen. 8. Jahrgang 1955, S. 119 f.

— Geldvolumen und Preisentwicklung. In: Sparkasse. Heft 3 vom 1. Februar 1956, S. 35 f.
Habenzins-Probleme. In: Börsen-Zeitung, Nr. 204 vom 24. Oktober 1958.
Haberler, Gottfried: Prosperität und Depression. Eine theoretische Untersuchung der Konjunkturbewegungen. 2., erweiterte Auflage. Tübingen/Zürich 1955.
Hagenmüller, Karl Fr.: Die Bedeutung von Krediteinweisungen und Kontoüberziehungen für Geldschöpfung und Gelddisposition. In: Zeitschrift für handelswissenschaftliche Forschung. N. F. 8. Jahrgang 1956, S. 509 f.
Hahn, L. Albert: Volkswirtschaftliche Theorie des Bankkredits. 1. Auflage, Tübingen 1920. 3. Auflage, Tübingen 1930.
— Geld und Kredit. Gesammelte Aufsätze. Tübingen 1924.
— Grundirrtümer in Lord Keynes' General Theory of Employment, Interest and Money, Ordo, Bd. 2, 1949.
— Grundirrtümer J. M. Keynes' allgemeiner Theorie der Beschäftigung, des Zinses und des Geldes. Band 162, 1950.
— The Economics of Illusion. A Critical Analysis of Contemporary Economic Theory and Policy. New York 1949.
— Wirtschaftswissenschaft des gesunden Menschenverstandes. Frankfurt a. M. 1954.
— Zur Frage des volkswirtschaftlichen Erkenntnisinhaltes der Bankbilanzziffern. In: Vierteljahreshefte zur Konjunkturforschung, 1. Jahrgang (1926), Ergänzungsheft 4, S. 49 f.
Haller, Heinz: Sparen und Investieren unter einkommensanalytischem und einkommenstheoretischem Aspekt. In: Finanzarchiv. Band 13, Heft 2, S. 266 f.
Halm, Georg: Kritische Betrachtungen zu Albert Hahns „Volkswirtschaftliche Theorie des Bankkredits". In: Jahrbücher für Nationalökonomie und Statistik. Bd. 139, Jahrgang 1933.
— Geld — Kredit — Banken. München und Leipzig 1935.
—, George N.: Monetary Theory. A Modern Treatment of the Essentials of Money and Banking. Second Edition. Philadelphia/Toronto 1946.
— Economics of Money and Banking. Homewood, Illinois 1956.
Hanks, J. Whitney and *Stucki,* Roland: Money, Banking and National Income. New York 1956.
Hansen, Alvin H.: Monetary Theory and Fiscal Policy. New York/Toronto/London 1949.
Hansen, Bent: A Study in the Theory of Inflation. London 1951.
Hart, Albert G.: Money, Debt and Economic Activity. New York 1949 (1948).
— The „Chicago Plan" of Banking Reform. In: The Review of Economic Studies. 1935, S. 104—116. Reprinted in: Readings in Monetary Theory. London 1952, S. 37 f.
Haschek, H. H.: Moderne Investitionsfinanzierung. In: Österreichisches Bank-Archiv. 6. Jahrgang, Heft XII vom Dezember 1958, S. 422 f.
Havas, Friedrich von: Grundgedanken zu einer Theorie der störungsfreien Geldschöpfung. Jena 1936.
Hawtrey, R. G.: Trade and Credit. London 1928.
Hayek, Friedrich A.: Das intertemporale Gleichgewichtssystem der Preise und die Bewegungen des „Geldwertes". In: Weltwirtschaftliches Archiv. 28. Band, Heft 1, Juli 1928, S. 38 f.
— Geldtheorie und Konjunkturtheorie. Wien und Leipzig 1928.
— Gibt es einen „Widersinn des Sparens"? In: Zeitschrift für Nationalökonomie. Wien 1930. Band 1, S. 387 f.

Helfferich, Karl: Das Geld. 6. Auflage. Leipzig 1923 (1904).

Hellmann, Karl: Entwicklung und Bestimmung des Begriffes Liquidität. In: Die Unternehmung im Markt. Festschrift für Wilhelm Rieger. Stuttgart und Köln 1953, S. 260 f.

Hellwig, Hans: Kreditschöpfung und Kreditvermittlung. Stuttgart 1958.

Hennigs, O.: Spareinlagen. In: Die Bank. Lehrbuch und Nachschlagewerk des Bank- und Sparkassenwesens. Wiesbaden o. J., Band II, S. 217 f.

Henze, Werner: Grundzüge der Geschichte des Sparkassenwesens. Stuttgart o. J.

Heuß, Ernst: Der Zusammenhang von Sparen und Investieren. In: Schmollers Jahrbuch für Gesetzgebung, Verwaltung und Volkswirtschaft. 70. Jahrgang 1950, I. Halbbd., S. 86 f.

Hilling, Reinhold: Die Umlaufsgeschwindigkeit des Geldes. Dissertation Münster 1949.

Hillmer, Erwin: Das Problem der Zahlungsbereitschaft bei den deutschen Sparkassen und die Auszahlungshemmnisse im Jahre 1931. Dissertation Hamburg 1934.

Hoffmann, Josef: Das Girosystem als Verbandsdienst. In: Sparkasse. 76. Jahrgang, Heft 1 vom 1. Januar 1959, S. 17 f.

— Deutsche Sparkasseneinheit. Berlin 1931.

— Die Stellung der Girozentralen im deutschen Bankwesen. In: Sparkasse. Heft 1, Jahrgang 1925, S. 3 f.

— Die neue Mustersatzung für Sparkassen. Sparkassenpolitische Leitgedanken. In: Sparkasse. 7. Jahrgang 1953, Heft 15 vom 1. August 1953, S. 227 f.

— Sparkassen — sozialverpflichtete Kreditinstitute. In: Beilage zu Nr. 9 der Zeitschrift „Der Volkswirt" vom 28. Februar 1953 (Deutsche Wirtschaft im Querschnitt. 19. Folge: Sparkassen), S. 5 f.

— Das Sparen im Vordergrund der Wirtschaftspolitik. In: Sparkasse. 8. Jahrgang 1954, Heft 21, S. 343 f.

— Mindestreserven und Anlagevorschriften für Spareinlagen. In: Sparkasse. 7. Jahrgang 1953, Heft 4, S. 51 f.

Hofmann, Walter: Die Arbeitsteilung zwischen Sparkassen und Depositenkassen. In: Zeitschrift für die gesamte Staatswissenschaft. 71. Jahrgang 1915, S. 39 f. und S. 253 f.

Hofmann, Walter (Herausgeber): Handbuch des gesamten Kreditwesens. 5. Auflage, Frankfurt/Main 1953.

Hohlfeld, Hans H.: Mindestreservenhaltung als Mittel der Kreditpolitik. In: Schmollers Jahrbuch für Gesetzgebung, Verwaltung und Volkswirtschaft. 74. Jahrgang 1954, I. Halbbd., S. 443.

Holtrop, Marius W.: Die Umlaufsgeschwindigkeit des Geldes. In: Beiträge zur Geldtheorie. Herausgegeben von Friedrich Hayek. Wien 1933.

Höpker-Aschoff, Hermann: Geld und Gold. Jena 1939.

— Geld und Währungen. Göttingen/Stuttgart 1948.

Hörstmann, Alexander: Die Konkurrenz zwischen öffentlichen Sparkassen und Kreditgenossenschaften. Dissertation Göttingen 1928.

Honegger, Hans: Der schöpferische Kredit. Jena 1929.

Huhle, Fritz: Sparwille und Sparfähigkeit als Komponenten der Spartätigkeit zur Entwicklung des privaten Kontensparens. In: Beiträge zur Theorie des Sparens und der wirtschaftlichen Entwicklung. Band 1 der Untersuchungen über das Spar-, Giro- und Kreditwesen. Herausgegeben von Fritz Voigt. Berlin 1958.

Innere Qualität der Spareinlagen. In: Sparkasse, Heft 1, Jahrgang 1954.

Irmler, Heinrich: Artikel „Geldvolumen". In: Enzyklopädisches Lexikon für das Geld-, Bank- und Börsenwesen. Frankfurt/Main 1957, S. 697 f.

Ischboldin, Boris: Die Hauptrichtungen der modernen Kredittheorie. In: Schmollers Jahrbuch für Gesetzgebung, Verwaltung und Volkswirtschaft. 73. Jahrgang, II. Halbbd. 1953, S. 661 f.

Jöhr, W. A.: Die Konjunkturschwankungen (Theoretische Grundlagen der Wirtschaftspolitik. Band II). Tübingen/Zürich 1952.

Jursch, H.: Zehn Jahre kommunale Giroorganisation. Denkschrift. Berlin 1926.

Kalveram, Wilhelm: Bankbetriebslehre. Sonderdruck aus dem Lieferungswerk „Die Handels-Hochschule". Wiesbaden o. J.

Kellersberger, Eduard: Kreditschöpfung und Geldschöpfung. In: Wirtschaftstheorie und Wirtschaftspolitik. Festschrift für Alfred Amonn. Bern 1953.

Kent, Raymond P.: Money and Banking. Revised Edition. New York/Toronto 1955.

Kepper, Georg: Steuert der Warenwechsel die Geldmenge? In: Zeitschrift für das gesamte Kreditwesen, Heft VI, 1949, S. 129 f.

Kerschagl, Richard: Das Geld von heute. Wien 1949.

Keynes, John Maynard: A Treatise on Money. Deutsch: Vom Gelde (Übersetzung von Dr. Carl Krämer unter Mitwirkung von Louise Krämer). Berlin 1931.

— The General Theory of Employment, Interest and Money. Deutsch: Allgemeine Theorie der Beschäftigung, des Zinses und des Geldes (Übersetzung von Fritz Waeger). Berlin 1936.

Klarstellung zum Monatsbericht der Bank deutscher Länder vom August 1955. In: Sparkasse. 72. Jahrgang, Heft 20 vom 15. Oktober 1955, S. 311 f.

Klepsch-Bodack, Hildegard: Der Geldschöpfungskoeffizient der Kreditbanken. Dissertation Erlangen 1955.

Knapp, Georg Friedrich: Staatliche Theorie des Geldes. 3. Aufl. München und Leipzig 1921 (1905).

König, Walter: Die Rolle der Sparkassen am Kapitalmarkt seit der Geldumstellung. Dissertation München 1951.

Kolhatkar, V. Y.: Monetary Theory. With Special Reference To The Trade Cycle. Baroda 1953.

Koopmans, J. G.: Zum Problem des „neutralen" Geldes. In: Beiträge zur Geldtheorie. Herausgegeben von Friedrich A. Hayek. Wien 1933.

Köster, Karlheinz: Wieviel wird tatsächlich gespart? In: Sparkasse. 8. Jahrgang 1954, Heft 21, S. 353 f.

Kraus, Otto: Sparen, Investieren und Vollbeschäftigung. In: Jahrbücher für Nationalökonomie und Statistik. Band 162/1950, S. 104 f.

Kröll, Michael: Der Kreislauf des Geldes. Berlin 1956.

— Indifferenter oder schöpferischer Kredit? In: Österreichisches Bank-Archiv. 3. Jahrgang 1955, Heft IX, S. 266 f. sowie Heft X, S. 306 f.

Kroll, Gerhard: Neutrales Geld und Kapitalbildung. Berlin 1935.

Kurihara, Kenneth K.: Monetary Theory and Public Policy. London 1951.

Larsen, H. S.: The Liquidity Preference of Banks. In: The Review of Economic Studies. Bd. XVIII, 1950—1951, S. 123 f.

Lautenbach, Wilhelm: Zins, Kredit und Produktion. Herausgegeben von Wolfgang Stützel. Tübingen 1952.

— Kreditvolumen und Bankenliquidität. In: Bankarchiv. Jahrgang 1939, Heft 5 vom 1. März 1939, S. 115 f.

Lawrence, J. S.: Borrowed Reserves and Bank Expansion. In: The Quarterly Journal of Economics, Vol. XLII, 1928, S. 593 f.
— Stabilization of Prices. New York 1928.
Leaf, Walter: Banking. London 1927.
Lederer, Emil: Technischer Fortschritt und Arbeitslosigkeit. Genf 1938.
Leutwiler, Fritz: Ein Sonderfall autonomer Kreditschöpfung. In: Schweizerische Zeitschrift für Volkswirtschaft und Statistik. 91. Jahrgang 1955, S. 32 f.
Lewejohann, Gerhard: Die Konzentration im deutschen Sparkassenwesen und ihre Bedeutung. Dissertation Münster i. W. 1927.
Lierow, Hans-Joachim: Zahlenmäßige Feststellung des Geldschöpfungskoeffizienten der Kreditbanken in der Bundesrepublik. Dissertation Erlangen 1957.
Lindner, Martin: Die Kredittheorie von Henry Dunning Macleod. Dissertation Freiburg/Breisgau 1929.
Linhardt, Hanns: Kreditkontrolle. (Betriebswirtschaftliche Bibliothek. Herausgegeben von Prof. Dr. Wilhelm Hasenack.) Essen 1954.
— Monetäre Ökonomie. (Rezension zu Forstmann: Volkswirtschaftliche Theorie des Geldes. Band II.) In: Zeitschrift für handelswissenschaftliche Forschung. N.F. 8. Jahrgang 1956, S. 495 f.
— Bankbetriebslehre. Band I (Bankbetrieb und Bankpolitik) der Bankwirtschaftlichen Schriftenreihe. Herausgegeben von Prof. Dr. Hanns Linhardt. Köln und Opladen 1957.
Lin-Lin: Are Time Deposits Money? In: The American Economic Review. Volume XXVII, Number 1, March 1937, S. 76 f.
Linpinsel, K.: Die Spareinlagen der Gemeinden. In: Sparkasse. Heft 23 vom 1. Dezember 1958, S. 387 f.
Lohnt sich die Spaltung der Spareinlagenzinsen? In: Sparkasse. Heft 18 vom 15. September 1958, S. 297 f.
Lukas, Eduard: Geld und Kredit. Heidelberg 1951.
Lütge, Friedrich: Einführung in die Lehre vom Gelde. 2. Auflage. München 1948.
Lutz, Friedrich: Das Grundproblem der Geldverfassung. Stuttgart und Berlin 1936.
— Geld und Währung. Wien 1955.
— Zinstheorie. Zürich/Tübingen 1956.
— Über die Umlaufsgeschwindigkeit des Geldes. In: Jahrbücher für Nationalökonomie und Statistik. Jahrgang 1936, Band 144, S. 385 f.
Macleod, Henry Dunning: The Theory and Practice of Banking. Second Edition. Volume I and Volume II. London 1866.
— The Theory of Credit. Second Edition. In two Volumes. Volume I, London 1893.
— The Theory of Credit. Second Edition. In two Volumes. Volume II, Part I, London 1894.
— The Theory of Credit. First Edition. In two Volumes. Volume II, Part II, London 1891.
— Article „Bank" (S. 68 f.); Article „Credit" (S. 567 f.); Article „Capital" (S. 323 f.); Article „Currency" (S. 648 f.). In: A Dictionary of Political Economy. Biographical, Bibliographical, Historical und Practical. Volume I, London 1863.
Mair, Walter: Die Veranlagungsqualität der Einlagenstände bei Geldinstituten. In: Österreichisches Bank-Archiv. 7. Jahrgang, Heft II vom Februar 1959, S. 53 f.

— Die zahlenmäßige Feststellung der Qualität der Spareinlagen. In: Österreichische Sparkassenzeitung. 41. Jahrgang, Folge 3, S. 34 f.
— Geld und Kapital. In: Österreichische Sparkassenzeitung. Folge 8/9 vom 15. Mai 1957, 44. Jahrgang, S. 78 f.
— Geld und Kapital. In: Österreichische Sparkassenzeitung. Folge 15/16 vom 31. August 1958, S. 127 f.
— Geld und Kapital. In: Österreichisches Bank-Archiv. Heft VII vom Juli 1957, 5. Jahrgang 1957, S. 253 f.

Marbach, Fritz: Die Kreditschöpfung der Handelsbanken und das Postulat der Verstaatlichung des Kredits. Bern 1947.

Marquardt-Perdelwitz: Das Preußische Sparkassenrecht. Berlin 1933.

Mayer, Helmut: Die „multiple" Geldschöpfung der Banken. In: Zeitschrift für das gesamte Kreditwesen. 9. Jahrgang 1956, S. 185 f.

Meade, J. E.: The Amount of Money and the Banking System. In: Economic Journal, 44, 1934, S. 77 f. (Abgedruckt in: Readings in Monetary Theory. London 1952, S. 54 f.)

Mellerowicz, Konrad: Der innerdeutsche Zahlungsverkehr. In: Die Bank. II. Band: Die Bankgeschäfte. Wiesbaden 1952.
— Zur Frage der Vereinheitlichung des deutschen Giroverkehrs. In: Bankwissenschaft. 4. Jahrgang 1927/1928, Heft 1, S. 1 f.
— Zur Liquidität der Banken. In: Sparkasse. Jahrgang 1934, Heft 7, S. 121.
— Liquidität. In: Die deutsche Bankwirtschaft. Berlin 1935—1938, S. 441 f.
— Liquidität. In: Die Bank. Band II, S. 609—636 (Wiesbaden o. J.).

Merkel, Hans-Günter: Theorie der Kapitalmarktpolitik. Band I der Schriftenreihe „Die Unternehmung im Markt", Berlin 1955.

Michaelis, A.: Die Quantitätstheorie als Grundlage der Konjunkturforschung. Jena 1929.

Miksch, Leonhard: Die Geldschöpfung in der Gleichgewichtstheorie. In: Ordo, 2. Band, Bad Godesberg 1949, S. 308 f.

Mills, R. C. and *Walker*, E. R.: Money. Sydney/London. (1st Edition 1935) 13th Edition 1952.

von Mises, Ludwig: Theorie des Geldes und der Umlaufsmittel. München und Leipzig 1912.
— Die Stellung des Geldes im Kreise der wirtschaftlichen Güter. In: Die Wirtschaftstheorie der Gegenwart. II. Band. Wien 1932.

Modigliani, Franco: Liquidity Preference and the Theory of Interest and Money. In: Econometrica 12, 1944. (Abgedruckt in: Readings in Monetary Theory. London 1952, S. 186 f.)

Moeller, Hero: Die Lehre vom Gelde. Leipzig 1925.

Mülhaupt, Ludwig: Der Prozeß der multiplen Giralgeldschöpfung in einem Zweibankensystem. In: Zeitschrift für handelswissenschaftliche Forschung. N. F., 9. Jahrgang 1957, Heft 9, S. 448 f.
— Umsatz-, Kosten- und Gewinnplanung einer Kreditbank. In: Zeitschrift für handelswissenschaftliche Forschung. N. F., 8. Jahrgang 1956, Heft 1, S. 7 f.

Müller, Bernhard: Funktion und Wirkungsweise der Mindestreserven. Dissertation Göttingen 1950.

Müller, J. Heinz: Sparen als Investitions-Voraussetzung und als Nachfrage-Ausfall. In: Beiträge zur Theorie des Sparens und der wirtschaftlichen Entwicklung. Band 1 der Untersuchungen über das Spar-, Giro- und Kreditwesen. Herausgegeben von Prof. Dr. Dr. Fritz Voigt. Berlin 1958.

Muhs, Karl: Quantitäts- oder Einkommenstheorie des Geldes? In: Festgabe für Georg Jahn. Berlin 1955, S. 441 f.

Myrdal, Gunnar: Monetary Equilibrium. London. Edinburgh, Glasgow 1939.

Neisser, Hans: Der Kreislauf des Geldes. In: Weltwirtschaftliches Archiv. Band 33, Jahrgang 1931, S. 368.

— Der Tauschwert des Geldes. Jena 1928.

Neuhauser, Gertrud: Versuch einer kreislauftheoretischen Analyse der bankmäßigen Geld- und „Kreditschöpfung“. In: Schweizerische Zeitschrift für Volkswirtschaft und Statistik. 91. Jahrgang 1955, Heft 2, S. 198 f.

— Kritische Untersuchungen zur Kreditschöpfungslehre. In: Zeitschrift für die gesamte Staatswissenschaft. 108. Band 1952, S. 646 f.

Nöll von der Nahmer, Robert: Die Bedeutung der Zahlungssitten und des gleichmäßigen Vorgehens der Banken für die Technik der Giralgeldschöpfung. In: Finanzarchiv. N. F., 6. Band 1939, S. 137 f.

— Der volkswirtschaftliche Kreditfonds. Versuch einer Lösung des Kreditproblems. Berlin 1934.

Nogaro, Bertrand: Die Abhängigkeit des Preisniveaus von der Geldmenge. In: Weltwirtschaftliches Archiv. Band 48, Jahrgang 1938, S. 227.

Obst, Georg und *Hintner*, Otto: Geld-, Bank- und Börsenwesen. 34. durchgesehene Auflage, Stuttgart 1955.

Osthues, Heinz: Einkommensverhältnisse und private Geldkapitalbildung in Westdeutschland 1925 bis 1953. Band 6 der Untersuchungen über das Spar-, Giro- und Kreditwesen. Herausgegeben von Fritz Voigt. Berlin-München 1958.

Ottel, Fritz: Ständische Theorie des Geldes. Jena 1934.

Papi, Giuseppe Ugo: Die grundlegenden Ursachen wirtschaftlicher Schwankungen. In: Zeitschrift für Nationalökonomie. Band 4, Jahrgang 1935, S. 330 f.

Patinkin, Don: Price Flexibility and Full Employment. In: The American Economic Review, 38/1948, S. 543 f. (Abgedruckt in: Readings in Monetary Theory. London 1952, S. 252 f.)

Paulsen, Andreas: Allgemeine Volkswirtschaftslehre. I. Grundlegung, Wirtschaftskreislauf. Berlin 1956. Sammlung Göschen, Band 1169.

— Neue Wirtschaftslehre. 3. Auflage. Berlin und Frankfurt 1954 (1950).

Pedersen, Jørgen: Credit Policy Reviewed. In: Weltwirtschaftliches Archiv. Band 67, Jahrgang 1951, Heft 1, S. 1 f.

— The Concept of Money. In: Weltwirtschaftliches Archiv. Band 72, Jahrgang 1954/I, S. 1 f.

Peltzer, Ernst: Der reale Kapitalzins und der Darlehenszins. Zur Frage der Beziehungen zwischen Kapital, Kreditschöpfung, Zins und Preisniveau. (Untersuchungen zur theoretischen Nationalökonomie. Herausgegeben von Prof. Dr. Karl Diehl, Heft 9.) Jena 1932.

Perdelwitz-Fabricius-Kleiner: Das preußische Sparkassenrecht. Berlin 1937.

Peter, Hans: Wandlungen des Geldes. In: Schmollers Jahrbuch. 64. Jahrgang 1940, S. 61 f.

Pfleiderer, Otto: Die Mechanik des Kreditvolumens. In: Bankwirtschaft. Jahrgang 1943, Heft Nr. 13 vom 1. Oktober 1943, S. 266 f.

Phillips, Chester Arthur: Bank Credit. A Study Of The Principles And Factors Underlying Advances Made By Banks To Borrowers. New York 1921.

Pigou, A. C.: The Veil of Money. London 1950.

— Industrial Fluctuations. London 1927.

Plenge, Johann Friedrich: Von der Diskontpolitik zur Herrschaft über den Geldmarkt. Berlin 1913.

Polak, N. J.: Grundzüge der Finanzierung mit Rücksicht auf die Kreditdauer. In: Betriebs- und finanzwirtschaftliche Forschungen, II. Serie, Heft 25, 1926.

Preiser, Erich: Sparen und Investieren. In: Jahrbücher für Nationalökonomie und Statistik. Band 159 (1944), S. 257 f. (Abgedruckt in: Bildung und Verteilung des Volkseinkommens. Gesammelte Aufsätze. Göttingen 1957, S. 9 f.)

— Geldschöpfung oder Sparen? In: Jahrbücher für Nationalökonomie und Statistik. Band 162 (1950), S. 251 f. (Abgedruckt in: Bildung und Verteilung des Volkseinkommens. Gesammelte Aufsätze. Göttingen 1957, S. 65 f.)

Prion, W.: Das deutsche Finanzwunder. 3. unveränderte Auflage. Berlin-Wilmersdorf 1938.

Probleme des bargeldlosen Zahlungsverkehrs. In: Sparkasse. 55. Jahrgang 1935, Heft 15, S. 293 f.

Reisch, Richard: Die „Deposit"-Legende in der Banktheorie. In: Zeitschrift für Nationalökonomie. Band 1, Jahrgang 1930, S. 489 f.

— Hahns „Volkswirtschaftliche Theorie des Bankkredits". In: Weltwirtschaftliches Archiv. Band 33, Jahrgang 1931, S. 5 f.

Reuff, Paul: Grundriß einer Morphologie des Sparens. In: Zeitschrift für die gesamte Staatswissenschaft. Jahrgang 106, Band 2.

Reusch, H.: Das Sparen bei den Deutschen Sparkassen. Berlin 1934.

— Die bankmäßigen Depositen unter den Spareinlagen. In: Sparkasse. Heft 17 und Heft 20, Jahrgang 1932.

— Liquiditätsfragen der Sparkassen. In: Gegenwartsprobleme des Sparkassenwesens. Berlin 1928.

Richebächer, Kurt: Im Ausland ist der Sparzins höher. In: Süddeutsche Zeitung vom 5. Oktober 1958.

Riedel, H.: Fehlschlüsse über Mindestreserven. In: Der Volkswirt. Deutsche Wirtschaft im Querschnitt, 19. Folge, „Sparkassen", Beilage zu Nr. 9/1953, S. 21 f.

Riesser, Jacob: Die deutschen Großbanken und ihre Konzentration. Jena 1912.

Rist, Charles: Histoire des doctrines relatives au crédit et la monnaie. Depuis John Law jusqu'à nos jours. Paris 1938. Deutsch: Geschichte der Geld- und Kredittheorien. Von John Law bis Heute (Übersetzung von Gustav Büscher). Bern 1947.

Rittershausen, Heinrich: Der ungeklärte Geldmengenbegriff als Gegenstand gemeinsamer statistischer und theoretischer Bemühungen. In: Statistik. Aufgaben und Anwendung in der Gegenwart. Herausgeber: Dr. Emil von Lucadou. Nürnberg-Düsseldorf 1952.

— Bankpolitik. Eine Untersuchung des Grenzgebiets zwischen Kredittheorie, Preistheorie und Wirtschaftspolitik. Frankfurt/M. 1956.

Robertson, D. H.: Banking Policy and the Price Level. London 1926.

— Das Geld. 2. verb. Auflage. Nach der achten englischen Auflage neu übersetzt von Karl Bode. Wien 1935.

— Essays in Monetary Money. First published 1940, Reprinted 1948. London/New York 1948.

— Theories of Banking Policy. In: Economica 1928, S. 131 f.

Rodkey, R. G.: The Banking Process. New York 1928.

Röpke, Wilhelm: Kredit und Konjunktur. In: Jahrbücher für Nationalökonomie und Statistik. Band 124 (III. Folge, 69. Band) 1926, S. 243 f.

Rogers, J. H.: The Absorption of Bank Credit. In: Econometrica. Band 1, Jahrgang 1933, S. 60 f.

Rosenstein-Rodan, P. N.: The Coordination of the General Theories of Money and Price. In: Economica, New Series, Vol. III, 1936, S. 257 f.

Samuelson, Paul A.: Economics. New York 1955. Deutsch: Volkswirtschaftslehre. (Übersetzt von Wilhelm Hankel nach der dritten Auflage.) Köln 1955.

Sayers, R. S.: Modern Banking. 2. Auflage. London 1948.

Schilcher, Rudolf: Geldfunktionen und Buchgeldschöpfung. Ein Beitrag zur Geldtheorie. Heft 11 der „Wirtschaftswissenschaftliche Abhandlungen". Herausgegeben von Prof. Erich Kosiol und Prof. Andreas Paulsen. Berlin 1958.

Schlüter, Karl Wilhelm: Geldschöpfung bei Depositenbanken. Ein Beitrag zur Bank- und Geldtheorie. Würzburg 1935.

Schmalenbach, Eugen: Kapital/Kredit und Zins in betriebswirtschaftlicher Beleuchtung. 3. verb. Auflage. Köln und Opladen 1951.

Schmedes, Hella: Zur Frage des Doppelcharakters der Mindestreserven. In: Sparkasse. 6. Jahrgang, Heft 5 vom 1. März 1952, S. 85 f.

Schmölders, Günter: Artikel „Geldschöpfung". In: Enzyklopädisches Lexikon für das Geld-, Bank- und Börsenwesen. Frankfurt/M. 1957, S. 683 f.

— Artikel „Geldtheorie". In: Enzyklopädisches Lexikon für das Geld-, Bank- und Börsenwesen. Frankfurt/M. 1957, S. 687 f.

Schneider, Erich: Einführung in die Wirtschaftstheorie. I. Teil: Theorie des Wirtschaftskreislaufs. 6. umgearbeitete und erweiterte Auflage. Tübingen 1956.

— Einfühung in die Wirtschaftstheorie. III. Teil: Geld, Kredit, Volkseinkommen und Beschäftigung. 4. verb. und erw. Auflage. Tübingen 1957.

Schmiedeken, Paul: Die bankmäßige Betätigung der Sparkassen und Giroverbände. Frankfurt/M. 1928.

Schmidt, Fritz: Der nationale Zahlungsverkehr. 2. Auflage. Leipzig 1920.

Schork, Ludwig: Das korrekturbedürftige Zinsgefüge. In: Zeitschrift für das gesamte Kreditwesen. Heft 16 vom 15. August 1958, S. 692 f.

Schulte-Middelich, Theo: Die Entwicklung der modernen Kredittheorie insbesondere in Deutschland. Dissertation Köln 1953.

Schumpeter, Joseph: Theorie der wirtschaftlichen Entwicklung. Eine Untersuchung über Unternehmergewinn, Kapital, Kredit, Zins und den Konjunkturzyklus. (München-Leipzig 1912) 2. Auflage, München 1926.

— Die goldene Bremse an der Kreditmaschine. (Die Goldwährung und der Bankkredit.) Kölner Vorträge, Band I: Die Kreditwirtschaft. 1. Teil, Leipzig 1927.

Schwedt, Friedrich: Spareinlagen: Geld oder Kapital? Wünsche zur KWG-Reform. In: Der langfristige Kredit. 15. Folge, 9. Jahrgang, S. 260 f.

Seeliger, Walter: Spargiro-Entstehung und Leistung. In: Sparkasse. 76. Jahrgang, Heft 1 vom 1. Januar 1959, S. 7 f.

Seidel, Heinz: Die Transformationsfunktion der Banken. In: Österreichisches Bank-Archiv. Heft 2, Jahrgang 1955, S. 34.

— Das Schlagwort vom liquiden Sparen. In: Der Volkswirt. Deutsche Wirtschaft im Querschnitt. 19. Folge, „Sparkassen", Beilage zu Nr. 9/1953, S. 15 f.

Seitz, Otto: Die Barliquidität der Kreditbanken. Dissertation Erlangen 1936.

Simons, Henry: A Positive Program for Laissez Faire. Chicago. University of Chicago Press, 1934.

Singer, Kurt: Das Geld als Zeichen. Jena 1920.

— Kreditkreation und Konjunktur. Ein Gutachten über Erkenntnis und Darstellung der wirtschaftlichen Wechsellagen. In: Schriften des Vereins für Sozialpolitik. 173. Band. Beiträge zur Wirtschaftstheorie, II. Teil. München und Leipzig 1928, S. 295 f.

Sokoloff, A.: Zwei Beiträge zur Theorie der Umlaufsgeschwindigkeit des Geldes. In: Archiv für Sozialwissenschaft und Sozialpolitik. 57. Band 1927, S. 143 f. sowie S. 627 f.

Somary, Felix: Bankpolitik. 3. Auflage, Tübingen 1934.

Spelsberg: Bankkredit und Investitionsfinanzierung. In: Sparkasse. 73. Jahrgang, Heft 13 vom 1. Juli 1955, S. 195 f. und Heft 14 vom 15. Juli 1955, S. 211 f.

Sperk, Ludwig und *Wilsdorf*, Manfred: Die Liquiditätsverhältnisse der deutschen Sparkassen. Band 2 der Untersuchungen über das Spar-, Giro- und Kreditwesen. Herausgegeben von Fritz Voigt. Berlin 1956.

Spiethoff, Bodo K.: Der Sparkassenkredit heute. Heft 11 der „Volkswirtschaftlichen Zeitfragen". Herausgegeben von Prof. Dr. Adolf Weber. München 1951.

v. Spindler-Becker-Starke: Die Deutsche Bundesbank. Grundzüge des Notenbankwesens und Kommentar zum Gesetz über die Deutsche Bundesbank. Stuttgart 1957.

Sprung, Rudolf: Umlaufsgeschwindigkeit und Multiplikator. Dissertation Göttingen 1952.

Stackelberg, Heinrich von: Zins und Liquidität. In: Schweizerische Zeitschrift für Volkswirtschaft und Statistik. 1947.

— Grundlagen der theoretischen Volkswirtschaftslehre. 2. Auflage, Bern 1948.

— Beitrag zur Theorie des individuellen Sparens. In: Zeitschrift für Nationalökonomie. Band 9, Jahrgang 1939, S. 167 f.

Sternschein, Adolf: Das Wesen der Umlaufsgeschwindigkeit des Geldes. Dissertation Bern 1931.

Stucken, Rudolf: Deutsche Geld- und Kreditpolitik 1914 bis 1953. 2. Auflage, Tübingen 1953.

— Geldpolitik und Bankenliquidität in Westdeutschland seit der Währungsreform. In: Finanzarchiv, Band 13, Heft 2, S. 197 f.

— Geld und Kredit. 1. Auflage, Tübingen 1949; 2. Auflage, Tübingen 1957.

— Liquidität der Banken. Berlin 1940.

— Besonderheiten der Geld- und Kreditpolitik in Westdeutschland und ihre konjunkturpolitische Bedeutung. Sonderschrift des Ifo-Instituts für Wirtschaftsforschung Nr. 16. Berlin-München 1955.

— Hände weg vom industriellen Anlagekredit? In: Bank-Archiv. Jahrgang 1937—1938, S. 378 f.

Stützel, Wolfgang: Artikel „Geldstrom-Analyse". In: Enzyklopädisches Lexikon für das Geld-, Bank- und Börsenwesen. Zugleich 2. Auflage vom Handwörterbuch des Bankwesens von M. Palyi und P. Quittner. Frankfurt/M. 1957.

— Volkswirtschaftliche Saldenmechanik. Ein Beitrag zur Geldtheorie. Tübingen 1958.

— Artikel „Konjunkturtheorie". In: Enzyklopädisches Lexikon für das Geld-, Bank- und Börsenwesen. Frankfurt/M. 1957, S. 1027 f.

— Artikel „Konjunkturpolitik". In: Enzyklopädisches Lexikon für das Geld-, Bank- und Börsenwesen. Frankfurt/M. 1957, S. 1017 f.

Stützer, Rudolf: Die Wertpapieranlage der Kreditinstitute. Untersuchungen am Beispiel der englischen Banken. Band 5 der Untersuchungen über das Spar-, Giro- und Kreditwesen. Herausgegeben von Fritz Voigt. Berlin-München 1958.

Thomas, Karl: Ausleihungen, Diskontierungen und Wertpapieranlagen der Kreditbanken. Band 3 der Schriftenreihe „Die Unternehmung im Markt". Berlin 1956.

Trautmann, Walter: Unechte Spareinlagen. In: Der Volkswirt. Nr. 33 vom 16. September 1958, S. 1663 f.

Trende, Adolf: Geschichte der deutschen Sparkassen bis zum Anfang des 20. Jahrhunderts. München 1957.

Um den Sparzins. In: Zeitschrift für das gesamte Kreditwesen. Heft 17 vom 1. September 1958, S. 731 f.

Umstrittene kommunale Sparkonten. In: Deutsche Zeitung vom 6. 11. 1958.

Unechte Spareinlagen — ein echtes Problem. In: Der Volkswirt. Nr. 30 vom 26. 7. 1958, S. 1449 f.

Veit, Otto: Die Verantwortung der Notenbank. In: Weltwirtschaftliches Archiv. Heft 2, 1952, S. 147.

— Der Einfluß des Geldes auf den Güterkreislauf. In: Weltwirtschaftliches Archiv. Band 59, Jahrgang 1944, Heft 2 vom März 1944, S. 211 f.

— Liquidität und Güterstrom. In: Zeitschrift für die gesamte Staatswissenschaft. Band 105, Jahrgang 1949, S. 448 f.

— Scheinprobleme der Geldtheorie. In: Zeitschrift für die gesamte Staatswissenschaft. Band 107/2. Jahrgang 1951, S. 265 f.

— Volkswirtschaftliche Theorie der Liquidität. Frankfurt/M. 1948.

Voigt, Fritz: Aussagefähigkeit und Erkenntnisgrenzen der modernen Wirtschaftstheorie. In: Beiträge zur Theorie des Sparens und der wirtschaftlichen Entwicklung. Band 1 der Untersuchungen über das Spar-, Giro- und Kreditwesen. Herausgegeben von Fritz Voigt. Berlin 1958.

— Der volkswirtschaftliche Sparprozeß. Berlin 1950.

— Die aktuelle Problematik der Kapitalbildung. In: Sparkasse. 7. Jahrgang 1953, Heft 23 vom 21. Dezember 1953, S. 355 f.

— Probleme der Kapitalbildung. In: Sparkasse. 7. Jahrgang 1953, Heft 2 vom 15. Januar 1953, S. 21 f.

— Spareinlagen juristischer Personen in wirtschaftswissenschaftlicher Sicht. In: Sparkasse, 76. Jgg. (1959), S. 219—222.

Vorschläge für eine Neugestaltung der Spareinlagenzinsen. In: Sparkasse. Heft 20 vom 15. Oktober 1958, S. 320 f.

Wagemann, Ernst und *Feilen*, Josef: Die Einkommenskomponente in der Geldschöpfungslehre und Geldschöpfungspolitik. In: Jahrbücher für Nationalökonomie und Statistik. Band 153, Jahrgang 1944, S. 431 f.

Wagner, Adolph: Beiträge zur Lehre von den Banken. Leipzig 1857.

Wagner, Valentin Fritz: Geschichte der Kredittheorien. Wien 1937.

Walde, Gernot: Die Umlaufsgeschwindigkeit des Geldes als Begriff der Geldwerttheorie. In: Finanz-Archiv. N.F. Band 6, Jahrgang 1938, S. 712 f.

Walker, Francis A.: Money, Trade and Industry. 3. Auflage, New York 1891 (1878).

Walker, Karl: Das Buchgeld. Heidelberg und Ziegelhausen 1951.

Weber, Adolf: Geld — Banken — Börsen. 5. verb. u. erw. Auflage. München 1955.

— Zusätzlicher Bankkredit durch Giralgeldschöpfung. In: Bank-Archiv. Jahrgang 1937/1938, S. 372 f.

Wegner, Carl: Entwicklung und Organisation der Deutschen Sparkassen und des Kommunalen Giroverkehrs. Herausgegeben auf Veranlassung des Deutschen Sparkassen- und Giroverbandes. Berlin 1925.

Wicksell, Knut: Geld und Kredit. 2. Auflage, Jena 1928.

— Geldzins und Güterpreise. Eine Studie über die den Tauschwert des Geldes bestimmenden Ursachen. Jena 1898.

— Vorlesungen über Nationalökonomie auf der Grundlage des Marginalprinzips. Theoretischer Teil, 2. Band „Geld und Kredit", deutsch, 2. Auflage. Jena 1928.

Wijnholds, Heiko W. J.: Geldmenge, Umlaufsgeschwindigkeit und Preisniveau. In: Weltwirtschaftliches Archiv. Band 50, Jahrgang 1939, S. 583 f.

Will, Helmuth: Die deutschen Sparkassen. Stuttgart und Berlin 1942.

Willis, J. Brooke: The Functions of the Commercial Banking System. New York 1943.

Withers, Hartley: The Meaning of Money. (First Edition — Smith, Elder & Co. — 1909.) Fifth Edition, New York 1930.

Woller, A.: Die Anlagepolitik der Sparkassen. Berlin-Wien 1934.

Worret, Franz: Bankpolitik als Machtfrage. Band 2 der Schriftenreihe „Die Unternehmung im Markt". Berlin 1956.

Wrede, Victor: Die Umlaufsgeschwindigkeit des Geldes. In: Zahlungsverkehr und Bankbetrieb. 17. Jahrgang 1935, Heft Nr. 8, S. 159 f.

— Die Geldschöpfung des Kreditwesens und ihre Kontrolle durch die Notenbank. In: Zahlungsverkehr und Bankbetrieb. 18. Jahrgang 1936, Heft Nr. 1, S. 1 f.

Zimmermann, L. J.: Geschichte der theoretischen Volkswirtschaftslehre. Ins Deutsche übertragen nach der dritten holländischen Auflage 1953 (1947), Köln-Deutz 1954.

Zwiedineck-Südenhorst, Otto von: Allgemeine Volkswirtschaftslehre. Berlin, Göttingen, Heidelberg, 2. Auflage 1948.

Zwoll, Johann Hermann van: Mindestreserven als Mittel der Geld- und Kreditpolitik. Finanzwissenschaftliche Forschungsarbeiten. Herausgegeben von Prof. Dr. G. Schmölders. Heft Nr. 8, Berlin 1954.

Statistische Jahrbücher für das Deutsche Reich.

Einzelschriften zur Statistik des Deutschen Reiches, N. 3: Die deutschen Banken 1924—1926. Berlin 1927.

Statistik des Deutschen Reiches. Band 516: Die deutschen Sparkassen in den Jahren 1934—1937. Berlin 1938.

Statistik des Deutschen Reiches. Band 533: Die deutschen Sparkassen in den Jahren 1937 und 1938. Berlin 1939.

Statistische Praxis. Herausgegeben von der Staatlichen Zentralverwaltung für Statistik beim Ministerrat der DDR.

Wirtschaft und Statistik. Herausgegeben vom Statistischen Bundesamt Wiesbaden.

Zwischenausweise und Sonderangaben der deutschen Sparkassen, Girokassen und Kommunalbanken für die Jahre 1939 bis 1944. Herausgegeben vom Deutschen Sparkassen- und Giroverband Berlin.

Die Sparkassen in Zahlen. 2. Auflage. Herausgegeben von der Arbeitsgemeinschaft Dt. Sparkassen- und Giroverbände und Girozentralen. Stuttgart o. J.

Statistisches Handbuch der Sparkassen. Herausgegeben vom Deutschen Sparkassenverlag.

Statistische Teile der Monatsberichte der BdL von 1948 bis Juli 1957 sowie der Monatsberichte der BBk.

Statistisches Handbuch der BdL.

Geschäftsberichte des Bundesverbandes des privaten Bankgewerbes e. V., Köln.

Geschäftsberichte des Deutschen Sparkassen- und Giroverbandes Berlin.

Geschäftsberichte verschiedener Sparkassen- und Giroverbände.

Jahresberichte der Arbeitsgemeinschaft Deutscher Sparkassen- und Giroverbände und Girozentralen e. V. Frankfurt/M. und Bonn bzw. des Deutschen Sparkassen und Giroverbandes e. V. Bonn.

Geschäftsberichte des Deutschen Sparkassen- und Giroverbandes e. V. Bonn.

Monatsberichte der BdL und der BBk Frankfurt/M.

Geschäftsberichte der BdL und der BBk Frankfurt/M.

Materialien zur Erneuerung des Sparkassenrechts. Stuttgart-Bonn 1953.

Zentralstelle des Deutschen Sparkassenverbandes: Die Mustersatzung für Sparkassen. Hannover 1922.

Kolibri 360 GmbH
Ferdinand-Jühlke-Straße 7
99095 Erfurt, Deutschland
produktsicherheit@kolibri360.de

Druck:
CPI Druckdienstleistungen GmbH
im Auftrag der
Kolibri 360 GmbH
Ferdinand-Jühlke-Str. 7
99095 Erfurt